Konzepte
der Sprach- und Literaturwissenschaft

31

Herausgegeben von Klaus Baumgärtner

Hugo Aust

# Lesen

## Überlegungen zum sprachlichen Verstehen

Max Niemeyer Verlag
Tübingen 1983

*Für Sorina*

*Als Habilitationsschrift auf Empfehlung der Erziehungswissenschaftlichen Fakultät der Universität Köln gedruckt mit Unterstützung der Deutschen Forschungsgemeinschaft.*

CIP-Kurztitelaufnahme der Deutschen Bibliothek

*Aust, Hugo:*
Lesen : Überlegungen zum sprachl. Verstehen / Hugo Aust. – Tübingen : Niemeyer, 1983.
(Konzepte der Sprach- und Literaturwissenschaft ; 31)
NE: GT

ISBN 3-484-22031-7 ISSN 0344-6735


Printed in Germany.
Satz und Druck: Maisch + Queck, Gerlingen

## Inhalt

# Vorwort

Im folgenden geht es um eine Reihe von Problemen, die auftreten, wenn man das Lesen als eine grundlegende Form sprachlichen Verstehens bestimmt. Nicht, wie man diese Probleme lösen und also beseitigen könne, steht im Vordergrund, sondern um welche Art von Problemen es sich handelt, wie und wodurch sie entstehen und was, welche vermeintlich naheliegende, selbstverständliche Antwort, sie eher verdeckt als klärt.

Ein solches Suchen, Erkunden, Probieren und Abwägen führt durch verschiedene Gebiete unserer heutigen Wissenschaftslandschaft: Sprach- und Literaturwissenschaft zumal, dann aber auch Psychologie, Informationsverarbeitung, ja sogar Künstliche Intelligenz und nicht zuletzt Philosophie. Zwar bleibt man – sozusagen – mit der Fragestellung zu Hause, aber die Antworten kommen vielfach aus der Fremde. Sich mit ihnen vertraut zu machen, sie der eigenen Frage zu unterwerfen und doch nicht zu vergessen, daß sie eigentlich Antworten auf ganz andere ›regionalspezifische‹ Fragen sind, fällt nicht leicht. Wer wandert, begegnet immer wieder jenen, die schon da sind.

Guter Rat ist teuer. Ihn erhalten zu haben, danke ich Herrn Professor Theodor Lewandowski, der die Entstehung dieser Schrift mit zahllosen Anregungen, Hinweisen und Erörterungen jahrelang gefördert hat. Herr Professor Eugenio Coseriu las das Manuskript kritisch und half, wofür ich mich herzlich bedanke. Von Herrn Professor Jürgen Hein möchte ich endlich nur soviel sagen, daß nichts, was mir Sorge machte, ihm je fremd war.

Die Arbeit lag 1981/82 der Erziehungswissenschaftlichen Fakultät der Universität zu Köln als Habilitationsschrift vor. Die Fakultät gewährte großzügigerweise einen Druckkostenzuschuß.

Verstehst du auch, was du liesest?

Apostelgeschichte 8, 30

Wenn er aber las, so glitten
die Augen über die Blätter,
und das Herz spürte nach dem Sinn,
Stimme und Zunge aber ruhten.

Augustinus: Bekenntnisse VI, 3

# Einleitung

Als man Mitte der sechziger Jahre damit begann, den Aspekt der Literaturrezeption zu entwickeln und sich anschickte, ihn als Leitvorstellung künftiger Literaturhistoriographie durchzusetzen, legte man den Grund für einen allgemeinen Interessenwechsel weg von der vertraut gewordenen Besinnung auf das Schreiben und seine Ergebnisse hin zu einer aufregend authentischen Erkundung sowohl der Leser von Literatur als auch der Literatur für Leser. Die Erfrischung, die von dem Begriff der Rezeption ausging, zog ihre Strahlungskraft einerseits aus dem Unbehagen an der einseitigen Bevorzugung der Autor-Werk-Beziehung, andererseits aus der Ahnung, daß die Literaturen der Vergangenheit zu Realitäten der Gegenwart würden, sobald man sie zur Kenntnis nähme, und daß somit die archivarische Abgeschlossenheit von Literaturprodukten jederzeit in einen pulsierenden Entstehungsprozeß der nur vermeintlich fertigen Erzeugnisse umschlagen könne. Kurzum, man entdeckte die Funktion der Schriftsprache im Bereich der Literatur. Schlagartig einigte man sich in der Willensbekundung, von der Kreisstruktur, in der sich Autor, Werk und Publikum bewegen, in keinem Fall mehr abzusehen, den Zyklus von Produktion und Rezeption, produktiver Rezeption und rezeptiver Produktion für keinen Augenblick zum Stillstand kommen zu lassen.

Der Rezeptionsbegriff übte eine geradezu erlösende Wirkung aus. Er rüttelte aus der Haltung beschaulicher Kunstversenkung, werk- und faktenanalytischer Gewissenhaftigkeit und schiedsrichterlicher Urteilsbefugnis auf und trieb zur Entdeckung, Anerkennung oder Aufwertung der konstitutiven Tätigkeit des Zuhörens für das Sagen, des Lesens für das Schreiben, des Verstehens für das Meinen und des Mitmachens für das Vorzeigen. Freilich war es nicht leicht zu bestimmen, was da eigentlich konstituiert werde: die literarische Kommunikation zwischen Sprachbenutzern, die – insbesondere unter historischem Gesichtspunkt wichtige – Konsistenz des Diskurses, der Vollzug eines Plans, die Anwendung eines Allgemeinen auf den konkreten Fall, die Beantwortung einer Frage, die Befolgung einer Anweisung, die Selbstbedienung im Überfluß der Angebote, der persönliche Beitrag für ein ungesättigtes Schema, gar auch die Annäherung an Muster-Vorgaben?

Wie dem auch sei, gewiß wurde, daß sich der Rezipient in einer ungeahnten Weise aktiv verhält. Läßt man ihn gewähren, so zeigt sich die bunte und zügellose Fülle seiner Entdeckungs- und Projektionshandlungen ebenso wie deren aus Betroffenheit und gewaltsamer Willkür hervorgehende Zentrierung. Es kostet Anstrengung, die hier zugrunde liegenden Mechanismen zu erkennen. Was liegt überhaupt zugrunde? Zeitliche, lokale, gesellschaftliche, politische, marktwirtschaftliche, bildungsinstitutionelle, bewußtseinsbedingende und entwicklungsbezogene Faktoren werden genannt; auch Konventionen, Gepflogenheiten, Dispositionen und die allzumenschliche Beliebigkeit spielen mit hinein. Schließlich weist auch der Rezeptionsstoff Merkmale und Eigentümlichkeiten auf, die die Handlungsweisen des Rezipienten verursachen, veranlassen oder sonstwie bedingen.

Das alles jedoch greift noch nicht tief genug, bleibt oberhalb der eigentlichen Grundlagen oder setzt diese doch voraus. Als solche Grundlagen können nur Zuhören, Zuschauen, Lesen und Mitmachen gelten. Rezeptionsforschung im literarischen Bereich hat es mindestens mit diesen vier Grundlagen zu tun, denn sie befaßt sich mit Spielen, Theater (einschließlich technischer Medien), Vorträgen und Lektüre. Ohne die damit angesprochenen Bereiche und Funktionen weiterhin zu kennzeichnen, kann auch so deutlich werden, welche gewaltige fächerübergreifende Forschungsaufgabe diese Neuorientierung nach sich zieht.

Wie ausgreifend die Frage nach den Grundlagen von Rezeption geraten kann, sei am Beispiel des Lesens bedacht. Anfänglich scheint sich die Angelegenheit eher harmlos zu gestalten, so daß es nicht wundernimmt, daß man dem Thema Lesen in der Rezeptionsforschung kaum Aufmerksamkeit schenkte. Lesen ist eine erlernte und im weiteren automatisierte Fähigkeit, die heutzutage so selbstverständlich ist, daß sie wenig Anlaß zu einer analytischen Untersuchung gibt. Daß jemand lesen kann, stellt – im Augenblick gesehen – keine besondere Auszeichnung dar; nur was er daraus macht, welche Ergebnisse er mit Hilfe des Lesens hervorbringt und welche Ziele er mittels des Lesens erreicht, qualifizieren ihn als Leser. Eine solche Ansicht unterstreicht das Werkzeugartige des Lesens, und der Vergleich mit dem Werkzeug scheint dann auch weitere Aussagen über das Lesen zu lenken: Das Werkzeug in der Hand des Geübten sieht genauso aus wie in der Hand des Ungeschickten; freilich kann es bei fortgesetzt unsachgemäßer Behandlung irgendwann einmal entzweigehen. Auch die Lesefähigkeit verkommt. Aber als Werkzeug scheint sie bei verschiedenen Personen und in den unterschiedlichsten Lesevollzügen ihre Identität zu bewahren. Ebensowenig scheint sie sich für den Alltagsgebrauch zu verbessern, wenn man sich auf das Lesen selbst besinnt, es analysiert, bewußt macht; das hindert eher: Dem wird die gelesene Welt – um ein Fontane-Wort abzuwandeln – zu einem Augenblick gelebter Welt, der die Technik des Lesens reibungslos und automatisch beherrscht. Aber ist das Lesen wirklich eine Technik, ist es überhaupt mit einem Werkzeug zu vergleichen?

›Lesen‹ ist in gewissem Sinn ein undankbares Thema, das wenig zur Erkundung lockt. Selbstverständliche Begriffe wie Lesen, Erziehen, Gehen sind – wenn man sie schon bedenken will – von einer Legion von natürlichen Sachverständigen umlagert, nämlich von allen, die lesen, in der Familie erziehen, auf der Straße gehen. Plausible Erkenntnisse über selbstverständliche Sachbereiche ziehen sich leicht den Vorwurf der Trivialität zu; das Amt, etwas auszusprechen, was man immer schon gewußt zu haben meint, gilt als zweifelhaftes Verdienst. Mißlicher noch sind hingegen solche Unternehmen, die angesichts der entdeckten ungelösten Fragen, die von der Beschäftigung mit selbstverständlich gewordenen Vermögen ausgehen, komplizierte Erklärungszusammenhänge in Erwägung ziehen; sie geraten leicht in den Verdacht einer bloßen Rotation des Wissenschaftsapparates, dessen Hauptergebnis darin besteht, die Einsichten der natürlichen Vernunft zu kompromittieren. Um so lebhafter dann die Gegenreaktion, wenn es der Analyse nicht gelingt, der zu erklärenden Selbstverständlichkeit eine wenn schon nicht plausible, so doch perfekte Erklärung an die Seite zu stellen.

Dabei gehört die Analyse von ›Selbstverständlichkeiten‹ nicht nur zu den typischen, sondern auch vordringlichen und zugleich besonders schwierigen Aufgaben gegenwärtiger Forschungsarbeit. In diesem Zusammenhang sei nur an eine Aussage Ludwig Wittgensteins erinnert:

> Die für uns wichtigsten Aspekte der Dinge sind durch ihre Einfachheit und Alltäglichkeit verborgen. (Man kann es nicht bemerken, – weil man es immer vor Augen hat.) Die eigentlichen Grundlagen seiner Forschung fallen dem Menschen gar nicht auf. Es sei denn, daß ihm *dies* einmal aufgefallen ist. – Und das heißt: das, was, einmal gesehen, das Auffallendste und Stärkste ist, fällt uns nicht auf.[1]

Diese Einsicht bestätigt sich im Bereich von Sprache und Sprachverwendung zumal. Was wäre gewohnter als das Hören und Verstehen dessen, was ein Sprecher äußert; trotzdem bildet das Thema Hörverstehen seit geraumer Zeit eines der wichtigsten ungelösten Problemfelder gegenwärtiger Spracherforschung. Gegenüber dem Lesen liegt die Sache hier sogar noch schwieriger; denn die Überlegungen zu einer institutionalisierten Förderung des Hörverständnisses sind überaus spärlich gesät im Vergleich zur reichen Tradition der Konzipierung, Entfaltung und Beobachtung des Erstleseunterrichts. Es gibt Anlaß genug, nach der Natur des Lesevorgangs zu fragen. Die Rezeptionsforschung spielt dabei eher eine auslösende als fundamentale Rolle. Interpretationstheorie und Hermeneutik sind Wissenschaft und Philosophie auf der Grundlage eines Lesebegriffs. Bekanntlich liegt ein Ursprung neuzeitlichen hermeneutischen Denkens in der Besinnung auf die Aufgaben und Ziele des Wiederlesens, auf den funktionalen

[1] Ludwig Wittgenstein: Philosophische Untersuchungen. Frankfurt 1977, § 129.

Zusammenhang von Buchstabe und Geist. Interpreten zögerten ehemals nicht, ihr Tun als Kunst des Lesens anzukündigen. Das klingt veraltet gegenüber der neueren Redeweise vom Umgang mit Texten oder bleibt zu vage und anspruchslos im Vergleich zum genaueren und höheren Begriff des kritischen Lesens. Aber weiß man deshalb besser, was Lesen ist?

Es fällt nicht leicht, sich ausschließlich auf das Thema ›Lesen‹ zu konzentrieren. Das liegt daran, daß Lesen ein Begriff ist, der andere Begriffe umschließt und erst in dieser Konstellation, in der engen Verflechtung mit anderen verwandten Begriffen seine eigentliche Bestimmung erfährt. Hier liegt aber auch der Grund dafür, daß in Zusammenhängen, wo es über das Lesen geht, so oft von anderem die Rede ist, daß der Lesebegriff in seiner Eigenschaft als Bestandteil einer Begriffsverbindung spurlos in dieser begrifflichen Integration verschwindet. Das wirkt sich nachteilig auf das Wissen über das Lesen aus.

Man sollte neben dem Begriff des Leseprozesses vier weitere Begriffe unterscheiden: Leser, Lesestoff, Funktionen des Lesens und Geschichte der Vermittlung des Lesens.

Der Begriff des Lesens erfordert ein Lesesubjekt. Ein Lesen ohne Leser gibt es nicht. So ist zu vermuten, daß die Faktoren des Lesers den Vollzug seines Lesens beeinflussen. Lesersituation, Lesergeschichte und Leserentwicklung wären hier zu berücksichtigen. Zur Lesersituation gehören die Muster und Stereotype der Begegnung mit Schrift und ihres Gebrauchs. Die Lesergeschichte beschreibt die Herausbildung und den Wechsel solcher Handlungsgepflogenheiten. Die Leserentwicklung gibt Auskunft über die Ontogenese von Motorik, Perzeption und Kognition im allgemeinen, von semiotischer Funktion und Sprache im besonderen.

Lesen ist immer Lesen von etwas. Es leuchtet unmittelbar ein, daß der Lesestoff die Art des Leseprozesses bestimmen kann. Die Besonderheiten des Lesens ergeben sich vielfach aus der Struktur des Lesestoffs. Seine zentrale strukturelle Eigenschaft liegt im alphabetischen System; nichtalphabetische Systeme (Gegenstandsschrift, Bilderschrift, Wortschrift, Silbenschrift) werden anders gelesen als die Buchstabenschrift. Weiterhin wirken sich die syntaktisch-semantisch-logischen Besonderheiten der geschriebenen Sprache auf die Art des Lesens aus und begründen darin die weitreichende Differenz zwischen Lesen und Hören. Schließlich mögen auch die Verschiedenheiten der Textsorten und Gattungen (von der Fibel über die Gebrauchstexte bis zur Dichtung, vom Schund zum Klassischen) den Lesevorgang prägen.

Als automatisierter Vorgang dient das Lesen unterschiedlichen Zwekken, erwächst es aus einer Vielfalt von Antrieben, Bedürfnissen und Absichten, so daß man erwarten darf, daß die jeweiligen Funktionen des Lesens auf die Art des Lesens abfärben. Als erlernter Vorgang dient das

Lesen zugleich als Ausweis für das Erreichen eines bestimmten Bildungsniveaus, so daß noch eine andere Funktionsgruppe dem Lesen seine Bestimmtheit verleiht.

Da schließlich niemand mit dem Lesevermögen geboren wird und es selten – in Analogie zum primären Spracherwerb – auf unstandardisierte Weise erlernt, fällt der Blick mit Notwendigkeit auf die Einrichtungen und Spezialisten, die den heranwachsenden Menschen das Lesen lehren. Ob das, was sie ihm beibringen, genau das ist, was er später beim Lesen tun wird, mag man unterschiedlich beantworten; auf alle Fälle aber stellt es für längere Zeit sowohl den Inbegriff des Lesens dar als auch die Quelle für eine alternative, die geheime Form des Lesens.

So deutet sich an, daß der Lesevorgang von unterschiedlicher Seite aus seine Bestimmung erfährt. Besagt nun diese Einsicht zugleich, daß man deshalb auf die Entwicklung eines Begriffs vom Lesevorgang im eigentlichen Sinn verzichten sollte? Soweit zu sehen ist, scheint eine solche Schlußfolgerung durchaus der gegenwärtigen Forschungspraxis zugrunde zu liegen. Es existieren zwar umfassende Werke über Bau und Geschichte des Erstleseunterrichts; die Erforschung des Lesestoffs bildet ohnehin den Kernbereich aller Literaturwissenschaften, auch wenn dessen populäre Schichten erst durch neuere Projekte in den Blick rückten; sogar das lesergeschichtliche Thema erfuhr bereits einschlägige Darstellungen, von den sprachentwicklungspsychologischen Untersuchungen ganz abgesehen.

Um so stärker aber macht sich das Ausbleiben spezieller Arbeiten über den Lesevorgang selbst bemerkbar. Steht dahinter etwa die Überzeugung, daß Lesen als eine Form des Verhaltens am besten am Verhaltenssubjekt sichtbar wird und somit als Verhalten des Lesers angemessen und vollständig beschrieben werden kann? Sollte diese Vermutung zutreffen, so hätte man mit ihr die Quelle eines fatalen Mißverständnisses entdeckt. Nicht etwa, daß Lesen ein Subjekt erfordert, ist hier die irrige Annahme, sondern daß Lesen ein Verhalten darstelle und sich als solches der Beobachtung vollständig biete. Um Einsichten in den Lesevorgang zu gewinnen, genügt es nicht, den Leser zum Gegenstand der Geschichtsschreibung und der Datensammlung zu machen. Dazu bedarf es anderer Ansätze, wie noch zu zeigen sein wird.

Interessanterweise begann gerade die experimentelle Leserforschung vor gut hundert Jahren ihre Arbeit mit der Erkundung der prozeßhaften Seite des Lesens, indem sie die Augenbewegungen beim Lesen beobachtete und deren typischen ruckartigen Bewegungsrhythmus entdeckte.[2] Auch die

---

[2] Emile Javal: Die Physiologie des Lesens und Schreibens. Leipzig 1907. Javal vereinte in seiner Monographie Beiträge, die bereits in den siebziger Jahren des vergangenen Jahrhunderts erschienen waren.

tiefer liegenden psychischen Prozesse wurden in kritischer Weiterführung Wundtscher Apperzeptionspsychologie und unter Berücksichtigung der Psychologie des inneren Sprechens durchdacht. Diese Tradition aber endete in den dreißiger Jahren dieses Jahrhunderts. Seitdem kommen in deutschsprachigen Veröffentlichungen Bemerkungen zum Lesevorgang bedeutend seltener vor. In dieser Situation könnte eine Neubesinnung von amerikanischen Arbeiten ausgehen, die gerade den Prozeßcharakter des Lesens seit etwa drei Jahrzehnten mit zunehmender Intensität erforschten.

So soll in folgendem der Leseprozeß im Mittelpunkt stehen. Seine enge Verknüpfung mit den anderen Begriffen des Lesefeldes braucht deshalb nicht aufgelöst, aber mag zunächst einmal zurückgestellt werden. Was ist Lesen? Was geschieht während des Lesens? Ist Lesen ein einheitlicher oder komplexer Vorgang? Worin liegt – genau genommen – das Vorganghafte dieses Geschehens? Auch wenn sich das Lesen des Erwachsenen weithin automatisch vollzieht, so wird sich die Frage nach den organisierenden Prinzipien dieses Prozesses keineswegs erübrigen. Daß Lesen und Verstehen zusammengehören, klingt als Vermutung plausibel, führt aber – im einzelnen bedacht – zu weitreichenden und ungelösten Erklärungsproblemen.

Die folgenden Ausführungen versuchen diese Fragen unter besonderer Berücksichtigung der Beziehung zwischen Lesen und Verstehen aufzugreifen und mögliche Antworten zu bedenken. Eine endgültige und eindeutige Lösung kann beim augenblicklichen Erkenntnisstand der Lese- und Verstehensforschung nicht erwartet werden.

Im einzelnen sieht der Darstellungsverlauf so aus, daß zunächst versucht wird, das Phänomen Lesen umfassenderen Bereichen wie Kommunikation und Koordination unterzuordnen und von daher zu erklären. Diese Unterordnung erweist sich sowohl gegenüber den schriftsprachlichen als auch gegenüber den verstehenstheoretischen Implikationen des Lesebegriffs als untauglich, dergestalt nämlich, daß die vermeintlich umfassenderen Begriffe zwar ihrerseits auf einem Lese- und Verstehensbegriff beruhen, ihn aber nicht erklären können. So wird der Lesebegriff als nicht aufhebbarer Grundbegriff von Anfang an in Hinblick auf seine Verflechtung mit dem Verstehen bedacht. Eine Schlüsselstellung kommt in dieser Beziehung dem Bedeutungsbegriff zu; er stellt in gewisser Weise ein Ziel des Lesens dar, so daß sich Lesen als bedeutungsgewinnender Prozeß herauskristallisiert, dessen vielfältige, kontroverse und zuweilen auch brüchige Modalität eingehend erörtert wird. Daran schließt sich eine bedeutungstheoretische Skizze, die auf dem Hintergrund einer unüberschaubaren Forschungstradition einige für das Lesen wesentliche Aspekte der Bedeutungstheorie umreißt. Am Ende stehen Überlegungen zum Verstehensvorgang, soweit er die Besonderheiten des Lesens betrifft; es geht um die wissensbegründete, operative und zielorientierte Struktur eines Vorgangs, der weitgehend verdeckt, intern abläuft, sich auf Grund seiner situativen Relevanz aber auch in Verhaltensdaten manifestieren kann. Das letzte Kapitel sucht das in der Erörterung Auseinanderstrebende auf einen Begriff zu bringen, an einem Beispiel zu erproben und weiterführende Gesichtspunkte anzudeuten.

# 1 Der Lesevorgang

## 1.1 Versuch einer Zuordnung

### 1.1.1 Lesen als Kommunikation

Wer liest, scheint eine Rolle einzunehmen, die im System schriftsprachlicher Kommunikation eindeutig festgelegt ist. Diese Rolle besitzt einen strukturellen und einen funktionalen Aspekt; der strukturelle erschließt sich in der Frage nach dem Entfaltungsstand des rezeptiven Sprachvermögens, der funktionale ergibt sich aus dem komplementären Rollenverhältnis zwischen Autor und Leser.

Doch wie eindeutig ist diese Rolle in Wirklichkeit? Nichts scheint gesicherter zu sein als die systematisch komplette Verzahnung des Lesens mit den anderen Formen der Sprachverwendung: Lesen als Komplement des Schreibens und als Parallele des Hörens, das seinerseits dem Sprechen komplementär zugeordnet ist. Von hier aus ergibt sich die völlig plausible Zuordnung des Lesens zum Bereich des sprachlich-kommunikativen Verhaltens. Wer also das Lesen erklären will, braucht nichts anderes zu tun, als die Grundbegriffe der Kommunikation auf das Lesen selbst anzuwenden: Sender, Empfänger, Kode, Kanal, Situation, En- und Dekodieren, Rückkopplung, Schnittmengen der Kode-Repertoires, Absichten und Erwartungen können so dazu dienen, das Lesen als Fall des Kommunizierens zu identifizieren. Es ist dabei nur selbstverständlich, daß Lesen als Kommunikationsform mehr Merkmale aufweist, als der Inbegriff der Kommunikation enthält; und auch das ist einzuräumen, daß Lesen einige zentrale Merkmale des Kommunikations-Begriffs modifiziert oder gar verändert, wovon sogleich die Rede sein wird. Und so behauptet sich seit alters die Auffassung von der kommunikativen Natur des Lesens, herrscht weitgehende Übereinstimmung in der Überzeugung, »daß ›das Lesen aller guten Bücher wie eine Unterhaltung mit den gebildetsten Leuten der vergangenen Jahrhunderte ist, die ihre Verfasser waren.‹«[1]

---

[1] René Descartes nach Marcel Proust: Tage des Lesens. Drei Essays. Frankfurt 1969, S. 30.

Genauer besehen jedoch, bereitet es in allen Punkten erhebliche Schwierigkeiten, Lesen mit kommunikationswissenschaftlichen Begriffen zu erfassen. Was etwa die Nachrichtenquelle, den Sender, betrifft, so befindet sich der Leser gegenüber allen anderen Empfängerinstanzen sowohl im Vorteil als auch im Nachteil; im Vorteil, insofern er während des lesenden Kommunikationsvollzugs Erkundungen in einem Ausmaß einziehen kann, wie es sonst nicht möglich ist; im Nachteil, insofern der Autor nicht zugegen, ›ansichtig‹ ist, sei es daß er unbekannt oder namenlos ist, sei es daß mehrere Personen den Text verfaßt haben, so daß die Identität der Nachrichtenquelle, von der im Gespräch so viel abhängt, nicht garantiert ist. Gewiß ist der Leser der vom Schreiber Angeredete; aber er kann dies – im Gegensatz zur Unterhaltung – in verschiedener Form sein: als Gattung (Leserschaft), Fiktion (der geneigte Leser) oder Individuum (Brief, Haftbefehl). Zugleich aber bleibt es dem Leser in vielen Fällen auch überlassen, ob er sich selbst zur Gattung der Angeredeten zählt oder nicht. Erst seine positive Entscheidung verleiht der Anrede kommunikative Wirklichkeit.

Im System der Kommunikation gehört der Kode zur Voraussetzung des Kommunikationsablaufs. Beim Lesen hingegen kommt es vor, daß der eigentlich vorauszusetzende Kode erst im Vollzug des Lesens selbst konstituiert bzw. rekonstruiert wird; also nicht nur der kommunikative Vollzug, sondern auch die Ermöglichung von Kommunikation steht beim Lesen im Vordergrund; das heißt, das Lesen enthält oft eine Begründungskomponente, von der sich eine Unterhaltung meistens frei weiß: Schrift ist nicht nur ein konventionelles Mittel der Verständigung, sondern auch ein Fundament, auf dem Verständigungshandlungen aufbauen können. Für den Leser stellt sich nicht nur die Frage, ob sein Kode mit dem Kode des Schreibers irgendwie eine Schnittmenge bildet, sondern ob der von ihm, dem Leser, rekonstruierte Schreiber-Kode mit dem tatsächlichen Kode des Schreibers homomorph ist.

Schließlich gilt es auch, für das Lesen die Frage nach Kommunikationsanfang und -ende zu beantworten. Wann spielt sich diese Kommunikation ab? Vollzieht sie sich schon im Augenblick des Schreibens oder erst während des Lesens? Sind Schreiben und Lesen Teile einer einzigen Kommunikation? In gewissem Sinn beginnt natürlich der Schreiber eine Kommunikation, in einem anderen mag er sie aber durchaus schon fortsetzen oder gar beenden; ebenso beendet der Leser eine Kommunikation, setzt sie fort oder beginnt sie. Daraus könnte man den Schluß ziehen, daß Lesen immer in mehrere Kommunikationsakte einbezogen ist und erst von daher seine jeweilige Interpunktion erhält.

Bekanntlich fehlt beim Lesen jene Kommunikationssituation, in der sich die Partner ›von Angesicht zu Angesicht‹ begegnen und in der sie zeigen können, was sie meinen. Der Leser muß die Abwesenheit des Schreibers nicht nur notgedrungen in Kauf nehmen, vieleher bejaht er sie sogar, denn in den wenigsten Fällen liegt ihm an einer Lektüre, deren Inhalt er zur selben Zeit ebensogut mündlich erfahren könnte. – Selten liest man etwas, was gerade niedergeschrieben wird; also liegt in der Begegnung mit Geschriebenem in der Regel ein Moment der Ungleichzeitigkeit. Hieraus erwachsen besondere Bedingungen für das lesende Verstehen: Verstehen nämlich vollzieht sich weithin auf der Grundlage gemeinsamer Voraussetzungen, die gerade dann am leichtesten zu erreichen ist, wenn man zur selben Zeit und in derselben Situation miteinander spricht. Man denke nur daran, wie ungenau und flüchtig man eine Sache zu benennen braucht, wenn diese im Augenblick, da man über sie spricht, von beiden Gesprächspartnern gesehen werden kann; um wievieles ausführlicher muß dagegen das Geschriebene sein, wenn man nicht auf die Möglichkeit von Modellzeichnungen zurückgreift oder den gemeinten Gegenstand einfach mitliefert, wie es ja bei Gebrauchsanweisungen oft geschieht.

Am schwerwiegendsten für eine kommunikationsbegriffliche Erfassung des Lesens wird sich allerdings jener Umstand auswirken, daß eine Rückkopplung zwischen Leser und Autor meistens grundsätzlich ausbleiben muß, da die Verfasser nicht mehr leben; so findet im Lesen gerade jener Begriff des Kommunikationssystems keine Entsprechung, mit dessen Hilfe man im Bereich der Verhaltens- und Systemforschung Kommunikation von Nicht-Kommunikation unterscheidet.[2] Äquivalente Vergewisserungen über die Richtigkeit der eigenen Leseart stellen sich so nicht im Vollzug dialogischer Wechselseitigkeit ein, sondern erfordern gesonderte Anstrengungen, so daß die Aktivitätsspanne des Lesens vom bloßen Aufnehmen über die Vergewisserung des Erfaßten bis zu textphilologischen und exegetischen Verfahren reicht. Man neigt zuweilen dazu, die fehlende Rückkopplungsmöglichkeit als ein Manko des Lesens aufzufassen, als einen Verlust des unmittelbaren Kommunikationspartners, den man wohl oder übel in Kauf nehmen müsse. Das ist gewiß falsch und verkennt die Funktion der Schriftsprache, die es ermöglicht, »daß wir an Erfahrungen anderer Menschen teilhaben, die wir für uns auswerten können, sogar dann, wenn diese nicht mehr am Leben sind.«[3]

Vergleicht man das Erscheinungsbild eines Lesenden mit dem Bild, das alltägliche Gesprächsführungen bieten, so fällt die isolierte, nahezu hermetische Situation des Lesers sogleich ins Auge; manche, insbesondere pädagogische Abhandlung wies auf diesen Umstand hin und gab zu bedenken,

---

[2] Hans-Joachim Flechtner: Grundbegriffe der Kybernetik. Eine Einführung. 5. Aufl., Stuttgart 1972, S. 12ff.

[3] George A. Miller, Eugene Galanter, Karl H. Pribram: Strategien des Handelns. Pläne und Strukturen des Verhaltens. Stuttgart 1973, S. 139.

wie schnell Lesen in ein partnerschaftsloses Außenseitertum, geradezu in kommunikationsentfremdete Omphaloskopie entarte. Dem Lesenden freilich wird dies oft ganz anders erscheinen; er nimmt durchaus konkret das Gespräch mit dem Schreiber auf, und wenn er versteht, so hat er auch keine Ursache, den erfahrenen Lesevorgang abstrakt zu nennen und ihn als Isolation zu empfinden, wie dies von Außenstehenden nur allzu gedankenlos formuliert wird. So werden denn auch jene pädagogischen Warnungen verständlich, die gerade von der besonderen, gesteigerten ›Kommunikativität‹ der Lesesituation ausgehen:

> Das schlechte Buch ist gefährlicher als die böse Rede, der schlechte Kamerad. Den *Kameraden* hat man nur von Zeit zu Zeit bei sich, das Buch steht immer zu Diensten, bei Tag und Nacht. Es begleitet den Jüngling auf einsamem Pfad, im Waldesdunkel, auf Bergeshöh', auf weiten Reisen; es geht mit ihm zur Gesellschaft und bleibt bei ihm zu Hause, liegt auf dem Arbeitstisch, dringt bis ins Schlafgemach und wartet unter dem Kopfkissen, um beim Tagesgrauen wieder zur Hand zu sein. – »In Gegenwart eines Kameraden bleibt noch eine gewisse Scheu, eine Art Zurückhaltung, die bewirkt, daß der Verdorbene nicht leicht das Äußerste wagt. Bei dem Buche fällt jede Rücksicht weg. Der Leser ist mit dem Verfasser allein; kein Dritter ist Zeuge seiner Gedanken, Gefühle, Empfindungen. – Im Verkehr mit einem Kameraden ist es manchmal nur ein Wort, das genügt, den Zunder in die Seele zu schleudern; im schlechten Buche hingegen sind es längere Abschnitte, verführerische Schilderungen, üppige Bilder, halbverschleierte Enthüllungen, welche das Herz fesseln, die Einbildungskraft beschäftigen, die Leidenschaften aufwühlen und nachher in den müßigen Stunden der Einsamkeit, in den Träumen der Nacht mit Lebhaftigkeit wieder auftauchen und die Seele beflecken.«[4]

Sieht man einmal vom Wertungsaspekt ab, so offenbart diese Textstelle einen höchst interessanten Einblick in Verfahren, wie der Leser die fehlende Kommunikationssituation nicht nur kompensiert, sondern deren Intensität in der Einbildung um ein Vielfaches steigert. Insbesondere die Geschichte des literarischen Lesens weist vielfältige Formen der Freundschaftsbildung zwischen Leser und Buch bzw. seinem Autor auf, enthüllt Grade einer partnerschaftlichen Intimität, die ein Gespräch nicht so ohne weiteres erreicht und die man nach allem, was dem Lesen gegenüber dem Zuhören im Gespräch fehlt, nicht erwartet hätte. Sicherlich liegt darin auch ein Moment bloßer Kompensation des Entbehrten; das sollte man aber nicht nur als eine Not-, Ersatz- oder gar Zwangslösung werten. Es handelt sich vielmehr um alternative und spezifische Aktivitäten des Lesers, die einer eigenen Erklärung bedürfen und sich nicht aus dem negativen Vergleich mit einem Gespräch erschließen.

---

[4] J. Bern. Krier: Das Studium und die Privatlektüre. Siebzehn Konferenzen, den Zöglingen des Bischöflichen Konviktes zu Luxemburg gehalten. 3. verb. und verm. Aufl. Freiburg 1892, S. 211; z. T. Selbstzitat aus: Der Geist des Konviktes, S. 59.

Erscheint dem Außenstehenden ein Leser höchst passiv – Augen- und allenfalls Lippenbewegungen wären das einzige, was er registrieren könnte –, so laufen doch innerlich mannigfaltige Geschehnisse, ja sogar Handlungen ab, deren aktive und zielgerichtete Seiten bei der Bestimmung des Lesens von grundlegender Bedeutung sind. Sie aber kommen im Modell der verbalen Kommunikation nicht zur Geltung; dieses weist das Lesen vielmehr als bloße abgeschwächte Form der Verständigung aus, die der Vollform der Rede ständig untergeordnet ist. Offensichtlich also enthält der bis jetzt gebrauchte Kommunikationsbegriff Kategorien, die speziell auf eine interaktionale Gesprächssituation zugeschnitten sind und den Besonderheiten des Lesens nicht gerecht werden. Zwar erzeugt der Leser zuweilen von sich aus eine Kommunikationssituation (nämlich schon dann, wenn er ›seinen‹ Autor liest), aber dieses Resultat seines Lesens kann natürlich nicht den eigentlichen Vollzug des Lesens erklären.

Und noch ein anderer Punkt ist zu bedenken, wenn man die Tragfähigkeit einer kommunikationstheoretischen Erklärung des Lesens abwägen will. Volker Roloff, der auf dem Hintergrund der Pragmatik-Diskussion die kommunikationspsychologischen Aspekte der Lektüre erörtert, hebt zu Recht eine Seite des Lesens hervor, die im kommunikativen institutionalisierten Bezugsrahmen verloren zu gehen droht, nämlich

> Lesen als eine Form subjektiver, tagtraumähnlicher Phantasietätigkeit, die in ihrem z. T. außersprachlichen und vielleicht auch außerkommunikativen Charakter im Rahmen von Kommunikationstheorien, wie es scheint, kaum oder allenfalls negativ, etwa als eine Form pseudokommunikativen Verhaltens, beschrieben werden kann.[5]

Anschließend heißt es dazu:

> Im Hinblick auf die Leserforschung müßte, wie mir scheint, das Instrumentarium der üblichen Interaktionsmodelle erweitert und vor allem dahingehend differenziert und erläutert werden, daß die Lektüre, als ein Teil der in Form des literarischen Werks abstrahierbaren Interaktion von Autor und Leser, einerseits alle Spannungsmomente und Konfliktmöglichkeiten allgemeiner Kommunikationssituationen konkret enthält, andererseits aber (...) als ein Freiraum zum Teil gelenkter, zum Teil subjektiv ausschweifender und »asozialer« Phantasietätigkeit dem Geltungsbereich festgelegter und institutionalisierter äußerer Beziehungsstrukturen weitgehend entzogen ist.[6]

Man könnte diesen Ausführungen vorbehaltlos zustimmen, wenn sie nicht einen zu engen Begriff von der Funktion der Sprache im Lesen enthielten. Die berechtigte Relativierung des kommunikationstheoretischen Ansatzes

---

[5] Volker Roloff: Der Begriff der Lektüre in kommunikationstheoretischer und literaturwissenschaftlicher Sicht. Überlegungen zu aktuellen Problemen der Leserforschung. In: Romanistisches Jahrbuch 29 (1978, ersch. 1980), S. 40.

[6] Roloff, S. 56.

führt nämlich zu einer entsprechenden Relativierung des Sprachlichen überhaupt, dem nun ein ›Außersprachliches‹ entgegengestellt wird, dessen Natur allerdings unbestimmt bleibt und dessen Relevanz für eine Entwicklung des Lesebegriffs nur über die Vermittlung einer Text- bzw. Literaturtheorie mit außersprachlicher Komponente sichtbar wird.

Demgegenüber soll hier so lange wie möglich an dem Grundsatz festgehalten werden, daß Lesen ein sprachliches Vermögen ist und daß, wo die kommunikative Funktion von Sprache zurücktritt, Sprache nicht gleich aufhört, Sprache zu sein; sieht man Sprache in all ihren Funktionen (epistemische, regulative), so braucht man auch nicht sofort eine außersprachliche Komponente im Lesevorgang anzusetzen, sobald der sprachlich-kommunikative Aspekt des Lesestoffs verschwindet. Gewiß fallen die Grenzen der Kommunikation nicht mit den Grenzen des Lesens zusammen; Lesen verfügt über bedeutend mehr Möglichkeiten. Daraus folgt jedoch nicht, daß Lesen auch die Grenzen der Sprache überschreitet.

Trotz dieser zahlreichen Einwendungen gegen die Einordnung des Lesens als Form des Kommunizierens bleibt unbestreitbar, daß Autor und Leser miteinander sprechen, Sprache gebrauchen, daß also beide in einem ›Kommunikationsspiel‹ agieren. Dies bestätigt sich vor allem dann, wenn man mit gutem Grund den sozial-kommunikativen Aspekt über den technizistischen Fertigkeitsaspekt des Lesens stellt.[7] Von Marcel Proust stammt das Wort vom Lesen als dem »fruchtbaren Wunder einer Kommunikation im Herzen der Einsamkeit«.[8] Lesen sei »der von einem anderen Geist ausgehende Impuls, der aber in der Einsamkeit empfangen wird.«[9] Proust reagiert mit dieser Bestimmung auf die soeben diskutierte Auffassung, derzufolge sich Lesen als Unterhaltung abspiele. Dabei greift er durchaus den Kommunikationsbegriff auf, gibt ihm aber eine Prägung, die sich in der Zukunft als höchst bedeutsam erweisen wird. Gerade aus gegenwärtiger, insbesondere kybernetischer Sicht zeigt sich in aller Deutlichkeit, daß die vorwiegende Begründung des Kommunikationsbegriffs auf zwischenmenschliche, interpersonelle Beziehungen zu kurz greift. Aus diesem eingeschränkten Begründungszusammenhang entstehen dann Konzepte wie das der ›Einbahnkommunikation‹, das die Besonderheit des Lesens kennzeichnen soll, es im Grunde aber nur auf eine ›halbe‹ Kommunikation reduziert. Daß Kommunikation dagegen auch ein innerer, intrapersoneller Vorgang ist, der nicht nur gegenüber dem interpersonellen in gleicher Weise voll-

---

7 Irene J. Athey: Language models and reading. In: Frederick B. Davis (ed.): The literature of research in reading with emphasis on models. New Brunswick 1971, section VI, p. 3.

8 Proust: Tage des Lesens, S. 32.

9 Ebd., S. 41.

ständig funktioniert, sondern diesem sogar zugrunde liegt, wurde bei der Entwicklung eines Lesebegriffs noch wenig bedacht.[10] Gerade der Begriff der Intrakommunikation, der auf die für das Lesen kritische Komponente der Interaktion verzichten kann, scheint sich besonders für die Erfassung des Leseprozesses zu eignen. Damit bleibt also der Kommunikationsbegriff in der Leseforschung erhalten, aber seine Wurzeln liegen nunmehr im Bereich des Systeminternen, des Innerpsychischen und nicht mehr auf der Ebene des Sozial-Interaktiven oder gar des Institutionalisierten.

Den Kern des Kommunikationsbegriffs stellt bekanntlich der Informationsaustausch dar. Nun ist der Begriff des Austausches seinerseits insofern irreführend, als er falsche Vorstellungen über den tatsächlichen Ablauf suggeriert und sogar eine interaktionale Komponente zu implizieren scheint; denn Informationen lassen sich ja nicht austauschen wie handliche Gegenstände. Zwar kann man durchaus ein Textdokument in diesem Sinn austauschen, während dies im Fall der Rede nur mit Hilfe eines modernen Magnetophonbandes möglich ist. Doch geht es hier um etwas anderes: Der Schreiber hüllt nicht das, was er mitteilen will, in Schrift ein, damit es der Leser auspacke. Informationen wandern nicht; aber der Begriff des Informationsaustausches unterstellt das unwillkürlich, so daß man in der Leseforschung nicht selten der Vorstellung vom Lesen im Sinn eines Informationstransportes »von einem Bewußtsein zum anderen«[11] begegnet. Demgegenüber ließe sich freilich schon Wilhelm von Humboldt anführen, der versicherte: »Die gemeinsame Rede ist nie mit dem Übergeben eines Stoffes vergleichbar.«[12] Informationen sollten als das Ergebnis einer Denkarbeit angesehen werden, die sich im Schreiber und Leser jeweils gesondert abspielt.[13] Das eigentliche Problem, das sich somit ergibt, betrifft die Art und Weise, wie diese Koinzidenz des Denkens bei unterschiedlichen Personen regulär zustande kommt. Die übliche und naheliegende Antwort weist den ›Wortlaut‹ als verbindlichen Angelpunkt, als eindeutiges Maß der kommunikativen Übereinstimmung aus. Doch gerade der Wortlaut ist nur die sichtbare Spitze eines bedeutend umfassenderen Bereichs, der allein auf dem Weg der geistigen Verarbeitung, nicht aber der bloßen sinnlichen Wahrnehmung graphischer Gegebenheiten erschlossen werden kann. Was also während des Lesens als einer besonderen Form von Intrakommunika-

---

[10] Theodor Lewandowski: Überlegungen zur Theorie und Praxis des Lesens. In: Wirkendes Wort 30 (1980), S. 54–65.

[11] Paul A. Kolers in der Einleitung zur Neuausgabe von Edmund Burke Huey: The psychology and pedagogy of reading. Cambridge, Mass 1977, S. XV.

[12] Wilhelm von Humboldt: Schriften zur Sprachphilosophie. Werke Bd. 3, Darmstadt 1972, S. 430 (= VII 57).

[13] Karl Steinbuch: Maßlos informiert. Die Enteignung unseres Denkens. München 1978, S. 52–55.

tion geschieht, kann nicht in Begriffen des Austausches und Transportes beschrieben werden. Der intrakommunikative Aspekt des Lesens führt vielmehr direkt auf die Frage nach den Prozessen zu, die dem Verstehen zugrunde liegen. Dabei mag vorläufig noch unentschieden bleiben, ob das Verstehen eine Komponente der Intrakommunikation bildet oder ob das Konzept der Intrakommunikation als Modell für die Erklärung von Verstehensvollzügen gelten kann. Auf alle Fälle aber zeigt sich deutlich, wie die Probleme des Lesens auf die Probleme des Verstehens zurückweisen, wie direkt eine Erörterung des Leseprozesses in die Klärung des Verstehensvorgangs übergreifen muß.

Die Vorteile, die man gewonnen hätte, wäre es gelungen, Lesen restlos als eine Form interaktionaler Kommunikation zu identifizieren, wären ziemlich groß gewesen. Denn die Institutionalisierung der Vollzüge und das Normierte des Rollenangebotes – beides tritt bei interaktionalem Handeln immer wieder deutlich hervor – hätten es erlaubt, eine umfassende Regularität des Lesens zu entwickeln, die für jeden Lesevorgang das Richtmaß abgegeben hätte. Insofern Lesen ein Gegenstand der Unterweisung ist, wird dieser Aspekt ohnehin noch reichlich zur Geltung kommen. Aber die Bindung der Lesevollzüge an den Verstehensbereich erweitert das Problemfeld erheblich und verlagert es in ein Gebiet, das nach wie vor mehr Probleme aufwirft als Fragen beantwortet. Nun nämlich geht es sowohl um eine komponentielle Bestimmung des Verstehens als auch um die Festlegung der Beziehung zwischen Lesen und Verstehen und dies zu einem Zeitpunkt, da beide Beziehungsteile noch kaum geklärt sind.

So ist es nur allzu verständlich, daß man in der augenblicklichen Unsicherheit Vorgänge, die mit dem Verstehen unmittelbar zusammenhängen, lieber als nicht »hinterfragbares *semantisches* Vermögen«[14] voraussetzt und damit eine strukturelle Analyse vermeidet. Angesichts der zu erwartenden Schwierigkeiten mag aber auch im gegenwärtigen Zusammenhang noch einen Augenblick gezögert werden, Lesen und Verstehen gemeinsam abzuhandeln. Gibt es nicht doch eine Möglichkeit, den Verstehensaspekt im Lesen zunächst einmal zu umgehen und nach Mitteln zu suchen, die geeignet wären, eine Normierung des Leseverhaltens zu erarbeiten, so daß die Beziehung zwischen Schreiber und Leser über den Text hinaus eine regelhafte Interpretation erfahren könnte?

---

[14] So zuletzt Ruth Gümbel: Erstleseunterricht. Entwicklungen – Tendenzen – Erfahrungen. Königstein 1980, S. 106.

### 1.1.2 Lesen als Koordination

Es gibt eine andere Möglichkeit, Lesen in einen umfassenderen Zusammenhang einzuordnen. Gemeint ist der Theorieentwurf einer Koordination, die zwischen zwei Partnern stattfinden muß, damit sie sinnvoll und erfolgreich miteinander handeln können. Es gehört zu den grundlegenden Voraussetzungen jeder zwischenmenschlichen Begegnung, daß sich eine Beziehungsebene einrichten läßt, auf der beide Partner geneigt sind, ihre Interessen mit den Interessen des anderen abzustimmen, ja sogar inhaltlich gleichzuschalten. Diese wechselseitige Gleichsetzung bildet nicht etwa das Thema ihrer Begegnung, sondern liegt ihr grundsätzlich voraus; nur eine solche Voraussetzung bietet die Möglichkeit für eine planbare zukünftige und wiederholbare Zusammenarbeit; ohne sie bliebe alles dem regellosen Zufall überlassen. – Der dargestellte Sachverhalt geht auf die einflußreiche Monographie von David K. Lewis[15] zurück. Es lohnt sich, diesen Ansatz für den Fall des Lesens eigens zu bedenken.

Ganz im Sinne der Spieltheorie, von der Lewis ausgeht, entsteht zwischen Schreiber und Leser eine Situation, in der sich beide ›treffen‹ wollen. Bei der Verwirklichung ihrer Begegnungsabsicht greifen sie zuversichtlich auf Erwartungen zurück, die sie wechselseitig voneinander haben. Jeder hat sich vom anderen bestimmte Erwartungen einfacher und höherer Grade gebildet, um das Ziel wechselseitiger Verständigung, der Equilibration im Sinne von Lewis,[16] zu erreichen. So erwartet der Schreiber vom Leser, daß dieser den Text liest; er weiß aber auch, daß der Leser seinerseits die Lektüre möglicherweise mit besonderen Erwartungen beginnt, so daß er, der Schreiber, sich schon im Augenblick seines Arbeitens darauf einstellt. Der Leser mag etwa vom Autor erwarten, daß dieser so schreibt, daß es den Möglichkeiten und Zwecken des eigenen Lesens entspricht, daß es ihn ›angeht‹. Solche und ähnliche Erwartungen, einfache und raffiniertere, spielen zwischen Autor und Leser zweifellos eine gewisse Rolle; man denke nur im literarischen Bereich an die Poetik des Vorwortes, die Techniken der Leseranrede, die Mechanismen der Evozierung von Erwartungshorizonten und an andere Vereinbarungsarten oder Vereinbarungsangebote.

Doch nicht diese Art von Erwartungen ist hier gemeint, wenn es bei Lewis heißt, daß Koordinationsaufgaben mit Hilfe eines Systems übereinstimmender wechselseitiger Erwartungen gelöst werden.[17] Eine Erwartung in diesem Sinn liegt vielmehr dann vor, wenn der Autor die Sprache, in der er schreibt, deshalb gewählt hat, weil er erwartet, daß seine Leser dieselbe Sprache verwenden, und weil es um der Verständigung willen sein Wunsch

---

15 David K. Lewis: Convention. A philosophical study. Cambridge, Mass. 1969.

16 Ebd., S. 14.

17 Lewis, S. 44.

ist, genau in der Sprache zu schreiben, die seine Leser beherrschen, ganz gleich, welches diese ist.[18] Da sich der Autor nicht nur einmal, sondern möglicherweise schon früher so zu verhalten pflegte, liegt durchaus eine Regelmäßigkeit seines Verhaltens im Sinn von Lewis vor.[19] Lewis bezeichnet diese Regelmäßigkeit als Konvention[20] und formuliert seine endgültige Definition des Konventionsbegriffs so:

> A regularity *R* in the behavior of members of a population *P* when they are agents in a recurrent situation *S* is a *convention* if and only if it is true that, and it is common knowledge in *P* that, in almost any instance of *S* among members of *P*,
> (1) almost everyone conforms to *R*;
> (2) almost everyone expects almost everyone else to conform to *R;*
> (3) almost everyone has approximately the same preferences regarding all possible combinations of actions;
> (4) almost everyone prefers that any one more conform to *R*, on condition that almost everyone conform to *R;*
> (5) almost everyone would prefer that any one more conform to *R'*, on condition that almost everyone conform to *R'*,
> where *R'* is some possible regularity in the behavior of members of *P* in *S*, such that almost no one in almost any instance of *S* among members of *P* could conform both to *R'* and to *R*.[21]

Obwohl Lewis an keiner Stelle seiner Studie ausdrücklich das Lesen behandelt, reiht er doch den allgemeinen Bereich schriftsprachlicher Verwendung dem Begriff der verbalen Signalisierungskonvention zu.[22] Das erübrigt allerdings nicht die Frage, inwieweit sich die Autor-Leser-Beziehung tatsächlich dem Konventionskonzept eingliedern läßt. Schon die erste Bedingung der Konventionsdefinition wirft hier Probleme auf. Mit welcher Regularität könnten Schreiber und Leser in Einklang stehen? Etwa mit den Prinzipien der Sprachverwendung, also mit Meinen und Verstehen? Aber diese gilt es ja hier erst zu klären; sie sollten nicht so ohne weiteres vorausgesetzt werden. Eher könnten Aspekte der Aufrichtigkeit, der Normalität und des Zweckangemessenen, also die durch Paul Grice entwickelten Konversationsmaximen,[23] in Betracht kommen. Sie aber sind gegenüber der besonderen Situation des Lesers recht allgemein gehalten und bewähren sich besser im Gespräch ›von Angesicht zu Angesicht‹. Welche Rolle spielt, genau besehen, das Bild des Lesers für den Autor und

---

[18] Ebd., S. 49. Lewis denkt in diesem Zusammenhang an Handlungsweisen, nicht aber an Sprache; das oben charakterisierte Erwartungs-Muster stellt also bereits einen Anwendungsversuch dar.

[19] Ebd., S. 41.

[20] Ebd., S. 51.

[21] Ebd., S. 78.

[22] Lewis, S. 141ff.

[23] H. P. Grice: Logic and conversation. In: Peter Cole, Jerry L. Morgan (eds.): Syntax and semantics. Vol. 3: Speech acts. New York 1975, S. 41–58.

umgekehrt? Die zweite Bedingung der Konventionsdefinition legt es zudem auch nahe, daß der Leser alle anderen Leser – gegenwärtige, vergangene und zukünftige – ebenfalls irgendwie in seine Erwartungshaltung einbezieht. Doch ein solches Maß an Konformität wird man kaum in einer so diffusen Leserschaft erwarten können, selbst wenn man besondere Lesesituationen – die Klopstock-Lektüre des Göttinger Hains, die Lesegewohnheiten des George-Kreises – berücksichtigt. Allenfalls ließe sich im Bereich der öffentlichen Geschmacksbildung eine vergleichbare Tendenz zum wechselseitigen Einklang um des bislang sich bewährenden Einklangs willen ermitteln; dies müßten historische Studien über Motive der Geschmacksbildung sowie über Entstehung und Wandel von Vorlieben erweisen. Sieht man jedoch von solchen speziellen Möglichkeiten für die Entstehung von Konventionen innerhalb der Autor-Leser-Beziehung ab, so läßt sich wohl nur folgendes festhalten.

Wer schreibt, hat vielleicht einen bestimmten Leserkreis im Auge, muß sich aber nicht in dieser Weise festlegen. So lautet etwa die Antwort von Heinz Piontek auf die Frage »Für welche Leser schreiben Sie Ihre Bücher?«: »Das möchte ich auch wissen! (...) An Leser denke ich beim Schreiben kaum.« Anna Seghers antwortet auf dieselbe Frage so: »Für alle Menschen, die entwicklungsfähig sind oder auch durch meine Bücher entwickelt werden.« Luise Rinser: »Für wen ich schreibe: für niemand. Für mein Du, das ich bin. Natürlich: wenn ich Aufsätze und Nichtdichterisches schreibe, weiß ich, muß ich wissen, für wen ich schreibe.«[24] Wahrscheinlich liegt es sogar in der Natur der Schriftsprachenverwendung, sich nicht im vorhinein auf einen bestimmten Leserkreis eingrenzen zu lassen, vielmehr auf Grund der sie auszeichnenden Allgemeinheit und Verfügbarkeit für viele und vieles offen zu bleiben. Dies alles bedacht, darf man füglich vermuten, daß ein Autor sich weder in seinen Erwartungen noch in seinen Wünschen auf die Sprache seiner Leser festlegt, vielmehr dieser gleichgültig gegenübersteht, ja sie in vielen Fällen überhaupt nicht kennen kann. Die Möglichkeit liegt also nahe, daß sich Koordinationsaufgaben zwischen Individuen ergeben, die gerade nicht dieselbe Sprache haben, ein Fall, den Lewis zurückweist.[25] Zwar haben – wie zu sehen war – sowohl Autor als auch Leser durchaus Koordinationsprobleme, diese tragen sie aber höchst selten und kaum endgültig direkt miteinander aus. Hier läßt sich eine bemerkenswerte, für den Schriftsprachverkehr jedoch typische Verschiebung bei der Austragung von Koordinationsproblemen beobachten: Jetzt nämlich spielen sich diese Koordinationsprobleme zum einen zwischen

---

[24] Zit. n.: Sehr geehrter Herr Schriftsteller. In: Die Zeit, Nr. 41, 5. Oktober 1979, S. 70.

[25] Lewis, S. 177.

Autor und Text, zum anderen zwischen Leser und Text ab. Sowohl Schreiber als auch Leser haben es somit – will man dem Text nicht ein eigenes, individuelles Leben zusprechen – vor allem mit ›Selbstkoordination‹ auf der Grundlage eines Textes zu tun. Anders formuliert: Da der Text nicht Partner sein kann, Koordination aber beabsichtigt ist, muß der Leser für sich allein und ohne Partnerkontakt sprachlich tätig werden.

Nun unterstellt Lewis von vornherein auch gar nicht die Notwendigkeit einer direkten Verbindung zwischen den Koordinationspartnern, vielmehr heißt es ausdrücklich:

> Note that replication is *not* an interaction back and forth between people. It is a process in which one person works out the consequences of his beliefs about the world – a world he believes to include other people who are working out the consequences of their beliefs, including their belief in other people who... By our interaction in the world we acquire various high-order expectations that serve us as premises. In our subsequent reasoning we are windowless monads doing our best to mirror each other, mirror each other mirroring each other, and so on.[26]

Es gibt also kein Element, das als Brücke zwischen solchen fensterlosen Monaden dienen könnte; zwar erwirbt man Erwartungen in Interaktionen, aber ihre weitere Verarbeitung, der gestufte Aufbau von Erwartungserwartungen erfolgt ohne Rückversicherung. Die Konvention ist kein objektiv existierender Bezugspunkt, der die Koinzidenz der individuellen Erwartungsbilder, Erfahrungen und Präferenzen angesichts eines gemeinsamen Koordinationsproblems garantiert; die beabsichtigte Konvergenz tritt vielmehr ein, weil sie wiederholt eingetreten ist und sich dadurch in den Augen aller Beteiligten bewährt hat. Die Erwartungshaltung verwandelt sich in den Erwartungsinhalt und bildet bei entsprechender Homogenität der Gesellschafts- und Sprachform ein hinreichendes Fundament für die gegenseitige Abstimmung in Situationen, die Koordination erfordern.

Die Autor-Leser-Beziehung erreicht selten einen solchen Grad an Homogenität, so daß jene Konvention, die durch eine fünffach bedingte Regularität zustande kommt, höchstens als Ausnahmefall eintritt. Statt dessen aber besitzt die Autor-Leser-Beziehung einen durchaus materiellen Bezugspunkt, nämlich den Text, der als Brücke zwischen den Monaden dient. An ihm haben Autor und Leser zugleich mehr und weniger als eine Konvention: mehr insofern mit dem Text geradezu ein Dokument der fremden Monade vorliegt und nicht bloß ein Erwartungsbild, weniger insofern sich dieses Dokument den wechselnden Regularitäten sprachlicher Koordinationsprozesse nicht beugt, sondern individualistisch und hermetisch auf der eigenen Art beharrt und so die Hoffnung auf eine in Zukunft symmetrische oder gleichgewichtige Konvergenz kaum aufkommen läßt.

---

[26] Lewis, S. 32.

Das heißt u. a. auch, daß der Leser etwas anderes tun muß als der Autor, daß es nicht genügt, bei der Rhythmisierung der Erwartungsbildungen den Takt mit allen anderen einzuhalten. Anders gewendet: Die Existenz eines Dokuments, das der Schreiber jedem, der es lesen will und kann, zur Verfügung stellt, erzeugt eine besondere Art von Koordinationsproblemen, nämlich die Probleme des Verstehens. Solange die Monaden im Sinn von Lewis fensterlos bleiben, funktioniert das Verfahren der Bildung von Erwartungserwartungen ›normalerweise‹ recht gut; öffnet die eine Monade jedoch ihr Fenster, um etwas zu überreichen, so reagiert die andere in entsprechender Weise und wendet damit ihre Aufmerksamkeit ab vom Fluß der Erwartungsbildung und hin zum Verstehen des Dargereichten.

So wird sichtbar, daß der Versuch, Lesen und Verstehen als eine Art Koordinationsproblem zu umschreiben, nicht weiterführt, sondern erneut auf die grundlegende Komponente des Verstehens zurücklenkt. Gerade die besonderen Bedingungen der Verwendung von Schriftsprache, vor allem aber die materielle Beständigkeit des Textes, machen einen Rückgriff auf die nutzbringende Verbindlichkeit von Konventionen unnötig; dagegen schaffen sie für den Leser das Problem des Verstehens.

Nun scheint diese Problemlage nicht nur für Schriftsprache, sondern für Sprache überhaupt zuzutreffen. Das zeigt sich in der Fortführung des Lewisschen Ansatzes durch Jonathan Bennett.[27] Denn dasselbe Problem entsteht, wenn man die Beziehung zwischen Sprecher und Hörer als Koordinationsproblem interpretiert, wie Bennett es beabsichtigt. Auch hier geht es letztlich um die Frage nach der Besonderheit des Sprachverstehens. Bennett ruft noch einmal in Erinnerung, daß die Analysen von Lewis nur für die Koordination von Handlungen galten. Aber nicht jedes Geschehen zwischen Sprecher und Hörer läßt sich sinnvollerweise als Handlung bezeichnen.[28] So schlägt Bennett eine Ersetzung des Handlungsbegriffs bei Lewis vor, um die den Handlungen zugrunde liegende Koordinations- und Konventionsstruktur auch auf sprachliche Geschehnisse ausweiten zu können.[29] Bennett ersetzt ›handeln‹ durch ›tun‹ und faßt ›tun‹ so weit, daß auch der Erwerb von Überzeugungen (»belief acquisition«) unter diesen Ausdruck fällt. (Man muß hierbei hinzufügen, daß es rein methodologische Gründe sind, die Bennett dazu führen, vor allem die Aussage- bzw. Behauptungsfunktion sowie die Aufforderungsfunktion der Sprache in den Vordergrund seiner Analyse zu stellen.)

---

[27] Jonathan Bennett: Linguistic behaviour. Repr. Cambridge 1979, Kap. 7.

[28] Nach Lewis hätte ein Hörer nur dann ›mit einer Konvention in Einklang stehen‹ können, wenn er seinerseits zu sprechen und somit zu handeln begonnen hätte. Zur Revision der eigenen Ansicht siehe David Lewis: Languages and language. In: Keith Gunderson (ed.): Language, mind, and knowledge. Minnesota studies in the philosophy of science 7 (1975), 11f.

Bei der Koordination von Sprecher und Hörer unterstellt Bennett die Wirkung des sogenannten ›Griceschen Mechanismus‹:[30] Der Sprecher möchte dem Hörer mitteilen, daß etwas der Fall ist; dabei wendet er den ›Griceschen Mechanismus‹ an, der so lautet: Des Sprechers Absicht, beim Hörer eine Überzeugung hervorzurufen, soll zugleich für den Hörer ein Grund dafür sein, diese Überzeugung zu erwerben. Wenn nun der Sprecher etwas äußert, dann will der Hörer wissen, was dieser damit meint. Jetzt ist eine Situation geschaffen, in der eine »Koinzidenz des Interesses« den Vorrang hat.[31] Nach Bennett wird nun eine Koordination erreicht, wenn der Sprecher etwas äußert und dabei eine Aussage mitzuteilen beabsichtigt, während der Hörer denkt, daß das, was der Sprecher meint, diese Aussage ist. Diesen recht komplizierten Sachverhalt faßt Bennett überraschenderweise so zusammen: »Less long-windedly, understanding is a special case of coordination.«[32] Und er fährt fort:

> Now, if *U* and *A* mutually believe that in the past whenever *U* has uttered *S* he has meant that *P*, and *A* has taken him to mean that *P*, then this mutual belief *both* gives *U* a reason for again uttering *S* if he wants to communicate *P and* gives *A* evidence that when *U* next utters *S* he means *P*. In this way a certain coordination in their *doings* is achieved: their mutual knowledge of a past regularity has led them to maintain it in further instances because it is their best chance of continuing to achieve that coordination in which *A* takes out of an utterance what *U* put into it. The vital point is that the relevant *doings* in this situation are all under the control of beliefs in such a way that they can be explained as arising from a certain mutual belief and can be predicted accordingly.

Diese Formulierungen bemühen sich sichtlich um eine explizite und genaue Beschreibung dessen, was zwischen Sprecher und Hörer geschieht. Aber dieses Beschreibungsverfahren ist gar nicht so genau, wie es zunächst den Anschein hat; vielmehr fungiert es bereits als geschickte Umformulierung von solchen Redeweisen, die, ließe man sie im eigenen Darstellungsstil zu, zu unliebsamen Problemen führen könnten. So erfolgt eine Steuerung der Aufmerksamkeit schon durch die Formulierung, daß ›der Sprecher etwas äußert‹. Diese Formulierung ist nämlich keineswegs genauer als die andere, vermiedene Möglichkeit, denselben Sachverhalt zu erfassen, nämlich daß ›der Sprecher spricht‹. Doch, einmal so gewendet, läßt sich dann auch sagen, daß ›der Sprecher mit Sprache etwas meint‹, womit die Alternative, daß nämlich ›Sprache bedeutet‹, zunächst einmal ausgeschaltet ist.

Was den Hörer betrifft, so legen Bennetts Formulierungen ebenfalls eine bestimmte Sichtweise fest und lenken von einer anderen ab: Der Hörer nämlich wird nur dann wissen wollen, was der Sprecher mit seiner Äuße-

---

[29] Bennett, § 55.
[30] Von Grice wird noch ausführlicher in Kap. 3.3 die Rede sein.
[31] Bennett, S. 179.
[32] Bennett, S. 179.

rung meint, wenn er sie nicht versteht oder wenn er einen Anlaß sieht, das bereits Verstandene zu ergänzen oder zu revidieren. Natürlich liegt normalerweise zwischen Sprecher und Hörer eine Koinzidenz der Interessen vor; wer nicht verstehen will, kann sich recht erfolgreich gegen alle Äußerungen des Sprechers abschirmen. Aber nicht darum geht es hier, sondern um die Tatsache, daß ein Hörer die Worte des Sprechers einfach versteht; er kann darüber hinaus nach Absichten und Zwecken fragen, aber sein Verstehen erschöpft sich nicht in dieser Mittel-Zweck-Diagnose von Sprachzeichen. Im Unterschied zu nicht-verbalen Zeichen kann man jemandem mittels Sprache nicht nur etwas zu verstehen geben, sondern man kann vor allem zu ihm sprechen, und er wird verstehen.

Bennett freilich geht es darum, den Tätigkeitsaspekt mit den dafür typischen Komponenten der Absicht, des Zwecks, der Mittel und des Grundes hervorzuheben. In diesem Rahmen spielt Verstehen als Mittel nur eine untergeordnete Rolle im Prozeß des Erwerbs von Überzeugungen.[33] Läßt man sich nicht auf das von Bennett gewählte Formulierungsverfahren ein, so ergibt sich eine andere Rolle des Verstehens. Man kann dann beobachten, daß in einigen Fällen des Verstehens Koordinationsprobleme eingeschlossen sind, daß aber alle Fälle des Koordinierens ein Verstehen voraussetzen. Das aber heißt: Man kann den Koordinationsbegriff nicht für die Erklärung des Verstehens heranziehen. Lesen und Verstehen enthalten zwar Koordinationsprobleme, lassen sich aber nicht mit den erwähnten Strategien des Koordinierens erklären. Der Verstehensbegriff behauptet somit seine fundamentale Rolle im Sprechen und Hören, Schreiben und Lesen.

## 1.2 Lesen, Hören und Verstehen

Wer das Lesen erklären will, muß sich mit dem Verstehen auseinandersetzen. Diese Zielsetzung bezeichnet in der Leseforschung keineswegs eine Selbstverständlichkeit, obwohl sie – im Gesamtzusammenhang der jahrhundertealten Überlegungen zur ›Kunst des Lesens‹[34] alles andere als neu ist. Es hängt vielmehr von bestimmten Grundannahmen ab, ob und in welcher Weise eine solche Forderung überhaupt in den Problemhorizont rücken kann. ›Verstehen‹ galt im Rahmen der Leseforschung weithin als ein Thema, das man nur hinsichtlich der Frage, inwieweit man Verstehen beobachten, messen und kontrollieren könne, bedachte.[35] Auch im Rah-

[33] Bennett, S. 199.

[34] Als ein Beispiel unter vielen: J. A. Bergk: Die Kunst, Bücher zu lesen. Nebst Bemerkungen über Schriften und Schriftsteller. Jena 1799.

[35] Frederick B. Davis: Psychometric research on comprehension in reading. In: Davis (ed.): The literature of research in reading, 1971, sec. 8, S. 3–60.

men des Modelldenkens, das sich in der internationalen Leseforschung allmählich durchgesetzt hat, bildet die Verstehens-Kategorie eher einen stiefmütterlich behandelten Teil.

Einer ersten, vorläufigen Durchmusterung repräsentativer Modelle des Leseprozesses mag sich freilich diese Problemlage noch nicht in voller Schärfe erschließen; denn natürlich nimmt die Verstehenskomponente in den heute bevorzugten Prozeßtheorien des Lesens eine feste Stellung ein: Jedes Flußdiagramm eines Lesevorgangs mündet ganz selbstverständlich in eine letzte Phase, die man ›Verstehen‹ nennt, oder es enthält zumindest eine entsprechende Dimension. Doch bei genauerem Hinsehen ergeben sich entscheidende Lücken und Ungenauigkeiten.

Zunächst jedoch gilt es, den soeben angesprochenen Prozeßbegriff in seiner dreifachen Verwendungsweise vorzustellen, eine Unterscheidung, die sich durchaus auf die Ortbestimmung des Verstehens auswirken wird. Erstens denkt man an einen Vorgang insofern, als Lesen sich in einer linearen Bewegung von links nach rechts vollzieht. Man nimmt die Schriftzeichen in größeren oder kleineren Gruppen nacheinander auf, wobei sich allerdings syntaktische Einheiten der Schrift und Wahrnehmungseinheiten nicht unbedingt zu decken brauchen. Da man höchst selten das Ganze eines Textes auf einmal übersehen kann, verharrt das Verstehen des Lesestoffs bis zum Leseabschluß in einem vorläufigen, revisions- und ergänzungsbedürftigen Zustand, der erst in der Phase des Wiederlesens überwunden wird. Die räumlich-zeitliche Sukzession des Lesens weist das Verstehen einer Textstelle als Anwendung des jeweiligen Stellenverständnisses im Schnittpunkt von Erinnerung und Erwartung aus.[36] Zweitens ergibt sich das Prozessuale des verständnisvollen Lesens aus der Tatsache, daß Lesen als eine Form des Erfahrens und Denkens in je individuelle lebensgeschichtliche Abfolgen eingebettet ist und gerade unter dem Aspekt langzeitiger Wirkung eine wohl kaum ausschöpfbare Prozeßdimension gewinnt. Drittens bezieht sich die Prozessualität des Lesens auf jenen Verarbeitungsweg, den die physikalischen Signale der Schrift von der sensuellen über die neurale bis zur mentalen Ebene des menschlichen Erkennungssystems zurücklegen. Verstehen bildet hier eine mehr oder minder identifizierbare letzte Phase innerhalb einer Kette von operativen Einheiten.

Es ist der dritte Prozeßaspekt, dem im gegenwärtigen Zusammenhang

---

[36] Zur phänomenologischen Terminologie desselben Sachverhalts vgl. Wolfgang Iser: Der Akt des Lesens. Theorie ästhetischer Wirkung. München 1976, S. 181, Grundlegendes zur Kontinuität des Sinnerlebnisses und zur Bildung von ›Verständnis-Fäden‹ enthält der Aufsatz von Richard Hönigswald: Beiträge zur Psychologie des Lesens. In: Acta Psychologica 4 (1939), S. 62–68. Siehe auch Ernst Meumann: Vorlesungen zur Einführung in die experimentelle Pädagogik und ihre psychologischen Grundlagen. 2. Aufl., 3. Bd., Leipzig 1914, S. 464.

eine hervorragende Bedeutung zukommt. Denn in der Tat ist das, was sich blitzartig und auf einmal abzuspielen scheint, ein Vorgang, der dauert und den man in verschiedene Phasen aufteilen kann. Wo aber ist hier das Verstehen anzusiedeln? Ereignet es sich erst ganz zuletzt oder schon eher, vielleicht sogar bereits am Anfang eines solchen Lesevorgangs? Darf man im Verstehen eine isolierbare eigenständige Phase des Leseprozesses sehen oder sollte man lieber von einer phasenübergreifenden Wirkungsweise der Verstehenskomponente ausgehen, die möglicherweise sogar auf vorausliegende Phasen einwirkt?

Ja, man muß sogar erwägen, ob Verstehen überhaupt als eigenständige Einheit angemessen beschrieben werden kann oder ob Verstehen nicht viel eher als dynamische, zielorientierte Strukturiertheit der anderen Verarbeitungsschritte aufzufassen sei; Verstehen also entweder als Phase des Leseprozesses oder als deren Eigenschaft?

Auf diesem Hintergrund lassen sich etwa drei Einstellungen zum Verhältnis von Lesen und Verstehen ausmachen. Dabei wird es sich als notwendig erweisen, ständig die besondere Funktion des Hörens zu berücksichtigen; viele Theorien des verständnisvollen Lesens nämlich zeichnen sich dadurch aus, daß sie dem Hören eine zentrale Rolle zusprechen. Erstens: Lesen wie Hören übermitteln auf je unterschiedlichem Wege sinnlich gewonnene Daten an ein gemeinsames Verstehenssystem, das die Eingaben unabhängig von ihren medialen Zubringern verarbeitet. Zweitens: Lesen vollzieht sich als sammelnde Aufnahme visueller Reize, die anschließend in das System gesprochener und gehörter Sprache übersetzt werden müssen; hier, beim Hören des Gelesenen, vollzieht sich dann das Verstehen unmittelbar. Der Fall, daß auch das Gehörte verstanden werden muß, daß also das Hören von Sprache noch nicht dessen Verstehen impliziert, darf hier außer acht bleiben, da er nur Aspekte, die bereits unter der ersten Einstellung genannt wurden, wiederholen würde. Drittens: Der Lesebegriff umschließt notwendigerweise eine Verstehenskomponente; nicht die Abfolge von technischen und seelischen Handlungen kennzeichnet den Lesevollzug, sondern das Gleichzeitige und Einheitliche wahrnehmender und verstehender Teilakte des Lesens.

### 1.2.1 Die isolierende Aneinanderreihung von Sprachrezeption und Sprachverstehen

Daß Hören und Lesen zwei technische Fertigkeiten darstellen, die dem eigentlichen Verstehen vorausgeschaltet sind, mag auf den ersten Blick einleuchten. Die im Hören und Lesen angesprochenen akustischen und visuellen Prozesse scheinen sich im hinreichend definierten neurobiologischen und physiologischen Bereich abzuspielen, während das Verstehen ein

Zustand oder Ereignis ›im Geist‹ ist, der mit der mechanisch-neuralen Modalität seiner Zubringer nichts gemein hat. Man kann verstehen, ohne das Verstandene vorher gehört oder gelesen zu haben; durch Denken gewonnene Einsichten wären hier zu nennen. Ebenso kann man lesen und hören, ohne zu verstehen. Wie sehr man das Lesen vom Verstehen trennen kann, zeigt das bekannte Beispiel vom blinden Latinisten, der einen Bekannten, der nicht das Lateinische beherrscht, bittet, ihm eine lateinische Passage vorzulesen, d. h. die Lautwerte der Schriftzeichen anzugeben, und so das Geschriebene versteht.

Natürlich vergrößert die Lesefähigkeit das Ausmaß des Verstehens und verändert es somit auch qualitativ. Die Geschichte des Lesens ist voll von solchen Revolutionen des Geistes, die allein durch den Erwerb des Lesevermögens und die Betätigung des Lesens zustande kamen.[37] Aber das Lesen bleibt dabei oft eine bloße kulturhistorische Technik, ein Instrument und Medium, dessen sich der Mensch bedient. Als Medium kann es dabei ebenso eine Aufwertung (Lesen als condition humaine, als ein Akt der Selbstbefreiung) wie Abwertung (Lesesucht, Verfremdung, Isolation) erfahren; das aber verändert nicht seinen technischen, instrumentellen und damit letzthin amentalen Charakter.

Hören und Lesen sind heute selbstverständliche Vorgänge, die man gelernt hat, automatisch auszuüben; was aber beim Verstehen geschieht, besitzt die Aura des Einmaligen und verlangt eine Gedankenarbeit, die oft über das Gelernte und Automatisierte hinausgeht. Auch ontogenetisch gesehen, gibt es gute Gründe, insbesondere das Lesen als bloßes technisches Vollzugsinstrument geistiger Operationen bzw. der Intelligenz zu deklarieren; im Sinne Piagetscher Psychologie erfordert der Umgang mit abstrakten Zeichen, wie es die Buchstaben sind, ohnehin einen bestimmten Grad kognitiver Entwicklung,[38] so daß die Frage nach dem Weg der Zeichenvermittlung und dem Ort der Zeichenverarbeitung deutlich zwei unterschiedliche und nacheinander angeordnete Bereiche anspricht.

Crosby und Liston z. B. versuchten auf Grund neurobiologischer Überlegungen zu zeigen, daß Lesen und Verstehen zwei deutlich voneinander zu unterscheidende und aufeinander folgende Prozesse sind;[39] für beide Vorgänge gibt es getrennte Gehirnfunktionen.[40] Auch das Hören, das im weiteren eine entscheidende Vermittlerrolle zwischen Lesen und Verstehen ausfüllen wird, stellt sich neurologisch als vom Verstehen unabhängige

---

[37] Vgl. auch hierzu das Buch des fortschrittlichen Aufklärers Bergk: Die Kunst, Bücher zu lesen, 1799.

[38] Athey: Language models and reading. In: Davis (ed.) 1971, sec. 6, S. 69f.

[39] R. M. N. Crosby, Robert A. Liston: Reading and the dyslexic child. London 1969, S. 37ff.

[40] Ebd., S. 41.

(Signal-)Umwandlungs- und Zubringerfunktion dar.[41] Hören, Lesen und Fühlen sind dieser Auffassung nach Werkzeuge des Verstehens, wobei allerdings dem Hören eine Vorzugsstellung zukommt; dieser letzte Aspekt wird im folgenden Abschnitt in den Vordergrund treten.

Im einzelnen entwickeln die beiden Autoren ihr Konzept auf der Stufe kindlicher Leseweisen: Demnach wird ein Schriftbild von den Augen aufgenommen und an die visuellen Bereiche des Gehirns weitergegeben. Danach erfolgt in der visuellen Perzeption die Unterscheidung der Buchstaben von allen übrigen visuellen Zeichen. Hierauf ereignet sich das, was Crosby und Liston die Lesefunktion nennen; das Kind erkennt (»recognize«) in dem, was es wahrgenommen hat (»perceive«), ein Wort und vergleicht es mit anderen ihm bekannten Wortbildern, um es zu identifizieren. Wenn das gelingt, spricht es das Wort laut aus und aktiviert damit die sprechmotorischen Funktionen. Alsdann hört es sich selber das Wort sagen und verläßt sich nunmehr auf die bereits vertraute Fähigkeit, gesprochene Wörter zu hören, zu erkennen und zu verstehen; dies geschieht in einem sogenannten »sound-to-comprehension network«.[42] Selbstverständlich erkennen die Autoren darin nur die elementare Anfangsform des Lesens. Aber auch der zweite Grad der Lesefähigkeit, der das geübte Lesen darstellt, umfaßt dieselbe Reihenfolge von verständnislosem Lesen und leseunspezifischem Hörverstehen; der einzige Unterschied besteht nunmehr darin, daß an die Stelle des lauten Aussprechens nur die Gehirnfunktionen der Sprech- und Artikulationsmotorik (inneres Sprechen) treten. Erst der selten erreichte dritte Grad der Lesefähigkeit sieht einen direkten Übergang von visueller Wahrnehmung zum Verstehen vor; allerdings scheint auch hier das Verstehen den Endpunkt des Prozesses zu bilden, der keinen Einfluß auf die Wahrnehmungsleistung ausübt. Identifizierung der sprachlichen Form und Identifizierung der Bedeutung dieser sprachlichen Form bleiben in dieser Auffassung zwei aufeinander folgende und in sich abgeschlossene Vorgänge.

In diesem Zusammenhang muß auch die Untersuchung von Gillian Cohen bedacht werden, die ermitteln wollte, ob der Prozeß der Worterkennung nach einer hierarchisch festgelegten Reihenfolge (visuell – akustisch – semantisch) ablaufe.[43] Sie fand heraus, daß eine Entscheidung über die

---

[41] Ebd., S. 43.

[42] Crosby, Liston, S. 39.

[43] Gillian Cohen: A comparison of semantic, acoustic and visual criteria for matching of word pairs. In: Perception & psychophysics 4 (1968), S. 203–204. In einer späteren Veröffentlichung löst Cohen die starre Abfolge zugunsten einer Phasenüberlappung auf; Cohen: Search times for combinations of visual, phonemic, and semantic targets in reading prose. In: Perception & psychophysics 8 (1970), S. 370–372.

visuelle Gleichheit zweier nicht verwechselbarer Wortgestalten sehr schnell erfolgt, während die Entscheidung hinsichtlich der Aussprachegleichheit eines Wortpaares schon länger dauert; am meisten Zeit nehmen aber Entscheidungen über inhaltliche Identität in Anspruch. Demnach dauert also der Verstehensprozeß am längsten, während Aussprechen und Sehen jeweils kürzere Reaktionszeiten beanspruchen.

Soweit also die Argumente für eine Trennung und Aneinanderreihung von Lesen und Verstehen. Aber es führt auch zu erheblichen Schwierigkeiten, Lesen und Verstehen in solch strikter Weise voneinander abzusetzen. Nicht nur die Erkenntnis über die Art der Augenbewegungen (die Art der Augenbewegungen hängt vom Wissen des Lesenden ab und ist somit nicht rein biologisch determiniert), sondern auch Einsichten in die vielfältigen Suchstrategien beim Lesen, die alle wissens- und erwartungsbedingt sind, legen die Annahme dringend nahe, daß weder Sehen noch Hören bloße rezeptive Funktionen sind, sondern daß sie weitgehend von Impulsen und Entscheidungen gelenkt werden, die vom Verstehenssystem ausgehen.[44]

Aus gedächtnispsychologischer Sicht erweisen sich die dargestellten Versuche einer Trennung als nicht minder problematisch. Vieles deutet darauf hin, daß es sinnesspezifische Gedächtnisformen gibt, die selbst auf der Ebene des Verstehens die Eigenschaften ihrer Sinnesmodalität erhalten; allem Anschein nach ist »das für eine einzige Sinnesmodalität spezifische Gedächtnis nicht auf eine Reihe kurzzeitiger sensorischer Speicher beschränkt (...), die ein modalitäts-unspezifisches kurzzeitiges Gedächtnis speisen.«[45] Das Verstehen bestimmt demnach möglicherweise nicht nur den Lesevollzug, sondern der Lesevollzug seinerseits definiert auch die Verstehensleistung; somit ergibt sich eine wechselseitige Verklammerung der beiden Bereiche und macht eine funktionale Trennung unwahrscheinlich.

Bevor diese Wechselseitigkeit näher beleuchtet wird, soll jedoch noch eine andere Möglichkeit in der Bestimmung des Verhältnisses zwischen Lesen und Verstehen bedacht werden. Schon beim Referat der Forschungsergebnisse von Crosby und Liston wurde sichtbar, daß die Beziehung zwischen Lesen und Verstehen wesentlich durch die Funktion des Hörens vermittelt wird; dabei scheint das Hören nicht nur eine weitere technische Vermittlungsinstanz darzustellen, sondern funktional in einer besonderen Nähe zum Verstehensbereich zu liegen. Ein solcher Gedankenweg mündet in die Auffassung, daß das Hören von Sprache eine genuine Sprachfunktion

---

44 Frank Smith: Understanding reading – a psycholinguistic analysis of reading and learning to read. New York 1971; bes. Kap. 8: »What the brain tells the eye«. Kenneth S. Goodman: Behind the eye: what happens in reading. In: Harry Singer, Robert B. Ruddell (eds.): Theoretical models and processes of reading. 2. Aufl., Newark 1976, S. 470–496.

45 Alan D. Baddeley: Die Psychologie des Gedächtnisses. Stuttgart 1979, S. 220.

darstelle, mithin eine Sprachfunktion, wie man sie dem bloßen Lesen nicht zuerkennen möchte.

### 1.2.2 Die vermittelnde Rolle des Hörverstehens

Die zweite Einstellungsart zum Verhältnis von Lesen und Verstehen gründet ebenfalls auf einer Trennung der beiden Bereiche, aber sie erkennt im Gebrauch der gesprochenen Sprache, im Sprechen und Hören, den Schlüssel zur Vermittlung zwischen rezeptiver visueller Technik und geistigem Prozeß; es stehen sich also nicht mehr Lesen und Hören auf der einen Seite, Verstehen auf der anderen Seite gegenüber, sondern es geht jetzt um die Frage, ob Lesen und Hörverstehen als zwei autonome Phasen anzusehen sind. Hören und Verstehen bilden hiernach eine untrennbare Einheit, und die Aufgabe des Lesens liegt im Rahmen dieser Auffassung darin, das Gesehene in gesprochene Sprache zurückzuverwandeln. Der Vorteil dieses Konzepts liegt darin, daß man den Bereich des Sprachverstehens im Rahmen der Leseforschung nicht eigens anzusprechen braucht, da er ein spezielles Problem des Hörverstehens darstellt. Sobald der Leser das Wort spricht und es dadurch hört, beginnt jener Verstehensvorgang zu wirken, der sich insbesondere anläßlich des primären Spracherwerbs ausgebildet hat und im alltäglichen Vollzug des Sprechens und Hörens bewährt. Die Umformung der Schriftzeichen in Lautwerte kann unterschiedliche Formen annehmen. Heinrich Heine z. B. beschrieb das auf seine Weise:

> die Leute schlichen schweigend nach dem Markte und lasen den langen papiernen Anschlag auf der Türe des Rathauses [von der Abdankung des Kurfürsten]. Es war ein trübes Wetter, und der dünne Schneider Kilian stand dennoch in seiner Nankingjacke (...) und seine schmalen Lippen bebten, während er das angeschlagene Plakat vor sich hinmurmelte. Ein alter pfälzischer Invalide las etwas lauter.[46]

Der geübte Leser stellt den Bezug zum Gesprochenen dann nur noch innerlich her, im inneren Sprechen, oder er befolgt automatisch und ohne artikulatorisch-motorische Hilfsmittel die gelernten graphemisch-phonologischen Korrespondenzregeln. Nach Eleanor Gibson stellt der »Dekodierungsprozeß von geschriebenen Symbolen in gesprochene Sprache« das »Herz der Sache« dar.[47] Der sogenannte verbale Kode, zu dem die Schriftsprache gemäß der skizzierten Auffassung eben nicht gehört und den der Leser erst zurückgewinnen muß, ist die zentrale Kategorie des Leseverständnisses. Jane Mackworth faßte das in den Worten zusammen: »The

---

[46] Heinrich Heine: Ideen – Das Buch le Grand. In: Heines Werke in fünf Bänden. Hrsg. v. Helmut Holtzhauer, Berlin 1974, Bd. 3, S. 23.

[47] Eleanor J. Gibson: Die Ontogenese des Lesens. In: Adolf Hofer (Hrsg.): Lesenlernen: Theorie und Unterricht. Düsseldorf 1976, S. 181.

process of reading involves coding visual symbols into a verbal code that has already been learned. Meaning is inherent in the verbal code.«[48] Eine ähnliche Sicht vertritt auch Philip Gough:

> It follows that if one could establish a correspondence between visual symbols and phonological segments, such that a visual representation could be mapped onto a phonological one, and if one could teach this correspondence to someone, then we would have access to that person's lexicon through a new modality.[49]

Zusammen mit Michael Cosky hat Gough neuerdings noch einmal mit Nachdruck die Plausibilität einer phonologischen Vermittlung hervorgehoben; Lesen vollzieht sich demnach lediglich als Abbildungsprozedur von Schriftzeichen auf systematische Phoneme: »Thus we assume that the reader, in effect, listens to print (but without speaking).«[50] Bezeichnenderweise spricht Gough nicht vom lautlichen, sondern phonemischen Charakter der Sprache; das ist, wie noch zu sehen sein wird, eine wichtige Unterscheidung.

Es gibt auch eine philosophische Quelle für die zentrale Rolle des Gesprochenen beim Lesen und Verstehen. Von Hans-Georg Gadamer stammt der Satz: »Schriftlichkeit ist Selbstentfremdung. Ihre Überwindung, das Lesen der Texte, ist also die höchste Aufgabe des Verstehens.«[51] Schrift gilt hier nicht als eine Form der Sprache, sondern als bloßer »Zeichenbestand«, der der »Rückverwandlung in Sprache« bedarf.

Aber der Glaube, daß die gesprochene Sprache ihren Verstehensmodus bereits in sich trage, daß in der Rede unmittelbar die Bedeutung liege, kann sich ebenso als irreführende Vereinfachung herausstellen wie das Vorurteil, daß Schrift nicht Sprache sei, sondern nur deren technische Repräsentationsform. Denn der Begriff der gesprochenen Sprache, wie er hier gebraucht wird, ist bereits eine beträchtliche Abstraktion und Idealisierung gegenüber dem tatsächlichen Phänomen der gesprochenen Sprache: Hören und Sprechen in mündlichen Unterredungen folgen völlig anderen Gesetz-

---

[48] Jane F. Mackworth: Some models of the reading process: learners and skilled readers. In: Davis (ed.): The literature of research in reading, 1971, sec. 8, S. 90. Vgl. auch R. C. Conrad: Speech and reading. In: James F. Kavanagh, Ignatius Mattingly (eds.): Language by ear and by eye. 2. Aufl., Cambridge, Mass. 1976, S. 207: »But even the complete absence of detectable speech-motor activity does not preclude the occurrence of silent speech in the form of speech imagery.« Und: »(...) we use a speech code in reading because it best sustains the necessary STM [short term memory] processes. (...) We could perfectly well abandon speech in reading if we had a better STM code for the purpose.« (S. 237).

[49] Philip B. Gough: The structure of language. In: Drake D. Duane, Margaret B. Rawson (eds.): Reading, perception and language. Baltimore 1975, S. 26.

[50] P. B. Gough, Michael J. Cosky: One second of reading again. In: Cognitive theory 2, ed. N. John Castellan Jr. u.a., Hillsdale 1977, S. 279.

[51] Hans-Georg Gadamer: Wahrheit und Methode. Grundzüge einer philosophischen Hermeneutik. 2. Aufl., Tübingen 1965, S. 368.

mäßigkeiten als jenes leisere Mitsprechen und Hören, das im Innern des Lesers geschieht. Aus Beobachtungen mündlicher Kommunikation weiß man, wie unvollständig gesprochene Sprache in ihrer bloßen lautlichen Repräsentation ist, wie sehr sie der situativen, kontextuellen und partnerschaftlichen Ergänzung bedarf, um verstanden zu werden. Jeder, der Gesprochenes zu Dokumentationszwecken ›lautgetreu‹ verschriftlicht, kann sehen, daß geschriebene Sprache alles andere als niedergeschriebene gesprochene Sprache ist. (Die erquickende Wirkung, die zuweilen von der Lektüre eines ursprünglich als Vortrag konzipierten Lesestücks ausgeht, braucht deshalb nicht in Frage gestellt zu werden.) Und er sieht auch, daß die Lautlichkeit des Gesprochenen ebensowenig einen Verstehensmodus enthält wie die Striche der Schrift; ein solcher Zusammenhang ergäbe sich allenfalls auf einer parasemiotischen Ebene (Stimmführungen, Strichführungen), die als Ausdruck einer Stimmungslage gewertet werden können.

Wer also das Verstehen des Lesers damit erklären will, daß er eine Überführung des Geschriebenen in hörbare Formen als hinreichende Bedingung für das Verstehen nennt, übersieht, daß die Kategorie der gesprochenen Sprache beim Lesen eine bedeutend umfassendere Funktion erfüllen müßte, als sie dies de facto in der mündlichen Kommunikation tut. Im Gespräch bildet das Hören eines Ausdrucks nur einen Faktor des Verstehens neben vielen anderen, beim Lesen aber soll dieser isolierte Faktor allein den gesamten Verstehensprozeß bewirken und erklären. Kein Wort, das der Leser – innerlich oder laut – ausspricht, wird in einer Situation und unter Bedingungen ausgesprochen, die entfernt Ähnlichkeit aufwiesen mit einer mündlichen Kommunikationssituation (Partnerkontakt, Gemeinsamkeit im situativen Bezug, paralinguistische Komponenten, deiktische Grammatik). Welche besonderen Verstehenshilfen also könnte der Leser vom Aussprechen des Gesehenen erwarten, und was hätte das innerliche Sprechen und Hören dem äußeren Sprechen und Hören überhaupt voraus? Ja, berücksichtigt man die grundlegenden Unterschiede zwischen Gesprochenem und Geschriebenem, so müßte man eher dazu neigen, das Gesprochene beim Leseverstehen als eine technische Abstraktionsform zu bezeichnen, die von der Aufgabe des Leseverstehens eher wegführt. Liegt es nicht näher anzunehmen, daß es für den geübten Sprachbenutzer keinen Unterschied hinsichtlich der Leichtigkeit des Verstehens ausmacht, ob er einen Ausdruck hört oder sieht? Gerade die angedeuteten mannigfachen strukturellen Unterschiede zwischen gesprochener und geschriebener Sprache machen es wahrscheinlich, daß es für beide Sprachformen autonome Verstehensweisen gibt,[52] die ohne Vermittlung auskommen.

---

[52] Th. Lewandowski: Überlegungen zur Theorie und Praxis des Lesens, 1980, S. 58.

Gedächtnispsychologische Überlegungen weisen schließlich darauf hin, daß ein visueller Kode viel schneller erzeugt werden kann als ein sogenannter Namen-Kode, eine Einsicht, aus der folgt, daß visuelle Information schneller verarbeitet werden kann als auditive.[53] Warum sollte es sich im Fall der beiden Sprachformen unbedingt anders verhalten müssen?

Natürlich treten Umwandlungen der sichtbaren in hörbare Sprachformen häufig auf und dienen den verschiedensten Zwecken, der Konzentration, des Genusses und vielem anderen; die Klanggestalt eines literarischen Werkes ist für viele ein unentbehrlicher Bestandteil des ästhetischen Verständnisses;[54] doch bilden sie in keinem Fall für das Verstehen eine notwendige Bedingung. Das betonen auch Wendell Weaver und Albert Kingston: »It ist highly speculative to assume that reading is necessarily dependent upon oral language, or that if oral language is a mediator in learning to read, it remains so for the accomplished reader.«[55] Das seit Beginn der experimentellen Lesepsychologie vertraute Phänomen des inneren Sprechens braucht nicht unbedingt ein Argument für die zentrale Rolle des Lautlichen und Gesprochenen beim Lesen zu sein, hat man doch – um nur einen Aspekt zu nennen, wovon später noch ausführlich die Rede sein wird, – dessen kognitive Natur in neuerer Zeit unterstrichen und somit das Phänomen der Lautlichkeit, von dessen bloßem Vorhandensein so viel erwartet wurde, relativiert.[56]

Die Beziehung zwischen gesprochener und geschriebener Sprache hat keine Ähnlichkeit mit der Beziehung jener beiden Zeichensysteme, deren Unterschied sich aus nachrichtentechnischen Überlegungen zur kanalspezifischen Enkodierung und Dekodierung von Informationen ergibt; die geschriebene Sprache ist nicht einfach ein Flaggenzeichen für diejenigen, die außer Rufweite sind. Die besondere sprachliche Struktur der Schrift

---

53 Baddeley: Die Psychologie des Gedächtnisses, 1979, S. 235.

54 Gert Kleinschmidt: Theorie und Praxis des Lesens in der Grund- und Hauptschule. 2. Aufl., Frankfurt 1971.

55 Wendell W. Weaver, Albert J. Kingston: Modeling the effects of oral language upon reading language. In: Davis (ed.): The literature of research in reading, 1971, sec. 8, S. 183. Zum gesamten Zusammenhang auch Dominic W. Massaro: Language and information processing. In: Massaro (ed.): Understanding language. New York 1975, S. 3–38. – Eine Abwandlung der oben skizzierten Auffassung ist die Hypothese von der ›doppelten Enkodierung‹, derzufolge phonologische und semantische Enkodierungen sowohl gleichzeitig und miteinander interagierend als auch – nämlich im Fall dyslexischer Störung – alternativ und unabhängig voneinander erfolgen können. Dazu John C. Marshall: Neuropsychological aspects of orthographic representation. In: R. J. Wales, Edward Walker (eds.): New approaches to language mechanisms. A collection of psycholinguistic studies. Amsterdam 1976, S. 113f.

56 Ulric Neisser: Cognitive psychology. Englewood Cliffs 1967, S. 113.

macht Verstehensprozesse notwendig, die im Gespräch unnötig sind, und das Gespräch erfordert Verstehensvorgänge, die im Schriftsprachenverkehr nicht zum Zuge kommen. Daraus folgt nicht etwa, daß der Leser in keinem einzigen Fall spezifische mündliche Verstehensstrategien beim Lesen anwenden kann und umgekehrt; gerade die Geschichte der Freundschaftsbildung zwischen Buch und Leser deutet darauf hin, daß man gegebenenfalls auch ›mit dem Buche sprechen‹ kann. Grundsätzlich aber bleibt gültig, daß die Beziehung zwischen geschriebener und gesprochener Sprache weder strukturell noch funktional als Abbildrelation aufgefaßt werden darf; es handelt sich vielmehr um einen Fall der Übersetzung von einer Sprache in die andere, eine Übersetzung, deren Mühen jeder erfahren kann, der einen echten Vortrag so verschriftlichen möchte, daß er auch schriftsprachlichen Ansprüchen genügt. Wenn es nun unwahrscheinlich ist, daß Verstehen als isolierbare Komponente additiv-zeitlich auf die visuellen bzw. auditiven Rezeptionsakte folgt, worauf schon im vorigen Abschnitt hingewiesen wurde, so hat es ebensowenig Sinn, Verstehen nur als integralen Bestandteil der gesprochenen Sprache anzusehen und es dem Lesevorgang als solchem abzuerkennen. Lesen und Verstehen bilden vielmehr eine ebensolche integrale Einheit wie Hören und Verstehen, ohne daß dem Hören in der Lese-Verstehens-Beziehung eine notwendige Rolle zufiele.

### 1.2.3 Die autonome Komplexität des Leseverstehens

Die dritte Annahme bezüglich des Verhältnisses von Lesen und Verstehen vermeidet es, Verstehen überhaupt als isoliert zu identifizierende Endphase des Leseprozesses darzustellen. Alle Teilprozesse des Lesens haben einen direkten Bezug zur Verstehensebene in Form von orthographischen, syntaktischen und semantischen Regelanwendungen. Es gibt eine Vielzahl von Belegen dafür, daß schon die sensorischen Eingaben nicht ohne entsprechendes Wissen über die Struktur dieser Eingaben verarbeitet werden können; mehr noch als der optische ist der akustische Input in einer Weise Störungen ausgesetzt, daß eine bloße mechanische Auswertung ohne Wissenskomponenten, die ihrerseits nun Funktionen des Verstehenssystems sind, unmöglich wäre; das zeigen nicht zuletzt auch alle maschinellen Simulationen von Sprachrezeption.[57] Lesen ist – so gesehen – immer in umfassendere semantische, kognitive und mnemonische Zusammenhänge eingebettet, so daß es einen Lesebeginn ab ovo nie geben kann.

Eine solche Sicht beansprucht sowohl ontogenetische als auch aktualgenetische Gültigkeit; denn Sprachverwendungen setzen selbst im Prozeß des

---

[57] David E. Rumelhart: Introduction to human information processing. New Nork 1977, Kap. 2.

primären Spracherwerbs Verstehenspraktiken voraus.[58] Beim aktuellen Lesebeginn bilden Verstehenserwartungen die ersten steuernden Impulse des Gesamtprozesses. Motivation, Aufmerksamkeit und Interesse gründen weithin auf probeweisen Verstehensentwürfen. Wenn man dennoch den Leseprozeß in Phasen aufteilen will, so tauchen Verstehenskomponenten in jeder Phase auf; in diesem Sinn gibt es keine Teilaktivität des Lesers, die ohne Verstehensbezug auskäme. »Man kann daher sagen, daß Wahrnehmen und Verstehen als komplexer Gesamtprozeß auf allen Ebenen gleichzeitig verläuft und daß die Ebenen in ihren Funktionen beständig miteinander korrelieren«.[59]

Auch Frank Smith vertritt eine ähnliche Auffassung, wenn er den gesamten Bereich der Wortidentifikation, der in anderen Konzepten eine bedeutende Vermittlerrolle zwischen Sehen und Verstehen einnimmt, für das geübte Lesen ausklammert und einen unmittelbaren Übergang von der Merkmalsdiskrimination zur Bedeutungsidentifizierung annimmt: »I am saying that comprehension of meaning normally precedes word identification.«[60]

Sehr deutlich haben John Geyer und Paul Kolers dasselbe Problem angesprochen. Verstehen, für sie eine Frage nach dem Vorkommen der Bedeutungskomponente in einem Lesemodell, komme nicht an einer bestimmten Stelle, schon gar nicht erst in der letzten Phase des Lesevorgangs vor, sondern entfalte sich in der Gesamtheit des Leseprozesses, in jeder seiner Teilphasen und parallel zu allen sensorischen Verarbeitungsschritten.[61] Geyer und Kolers geben zu, daß sich ihre Auffassung zuweilen recht spekulativ ausnimmt.[62] Trotzdem läßt sich manches Plausible für sie anführen. Zu nennen wäre z. B. die aktive und intentionale Komponente der attentionalen Prozesse, die sich schon auf der Stufe visueller Verarbeitung auswirkt.[63] Sodann spielt in diesem Zusammenhang insbesondere der Begriff der subliminalen Wahrnehmung eine Rolle. Geyer und Kolers gehen hier von Erkenntnissen aus, die N. F. Dixon in einer ausführlichen Studie entwickelt hat.[64]

Dixon bestreitet, daß jeder Wahrnehmungsvorgang notwendigerweise

---

[58] Neisser verweist neuerdings auf die Schemata der physiognomischen Perzeption; U. Neisser: Cognition and reality. Principles and implications of cognitive psychology. San Francisco 1976.

[59] Lewandowski: Überlegungen zur Theorie und Praxis des Lesens, 1980, S. 59.

[60] F. Smith: Understanding reading, 1971, S. 195. Vgl. auch G. Cohen 1968.

[61] John J. Geyer, Paul A Kolers: Reading as information processing. In: Melvin J. Voigt (ed.): Advances in librarianship. New Nork 1974, S. 224.

[62] Ebd., S. 225.

[63] Ebd., S. 192 und 202.

[64] N. F. Dixon: Subliminal perception. The nature of a controversy. London 1971.

eine Bewußtheit dessen, was wahrgenommen wird, impliziere, und behauptet, daß man auch subliminal, unterschwellig, wahrnehmen könne. Von subliminaler Wahrnehmung in diesem Sinn darf man sprechen, wenn die Stimulation unterhalb einer vorher festgelegten Bewußtseinsschwelle liegt, der betreffende Stimulus nach Auskunft der Versuchspersonen nicht ins Bewußtsein dringt und die Response, die durchaus zum subliminal dargebotenen Stimulus paßt, sich qualitativ von jener Response unterscheidet, die auf denselben, nun aber supraliminal dargebotenen Stimulus folgt.[65] Der so bestimmte Begriff der subliminalen Wahrnehmung legt das Modell einer zweigleisigen Verarbeitung von Wahrnehmungseindrücken nahe, die parallel und unabhängig voneinander arbeiten. Das Besondere und im gegenwärtigen Zusammenhang Wichtige dieser Auffassung ergibt sich aus der begründeten Vermutung, daß alle bedeutungsvollen Eindrücke subliminal verarbeitet werden und daß diese Verarbeitungsweise bereits unter Bedingungen funktioniert, die für die alternative, bewußte Weise bei weitem nicht ausreichen; d. h. was nicht bewußt wahrgenommen wird, kann trotzdem bereits verstanden worden sein. Bedeutung, Sinn und Verstehen hängen also nicht von der seriell aufsteigenden Prozedur sensueller Verarbeitung, von der fortschreitenden Bewußtwerdung der wahrzunehmenden Gestalteigentümlichkeiten ab, sondern entfalten sich parallel dazu, ja sie können auch ohne solche Analyseverfahren bzw. zeitlich vor ihnen zustande kommen. Der eigentliche Motor dieser Art des Verstehens bzw. dieser unvermittelten Sensibilität des rezeptiven Systems gegenüber sinnvollen Eindrücken sind nach Dixon Bedürfnisse und Triebe. Es scheint zur bio-physischen Ausstattung des Menschen zu gehören, daß er fähig ist, schneller, mehr und richtiger zu verstehen als mit den Sinnen wahrzunehmen. Mit anderen Worten: Seine Verstehenskraft übertrifft sein Wahrnehmungsvermögen.

Von einer solchen primären, unvermittelten Bereitschaft zum Verstehen geht neuerdings auch Ulric Neisser aus.[66] Auch er bestreitet die Wahrscheinlichkeit einer zeitlichen Abfolge von Verarbeitungsschritten, dessen letzter dann zum Verstehen führte. Vielmehr steuern – Neissers Auffassung nach – Schemata die genauere Informationsaufnahme, Schemata, die im Zyklus von Lenkung und Modifikation jeweils bestimmen, was der Mensch im nächsten Augenblick bereit ist zu verstehen.

Natürlich enthalten auch solche Konzeptionen, wie angemessen sie auch zu sein scheinen, einige Probleme. Sie stauchen den Vorgang der lesenden (wie auch der hörenden) Verarbeitung zu einem komplexen Bündel zusammen, dessen Komponenten und Teilphasen, wenn überhaupt, nur sehr

---

[65] Dixon, S. 27.
[66] U. Neisser: Cognition and reality, 1976.

ungenau zu beschreiben sind. Die Frage nach dem Wie des Verstehens droht mit dem Hinweis auf eine solche Komplexität ebenso beantwortet wie aufgeschoben zu werden. Es bedarf ja keines großen argumentativen Aufwandes, um festzustellen, daß es sich im Fall des Verstehens um einen komplexen, vielschichtigen Prozeß handelt. Wenn also die Komponenten oder Stufen, die man aus bisherigen Modellen des Wahrnehmungs- und Verstehensvorgangs kennt, nicht geeignet sind, die eigentlichen Verstehensleistungen zu ermitteln bzw. sichtbar zu machen, so liegt schließlich auch der Verdacht nahe, daß nicht zuletzt gerade diese modelltheoretische Begrifflichkeit am wenigsten geeignet ist, die Rolle des Verstehens zu beschreiben; so gesehen, handelt es sich um einen bloßen Notbehelf, wenn man dazu übergeht, die Anordnung der Komponenten bzw. Stufen im Sinn integrativer oder zyklischer Gesamtkonzeptionen umzuinterpretieren. Damit nämlich entzieht man den Verstehensbegriff nicht nur einer weiteren Beschreibung, sondern man mindert auch den Nutzen der zuvor angestrengten Komponentenanalyse.

Schließlich sollte auch daran erinnert werden, daß es viele Fälle gibt, in denen der Leser tatsächlich erst ›ganz zuletzt‹ versteht. Nicht jeden Ausdruck versteht der Leser sogleich, und er versteht das Gelesene auch nicht in einer linearen Folge; manches hebt er für später auf. Geschähe dies nicht, so gelangte er nicht so oft von der Wort- zur Satzbedeutung, wie dies tatsächlich geschieht; erst das Satzverständnis vollendet das Wortverständnis. Nicht jede Verstehensleistung läßt sich aus der Möglichkeit des Vorgreifens und Vorausahnens erklären, manche Erwartung geht völlig fehl, so daß man tatsächlich erst sehen muß, was geschrieben steht, bevor man es verstehen kann. Verstehen kommt auch als ›Kippeffekt‹ zustande, wobei der Leser plötzlich erkennt, was ihm bis dahin verschlossen blieb. Gerade von hieraus ist Neisser zuzustimmen, wenn er besonderen Wert auf die Tatsache legt, daß Wahrnehmung ein Vorgang ist, der dauert, und daß gerade der Gesichtspunkt der Dauer die unterschiedliche Funktionsweise und den wechselnden Einsatz der Verstehenskomponente im Lesevorgang erklärt.[67] Wäre nämlich Lesen und Verstehen etwas Einmaliges und Punktuelles, so könnte und müßte die Modellierung der Lese-Verstehens-Beziehung schärfer und eindeutiger ausfallen; da es sich aber um einen andauernden Vorgang handelt, kann die Beziehung ständig neue Formen annehmen.

Rückblickend läßt sich festhalten, daß die Überlegungen zu den drei Arten der Beziehung zwischen Lesen und Verstehen kaum zu einer endgültigen Entscheidung hinsichtlich der Frage geführt haben, welcher Beziehungsart der eindeutige Vorzug zu geben wäre. Gewiß spricht vieles für die

---

[67] Neisser: Cognition and reality, 1976, S. 14.

dritte, komplex-integrative Variante; das heißt aber nicht, daß die beiden anderen Möglichkeiten grundsätzlich auszuschließen seien. Je nach Leseaufgabe und Verstehensproblem rücken auch sie in den Vordergrund. Es scheint in der Natur von Lese- und Verstehensvorgängen zu liegen, sich je nach Ziel und Aufgabe strukturell zu verändern. Das macht es so schwierig, übersichtliche Modelle dieser Vorgänge zu entwickeln; denn wer ein Modell entwirft, möchte damit ja eine Vielzahl von Fällen erfassen und nicht nur einen Einzelfall. Zu einem Zeitpunkt, da das Modelldenken auch in der Leseforschung weit fortgeschritten ist, mag diese Einsicht eher Mißmut erzeugen. Gerade wenn man im Bereich des Leseverstehens vom Prinzip einer parallelen, simultanen Verarbeitung ausgeht, fordert man die Tradition einer Leseforschung heraus, deren Präzision in einer Fülle von Flußdiagrammen mit den für sie typischen Phasen bzw. Ebenen, Richtungspfeilen und Schleifen unmittelbar ansichtig wird. Deshalb mag es nützlich sein, vor einer weiteren Analyse des Verstehensbegriffs, wie ihn der Lesevorgang impliziert, zuerst die Ergebnisse der modellorientierten Leseforschung zu vergegenwärtigen.

## 1.3 Lesen als Informationsverarbeitung

Das Prinzip modellbildender Untersuchungsverfahren kam in der Leseforschung erst in den fünfziger Jahren auf, erlebte aber binnen kürzester Zeit einen enormen Aufschwung. Ein spezieller Literaturbericht zu diesem Thema erfaßt in den rund zwanzig Jahren Forschungsgeschichte etwa hundert unterschiedliche Modelle.[68] Diese Auszählung erfolgte nach vorher festgelegten Kriterien, so daß einigermaßen gesichert blieb, daß nicht jeder neue Gedanke sogleich mit dem Titel eines Modells bedacht wurde. Eine solche Modellflut hat gewiß ihre trendbedingte Ursache; sie verdient es aber, nicht völlig außer acht gelassen zu werden, wie dies tatsächlich in einem gegenwärtigen Kompendium der Leseforschung ohne weitere Begründung geschieht.[69]

Die Art der Modellformulierung hängt – soweit zu sehen ist – stark von den jeweils dominierenden Nachbar- und Bezugsdisziplinen ab. Originäre Modelle aus dem engeren Kreis der Leseforschung gibt es wohl noch nicht; hingegen lassen sich in den bereits vorliegenden Modellen deutlich behavioristische, nativistische, biologische, linguistische, psycholinguistische oder kognitiv psychologische Ausrichtungen erkennen. Zu entscheiden, welche Ausrichtung die rechte sei, mag gegenwärtig verfrüht erscheinen; aber das Problem löst sich auch nicht, wenn man alle Ansätze in ein einziges

[68] Davis (ed.): The literature of research in reading, 1971.
[69] Alfred Clemens Baumgärtner (Hrsg.): Lesen – Ein Handbuch. Hamburg 1973.

Lesemodell integrieren möchte und damit die Forschungspraxis mit einem Erbe belastet, das sie schwerlich meistern wird.[70] Allerdings hängt die besondere Situation der Leseforschung auch mit der bis heute wenig befriedigenden und wohl auch verspäteten Entwicklung von Sprachverwendungstheorien zusammen. Genau besehen, ist ja eine linguistische oder psychologische Theorie der Sprachperzeption mindestens zur Hälfte identisch mit einer Lesetheorie. Daß die Forschungspraxis diese Identität noch nicht in vollem Maß bekundet, liegt schließlich auch daran, daß die starre Gewohnheit, Leseforschung nur so weit zu betreiben, wie sie dem Lehrer technische Hilfen in der Gestaltung seines Erstleseunterrichts gewährt, die weithin rezeptive Rolle der Leseforschung gegenüber anderen Disziplinen bedingte.

Die Modellierung des Leseprozesses fällt also inhaltlich zusammen mit einem wesentlichen Teil der Erforschung sprachrezeptiver Vorgänge, ganz gleich ob diese nun ausdrücklich vom Lesen handeln oder sich dem globalen Phänomen der Sprachwahrnehmung zuwenden. Mit dieser notwendigen Ausweitung des Forschungsfeldes ergibt sich noch eine zweite Schwerpunktbildung, die bereits im Begriff der Sprachwahrnehmung beschlossen ist. Es geht um die perzeptuelle Komponente dieser Begriffsbildung. Lesen gehört nicht nur zum Gebiet der allgemeinen rezeptiven Sprachverwendung, sondern auch zum Gebiet der visuellen Wahrnehmung. Möglicherweise können sich diese beiden Gebiete forschungspraktisch überschneiden, was allerdings zuerst noch zu prüfen wäre; in keinem Fall aber sind sie von vornherein identisch, ja man kann sogar vermuten, daß auch eine Inklusionsbeziehung von Sprachwahrnehmung und allgemeiner Wahrnehmung nicht den Kern der Sache treffen wird. So steht die Modellierung des Lesevorgangs im Schnittpunkt zweier unterschiedlicher Bereiche modelltheoretischer Erkenntnisfindung: hier Modelle der Sprachrezeption, dort Modelle der visuellen Wahrnehmung.

Die Vielzahl der hier in Frage kommenden Modelle kann nicht darüber hinwegtäuschen, daß es eigentlich eher um einen kleinen Kreis ähnlicher Fragen geht, die ein Modellentwurf zu beantworten sucht. John Geyer nennt drei Hauptthemen modellbildender Leseforschung: Formen der Informationsgewinnung bzw. -umwandlung, Arten der Verarbeitungssysteme und die Merkmale ihres Funktionierens sowie die neurologischen Grundlagen der beteiligten Prozesse und Komponenten.[71]

Die Eigenart eines Modells vom Lesevorgang ergibt sich aus den Arten

[70] John J. Geyer: Comprehensive and partial models related to the reading process. In: Davis (ed.) 1971, sec. 5, S. 41.

[71] John J. Geyer: Comprehensive and partial models related to the reading process. In: Davis (ed.) 1971, sec. 5, S. 41.

der Operationen und Teilprozesse, die es enthält. Man unterscheidet in der Wahrnehmungsforschung für gewöhnlich zwischen sogenannten passiven und aktiven Perzeptionsmodellen. MacKay brachte schon 1951 diesen Gesichtspunkt ins Gespräch, als er im Zusammenhang mit der Automatentheorie zwischen den rezeptiven Mechanismen, die als vorgefertigte Filter funktionierten, und jenem Prinzip der dynamischen Eigensteuerung unterschied, das den internen Zustand eines Systems zur Isomorphie mit den Strukturen der Außenwelt treibt.[72]

Licklider erörtert ein Jahr später in seinem Drei-Stufen-Modell der Wahrnehmung gesprochener Sprache (adaptierende Transformation der Sprechschallwellen an die Modalität des Nervensystems, Segmentierung des Sprechstroms zwecks Identifizierung bzw. Wiedererkennung seiner Elemente, Verstehen) zwei verschiedene Operationsarten für die Identifikationsstufe, eine Unterscheidung, die sich als zukunftsweisend herausstellen wird: das gegenüberstellende Vergleichen (»cross correlation«) in der Art, wie man Fingerabdrücke identifiziert, und das anpassende Aussondern (»matched filtering«) in der Art, wie ein Türschloß den zu sich passenden Schlüssel spezifiziert.[73] Die Korrelation macht es erforderlich, daß die zum Vergleich benötigten Standardmuster einem Speicher jeweils entnommen und d.h. soviel wie örtlich erzeugt werden; im Fall der Filterung ist das nicht nötig, da der Filter bereits in seiner Struktur das Standardmuster enthält und bloß vom passenden Eingangsmuster angesprochen zu werden braucht.[74] Der wesentliche Unterschied dieser beiden Identifizierungsoperationen liegt in ihrem Aktivitätsmodus. Das ist der Grund, weshalb Licklider auf der Stufe der Identifizierung die Filteroperation, auf der Stufe des Verständnisses aber die Korrelationsoperation für wahrscheinlicher hält, da die Aktivitätskomponente der letzteren (gegenüber der Passivität der Filterung) genau dem Prinzip der aktiven Teilnahme beim Verstehen entspricht;[75] nach Licklider bildet also die Korrelation (mit ihrer zusätzlichen Möglichkeit zur antizipierenden Musterung) die operative Grundlage dessen, was Ulric Neisser sogleich mit konstruktivistischen Konzepten charakterisieren wird.

Neisser nun – sich auf Licklider berufend – unterscheidet drei Theorien der Sprachwahrnehmung, die sich auf drei unterschiedliche Operationsfor-

---

[72] D. M. MacKay: Ways of looking at perception. In: Weiant Wathen-Dunn (ed.): Models for the perception of speech and visual form. Cambridge, Mass. 1967, S. 32.

[73] J. C. R. Licklider: On the process of speech perception. In: The journal of the acoustical society of America 24 (1952), S. 592.

[74] Ebd., S. 593.

[75] Licklider, S. 594.

men zurückführen lassen: Korrelation (»template matching«), Filterung und Analyse-durch-Synthese (auch ›figurale Synthese‹ genannt).[76]

Der Korrelationsoperation liegt ein Abbildkonzept zugrunde. Jeder Stimulus wird genau auf das zu ihm passende innere Abbild oder Muster projiziert; wenn dieser Vorgang Erfolg haben soll, muß der Stimulus in jeder Hinsicht auf sein inneres Muster passen; er darf nicht größer und nicht kleiner sein, er muß mit derselben Neigung im selben Winkel auf das Muster auftreffen, damit der Vergleich zwischen Stimulus und Muster positiv ausfällt. Für die im Lesen auftretenden Wahrnehmungsaufgaben eignet sich ein solcher Abbildungsmechanismus wenig. Die Vielfalt der Gestalten, unter der allein ein einziger Buchstabe auftreten kann, würde schon für eine einzige Buchstabenkategorie eine nahezu unendliche Anzahl von inneren Mustern notwendig machen, um den erfolgreichen Ablauf eines gewöhnlichen Erkennungsprozesses in dieser Weise mechanisieren zu können. Ein menschlicher Organismus kann unmöglich allein nach einem so umständlichen Prinzip arbeiten; trotzdem spielt es in Informationsverarbeitungsprozessen, insbesondere bei der Frage nach der Abbildungsart der Eingabe im ikonischen Gedächtnis, eine gewisse Rolle. Grundsätzlich muß man wohl aber davon ausgehen, daß der Mensch nicht alle Eigenarten seines Wahrnehmungsgegenstandes rezipiert, sondern eine enge Auswahl des je Relevanten vornimmt. Hier setzt die Filter-Theorie an.

Als Filterung bezeichnet man einen Analysator oder Detektor, der aus dem Wahrnehmungsmaterial die wichtigsten Signale bzw. distinktiven Merkmale auswählt. Das Filterkonzept setzt voraus, daß das Wahrnehmungsmaterial tatsächlich solche spezifische Information als objektive, betrachterunabhängige Eigenschaft enthält. Ob diese Annahme zutrifft, ist allerdings ein bislang heftig umstrittener Punkt der Erkenntnistheorie und Wahrnehmungspsychologie. Als Gegenposition wird nämlich häufig geltend gemacht, daß gerade die Information, die man für eine Eigenschaft des Wahrnehmungsgegenstandes hält, erst als Ergebnis einer geistigen Handlung, einer Projektion des Erkennenden entsteht, so daß die Vorstellung einer Herausfilterung von Informationen bzw. Merkmalen über den tatsächlichen Ablauf der Wahrnehmung hinwegtäuschen würde.

Das statt dessen vorgeschlagene konstruktivistische Analyse-durch-Synthese-Verfahren erfreut sich hingegen im Rahmen der heutigen Sprachverwendungsforschung wachsender Beliebtheit; es eignet sich besonders dazu, die aktive und zugleich sehr ökonomisch arbeitende Komponente im Modell der menschlichen Sprachverarbeitung hervorzuheben. Bezeichnenderweise divergieren Neisser und Licklider hinsichtlich der Frage, ob die Korrelationsoperation eine aktive Komponente enthalte; das ist nicht

[76] Ulric Neisser: Cognitive psychology, 1967, Kap. 7.

unwichtig, denn davon hängt ab, welche Operation dem Verstehen zugrunde liegen kann, das sich – nach Auffassung der meisten – durch ›Aktivität‹ auszeichnet, was immer das sein mag.

Die heutigen Lesemodelle reihen sich ein in die umfassendere Gruppe der Modelle über die Informationsverarbeitung. Sie nehmen somit teil an der technischen Perfektionierung und wissenschaftlichen Eleganz, die sich im Bereich der kybernetischen Systemtheorie entfaltet hat. Ob diese Eingliederung restlos zum Vorteil des Lesebegriffs geschieht, wird man heute noch nicht entscheiden wollen. Immerhin aber sollte schon jetzt nicht vergessen werden, daß Lesen als ein Weg, Sprache zu verstehen, möglicherweise nicht auf Prinzipien der Informationsverarbeitung reduzierbar ist. Inwiefern hier eine Reduktion droht, hängt davon ab, wie man den Begriff der Information faßt; definiert man ihn nämlich allein unter quantitativem Aspekt, so ist abzusehen, daß der semantischen Seite von Sprache nicht Rechnung getragen wird.

Modelle der Informationsverarbeitung – das zeigt sich auch bei ihrer Anwendung auf den Leseprozeß – stehen vor einer besonderen Schwierigkeit. Sie formulieren die Wirksamkeit von Operationen, die so planvoll und zielgerichtet ablaufen, daß man nicht umhin kann, die Entscheidungen über Wahl und Abfolge der einzelnen Operationen, ihre Auslösung, Durchführung und Beendigung oder Wiederaufnahme einer Instanz zuzusprechen, die sich durch Intelligenz und Willen auszeichnet und innerhalb des Modells genau die Vorgänge steuert, die das Modell als Ganzes beim normalen Sprachbenutzer erklären will. Die Vorstellung von einem hochtechnisierten Schaltpult drängt sich auf, hinter dem nicht selten ein ›Homunkulus‹[77] zu sitzen scheint, der das alles koordiniert; wozu aber sind dann diese komplizierten Schaltpulte notwendig, wenn es doch nicht ohne eine menschenähnliche Intelligenz, die man eigentlich erklären möchte, geht? Die Tatsache, daß es sich bei solchen Modellen um kybernetische Regelkreise handelt, die also zur Selbststeuerung fähig sind, vermag nicht gänzlich den drohenden Regreß zu bannen, der sichtbar wird, wenn ›ein Mensch‹ im Menschen die menschliche Informationsverarbeitung erklären soll.

Wenn man nach einer Gemeinsamkeit in allen Modellen des Lesevorgangs Ausschau hält, so stößt man allenthalben auf die grundlegende Überzeugung, daß der Lesevorgang kein einfaches, auf das Wirken eines einzigen Prinzips zurückzuführendes Phänomen ist; statt dessen geht man davon aus, daß eine Vielzahl von Komponenten und Faktoren den Prozeß bestimmen. Diese Auffassung ist selbstverständlich nicht neu. Schon lange vor der eigentlichen Beschäftigung mit Prozeßmodellen des Lesens hatte

[77] John R. Anderson, Gordon H. Bower: Human associative memory. New Nork 1973, S. 61.

etwa Ernst Meumann eine Liste von Grundbegriffen des Lesens aufgestellt, die so umsichtig entworfen wurde, daß sie auch heute volle Beachtung finden sollte. Die entscheidende Stelle lautet bei Meumann so:

> Es könnte scheinen, als wenn es sich bei der Analyse des Lesens (...) um ganz elementare und einfache psychische Prozesse handelte, allein in Wirklichkeit gehören Untersuchungen dieser Art zu den verwickeltsten – zugleich auch zu den wichtigsten – Problemen der speziellen Psychologie. Die Ursache dafür liegt darin, daß beim Lesen (...) *alle* Seiten unseres Bewußtseins beteiligt sind und bald dieser, bald jener Teilvorgang sich vordrängen kann, je nach dem besonderen Ziel des Lesenden (...)Man kann daher das *Lesen* eine psychische Welt im kleinen nennen, denn es betätigt sich dabei: die *Wahrnehmung* der optischen Zeichen; die *Vorstellungstätigkeit,* mit der wir die Bedeutung der Zeichen erfassen; das *Gedächtnis,* indem wir das Vorausgehende festhalten, während wir das Folgende lesen; der *Verstand,* indem wir den Zusammenhang des Gelesenen erfassen; der *Wille,* denn das Lesen ist eine spontane Tätigkeit; das *Gefühl,* indem der Leseinhalt uns mehr oder weniger interessiert (wodurch der Akt des Lesens selbst in hohem Maße verändert werden kann). Dazu kommen die *motorischen* Prozesse des stillen oder lauten Sprechens; und alle diese Vorgänge arbeiten beim erwachsenen Menschen in einer bewunderungswürdigen Weise zusammen, wie ein äußerst komplizierter, aber vermöge der festen Assoziation der Teilprozesse spielend leicht funktionierender Mechanismus. Der Erwachsene weiß daher von der Kompliziertheit dieses Prozesses nichts, das Lesen erscheint ihm als ein vollkommen einheitlicher Akt.[78]

Dreierlei ist an Meumanns Ausführungen hervorhebenswert: die Zahl der entdeckten Komponenten des Lesevorgangs, die Zielgerichtetheit und damit auch die Variabilität des Lesens und schließlich die Einsicht in die besonderen Schwierigkeiten, die von vermeintlich einfach erscheinenden Prozessen ausgehen.

Seitdem man begonnen hat, Modelle des Leseprozesses zu entwickeln, stehen die Leistungen des Gedächtnisses im Vordergrund nahezu aller Verlaufsdarstellungen. Es liegt ja auf der Hand, alles, was während des Lesens neural und psychisch geschieht, auf Funktionen des Gedächtnisses zurückzuführen. So muß es eine Tätigkeit geben, sich bestimmter graphischer Formen und deren Kombinationen (unterhalb wie überhalb der Buchstabengrenze) erinnern zu können; auch die Lautwerte von Schriftzeichen ergeben sich aus der Erinnerung; ebenso liegt die Bedeutung von Wörtern und Wortgruppen im Gedächtnis; sprachliches Regelwissen, Weltkenntnis und Erfahrungshorizont sind Funktionen der Gedächtniskraft. Selbstverständlich kann eine Gedächtnisfunktion, die in so vielfältiger Weise beansprucht wird, nicht mehr global als ›Gedächtnis‹ bezeichnet werden und bedarf einer entsprechenden Differenzierung. Man pflegt in diesem Zusammenhang zwischen sensorischem, intermediärem (Kurzzeit-

---

[78] Ernst Meumann: Vorlesungen zur Einführung in die experimentelle Pädagogik und ihre psychologischen Grundlagen, 1914, Bd. 3, S. 464f.

gedächtnis) und Langzeitgedächtnis zu unterscheiden.[79] Ein Konzept des Lesevorgangs, das keine Gedächtnisleistung einschließt, wäre unvorstellbar. So ergibt sich ein durchaus komplexes Modell des Lesens schon dadurch, daß man eine Organisation und Staffelung der Erinnerungseinheiten festlegt, dann einen darauf gerichteten Suchmechanismus entwirft und schließlich entsprechende Auslösungsmomente anzeigt. In dieser Weise etwa entwickelte schon 1948 der Pionier der Leseprozeßmodellierung Jack Holmes seine »substrata factor theory«, die mit beeindruckender Genauigkeit die komponentielle Vielfalt und hierarchische Staffelung der einzelnen Komponentenebenen erschloß.[80]

Die Gedächtnisfunktion erweist sich noch in einer anderen Hinsicht als dominierend im Leseprozeß: Die Kapazität der Gedächtnisleistung bestimmt nämlich das Ausmaß dessen, was der Leser jeweils tatsächlich liest. Nicht etwa die biologisch determinierte Blickspanne setzt das Maß für die Größe der gesehenen Spracheinheit, sondern das Gedächtnis entscheidet darüber, in welcher Größenordnung Einheiten bewältigt werden können.[81]

Aus gedächtnispsychologischer Sicht stellt sich Lesen als Anpassungs- und Lernprozeß dar: Alle Operationen laufen darauf hinaus, das Wahrnehmungsmaterial so aufzugliedern bzw. umzuformen, daß es genau die Gestalt erhält, die das bereits Gewußte im Gedächtnis hat oder die für die Gedächtnisfunktionen am ›griffigsten‹ ist. Der Prozeß der Informationsverarbeitung hat also ein bestimmtes Ziel: Es geht um die Herstellung einer für das Gedächtnis spezifischen und günstigen Operationseinheit aus Umweltreizen, die diese Form noch nicht besitzen. Damit rücken zwei Problembereiche in den Vordergrund, die allerdings nur zwei verschiedene Aspekte desselben Phänomens betreffen: der prozessuale und der resultative. Der prozessuale Aspekt lenkt die wissenschaftliche Aufmerksamkeit auf eine Folge von Umwandlungs- und Bearbeitungsoperationen. Der resultative Aspekt führt zur Frage nach der Struktur von Gedächtniseinheiten; gerade diese Interessensrichtung spricht eine wissenschaftliche Tradition an, die seit Frederic Bartletts Schema-Theorie großen Einfluß auf die Verstehensforschung nahm.[82] (Es wird im weiteren noch sichtbar werden, in welchem

---

[79] Für den Bereich des Lesens Jane F. Mackworth: Some models of the reading process. In: Davis (ed.) 1971, sec. 8, S. 88.

[80] Jack A. Holmes: Basic assumptions underlying the substrata-factor-theory. In: Singer, Ruddell (eds.) 1976, S. 614.

[81] Richard L. Venezky u. a.: Skills required for learning to read. In: Doris V. Gunderson (ed.): Language & reading. An interdisciplinary approach. Washington 1970, S. 37–54.

[82] Frederic C. Bartlett: Remembering. A study in experimental and social psychology. 1932, repr. Cambridge 1954.

Ausmaß die Frage nach der Struktur von Gedächtniseinheiten mit dem Problem des Verstehens zusammenhängt.) In diesen Zusammenhang gehört auch die von George Miller so genannte ›magische Zahl sieben, plus oder minus zwei‹, die den quantitativen Umfang des Gedächtnisses auf eine berühmt gewordene Maßformel brachte.[83] Gerade die Tatsache nämlich, daß die Kapazität des Gedächtnisses quantitativ begrenzt ist, führt zu der vielfach belegten Gewißheit, daß die Fülle der Umwelteindrücke auf ein ökonomisches Maß, das offensichtlich neurophysiologisch festgelegt ist und ungefähr sieben Einheiten umfassen kann, reduziert werden muß. Unterbleibt hingegen eine solche gedächtnisspezifische Bearbeitung der sensuellen Eingabe, so vergißt man das visuelle Muster bereits innerhalb einer Sekunde.[84]

So hängen Gedächtnisfunktion und Verarbeitung eng zusammen. Daß man sich das Lesen als eine Art Verarbeitung vorzustellen habe, ist freilich nicht ganz so neu, wie es hier den Anschein haben mag. Wenn sich auch die Formen der modelltechnischen Realisierung von Verarbeitungsvorgängen fortwährend ändern, so läßt sich der Grundgedanke doch weit zurückverfolgen. Schon Arthur Schopenhauer weist auf die zentrale Rolle der »Rumination« hin:[85] »durch diese allein eignet man sich das Gelesene an wie die Speisen nicht durch Essen, sondern durch die Verdauung einen ernähren.« Friedrich Nietzsche empfahl sogar das »Wiederkäuen«.[86] Im Zeitalter der Lesesucht und Lesewut schenkte man deshalb dem diätetischen Gesichtspunkt des Lesens besondere Aufmerksamkeit; man wußte, daß der Leser nicht nur mit den Augen liest und Gesehenes in Gesprochenes umwandelt, sondern geistige Arbeit leistet. Verarbeitung in Analogie zur Verdauung: dieses Bild kehrt bezeichnenderweise in gegenwärtigen Überlegungen zum Thema Informationsverarbeitung wieder. Diesmal freilich sind es die Skeptiker und Kritiker, die sich an diese Parallele erinnern. So malt z. B. Albert Kingston mit ironischem Seitenblick auf die Flut der Verarbeitungsmodelle in der Leseforschung seine Persiflage eines Corn-flakes Verarbeitungsmodells aus:

> Die Corn-flakes mögen die Sprache repräsentieren. Das Modell umfaßt die Zähne (Wortschatz?), den Mund (je breiter, desto größer der Input), den

---

[83] George A. Miller: The magical number seven, plus or minus two, or, some limits on our capacity for processing information. In: Psychological review 63 (1956), S. 81–96.

[84] Robert C. Calfee: Memory and cognitive skills in reading acquisition. In: Duane, Rawson (eds.): Reading, perception and language, 1975, S. 56.

[85] Arthur Schopenhauer: Parerga und Paralipomena. Zürcher Ausgabe. Zürich 1977, Bd. 2, 2. Teilband, S. 604 (§ 291).

[86] Friedrich Nietzsche: Zur Genealogie der Moral. In: F. N. Werke in sechs Bänden. Hrsg. v. Karl Schlechta, München 1980, Bd. 4, S. 770.

Schlund (den Kommunikationskanal) und den Bauch (Kapazität? Doch wie prägt man den Begriff SQ [vermutlich Sinnesqualität]?). Leber, Galle und Bauchspeicheldrüse könnte man Vorwissen [»previous learning«], Gefühle und Triebe nennen. Die Eingeweide und der Dickdarm dienen entweder der Assimilation oder Zurückweisung (Kann der Dickdarm der Ort des kritischen Lesens sein?)[87]

Der Kreis der Spötter und Unzufriedenen, denen das Modell der Verarbeitung nicht genügt, scheint zuzunehmen. Zu ihnen gehört neuerdings auch Ulric Neisser, der ebenfalls Anlaß sieht, die stereotype Aufeinanderfolge von Verarbeitung und vermehrter Verarbeitung zu bespötteln.[88] Diese Hinweise mögen vorerst genügen, auch die Grenzen sichtbar zu machen, die einer auf dem Verarbeitungsbegriff gegründeten Erklärung gezogen sind.

Wenn also das Gedächtnis der Ort und die Bedingung der Verarbeitung ist, so stellt die Information das Thema der Verarbeitung dar.[89] Aus der Informationstheorie stammt der Gedanke, daß man Information über einen beliebigen Sachverhalt genau dann erwirbt, wenn man die Ungewißheit vermindert, die bislang gegenüber diesem Sachverhalt bestand. Jede Information stellt sich in diesem Rahmen als das Ergebnis einer schrittweisen Ausschaltung möglicher Alternativen dar; je zahlreicher die notwendigen Schritte, um so größer der schließliche Informationsgehalt. Nicht also das ›Was‹ der Information steht hier im Vordergrund, sondern der Weg zu einem bereits vorher festgelegten Ziel.

Da auch das Lesen weithin zu den Formen der Informationsgewinnung gezählt wird, liegt es nahe, ein Lesemodell zu entwerfen, das auf dem Prinzip der Beseitigung von Ungewißheit gründet. Im Mittelpunkt dieser Modellart stehen Operationen, die das sprachliche Wahrnehmungsmaterial in festgesetzter Reihenfolge und nach bestimmten Prinzipien so lange reduzieren, bis kein Alternativweg die Identifikation des betreffenden Elements (welcher sprachlichen Größenordnung auch immer) verhindert.[90] Bereits an dieser Stelle wird allerdings deutlich, daß die Gleichsetzung von Sprachverstehen und Informationsverarbeitung nicht endgültig befriedigen

---

[87] Albert J. Kingston: Disjunctive categories in ephemeral models. In: Davis (ed.) 1971, sec. 8, S. 64 (in meiner Übersetzung).

[88] Neisser: Cognition and reality, 1976, S. 17. Vgl. auch die kritische Auseinandersetzung von Eleanor J. Gibson, Harry Levin: The psychology of reading. Cambridge, Mass. 1975, Kap. 12.

[89] Steinbuch folgend, müßte es, genau genommen, ›Verarbeitung von Signalen‹ heißen, da nur die Signale tatsächlich verarbeitet werden, während ›Information‹ »die durch Signale veranlaßte Strukturveränderung in einem Empfänger« bedeutet; Karl Steinbuch: Maßlos informiert, 1978, S. 55.

[90] F. Smith: Understanding reading, 1971, S. 16. G. R. Roberts, Eric A. Lunzer: Lesen und Lesenlernen. In: E. A. Lunzer, J. F. Morris (eds.): Das menschliche Lernen und seine Entwicklung. Stuttgart 1976, S. 213–244.

wird. Es klingt gekünstelt, von der Beseitigung der Ungewißheit hinsichtlich der Identität einer Textstelle zu sprechen, wo es um die Bedeutung einer Aussage geht; der semantische Aspekt der Sprache kommt hier nicht zum Zuge; nur für ganz spezielle Fälle, bei Ratespielen etwa, in denen nur ja-nein-Antworten zugelassen sind, mag diese Art der Informationsgewinnung typisch sein. Doch diese Einwände sind im gegenwärtigen Zusammenhang noch verfrüht. Zunächst gilt es, den Gewinn an Einsichten zu erfassen, den die Konzeption eines informationsverarbeitenden Modells hervorgebracht hat.

Allgemeine Prinzipien eines Modells der Informationsverarbeitung hat z. B. Edward Feigenbaum zusammengestellt.[91] Die vordringliche Aufgabe dieser Modellart liegt darin, mentale, nicht aber physiologische oder neurologische Prozesse zu rekonstruieren; darin liegt wohl ein entscheidender Unterschied zu den älteren Modellen der Erregungssequenzen im Lesevorgang,[92] deren begriffliche Differenziertheit übrigens dem heutigen Begriffsaufwand wenig nachsteht. Das Gehirn ist das eigentliche System der Informationsverarbeitung; seine Leistung steht bei der modellorientierten Rekonstruktion im Vordergrund. Die Sinnesorgane entsprechen – in modelltechnischer Terminologie – dem Eingabe-Kanal und die organischen Effektoren den Ausgabe-Strukturen. Das Modell enthält interne Programme zum Überprüfen, Vergleichen, Analysieren, Umordnen und Speichern von Information. Informationssymbole, zu deren Darstellung man unterschiedliche Einheiten (bits, chunks, Merkmale, Propositionen usw.)[93] wählen kann, repräsentieren die Daten der Umwelt im Gehirn. Der zentrale Verarbeitungsmechanismus arbeitet schrittweise. Die Abfolge der Schritte bleibt nicht dem Zufall oder einem Wahrscheinlichkeitswert überlassen, sondern ist genau vorausgeplant; das heißt, es handelt sich nicht um probabilistische, sondern um deterministische Modelle, bei denen die Kriterien für die Wahl und Abfolge der einzelnen Verarbeitungsschritte von vornherein festgesetzt sind.

Die experimentell überprüfbare Vorstellung einer sukzessiven Informationsverarbeitung wurde zuerst von Donders ausformuliert.[94] Ihr liegt die Erkenntnis zugrunde, daß in Reaktionsexperimenten, bei denen es auf Entscheidungen ankommt, die Response nicht schlagartig mit dem Stimulus eintritt, sondern ihm erst nach einer gewissen, wenn auch recht kurzen Zeit

---

[91] Edward A. Feigenbaun: The simulation of verbal learning behavior. In: Feigenbaum, Julian Feldman (eds.): Computers and thought. New York 1963, S. 297f.

[92] Friedrich Kainz: Psychologie der Sprache. 4. Bd. Spezielle Sprachpsychologie. Stuttgart 1956, S. 186f.; hier der Verweis auf Ziehen.

[93] Anderson, Bower: Human associative memory, 1973, S. 136.

[94] F. C. Donders: On the speed of mental processes [zuerst 1868]. In: Acta psychologica 30 (1969), S. 412–431.

folgt und daß in dieser Zeitspanne sukzessiv deutlich voneinander zu unterscheidende Prozesse bzw. Stadien der Verarbeitung ablaufen; jeder Prozeß beginnt erst dann, wenn der vorausgegangene abgeschlossen ist, so daß die Addition der Zeitmaße für jede einzelne Stufe den Gesamtwert der Reaktionszeit ergibt. Um die Dauer einer einzelnen Phase zu bestimmen, entwickelte Donders ein besonderes Verfahren, bei dem er die Verarbeitungszeiten zweier Aufgaben verglich, die dieselben Verarbeitungsschritte erforderten und sich nur hinsichtlich der Zahl der Schritte unterschieden; durch entsprechende Subtraktion oder Addition von Stadien konnte er so die Einzelwerte einer Phase ermitteln.

Seitdem wurde dieser Vorschlag vielfach diskutiert; vor allem die behauptete Selbständigkeit jeder Phase sowie die additive Beziehung der Phasen untereinander waren Gegenstand von Kritik und Verbesserungsvorschlägen. Als besonders dringlich erwies sich hierbei die Forderung nach einer verläßlichen Definition des Phasenbegriffs. Saul Sternberg, der in der Grundlagendiskussion über die Prinzipien des Modelldenkens eine hervorragende Rolle einnimmt, schlägt die folgende vorläufige Bestimmung vor:[95] Eine Phase ist ein einzelner Prozeß aus einer Reihe sukzessiver Prozesse, der einen Input bearbeitet, um einen Output zu produzieren, und der eine additive Komponente zur Gesamtreaktionszeit beisteuert. Der Begriff der Additivität impliziere hier, daß die durchschnittliche Phasendauer nur vom jeweiligen Input und den Ebenen der Faktoren, die sie beeinflussen, abhänge, nicht aber direkt von der mittleren Dauer der anderen Phasen. In der Tat wird sich am konkreten Lesemodell zeigen, wie vergeblich es ist, Einzelphasen exakt isolieren zu wollen; ihre Binnenstruktur und insbesondere das phaseninterne Geschehen hängt stark von den schließlichen Verarbeitungszielen ab, so daß diese intentionale Gerichtetheit den Gesamtprozeß viel angemessener charakterisiert als eine bloße Phasenfolge.

Diese Problematik einer Phasenbestimmung in allgemeinen wie lesenden Informationsverarbeitungen rückt immer deutlicher ins Bewußtsein. Was sich allerdings in der Diskussion um die Bestimmbarkeit der Phasen in einem Verarbeitungsprozeß mit erstaunlicher Beharrlichkeit erhält, ist die Überzeugung, daß man geistige Vorgänge gerade mit Zeitmessungen hinreichend und angemessen erfassen könne. Auch die Leseforschung steht bis heute im Bann dieser methodologischen Entscheidung, so daß man Paul Kolers durchaus recht geben kann, wenn er mit Bedauern feststellt, daß die Erforschung der Informationsverarbeitung fast identisch geworden sei mit dem Studium der Reaktionsgeschwindigkeit.[96]

---

[95] Saul Sternberg: The discovery of processing stages: extensions of Donders' method. In: Acta psychologica 30 (1969), S. 282f.

[92] Paul A. Kolers: Some problems of classification. In: Kavanagh, Mattingly (eds.): Language by ear and by eye, 1976, S. 193.

Ein repräsentatives Informationsverarbeitungsmodell des Lesens hat eine Gruppe von Wissenschaftlern um Dominic Massaro vorgelegt. Das Modell sieht so aus: Es laufen unterschiedliche Verarbeitungsschritte ab, und jeder Schritt mündet in ein vorläufiges Ergebnis, das, bevor es wiederverarbeitet wird, kurzzeitig im Gedächtnis erhalten bleibt, um der folgenden Verarbeitungsphase verfügbar zu sein, während sich die vorangehende Phase möglicherweise schon anderem zugewandt hat. In einer Grobeinteilung lassen sich die Phasen der Empfindung (»sensation«),[97] Wahrnehmung (»perception«) und des Begreifens[98] (»conception«) erkennen; dieser Gliederungsentwurf ähnelt einem Vorschlag, den bereits Charles Osgood zur Diskussion gestellt hatte.[99]

Zur gleichen Zeit wie die Wissenschaftler um Massaro haben auch John Geyer und Paul Kolers ein Informationsverarbeitungsmodell mit drei Stufen vorgestellt: 1. visuelle Operationen zur Wiedererkennung von Buchstaben und Wörtern, 2. grammatische Analysen zur Verbindung der Wörter im Text, 3. Bedeutungszuschreibung und Umgang mit Bedeutungseinheiten.[100] Auswahl, Überführung, Speicherung und Handhabung von Information sind die Leistungen des Systems.[101] Lesen stellt sich somit dar als fortgesetzte Vereinigung von Informationen, die aus unterschiedlichen Quellen stammen und deren Gesamtheit zur Erzeugung und Bestätigung von Erwartungen dient.[102]

Im einzelnen ergibt sich in Massaros Modell ungefähr diese Reihenfolge der Verarbeitungsschritte: Entdeckung visueller Merkmale in einem visuellen Muster; Umformung der visuellen Merkmale in ein visuelles Bild (d.h. Bildung einer Reihe isolierter visueller Merkmale); Speicherung des visuellen Bildes; Umformung des visuellen Bildes in Wahrnehmungsgestalten (d.h. eine Reihe von Buchstaben und Abständen); Speicherung der Wahrnehmungsgestalten zwecks Integration bzw. Verbindung mit Vorausgegan-

---

97 ›Sensation‹ bedeutet eine bereits abstrakte Ansammlung von Attributen, nicht etwa von konkreten Fakten; siehe dazu schon Edward S. Robinson: Association theory to-day. Repr. 1964, S. 41.

98 Dominic W. Massaro (ed.): Understanding language. An information-processing analysis of speech perception, reading, and psycholinguistics. New York 1975.

99 Charles E. Osgood: On understanding and creating sentences. In: American psychologist 18 (1963), S. 740f. – Daß Komponenten der S-R-Theorie in Modelle der Informationsverarbeitung Eingang finden, scheint nicht ausgeschlossen zu sein, wie eine beiläufige Bemerkung Cofers andeutet; Charles N. Cofer: Problems, issues, and implications. In: Theodore R. Dixon, David L. Horton (eds.): Verbal behavior and general behavior theory. Englewood Cliffs 1968, S. 534.

100 Geyer, Kolers: Reading as information processing. In: M. J. Voigt (ed.): Advances in librarianship, 1974, S. 184.

101 Ebd., S. 183.

102 Ebd., S. 211.

genem und Folgendem; Umformung der Wahrnehmungsgestalten in eine Folge von Wörtern; Zuordnung der Wörter zu passenden Bedeutungen; Umformung der einzelnen Wortbedeutungen in umfassendere Bedeutungseinheiten.

Der Verarbeitungsprozeß beginnt also schon vor der eigentlichen Wahrnehmung; das, was der Leser sieht, genauer, glaubt zu sehen, ist bereits Ergebnis einer ersten Verarbeitungsphase. Der Prozeß endet – vorläufig –, sobald es in befriedigender Weise gelingt, für das Verarbeitungsresultat eine im Langzeitgedächtnis gespeicherte Entsprechung zu finden.

Der Phasenablauf ist als Folge geregelt, bleibt aber dennoch so flexibel, daß ein späterer Verarbeitungsschritt mit seinem Ergebnis auch in den Verarbeitungsprozeß der davorliegenden Phase hilfreich eingreifen kann. Auch in dem Modell von Geyer und Kolers gibt es keine festgelegte Reihenfolge ›vom visuellen Signal im Auge zur Bedeutung im Geist‹, da jede Phase direkt auf das jeweils im Gedächtnis Gespeicherte Bezug nimmt und von daher entscheidet, was und wieviel noch verarbeitet werden muß und was bereits erschlossen werden kann.[103] Diese Offenheit gegenüber Fragen der Phasenabfolge ist das Ergebnis einer ausführlichen Diskussion über zwei bislang konkurrierende Prinzipien der Phasenordnung in einem Verlaufmodell: Es geht um den Gegensatz zwischen serieller[104] und paralleler Phasengruppierung, also um die Frage, ob zwei verschiedene Phasen nur nacheinander oder auch zugleich arbeiten können. Man neigt allmählich zu der Auffassung, daß zwischen seriellen und parallelen Verarbeitungskonzeptionen kein so grundsätzlicher Zwiespalt besteht, wie man ursprünglich annehmen mochte. So hat man Anhaltspunkte dafür entdeckt, daß der Mensch die Erkennung der Buchstabengestalt, die Analyse der phonemischen Struktur und die Suche nach der Bedeutung nahezu, wenn auch nicht absolut, gleichzeitig bewerkstelligen kann. Wenn also Ulric Neisser neuerdings den Gesichtspunkt der sukzessiven Phasenfolge zum Anlaß nimmt, die Gesamtkonzeption einer stufenartigen Informationsverarbeitung zu

---

[103] Geyer, Kolers, S. 225.

[104] Der Begriff des seriellen Modells hat in Arbeiten zur Satzwahrnehmung noch eine andere Bedeutung. Es geht um die – auch für die Leseforschung – entscheidende Frage, ob Sätze erst dann analysiert und verarbeitet werden, wenn sie relativ vollständig rezipiert worden sind, oder ob sie bereits vom ersten Wort an einer komplexen Verarbeitungsprozedur unterzogen werden. Daß letzteres psychologisch wahrscheinlicher ist, sucht Marslen-Wilson mit seinem seriellen Modell des »on-line interactive system« zu belegen; William Marslen-Wilson: Linguistic descriptions and psychological assumptions in the study of sentence perception. In: R. J. Wales, Edward Walker (eds.): New approaches to language mechanisms. A collection of psycholinguistic studies. Amsterdam 1976, S. 203–229.

kritisieren, und dieser ein Modell der ›Eingebettetheit‹ entgegenhält,[105] so scheint er wohl zu rasch den gegnerischen Ansatz eingeengt zu haben; auch zyklische Vorgänge, wie Neisser sie im Sinn hat,[106] widersprechen nicht unbedingt der Idee der Informationsverarbeitung.[107]

Zurück zum Massaro-Modell: Das Gemeinsame aller hier genannten Verarbeitungsvorgänge liegt in einem Akt der Umformung; doch ergeben sich gewichtige Unterschiede in der Art der Beziehung zwischen dem, was umgeformt wird, und dem, wozu es umgeformt wird. Abbildende Beziehungen im Eins-zu-eins-Verhältnis (»template matching«) sind selten; sie setzen ja für jeden individuellen Reiz ein internes Muster voraus, das ihn repräsentiert und das nur durch genaue Deckungsgleichheit aktiviert werden kann. Solche abbildenden Beziehungen kommen nur am Beginn des Verarbeitungsprozesses vor; doch selbst hier, bei der Entdeckung visueller Merkmale, bildet ihre Funktionstüchtigkeit eher ein Problem; denn es geht ja nicht nur um die mechanische Abbildung beliebiger Merkmale, sondern um die zielgerichtete auswählende Abbildung distinktiver Merkmale; solche Merkmale werden aber vom kundigen Leser eher erschlossen als herausgefiltert oder bloß abgebildet. Das heißt aber nicht, daß man eine solche Filterung gänzlich ausschließen sollte. Als ausgesprochen physikalisch-graphische Merkmale, die durchaus herausgefiltert werden können, gelten Wortlänge, Wortsilhouette, Wortabstand, Buchstabenposition, feste Buchstabengruppen, Buchstabengröße und Buchstabenstruktur.[108] Buchstabenmerkmale hingegen wie Striche, Winkel, Schnittpunkte, Rundung und Öffnung zählen bereits zur Kategorie des Wahrnehmungskodes und bezeichnen eigentlich schon Eigenschaften des ›Detectors‹, des Systems also, das die graphische Eingabe nach bestimmten Gesichtspunkten ordnet.[109]

---

105 Neisser: Cognition and reality, 1976, S. 113.

106 Ebd., S. 21.

107 Siehe auch Edward E. Smith: Theories of semantic memory. In: W. K. Estes (ed.): Handbook of learning and cognitive processes. Bd. 6: Linguistic functions in cognitive theory. Hillsdale 1978, S. 2. Smith befürwortet ebenfalls eine wechselseitige Interaktion zwischen den Verfahren der Muster-Wiedererkennung, des syntaktischen Parsings und der semantischen Interpretation und hält trotzdem an den Komponenten der Informationsverarbeitung fest.

108 H. R. Schiffman: Sensory and perceptual aspects of the reading process. In: Davis (ed.) 1971, sec. 8, S. 143f. Neal F. Johnson: A pattern-unit model of word identification. In: David LaBerge, S. Jay Samuels (eds.): Basic processes in reading. Perception and comprehension. Hillsdale 1977, S. 91–125.

109 LaBerge, Samuels: Toward a theory of automatic information processing in reading. In: Singer, Ruddell (eds.): Theoretical models, 1976, S. 551.

Nach Massaro vollzieht sich die Umwandlungsoperation in der Regel als planvolle Neukonstruktion. Ihr Ablauf enthält zwar eine analytische Komponente, versteht sich aber hauptsächlich als ›figurale Synthese‹, die vor allem erklären will, wie man eine undeutliche oder kontinuierliche Folge von Sinneseindrücken (etwa im Fall der Handschrift) trotzdem erfolgreich verarbeiten kann.[110] In der sogenannten Analyse gilt es, Merkmale oder Fragmente des Stimulusmaterials so auszuwählen, daß das Gesammelte für die interne synthetische Rekonstruktion des Originals dienen kann. Solche durchaus fakultative Gestaltbildungen vermögen jedoch auf die Dauer nur deshalb erfolgreich abzulaufen, weil sie von Faktoren des sprachlichen Regelwissens und der außersprachlichen Weltkenntnis, die das Verarbeitungssystem gespeichert hat, gelenkt werden.

Die Leistungen des Gedächtnisses spielen hierbei eine entscheidende Rolle, worauf bereits hingewiesen wurde; nicht nur daß die Gedächtnisfunktion das für die jeweilige Verarbeitung notwendige Wissen hervorbringt, ermöglicht sie auch die simultane, hierarchische Integration nacheinander einkommender Daten, wodurch erst der Eindruck eines kontinuierlichen Leseflusses entsteht.[111]

Aus dem Bisherigen wird deutlich, daß die Dynamik des gesamten Leseprozesses, seine Qualität und seine Richtung, weitgehend von den Kenntnissen ausgeht, die in Folge der Gedächtnisleistung in den Verarbeitungsprozeß eingebracht werden. Wenn also die Kenntnisse des Lesers solchermaßen in seinen Verarbeitungsprozeß hineinspielen,[112] genügt es nicht mehr, die verschiedenen Umformungsergebnisse als bloße Aggregatzustände einer sich im wesentlichen gleichbleibenden Substanz anzusehen, die schrittweise weitergereicht wird. Mit jedem folgenden Verarbeitungsschritt reichert sich das Verarbeitete mit Neuem an, das aus einer bloßen Datensammlung und Umformung nicht hätte gewonnen werden können.

Zugleich nimmt auch das Ausmaß der Anreicherung zu; kommt anfangs orthographisches Wissen zum Zuge, so erweitert sich anschließend der eigene Beitrag um syntaktische Kenntnisse, bis endlich semantische Erfahrungen den Verarbeitungseinheiten Bedeutung verleihen. Die gestaffelte Reihenfolge dieser individuellen, aber nicht regellosen Zugaben bedingt eine ständige Kontrolle des Eingebrachten auf der Grundlage der Datensammlung wie der kontextuellen Verträglichkeit und verhindert somit, daß Lesen allzu leicht zu einem beliebigen Ratespiel entartet.

Zergliedern und Aufbauen, Weglassen und Ergänzen sind also die Grundoperationen der Umformung; der integrale Anteil des Verstehens

---

[110] Neisser: Cognitive psychology, 1967, S. 94ff.
[111] Ebd., S. 138ff.
[112] Geyer, Kolers: Reading, 1974, S. 209.

liegt in den Momenten der Regelanwendung, Wissensinterpolation und Bedeutungszuschreibung. Ohne Verstehen kämen – langfristig gesehen – weder Strukturen noch Prozesse der dargestellten Informationsverarbeitung zustande.

Die Verstehenskomponente nimmt also eine zentrale Stellung im Modell der Informationsverarbeitung ein. Sie läßt sich sowohl als Phase (»conception«) wie auch als dynamische Gerichtetheit des Gesamtprozesses (kognitiver Aspekt der Regelanwendung auf allen Verarbeitungsebenen) identifizieren. Trotzdem ist mit diesem Ergebnis die Frage nach dem, was es heißt, verstehend zu lesen, noch nicht zufriedenstellend beantwortet. Der doppelte Gesichtspunkt, unter dem Verstehen hier betrachtet wird – einerseits im Sinn eines prozessualen Vollzuges, andererseits im Sinn einer Voraussetzung für den Ablauf eines Verarbeitungsvorgangs oder auch im Sinn eines Zieles – diese Verschiedenheit wird in einem Modell der Informationsverarbeitung, wie es bisher vorgestellt wurde, noch nicht bewältigt, bleibt vielmehr als Gegensatz bestehen, der einer weiteren Analyse bedarf. Am sichtbarsten wird diese Problematik am Begriff der Bedeutungszuschreibung, der als Bezeichnung für die Verstehens-Phase gelten soll, aber so noch keinen Erklärungswert besitzt. Man kann dasselbe Problem auch von einer anderen Seite angehen. Der terminologische Aufwand, der bislang notwendig war, um ein Modell der Informationsverarbeitung zu entwickeln, steht kaum in einem angemessenen Verhältnis zu den eher plausibel, keinesfalls aber überraschend wirkenden Erkenntnissen über das Verstehen bzw. über die Beteiligung des Verstehens am Lesevorgang. Es fällt ja relativ leicht, Komponenten des Verstehens zu nennen und all das aufzuzählen, was möglicherweise beim Verstehen einer Äußerung eine Rolle spielt. Solche Listen von Verstehensfaktoren spiegeln meistens den jeweiligen Stand linguistischer bzw. psycholinguistischer Terminologiebildung wider; das heißt, jede Beschreibung der Verstehensleistung pflegt die heutzutage etablierte Dreiheit von Syntax, Semantik und Pragmatik irgendwie zu berücksichtigen; dies sieht meistens so aus, daß jede dieser Komponenten in der Modellgraphik ein säuberlich skizziertes Kästchen erhält, dessen Beteiligung und Wirkung im Gesamtprozeß mit Pfeilen und Schleifen illustriert werden. Wie diese pauschalen Komponenten jedoch tatsächlich wirken, bleibt nach wie vor im dunkeln. Modelle der Informationsverarbeitung eignen sich zwar besonders gut dazu, neue Erkenntnisse zu integrieren: Das bisher nicht oder zu wenig Berücksichtigte ist rasch als weitere Verarbeitungsphase interpoliert; so geschieht es auch mit dem semantischen Bereich. Aber die bloße Nennung ergibt noch keine Beschreibung semantischer Prozesse. Es geht nicht nur darum zu wissen, daß ein umfassendes Lesemodell eine Verstehenskomponente enthalten muß, sondern auch darum, wie diese Komponente arbeitet. Eine genauere Antwort auf diese Fragestellung kann für die Entwicklung eines Lesemodells nicht ohne Wirkung bleiben, sondern entscheidet darüber, in welchem Ausmaß ein Modell das Phänomen der verständnisvollen Informationsverarbeitung in Begriffen des Vorgangs oder gar der Handlung zu artikulieren vermag.

Nun kann die Ansicht, daß Verstehen ein Vorgang ist, keineswegs als selbstverständlich gelten. Angesichts der bestehenden Forschungslage handelt es sich hierbei um eine höchst strittige Voraussetzung, die den weiteren Frageweg so eng festzulegen droht, daß man füglich zögern sollte, sie ohne Rechtfertigung einfach zu setzen. Deshalb ist es an dieser Stelle nützlich, noch einmal ausdrücklich zu fragen, ob es grundsätzlich sinnvoll sein kann, Verstehen als Prozeß aufzufassen.[113] Gewiß, Verstehen läßt sich verbessern und vertiefen; man versteht gar nicht, mißversteht, versteht nur teilweise oder auch allmählich, und man versteht eben. Soweit enthält die Vorstellung von einem Verstehensprozeß nichts Ungewöhnliches. Schwieriger liegt das Problem, wenn man eine Grund- oder Normalform des Verstehens ins Auge faßt und diese in eine Folge von Verarbeitungsschritten unterteilen will, die ihrerseits dann natürlich keine Verstehenskomponente enthalten darf. Darüber hinaus wird fraglich, ob das Verstehen eine Tätigkeit ist, mit der man Absichten verbinden, durch die man Ziele verwirklichen kann. Derjenige, der versteht, verfolgt nicht eine Absicht, aber er kann natürlich eine Absicht verstehen: Jemand tut etwas, um zu verstehen; aber man sagt nicht, er versteht, um eine Absicht zu verwirklichen. ›Verstehen‹ gehört offenbar zu den resultativen Verben und bezeichnet ein Ergebnis, nämlich das Verständnis. Demnach wäre Verstehen kein Prozeß, sondern ein Zielzustand, der sich am Ende eines Prozesses einstellt. Das aber wirft seinerseits die Frage auf, wie denn der Eintritt des Verständnisses zu denken sei; handelt es sich um eine Folge, ein Resultat, das auf Grund von Planung, Mittelwahl und Vollzug eintritt, oder fällt es einem einfach zu, nachdem man sich in irgendeiner Form darum bemüht hat? Will man Verstehen nicht als Zufallsphänomen werten, dessen Entstehungsgeschichte jeder Einsicht verborgen bleibt, dessen Eintritt außerhalb jeder Tätigkeit liegt, so muß sich die Beziehung zwischen dem Verständnis und dem, was ihm prozessual vorausgeht, bestimmen lassen. Geht man davon aus, daß das Verständnis das Ergebnis einer Tätigkeit ist, so kommt man nicht umhin, gerade diese Tätigkeit als Prozeß des Verstehens mitzudenken, selbst wenn der Gebrauch des Wortes ›Verstehen‹ diese Bedeutung nicht ausweist. Das Verständnis ist so das Ergebnis der Vollzugshandlung Verstehen; Verständnis setzt Verstehen als Vorgang voraus, und umgekehrt hat sich der Verstehensvorgang so lange nicht vollständig vollzogen,

---

[113] Vgl. z. B. Joachim Wach: Das Verstehen. Grundzüge einer Geschichte der hermeneutischen Theorie im 19. Jahrhundert. Tübingen 1929, Bd. 2, S. 4, Anm.

bis das Verständnis als Ergebnis eingetreten ist.[114] Prozeß und Ergebnis bilden eine logische Beziehung, sie implizieren einander, so daß bei der Bestimmung dessen, wie Verstehen abläuft, beide Phasen, die vollziehende wie die resultative, in Betracht kommen. Man sucht nicht etwa nach dem Verständnis, um es zu finden; dann nämlich führte das Verständnis eine sonderbare gegenständlich fertige Existenz. Man beginnt vielmehr zu verstehen, setzt den Vorgang fort oder bricht ihn ab, beendet ihn und nimmt ihn wieder auf.

Ein Verstehensvorgang ist also ohne den Hintergrund der vorausliegenden Verstehensabfolgen ebensowenig denkbar wie eine von allem Vorausliegenden losgelöste und nicht weiter revidierbare Ergebnishaftigkeit des Verständnisses. Verstehen vollzieht sich immer und ausschließlich mit Hilfe jener Vorgänge, die bis dahin bereits abgelaufen sind, ob dies nun dem Verstehenden bewußt wird oder nicht. Auch erhält sich das Verstandene nicht aus eigener Kraft für unbegrenzte Zeit, sondern entsteht jeweils neu auf Grund jener Leistungen, die man gemeinhin dem Gedächtnis zuschreibt. Erst die Kombination von Verarbeitungs- und Gedächtnisvorgängen führt hin zu einer authentischen Vorstellung von den Wegen des Verstehens und den ihnen zugrunde liegenden Aufbauhandlungen.

Mit Blick auf das dargestellte Informationsverarbeitungsmodell läßt sich also zusammenfassend feststellen, daß alle regelhaften Anwendungen des eigenen Wissens prozessual verlaufen. Es bietet sich unmittelbar an, dieses Wissen, das in alle Umformungen hineinspielt, in Begriffen des Vorgangs zu beschreiben; denn das, was das Gedächtnis hier leistet, geht über ein bloßes Bereithalten bzw. erneutes Verfügbarmachen fertiger Einheiten hinaus und umfaßt vor allem die Fähigkeit, vergangene Verarbeitungsvorgänge im neuen Zusammenhang zu verwenden.[115] Deshalb wird es im folgenden nicht genügen, nach den Formen zu fragen, in denen etwa

---

[114] Die Sichtung des Problems folgt den Ausführungen von Wrights; Georg Henrik von Wright: Erklären und Verstehen. Frankfurt 1974. Man hat zu Unrecht gegen von Wright eingewendet, daß die Verknüpfung von Handlung und ihrem Ergebnis keine logische, sondern kausale sei; dazu Rudi Keller: Verstehen wir, was ein Sprecher meint, oder was ein Ausdruck bedeutet? Zu einer Hermeneutik des Handelns. In: Klaus Baumgärtner (Hrsg.): Sprachliches Handeln. Heidelberg 1977, S. 22. Die Klarheit, in der von Wright zwischen beobachtbarem Verhalten (physikalischem Ereignis) und beschreibungsabhängiger Handlung sowie zwischen Ergebnis und Folge einer Handlung unterscheidet, geht in dem Gegenargument verloren.

[115] Vgl. Neisser: Cognitive psychology, 1967, S. 284–286. Siehe auch A. A. Leont'ev: Psycholinguistische Einheiten und die Erzeugung sprachlicher Äußerungen. Berlin 1975, S. 200 und 233: »Ein Wort ist in Form seiner Suche eingetragen.« Schließlich: Theodor Lewandowski: Sowjetische Psycholinguistik. In: Die Neueren Sprachen 1976, S. 201.

Bedeutungen gespeichert werden; auch die Art des Speicherns steht neben der Frage, was eigentlich gespeichert wird, zur Diskussion.

Nicht ganz so leicht fällt die Entscheidung für eine prozessuale Auffassung von Verstehen, wenn man sich der Endphase des Modells der Informationsverarbeitung zuwendet. Was hier als Bedeutungszuschreibung ausgewiesen wird, läßt sich nicht so ohne weiteres als Prozeß formulieren. Man nimmt an, daß das Gedächtnis sowohl die Bedeutungen als auch die ihnen jeweils zugeordneten Wahrnehmungsmerkmale speichert und letztere ständig für einen Vergleich mit jenen Wahrnehmungseinheiten zur Verfügung hält, die im Zuge der Informationsverarbeitung noch vor jeder Bedeutungszuschreibung erzeugt werden; ergibt sich hierbei eine Identität, so hat man den Wortlaut verstanden, andernfalls wird der Verarbeitungsprozeß – teilweise – wiederholt, abgebrochen oder auch kurzfristig aufgeschoben. So treten also in der letzten Verarbeitungsphase – wie schon in der ersten – abermals abbildende Beziehungen auf, worauf bereits Licklider hingewiesen hat, die aber auch – wie zu sehen war – eigene Probleme aufwerfen. Einheiten unterschiedlicher Herkunft müssen hier zueinander passen – durchaus im Sinn einer Eins-zu-eins-Beziehung –, damit sich der Weg zur Bedeutung öffnet. Ein Verstehensmodell sollte aber an diesem Punkt nicht stehenbleiben, denn die Bedeutung selbst ist nicht gleichzusetzen mit den soeben aktivierten Wahrnehmungsmerkmalen. So kann die beabsichtigte bewußtseinsinterne Deckungsgleichheit von bearbeiteter Eingabe und Wissensvorrat nicht automatisch eintreten; vielmehr wird eine Kontaktstelle sichtbar, die der besonderen Erklärung bedarf. Dabei tauchen von neuem all jene Fragen auf, um die ein Modell des verstehenden Lesens fortwährend kreist: Gibt es überhaupt eine kontinuierlich verlaufende Verarbeitung von der Schrift bzw. deren Merkmalen zur Bedeutung? Erfaßt man den Prozeß in seiner Eigenart, wenn ›Bedeutung‹ als kompakte Endphase erscheint? Welche Auffassung von Bedeutungsgewinnung liegt den zahlreichen und doch auch wieder eintönigen Formulierungen von Sinnentnahme, Identifizierung, Ableitung, Zuschreibung, Familiärwerdung[116] und dem schöpferischen Sprung in das Bedeutungserlebnis[117] zugrunde? Die charakterisierten Informationsverarbeitungsmodelle des Lesens begannen damit, die unendliche Vielzahl der flüchtigen Erscheinungen, die sich dem Leser bieten, in systematisch begrenzte innere Bilder umzuformen; jetzt, am Ende, stellt sich die entgegengesetzte Aufgabe, aus der erzeugten engen Formenidealität die Mannigfaltigkeit der Bedeutungen zu gewinnen. Wie läßt sich der Zusammenhang denken?

---

[116] Wilhelm Salber: Lesen und Lesen-lassen. Zur Psychologie des Umgangs mit Büchern. Frankfurt 1971, S. 28ff.

[117] Bernhard Bosch: Grundlagen des Erstleseunterrichts. Eine didaktische Untersuchung. Ratingen 1961, S. 66f.

## 2 Wege der Bedeutungsgewinnung beim Lesen

Was macht ein Wort bedeutungsvoll? Ist es die Tatsache, daß ein Mensch das Wort gebraucht – im Gegensatz etwa zu einem Papagei –, daß Menschen mit Hilfe des Wortes ihre gemeinschaftlichen Handlungen abstimmen können und auf diese Weise ihre Lebenskreise konstituieren oder daß sie bei der Wahrnehmung desselben Wortes geneigt sind, in gleichbleibender Weise darauf zu reagieren? Soll man sich vielleicht eine erste, ursprüngliche Lehrsituation vorstellen, in der grundlegende sprachliche Handlungen –z. B. Prädikationen – eingeführt werden, deren geübter Gebrauch dann die Lernenden befähigt, allen weiteren Wörtern Bedeutung zu verleihen? Erhält ein Wort Bedeutung, wenn es einen Gedanken ausdrückt, Absichten in einem Handlungszusammenhang verwirklicht, einem Gegenstand der Umwelt ähnelt oder ihm sonstwie ›anhaftet‹? Was geschieht, wenn jemand die Bedeutung eines Wortes erfaßt?

Es ist schwer zu entscheiden, in welcher Weise solche Fragen nach der Verbindung zwischen dem materiellen Wortzeichen und seiner nicht materiellen Bedeutung beantwortet werden sollen. Lassen sie sich überhaupt beantworten oder richten sie sich auf einen Bereich, der jeder analytischen Einsichtnahme entzogen ist? Oder noch grundlegender formuliert: Wo liegt die Berechtigung für eine solche Fragestellung? Zerreißt die Unterscheidung zwischen Wortzeichen und Bedeutung nicht willkürlich einen Zusammenhang, dessen untrennbare Einheit zum Wesen der Sprache gehört? Wenn es sich zeigen sollte, daß diese Mutmaßung zutrifft, so würde sich auch das Problem erübrigen, ob und welche Vermittlung zwischen Wort und Bedeutung stattfindet; es handelte sich dann nämlich nicht mehr um zwei verschiedene Teile, die erst zusammengeführt werden müßten. Doch auch dieser Weg führt nicht sogleich aus der Problemsituation hinaus. Denn wie erwirbt man eine solche komplexe Wort-Bedeutungs-Einheit und wie gebraucht man sie? Ziel und Ergebnis der vorausliegenden Überlegungen zum Thema Informationsverarbeitung führten doch zu der Einsicht, daß zwischen Wortzeichen als optischem Reiz und Bedeutung als mentalem Ergebnis verschiedene Schritte, Phasen oder Ebenen zu unterscheiden sind, die prozessual durchlaufen werden. Von hier aus erschien die Frage nach den Wegen der Bedeutungsgewinnung durchaus plausibel und notwendig.

Wie also könnte sich dieser dunkle, wundersame Übergang vollziehen, von dem Marie von Ebner-Eschenbach gelegentlich schrieb: »Lesen ist ein großes Wunder. Was hast du vor dir, wenn du ein Buch aufschlägst? Kleine, schwarze Zeichen auf hellem Grunde. Du siehst sie an, und sie verwandeln sich in klingende Worte, die erzählen, schildern, belehren.«[1] Wie kann es geschehen, daß der bloße Anblick die eingefrorenen Buchstaben zu pulsierendem Leben befreit? Führt die Schrift ein geheimnisvolles Eigenleben, das nur darauf wartet, aufgeweckt zu werden. »Ein Buch«, versichert Wilhelm Busch, »wenn es so zugeklappt daliegt, ist ein gebundenes, schlafendes, harmloses Tierchen, welches keinem was zuleide tut. Wer es nicht aufweckt, den gähnt es nicht an; wer ihm die Nase nicht grad zwischen die Kiefern steckt, den beißt's auch nicht.«[2] Welche wissenschaftliche Disziplin vermag einem solchen Kobold am besten beizukommen? Wodurch hat das Wort seine Bedeutung?

Adam Schaff zog an dieser Problemstelle die Grenze für philosophisches Denken: »Es handelt sich um eine Frage, die einer naturwissenschaftlichen, experimentellen Untersuchung bedarf, um eine Frage, die in erster Linie in den Bereich der speziellen Aufgaben und Kompetenzen der experimentellen Psychologie und der Hirnphysiologie gehört.«[3] Wer der Richtung dieses Forschungsprogramms zuneigt, wird vermutlich davon ausgehen, daß die wichtigen Vorgänge der Bedeutungsgewinnung *im* Kopf des einzelnen Sprachbenutzers stattfinden, und er wird von anderen, etwa sozial-interaktiven Komponenten der Bedeutungskonstitution vorerst absehen. Von der Dominanz des Gehirns im Funktionsbereich der Bedeutungsgewinnung überzeugt, wird er zugleich davon ausgehen, daß die cerebrale semantische Arbeit in einen für sie typischen Ausdruck münden muß, in eine ›Gehirnschrift‹ (»brain writing«), deren Entstehung und Inhalt durch geeignete Mittel – sogenannte Neurokryptographen – sichtbar gemacht werden könnten.[4] Damit scheint ein Forschungsziel gesetzt zu sein, dessen baldiger Verwirklichung hauptsächlich technisch-instrumentelle Schwierigkeiten im Weg stehen. In Wirklichkeit aber führt auch der hirnphysiologische Ansatz zu umfassenden theoretischen Problemen, zu deren Lösung experimentell-naturwissenschaftliche Verfahren nur bedingt beitragen.[5]

---

1 Marie von Ebner-Eschenbach: Aus einem zeitlosen Tagebuch. In: Sämtliche Werke. Berlin: Paetel und Klemm o.J., Bd. 4, S. 670.

2 Wilhelm Busch: Eduards Traum. In: Gesamtausgabe in vier Bänden. Hrsg. v. Friedrich Bohne, Wiesbaden o.J., Bd. 4, S. 201.

3 Adam Schaff: Einführung in die Semantik. Frankfurt 1969, S. 275.

4 D. C. Dennett: Brain writing and mind reading. In: Keith Gunderson (ed.): Language, mind, and knowledge. Minnesota studies in the philosophy of science 7 (1975), S. 403–415.

5 Ein Grund für die Komplikation liegt darin, daß es einen Unterschied macht, ob man über physikalische bzw. physiologische Phänomene oder über mentale

In den folgenden Abschnitten geht es um eine Sichtung und Prüfung verschiedener Vorschläge zur Lösung des Problems, wie man den Prozeß der Bedeutungsgewinnung beschreiben und erklären kann. Es handelt sich um eine Begriffsanalyse, die nach den Voraussetzungen, Implikationen und Konsequenzen der jeweiligen Konzeptbildung fragt und deren Ort innerhalb eines Lesebegriffs nachzeichnet.

## 2.1 Sinnentnahme oder die Frage nach dem, was im Worte liegt

Es gibt in der deutschsprachigen Leseforschung eine Standardantwort auf die Frage, was der Leser tut, wenn er seinen Lesestoff mit Verständnis überblickt: Er entnimmt der Schrift Sinn. Die ›Sinnentnahme‹ bildet den Kernbereich jedes verständnisvollen Lesens. Aber auch im Ausland, im anglo-amerikanischen Sprachraum etwa, spricht man gern vom »extracting meaning«. Wo immer man von der technischen Seite des Lesens absieht, also von Fragen der Buchstaben- bzw. Wortgestalterkennung oder des Lautierens,[6] und wo man statt dessen den Verstehensaspekt berührt, spricht man mit Vorliebe vom sinnentnehmenden Lesen. Was ist damit gemeint?

Der Leser entnimmt der Schrift Sinn – das könnte z. B. bedeuten: Es gibt eine diskrete Einheit, eine Substanz, die man Sinn nennt, und dieser Sinn liegt in der Schrift; er liegt dort, weil der Schreiber ihn dort hineingelegt hat; man kann der Schrift diesen Sinn wieder entnehmen, so daß er sich schließlich auch beim Leser befindet, der ihn versteht, indem er ihn ›hat‹. So etwa ließe sich der Begriff der Sinnentnahme vorerst paraphrasieren. Aber war er so gemeint? Dachte man beim Gebrauch des Wortes Sinnentnahme daran, daß man damit zugleich – wie das Folgende zeigen wird – eine Materialität des Sinnes und einen Modus des Umgangs mit ihm – nämlich ›geben‹ und ›nehmen‹ – implizierte?

Die Antwort liegt nahe, daß es sich hier nur um eine metaphorische Redewendung handle, die keinen Anspruch auf bedeutungs- und verstehenstheoretische Aussagen im engen Sinn erheben will. Das mag durchaus der Fall sein. Aber diese Auskunft distanziert sich von einem zunächst einmal nicht gänzlich unmöglichen Denkweg mit der gleichen unbedachten Selbstverständlichkeit, mit der sie dessen Anfang – zumindest im Gewand des Bildes – favorisiert und proklamiert hatte. Es bleibt also noch zu

---

Phänomene spricht; d. h. es ist tatsächlich ein Unterschied der Sprachen, der weitreichende Folgen hat. Zu diesem Problemkreis D. C. Dennett: Content and consciousness. London 1969, bes. S. 43–71.

[6] Nur am Rande sei bemerkt, daß auch diese Aufgaben des Lesens keine Technik sind, sondern – im durchaus engen Verstande – Begriffsbildungsarbeit.

prüfen, was der Begriff oder das Bild der Sinnentnahme tatsächlich zur Klärung des verständnisvollen Lesens beizutragen vermag.

Das Problem der Sinnentnahme sollte im Anschluß an die oben versuchte Umschreibung von zwei Seiten angegangen werden; einerseits betrifft es Aspekte des Schriftsystems, andererseits Aspekte des Auffassungsprozesses. Der erste Aspekt führt zur Frage, ob Schrift und Sinn derselben Kategorie angehören, ob es also überhaupt denkbar ist, daß sich der Sinn – je nach Formulierung – auf, neben oder in der Schrift befindet. Der zweite Aspekt richtet sich darauf, ob der Akt des Ansichnehmens von Gegenständen, die Sinn enthalten, eine Art verständigen Umgangs mit ihnen bezeichnet. Oder anders gefragt: Gibt es Schriftkonzeptionen, allgemeiner Zeichensysteme, deren Besonderheit darin liegt, daß sie ihre Bedeutung in sich tragen? Und gibt es weiterhin Rezeptionsformen, die so geartet sind, daß sie Verständnis als Inbesitznahme von Schrift- bzw. Zeicheninhalten realisieren?

Jede Vorgeschichte sprachphilosophischen Reflektierens pflegt auf die »mythische Anschauung von Sprache« hinzuweisen, deren Kern z. B. Ernst Cassirer als »Indifferenz von Wort und Sache« beschreibt:

> Für sie ist im Namen jedes Dinges sein Wesen beschlossen. An das Wort und seinen Besitz knüpfen sich unmittelbar magische Wirkungen. Wer sich des Namens bemächtigt und ihn zu gebrauchen weiß, der hat damit die Herrschaft über den Gegenstand selbst gewonnen, – der hat sich ihn mit all seinen Kräften zu eigen gemacht.[7]

Theurgische, mystische, rituelle, tabuisierende und poetische Verwendungsweisen von Sprache gründen auf dieser totalen oder partiellen Identität von bezeichnendem Ausdruck und bezeichneter Sache. Daß solche Vorstellungen heute durchaus lebendig sind und ihren tiefen Sinn haben, zeigt z. B. ein Bekenntnis Günter Eichs: »Als die eigentliche Sprache erscheint mir die, in der das Wort und das Ding zusammenfallen.«[8] Die im mythischen Lebensraum erfahrene Identität bildet die Quelle der »Macht der Wörter«;[9] wer diese Wörter kennt, hat Macht über das, was sie bezeichnen, weil sie es enthalten, ein Teil davon sind oder gar es selbst sind. Ogden und Richards haben diese vorgeschichtliche und zugleich auch gegenwärtige Einstellung zu Wörtern gewissenhaft seziert und deren – ihrer Meinung nach – üble Auswirkung im wissenschaftlichen wie poetischen Sprechen angeprangert. In eine andere Richtung weisen die Ausführungen

---

7 Ernst Cassirer: Philosophie der symbolischen Formen. 1. Teil: Die Sprache. Nachdr. Darmstadt 1964, S. 56.

8 Günter Eich: Der Schriftsteller vor der Realität. In: Gesammelte Werke, Frankfurt 1973, Bd. 4, S. 441.

9 C. K. Ogden, I. A. Richards: Die Bedeutung der Bedeutung. Frankfurt 1974, Kap. 2.

Cassirers. Er entdeckt in der Wortmagie einen frühen – wenn auch revidierbaren – Ausdruck einer Grundform menschlichen Geistes, deren kreative Spontaneität der Objektivitätsanspruch innewohnt.

> Und daß es in der Tat eine reine Aktivität des Geistes ist, die sich in der Schaffung der verschiedenen Systeme sinnlicher Symbole bekundet, das drückt sich auch darin aus, daß alle diese Symbole von Anfang an mit einem bestimmten Objektivitäts- und Wertanspruch auftreten. Sie alle greifen über den Kreis der bloß individuellen Bewußtseinserscheinungen hinaus; – sie beanspruchen ihnen gegenüber ein Allgemeingültiges hinzustellen. Dieser Anspruch mag sich vor einer späteren kritisch-philosophischen Betrachtung und vor ihrem entwickelten und durchgebildeten Wahrheitsbegriff möglicherweise als hinfällig erweisen; – aber daß er überhaupt erhoben wird, gehört zum Wesen und Charakter der einzelnen Grundform selbst. Sie selbst sehen ihre Gebilde nicht nur überhaupt als objektiv-gültig, sondern zumeist geradezu als den eigentlichen Kern des Objektiven, des »Wirklichen« an.[10]

Cassirer nimmt an dieser Stelle bereits eine Umdeutung der mythischen Zeichenverwendungsweise vor und hebt das Aktive und Dynamische der bedeutungssetzenden geistigen Grundform heraus, die gerade in der Setzung des Objektiven ihre Kraft unter Beweis stellt.[11]

Was nun die mythische Gleichsetzung von Zeichen und Bedeutung betrifft, so ergibt sich deren Funktion noch vor einem anderen Hintergrund. Insbesondere solche Ursprungstheorien, die das Entstehen der Sprache aus dem Wirken der affektiven Funktion der Sprachverwendung erklären, weisen eine bloße Beliebigkeit und Willkürlichkeit (Arbitrarität) der semiotischen Beziehung zwischen Zeichen und Bedeutung zurück und suchen einen ›natürlichen‹ Zusammenhang zu formulieren:[12] Sprache gehöre zum Wesen des Menschen; die durch sie geknüpfte Beziehung zwischen Wortgestalt und Wortinhalt beruhe auf einer innigen, urgeschichtlich verbürgten oder existential veranlagten, Verwandtschaft zwischen dem, was man meint und versteht, und dem, was man artikuliert bzw. schreibt und hört bzw. liest. Wörter stellen – wie Roman Ingarden es formulierte – die Mitteilungsabsicht des Sprechers »zur Schau«,[13] was über eine bloße konventionelle Beziehung hinausgeht. Neuerdings neigt auch Ulric Neisser dazu, die Wahrnehmung expressiver Zeichenfunktionen – insbesondere die physiognomische Perzeption – an angeborene Schemata zu binden:[14]

---

[10] Cassirer, S. 21.

[11] Vgl. Heinz Werner, Bernard Kaplan: Symbol formation. An organismic-developmental approach to language and the expression of thought. New York 1963, S. 35ff. Hier geht es um eine ›innere Ähnlichkeit‹ zwischen Form und Inhalt, die beide aus einem intentionalen Akt (S. 15) der Schematisierung hervorgehen (S. 29f.).

[12] Cassirer, S. 90ff.

[13] Roman Ingarden: Das literarische Kunstwerk. 4. Aufl., Tübingen 1972, S. 41.

[14] Neisser: Cognition and reality, 1976, S. 161 und 190f.

Like other animals we are born somewhat ready to pick up the expressive signals offered by members of our own species. Babies are innately prepared to perceive smiles or frowns, soothing tones or harsh inflections, as indications of what significant others will do next.[15]

In der Auffassung, daß es einen naturgegebenen Zusammenhang zwischen bestimmten Signalen und deren Bedeutung gebe, liegt auch die Wurzel der »spekulativen Etymologie«,[16] die den konventionellen Wort-Inhalt-Bezug, wie er sich dem gegenwärtigen Bewußtsein offenbart, auf Urwörter (im Sinne Vicos) zurückführen will, die noch den natursprachlichen, insbesondere affektiven und onomatopoetischen Zusammenhang aufweisen.[17]

So wird eine Entwicklungsstufe sprachlicher Verständigung sichtbar,[18] in der die Ausdrücke der Sprache sowohl strukturell als auch funktional dem nahezukommen scheinen, was der Begriff der Sinnentnahme meinen könnte: Zeichen sind authentische, durch die Natur legitimierte Stellvertreter ihrer Bedeutung (dessen, worauf sie sich beziehen), mehr noch, sie sind ihre Bedeutung unmittelbar, und das Geben und Nehmen solcher Stellvertreter bzw. Bedeutungen bezeichnet den Modus des verständnisvollen Umgangs mit ihnen. Bedeutungen sind in dieser Sicht handhabbare Gegenstände, die man ›hat‹, wenn man sie an sich nimmt.

Bei genauerem Hinsehen allerdings zeigt sich, daß die eigentliche Schwierigkeit, auf die der Begriff der Sinnentnahme hinführt, damit noch nicht behoben ist; denn nicht vom bloßen Nehmen ist in diesem Zusammenhang die Rede, sondern von einem Entnehmen, einem Herausnehmen des Sinnes aus der Schrift. Um also die Vorstellung von einer sinnentnehmenden Handlung aufrecht erhalten zu können, genügt es noch nicht, die Gegenständlicheit der Bedeutungen zu konstituieren, die dann eine direkte Handhabung ermöglicht; vielmehr geht es auch darum, Sprache als Gefäß für solche Bedeutungen zu erkennen. Der Logik des Behälter-Bildes folgend, wird es nunmehr notwendig, zwischen Zeichen und Bedeutung klar zu unterscheiden und einen Dualismus von Gestalt und Gehalt zu vertreten, den die mythische Lebensform mit ihrer praktischen Identifizierung von

---

15 Ebd., S. 191.

16 Cassirer, S. 92.

17 Im Sinn eines Kompensationsverhältnisses beantwortet Kořínek das Problem des Gegensatzes zwischen Willkürlichkeit und Expressivität von Sprachlauten; er entdeckt eine zugrunde liegende semantematische Funktion, die je nach ihrer notationellen (begrifflich darstellenden) oder interjektionalen (Gefühle ausdrükkenden) Richtung den Grad der Willkürlichkeit oder Symbolik im Verhältnis von Laut und Wortbedeutung, phonemischem und lexikalischem Plan bestimmt. J. M. Kořínek: Laut und Wortbedeutung. In: Travaux du Cercle linguistique de Prague 8 (1939), S. 58–65.

18 Werner und Kaplan (Symbol formation, 1963, S. 46–49) weisen darüber hinaus noch auf ontogenetische Parallelen hin.

Stellvertreter und Original nicht kannte. Während also dem Sinnentnahme-Konzept der Gedanke zugrunde liegt, daß Wort und Bedeutung sich in zwei unabhängig voneinander bestehende Einheiten trennen lassen, beruht die mythische Form des Sprachgebrauchs gerade auf der untrennbaren Einheit der beiden Bestandteile. Das heißt, die mythische Vorstellung von einer »Indifferenz von Wort und Sache«, der ihr entspringende Symbolismus der Gegenstände und der Wort-Realismus sind nicht geeignet, den Begriff der Sinnentnahme zu stützen. Wer in einer mythisch bestimmten Lebensform von der Überzeugung ausgeht, daß die Bedeutung im Zeichen liegt, gebraucht das Zeichen nicht in der Weise, daß er ihm die Bedeutung entnimmt; er würde nämlich im Akt der Entnahme gerade jene mythische Einheit aufbrechen, an deren Bestehen er selbstverständlich glaubt. Nicht durch Handlungen, die denen der Sinnentnahme entsprechen, weist sich die mythische Sprachverwendung aus, sondern durch das Eingeweihtsein in den magisch-repräsentationalen Gebrauch der Wörter. »Ein Wort *bedeutet* für einen Eingeborenen den richtigen Gebrauch des Dinges, für welches es steht, genauso, wie ein Gerät etwas *bedeutet,* wenn man es handhaben kann (...).«[19] Solche Gesichtspunkte weisen im Gegenteil auf eine Sprachauffassung voraus, die sich noch viel weniger mit den Vorstellungen einer Sinnentnahme vereinbaren lassen.

Denn bei aller Problematik der mythischen Sichtweise bereitet sich mit ihr – worauf Cassirers Bemerkungen schon hindeuten – jene Dynamisierung der semiotischen Beziehung vor, die schließlich in organologische und energetische Konzeptionen von Sprache münden wird, in Auffassungen, die ebenfalls großen Wert auf eine motivierte Beziehung zwischen Wort und Bedeutung legen. Gerade sie aber machen den Begriff von Sprache als bloßem Sinnbehälter gänzlich zunichte, wenden sich ausdrücklich gegen eine mechanisch-instrumentelle Vorstellung von Sprachverwendung. Sprache bildet unter diesen neuen Voraussetzungen kein objektartig verfügbares Gegenüber des Menschen, sondern erscheint als genetischer Vollzugszusammenhang menschlicher Geistestätigkeit. Ihre produktive wie rezeptive Richtung ist bestimmt durch den dialektischen Zusammenhang von Äußerungsvorgang und Äußerungsresultat: Der Verstehende entnimmt nicht etwas der Sprache, sondern er faßt das vorgefundene Ergebnis der Artikulation und des Schreibens als eine Seite seiner Äußerungsfähigkeit auf und gelangt zur Bedeutung des aufgefundenen Sprachdokuments, indem er es selbst erzeugt. So führt die Einsicht in eine durch die Geistestätigkeit motivierte Beziehung zwischen Wort und Bedeutung, wie sie von seiten rationalistischer und idealistischer Sprachphilosophie immer wieder

---

[19] Bronislaw Malinowski: Das Problem der Bedeutung in primitiven Sprachen. In: Ogden, Richards: Die Bedeutung der Bedeutung, 1974, S. 361.

formuliert wurde, zur Abweisung der Annahme, daß die Sprache eine bloße Behälterfunktion ausübe, der man den außersprachlichen Sinn entnehmen könne. Führte also die magisch-mythische Belebung der Sprache zu einer Auffassung, die zwar die Gegenständlichkeit von Bedeutung und demzufolge die Möglichkeit ihrer Inbesitznahme enthielt, nicht aber die Möglichkeit der Unterscheidung zwischen Zeichen-Gefäß und Bedeutungsinhalt, so weist das energetische Sprachkonzept mit seiner Tendenz zur genetischen Zeichen-Bedeutung-Verknüpfung gänzlich alle sinnentnehmenden Aspekte der Sprachrezeption ab.

Auf dem Hintergrund dieser Überlegungen darf man den Schluß ziehen, daß weder eine konkrete noch bildliche Gebrauchsweise des Wortes Sinnentnahme den Prozeß der Bedeutungsgewinnung angemessen zu beschreiben oder zu illustrieren vermag. Die eingangs versuchte Paraphrase, die einen Suchbegriff bereitstellen sollte, brachte keine positiven Erkenntnisse hervor. Zu prüfen bleibt nun, ob es noch andere Verwendungsweisen des Wortes Sinnentnahme gibt.

Von Sinnentnahme ist in lesepädagogischen Abhandlungen allenthalben die Rede; der Begriff deutet hier etwas Präzises und für das Lesen Typisches an, für seine Verwendung bestehen offensichtlich besondere Gründe. So gilt es, eine zweite Dimension des Sinnentnahme-Begriffs zu erschließen. In ganzheitlich orientierten Leselehrgängen nimmt die ›Sinnentnahme‹ eine zentrale Stellung ein. Sie markiert eine entwicklungspsychologisch und unterrichtstechnisch determinierte Rezeptionsweise des Lesenlernenden. Hans Vestner hat – bereits aus kritisch distanzierter Sicht – den Zusammenhang so charakterisiert:

> Der Schüler ist in der Phase des ›naiv-ganzheitlichen Lesens‹ darauf angewiesen, daß ihm der Lehrer mitteilt, was da geschrieben steht. Der Vorgang wird als ›Sinn-Beilegen‹ bezeichnet; die Tätigkeit des Schülers heißt dementsprechend ›Sinn-Entnahme‹. Sinn wäre demnach einem Ding vergleichbar, das man in ein leeres Behältnis hineinlegt und bei Bedarf wieder entnimmt.[20]

Zu Recht hebt Vestner den konzeptuellen Mißgriff dieser Praxis hervor: Der Lehrer legt der Schrift keinen Sinn bei; er bietet dem Schüler vielmehr eine assoziative Verbindung zwischen einem optischen Material und einem Lautzeichen (das gesprochene Wort bzw. der gesprochene Satz) an und erwartet, daß der Schüler sich nun gegenüber dem Gesehenen genauso verhält wie gegenüber dem Gehörten.[21]

---

[20] Hans Vestner u. a.: CVK-Leselehrgang. Sprechen – Schreiben – Lesen. Lehrerhandbuch. Berlin (1974), S. 11.

[21] Wenn Vestner allerdings seinen Einwand gegen die Sinnentnahme mit der Begründung stützt, daß Schriftzeichen »lediglich eine Anweisung zur Bildung der sprachlichen Klangstruktur« (S. 11) darstellen, so betont er damit zwar die »produktive Leistung des Lesens«, berücksichtigt aber nicht, daß die Praxis des sinnentnehmenden Lesens auch diesen Aspekt umschließt.

Einen tieferen Einblick in das, was Sinnentnahme in der Leseerziehung bedeuten kann, vermitteln die Ausführungen Alexander Beinlichs:

> Lesen ist (...) Inhalt-Entnahme, Sinn-Erfassung. (...) Aus der bis zur Kümmerlichkeit genial vereinfachten Schriftzeichenfolge muß der eingebrachte Sinn in allen seinen Nuancen, Schichtungen, Ober- und Untertönen nachschöpferisch entbunden werden, damit die intendierte geistige Kommunikation überhaupt statthabe.
>
> Sinnverkörperung geschieht jedoch in vollem Umfange allein im lebendigen gesprochenen Wort mit seinen verschiedenen Dimensionen. Schrift ist sinnerfüllte Form also in dem Maße, in dem der Adressat den vom Schreibenden intendierten »Inhalt« kraft seiner Sprachmächtigkeit nachgestaltend zu heben, aus der Einsargung in graphische Zeichen zu befreien vermag. Das setzt in vielen Leseakten, je nach dem zu lesenden »Material«, weitgehende oder sogar vollständige »Wiederherstellung der lebendigen Rede« (Winkler 1969) in einem inneren oder äußeren Sprechen, im Sprechlesen voraus. Lesen ist also nicht allein, wenn auch im Tagesablauf nicht selten, Entnahme von Information, sondern weitgehend und, anthropologisch gesehen, zentral Sinnentnahme im Zuge nachschöpferischer Sinngestaltung.[22]

Der Schrift Sinn zu entnehmen heißt nun, aus der geschriebenen Sprache die gesprochene zurückzugewinnen. Diese Umwandlung wird notwendig, da die Schrift in ihrer »Kümmerlichkeit« nicht in der Lage ist, als sinnerfüllte Sprache zu fungieren. Dies kann nur – so heißt es – die lebendige Rede. Erst die erweckende, befreiende Tat des lauten, sinngestaltenden Lesens führt das Geschriebene zum »lebendigen gesprochenen Wort« zurück. Der Begriff der Sinnentnahme meint die Wiederherstellung des Gesprochenen aus der Schrift. Sie meint damit aber nicht eine bloße Übersetzung von einem, dem graphischen, zum anderen, dem akustischen Sprachsystem. Vielmehr geht es ausdrücklich um ein Nachschöpfen. Genau genommen, ist nämlich die Schrift nicht in dem Sinn Sprache, wie es die mündliche Rede ist; vielmehr gilt sie als bloßer Rest einer verarmenden und verformenden Reduktion, wenn auch deren Einfachheit als »genial« bewertet wird. Schriftlichkeit erscheint als Schwundstufe der gesprochenen Rede, aus der man den Sinn, genauer: die Sprache erst dadurch herausholt, daß man den Abtönungsprozeß rückgängig macht. Im schöpferischen Akt des sinngestaltenden Lesens, das die Wirkkraft der lebendigen Rede entbindet, entfalten sich Meinen und Verstehen von selbst. Kapitel 1.2.2 hatte diese Sicht bereits charakterisiert, und es gilt an dieser Stelle, sie erneut zu bedenken.

Wo liegen die Gründe für eine solche Gegenüberstellung von geschriebener und gesprochener Sprache, was berechtigt dazu, der Schrift den Sprachcharakter abzusprechen? Der Sinnentnahme-Begriff führt mit seiner

---

[22] Alexander Beinlich: Das grundlegende Lesenlernen heute. In: Baumgärtner (Hrsg.): Lesen – Ein Handbuch, 1973, S. 391.

gefäß-symbolischen Implikation auf den entscheidenden Punkt zu. In einem Grundlagenwerk zum Deutschunterricht findet sich die lapidare Feststellung: »Die Schrift ist ein Gefäß für die Sprache.«[23] Diese Ansicht geht auf Hermann Paul zurück, der mit Nachdruck daran erinnerte, »daß das Geschriebene nicht die Sprache selbst ist, daß die in Schrift umgesetzte Sprache immer erst einer Rückumsetzung bedarf [,] ehe man mit ihr rechnen kann.«[24] Damit scheint die Aufgabe des Lesens eindeutig festgelegt zu sein: Lesen vollzieht sich als Lautieren, und dieses Lautieren geschieht um so sinnentnehmender, desto näher es der lebendigen Rede, ihren Produktions- und Rezeptionsbedingungen kommt. Viele Lesepädagogen gründeten auf dieser Einschätzung ihre Empfehlungen für den Leseunterricht und ihre Kritik an der nicht zufriedenstellenden Leseleistung. So z. B. Christian Winkler:

> Daß wir heute fast durchweg so schlecht lesen – und d. h. nicht etwa nur unschön oder schwer verständlich, sondern oberflächlich und oft genug rundweg falsch –, hat sicher seinen Grund zum guten Teil darin, daß wir zu früh und zuviel nur mit den Augen lesen. Gerade die Tiefenschichten des Sinnes werden dann nicht ausgeschöpft. Die Augen sind dem Gehirn, der Mund dem Herzen näher.[25]

Die Hochschätzung des lauten Lesens als der echten und eigentlichen Form des Lesens hat Tradition; sie beruft sich auf die antike und wahrscheinlich auch ursprüngliche Gepflogenheit, nur laut zu lesen, und sie verweist nachdrücklich auf die Vorteile des Gesprochenen gegenüber dem bloß Gesehenen. Friedrich Nietzsche etwa formulierte das so:

> Das Verständlichste an der Sprache ist nicht das Wort selber, sondern Ton, Stärke, Modulation, Tempo, mit denen eine Reihe von Worten gesprochen wird – kurz die Musik hinter den Worten, die Leidenschaft hinter dieser Musik, die Person hinter dieser Leidenschaft: alles das also, was nicht *geschrieben* werden kann.[26]

Von den möglicherweise angeborenen Schemata für das Verstehen solcher Faktoren war ja soeben die Rede; der Leser kann beim Verstehen seines Lesestoffs auf sie nicht zurückgreifen. Doch ist es irrig zu glauben, daß ihm diese Faktoren verfügbar werden, sobald er das Gesehene ausspricht, dies kann natürlich erst dann geschehen, wenn er es verstanden hat und es mit

---

23 Erwin Schwartz: Das Erstlesen und das weiterführende Lesen im 2. Schuljahr. In: A. Beinlich (Hrsg.): Handbuch des Deutschunterrichts im 1.–10. Schuljahr. 5. Aufl., Emsdetten 1970, Bd. 2, S. 723.

24 Hermann Paul: Prinzipien der Sprachgeschichte. 5. Aufl., Halle a.S. 1920, S. 373. Vgl. auch Egon Weigl: Zur Schriftsprache und ihrem Erwerb – neuropsychologische und psycholinguistische Betrachtungen. In: Wolfgang Eichler, Adolf Hofer (Hrsg.): Spracherwerb und linguistische Theorien. Texte zur Sprache des Kindes. München 1974, S. 94–173.

25 Christian Winkler: Sinnfassendes Lesen. In: Beinlich (Hrsg.) 1970, Bd. 2, S. 853.

26 Friedrich Nietzsche: Gesammelte Werke. Musarionausgabe. München 1925,

Verständnis ausspricht. Nietzsches Erinnerung an die rechte und das heißt – seiner Meinung nach – laute Weise des Lesens sieht an diesem Umstand vorbei:

> Der Deutsche liest nicht laut, nicht fürs Ohr, sondern bloß mit den Augen: er hat seine Ohren dabei ins Schubfach gelegt. Der antike Mensch las, wenn er las – es geschah selten genug – sich selbst etwas vor, und zwar mit lauter Stimme; man wunderte sich, wenn jemand leise las, und fragte sich insgeheim nach Gründen. Mit lauter Stimme: das will sagen, mit all den Schwellungen, Biegungen, Umschlägen des Tons und Wechseln des Tempos, an denen die antike *öffentliche* Welt ihre Freude hatte. Damals waren die Gesetze des Schrift-Stils dieselben wie die des Rede-Stils; und dessen Gesetze hingen zum Teil von der erstaunlichen Ausbildung, den raffinierten Bedürfnissen des Ohrs und Kehlkopfs ab, zum andern Teil von der Stärke, Dauer und Macht der antiken Lunge. Eine Periode ist, im Sinne der Alten, vor allem ein physiologisches Ganzes, insofern sie von *einem* Atem zusammengefaßt wird. (...) Der Prediger allein wußte in Deutschland, was eine Silbe, was ein Wort wiegt, inwiefern ein Satz schlägt, springt, stürzt, läuft, ausläuft, er allein hatte Gewissen in seinen Ohren (...).[27]

Die Klage über das Absterben des lauten Lesens, über den Verzicht auf die Verlebendigung des Gesehenen hat eine kulturhistorische Tradition, und der Wert, der beim stillen Lesen verloren geht, scheint unbestritten. Es mag deshalb nützlich sein, beiläufig daran zu erinnern, daß auch das stumme Lesen, das bloße Lesen mit den Augen – wie es in einseitiger Verzerrung des tatsächlichen Vorgangs genannt wird –, seinen würdigen Ort in der Tradition der meditativen Versenkung findet; Augustinus hatte in seinen ›Bekenntnissen‹ diese Kunst der Leseversenkung nachdrücklich beschrieben.

Gewiß besitzt die mündliche Verständigung gegenüber der schriftlichen einen natürlichen Vorsprung, da sie »mehrere Sinne zugleich beschäftigt«,[28] und auch die Pflege des lauten Lesens, nicht nur im Sinne des Vorlesens, sondern des Lesens für sich, hat ihren guten Grund; sie steigert die sprachliche Bewußtheit, erweitert die Schriftlichkeit um eine ihr fremde Dimension, den Klangkörper. Dabei sollte man allerdings ebensowenig vergessen, daß die gesprochene Sprache ihrerseits in nicht minderem Maße durch die Schriftsprache bereichert wird. Wer sich die Strukturen gesprochener Sprache vergegenwärtigt, wird sehen, wie sehr die ›lebendige Rede‹ eine bloße Funktion des Partnerkontakts und der Sprechsituation ist, wie wenig explizit sie ausfällt, ja wie ›unsprachlich‹ sie ist. Erst genuine Prinzipien der Schriftlichkeit (Beständigkeit, Ausdrücklichkeit, periodischer Bau) heben das Fragmenthafte der gesprochenen Sprache auf die Vollstufe

---

Bd. 14, S. 84.

[27] Friedrich Nietzsche: Jenseits von Gut und Böse. In: Werke in sechs Bänden, hrsg. v. Karl Schlechta, München 1980, Bd. 4, S. 714f.

[28] Bergk: Die Kunst, Bücher zu lesen, 1799, S. 56.

sprachlicher Leistung. Schriftlichkeit ist Planungshilfe und Planungsvorbild für die Gestaltung der mündlichen Rede; die Hochschätzung der Rede meint meistens eine durch Schriftlichkeit weiterentwickelte Sprechform.

Die Entwicklung der Sprache beginnt – so lautet die allgemeine Auskunft – mit dem Gesprochenen, und erst später folgt die Schrift. Dieselbe Reihenfolge wiederhole sich auch im Spracherwerb. Aus dieser geschichtlichen Sicht ergibt sich die zeitliche Priorität der Rede. Das heißt aber nicht, daß sich diese Priorität in allen aktuellen Sprachvollzügen erhalte und bestätige. Viel eher erwirbt der Sprachbenutzer mit der Schrift ein alternatives System, das sich nicht auf das gesprochene System reduzieren läßt, sondern eigene Strukturen besitzt und – gegenüber der Rede – neuartige Funktionen ausübt. Darauf haben Uldall und vor allem Josef Vachek nachdrücklich aufmerksam gemacht. Sie zeigten zunächst, daß Lautlichkeit und Schriftlichkeit zwei verschiedene, aber gleichgeordnete Realisationen von Sprache sind; sie wiesen darüberhinaus jedoch nach, daß die spezifischen Strukturen von Lautlichkeit und Schriftlichkeit sowie deren andersgerichtete Funktionen zu gänzlich verschiedenen Sprachformen führen müssen.[29] In kritischer Würdigung einer wohlbekannten Unterscheidung de Saussures kommt Vachek zu der Erkenntnis:

> Es wird zunächst unbedingt notwendig sein, »die geschriebene Sprache« (»la langue écrite«) und »die gesprochene Sprache« (»la langue parole«) als zwei besondere Normensysteme zu unterscheiden. Die bisherige Bezeichnung »die Sprache« (»la langue«) wird dadurch nicht überflüssig gemacht, nur ihr begrifflicher Inhalt wird geändert. Sie bezeichnet keine abstrakte, universale Norm, sondern die Summe beider oben gesprochenen Normen, die ja dadurch miteinander verknüpft sind, daß sie einer und derselben Sprachgemeinschaft die Mittel gewähren, um zu einem beliebigen Sachverhalt einen beliebigen Standpunkt einzunehmen.[30]

Vachek bestreitet mit Recht, daß die Schrift nur der Transkription der Lautsprache diene, und baut auf dem funktionalen Gegensatz von Dynamik und Statik die unterschiedlichen Normensysteme von Schallsprache und Schriftsprache auf. Der Topos also, daß der ›tote Buchstabe‹ durch den Gedanken verlebendigt werden müsse, ist entweder einseitig oder falsch; einseitig insofern, als auch der Sprachlaut ›tot‹ ist (im Sinn eines Tonbandgeräusches) und einer Verlebendigung bedarf, falsch insofern, als Buchstaben graphemischer Natur sind und ein Graphem – ebenso wie ein Phonem – eine geistige, begriffliche Einheit ist.[31]

---

[29] H. J. Uldall: Speech and writing. In: Eric P. Hamp u. a. (eds.): Readings in linguistics. II. 2nd impr., Chicago 1967, S. 147–151. Josef Vachek: Some remarks on writing and phonetic transcription. In: Hamp u. a. (eds.) 1967, S. 152–157.

[30] Josef Vachek: Zum Problem der geschriebenen Sprache. In: Travaux du Cercle linguistique de Prague 8 (1939), S. 100.

[31] Dazu z. B. Ananjew: Psychologie der sinnlichen Erkenntnis. Berlin 1963, S. 360–376.

Bedenkt man erneut den entwicklungsgeschichtlichen Aspekt von Sprache und Spracherwerb, so kommt man auch hier nicht zu eindeutigen Ergebnissen. Da der Mensch auf Grund seiner biophysischen Ausstattung zur Verarbeitung visueller Signale fähig ist, begegnet ihm in der Schrift nicht unbedingt ein kategorial neues Zeichensystem, wie es etwa Ernst Meumann für selbstverständlich hielt.[32] Natürlich hat der Mensch im Lauf seiner Phylo- und Ontogenese gelernt, seine visuellen Fähigkeiten zu differenzieren und zu spezialisieren. So mögen sich eigene Wahrnehmungsfunktionen für die Schrift entwickelt haben. Aber hier hängt alles davon ab, was man unter Schrift versteht. Die Entwicklung besonderer Wahrnehmungsweisen für Schrift vollzieht sich allmählich, wie auch die Schrift sich erst über mehrere Stufen hinweg zu dem heute vertrauten alphabetischen System entwickelt hat. Der Begriff der Schrift umfaßt vielerlei, er bezieht sich auf unterschiedliche Schriftformen, wie Gegenstandsschrift, Höhlenzeichnung, Bilderschrift, Wortschrift, Silbenschrift und Buchstabenschrift; und gerade wenn man diese Formen unter dem Gesichtspunkt betrachtet, wie sie wahrgenommen werden, erkennt man, daß sie gänzlich verschiedene Perzeptionsweisen implizieren: Bilderschriften stehen dem Sehen noch sehr nahe. Gerade der entwicklungsgeschichtliche Aspekt zeigt einen fließenden Übergang zwischen allgemeiner und schriftsprachlicher Wahrnehmung und enthüllt das, was von seinem Ergebnis her als kategorialer Wechsel erscheint, als kontinuierliche Spezialisierung. So gesehen, entsteht der Umgang mit Schrift nicht allein aus dem Bezug zum Gesprochenen, sondern auch aus dem Bezug zu den allgemeinen Bedingungen des verständigen Sehens.

Die dergestalt fließenden Beziehungen zwischen visueller und sprachlich visueller Wahrnehmung lassen vermuten, daß Wirkung und Rezeption der alphabetischen Schrift nicht allein auf Grund des Bezugs zur gesprochenen Sprache zu erklären sind, sondern auch im Bereich visueller Signalverarbeitung ihre Quellen haben[33] und von daher eine gewisse Autonomie gegenüber der gesprochenen Sprache bewahren. Was sich im Vergleich zur mündlichen Rede nur als abstrakt, kümmerlich und abgeleitet erweist, könnte im Rahmen visueller Wahrnehmungsformen seine eigenständige, konkrete und ›natürliche‹ Funktionskraft unter Beweis stellen; man denke nur an schriftsprachliche Funktionen wie Absatzbildung und Doppelpunktzeichen.[34]

Auditives und visuelles Wahrnehmungsvermögen sind die Grundlagen

---

[32] Meumann: Vorlesungen zur Einführung in die experimentelle Pädagogik, 1914, Bd. 3, S. 512.
[33] Neisser: Cognition and reality, 1976, S. 159.
[34] Vachek: Zum Problem der geschriebenen Sprache, 1939, S. 99f.

für die sprachrezeptiven Leistungen des Zuhörens und Lesens. Die sinnesmodale Verschiedenheit von Hören und Sehen gibt von sich aus keinen Anlaß, die Lesefunktion ausschließlich bzw. idealerweise auf die Funktion des Sprechens und Hörens zurückzuführen. Im Gegenteil scheint sich gerade im Bereich der Sprachwahrnehmung ein Gleichgewicht der Sinnesfunktionen zu erhalten, das auf eine interessante Beziehungsvariante zwischen gesprochener und geschriebener Sprache hinweist. Darauf hat Ulric Neisser aufmerksam gemacht, indem er andeutete, daß auch das Hören von Sprache eine visuelle Wahrnehmungskomponente einschließe;[35] das Hören dominiere in diesem Fall eben nur, während umgekehrt beim Lesen das Sehen dominiere und das Hören im Hintergrund bleibe. Neissers Ansicht zufolge aktiviert jede Sprachrezeption beide Sinnesmodalitäten, wobei je nach Rezeptionsaufgabe und sinnesmodaler Spezialisierung einer der beiden Modalitäten die Dominanzrolle zufällt; dies geschieht aber allem Anschein nach nie in starrer Weise, so daß es jederzeit möglich bleibt, sowohl die Hörkomponente im Lesen als auch die Sehkomponente im Hören stärker zu aktivieren.

Wenn Neisser schließlich daran erinnert, daß Kinder nicht zuletzt dadurch Sprache erwerben, daß sie auf den Sprechenden blicken und so den Gebrauch der Sprache unmittelbar sehen, so fällt auch neues Licht auf die alte Frage, ob der Schriftspracherwerb notwendigerweise dem Primärsprachenerwerb folgen müsse.[36] Neuere Überlegungen jedenfalls halten eine nahezu parallel verlaufende Entwicklung der beiden Sprachvermögen für durchaus möglich und wahrscheinlich.[37]

Abschließend mag noch ein letzter Aspekt in der Unterscheidung zwischen Laut- und Schriftsprache erwähnt werden; er könnte möglicherweise neues Licht auf die durch das Sinnentnahme-Konzept bedingte Auffassung werfen, daß der Sinn eines Schriftstückes im Text liegt. Die jüngere Hinwendung zu kontrastiven Untersuchungen der gesprochenen und geschriebenen Sprache führte – wie schon mehrmals hervorgehoben – zu Ergebnissen, die die funktionale Verschiedenheit der beiden Systeme voll zur Geltung brachten. Die reine Verbalität der Schriftsprache, die weder Paralinguistisches noch Situatives einbezieht, bindet den Leser ausschließlich an das jeweilige Ausmaß des Aufgezeichneten. Im bedeutungstheoretischen Streit um die Frage, ob man jemandem mittels verbaler Zeichen etwas zu verstehen gibt oder ob verbale Zeichen jemandem etwas sagen – »There is an obvious distinction between *telling* someone to do something

[35] Neisser: Cognition and reality, 1976, S. 161.
[36] Neisser: Cognition and reality, 1976, S. 162.
[37] Kenneth S. Goodman, Yetta M. Goodman: Learning about psycholinguistic processes by analysing oral reading. In: Harvard educational review 47 (1977), S. 322f.

and *getting* him to do it«[38] – setzt die Struktur der Schriftsprache ein eindeutiges Prioritätszeichen auf die verbal-semantische Seite; die reaktiven Verhaltenskomponenten innerhalb einer mündlichen Interaktion verwandelt die Schriftsprache restlos in verbale Bedeutungen. Aus der Schrift, und nur aus ihr – so ließe sich sagen –, zieht der Leser seine Information, die der Schreiber, im Wissen um die Selbständigkeit des Schrifttextes, angemessen, ausdrücklich und eindeutig schriftlich repräsentiert hat; diesen Zusammenhang hat in letzter Zeit David Olson mit Nachdruck hervorgehoben.[39] Die Frage nach dem Ort der Bedeutung, ob Bedeutung nämlich im Satz selbst oder in den von Sprecher und Hörer geteilten Intentionen liegt, löst Olson mit dem Hinweis auf den kategorialen Unterschied zwischen mündlicher Äußerung und schriftlichem Text. Gerade die von jeder Schriftlichkeit ausgehende gedächtnisentlastende Funktion kommt auf Grund der Lokalisierung der Bedeutung im Text selbst zustande. Aber Olson bleibt sich der Metaphorik der Redewendung bewußt: Sein Leitgedanke »Die Bedeutung ist im Text« versteht sich als bildliche Umschreibung der Tatsache, daß Texte ihre Bedeutungen voll konventionalisiert haben müssen,[40] d. h. daß ihr Wortgebrauch durch Definitionen und ähnliche Normierungen dermaßen festgelegt ist, daß die Möglichkeit alternativer Auffassungen auf ein Mindestmaß zurückgeschraubt wird.[41]

Wendet man in diesem Zusammenhang den Begriff der Sinnentnahme an, so sieht man, daß er keine Funktion im Verfahren der Bedeutungsgewinnung einnimmt; die durch ihn implizierte Lokalisierung des Sinnes liegt auf einer Beschreibungsebene, die noch nichts über den Vollzug des verständnisvollen Lesens aussagt, sondern die Rahmenbedingungen für den Gebrauch des Schriftsystems aufstellt.

Zurück zu den lesepädagogischen Empfehlungen von Beinlich und Schwartz. Wenn die Autoren das Entnehmen der sinnvollen und d. h. gesprochenen Sprache aus dem Schrift-Gefäß als vordringliche Aufgabe des Lesens bezeichneten, so taten sie dies, weil sie der Schrift nicht einen genuinen Sprachcharakter zusprechen konnten. Eine solche Entscheidung ist nach allem, was man über die Schrift weiß, nicht mehr nachzuvollziehen. Sie schränkt das Lesen auf ein rein kulturtechnisches Verfahren ein, während die anthropologische Note des Sprachvermögens allein der mündlichen Rede zugute kommt. Sinnentnahme verstand sich als sprachschaffender Akt; wenn Schrift aber unmittelbar Sprache ist, woran kein Zweifel

---

38 Bernard Harrison: Meaning and structure. An essay in the philosophy of language. New York 1972, S. 38.

39 David R. Olson: From utterance to text: The bias of language in speech and writing. In: Harvard educational review 47 (1977), S. 268.

40 Ebd., S. 259, Anm. 1.

41 Ebd., S. 268.

bestehen kann, so erübrigt sich dieser Akt, er verliert seinen monopolartigen Rang im Bereich verstehenskonstituierender Sprachleistungen. Der Gegensatz zwischen der »Kümmerlichkeit« der Schrift und der pulsierenden Vitalität gesprochener Sprache baut künstlich eine Unterscheidung auf, die weder sprachtheoretisch noch verstehensphilosophisch weiterhilft; sie ist eher falsch als richtig. Das zeigt sich mit erneuter Deutlichkeit, wenn man denselben Sachverhalt zusätzlich auf hermeneutischem Hintergrund überdenkt.

Auch in Hans-Georg Gadamers philosophischer Hermeneutik ist von der »abstrakten Fremdheit aller ›Texte‹« die Rede.[42] Wenn es dann heißt: »Schriftlichkeit ist Selbstentfremdung«[43] und »Wo Verständigung ist, da wird nicht übersetzt, sondern gesprochen«,[44] so könnte man meinen, hierin einer philosophischen Bestätigung der Auffassung von der »Hilfsbedürftigkeit« der Schrift, vom Vorrang der »lebendigen Rede«[45] und der Notwendigkeit der »Rückverwandlung der Zeichen in Rede und Sinn«[46] zu begegnen. Doch so verhält es sich nicht. Der Mangel, an den hier im Zusammenhang der Schriftlichkeit erinnert wird, betrifft nicht allein die Schrift, sondern die Sprache insgesamt, und es handelt sich ebensowenig um einen »Defekt«[47] des Sprachsystems, wenn sich die Notwendigkeit einer Rückverwandlung in Sinn ergibt; vielmehr geht es jetzt um die Identifizierung des authentischen Ursprungs der hermeneutischen Aufgabenstellung. Gadamer bestimmt die Sprachlichkeit der überlieferten Dokumente als den eigentlichen hermeneutischen Gegenstand. Gerade der sprachlichen Überlieferung, der schriftlichen zumal, gebühre vor allen anderen Überlieferungsweisen der Vorrang, obwohl ihr die ›anschauliche Unmittelbarkeit‹ der übrigen Überlieferungsformen abgeht; denn »in diesem scheinbaren Mangel, in der abstrakten Fremdheit aller ›Texte‹, drückt sich die vorgängige Zugehörigkeit alles Sprachlichen zum Verstehen auf eigentümliche Weise aus.«[48] Sprache und Verstehen bilden ein Begriffspaar, aus dessen grundsätzlich komplementärer Verfugung der besondere Anlaß hermeneutischen Fragens erwächst.

Aus hermeneutischer Sicht erwiese es sich als Irrweg, die Reduziertheit des Schriftlichen in der Aktivierung des Gesprochenen auflösen zu wollen; die »Zugehörigkeit alles Sprachlichen zum Verstehen« wäre hier zugunsten einer einseitigen und unbegründeten Hervorhebung des Gesprochenen

---

42 Gadamer: Wahrheit und Methode, 1965, S. 367.
43 Ebd., S. 368.
44 Ebd., S. 362.
44 Ebd., S. 372.
46 Ebd., S. 371.
47 Ebd., S. 367.
48 Gadamer, S. 367.

eliminiert. Der an die Besonderheit der Schrift anknüpfende Begriff der Sinnentnahme sollte ja zeigen, was der Leser aus der kargen Schrift macht, wenn er sie versteht; tatsächlich dient er aber nur dazu, bei der Beschreibung des verstehenden Lesens den Sprachbegriff um seine schriftliche Dimension zu verkürzen und den Verstehensbegriff auf das Gesprochene einzugrenzen; diese Eingrenzung ist im übrigen auch falsch, weil sie in Gesprächssituationen eine Dominanz des Gesprochenen unterstellt, die in Wirklichkeit gar nicht gegeben ist.

Anders verläuft der Gedankengang bei Gadamer. Wenn die Argumentation mit dem Satz begann: »Schriftlichkeit ist Selbstentfremdung«, so zieht sie prompt die Festsetzung nach sich: »Ihre Überwindung, das Lesen des Textes, ist also die höchste Aufgabe des Verstehens.«[49] Der weitere Darstellungsverlauf bei Gadamer bestätigt, daß das Wort ›lesen‹ mit Gewissenhaftigkeit gewählt wurde; denn es geht tatsächlich um das »lesende Bewußtsein«, um »die alles umfassende Kunst des Lesens«,[50] um die »Autonomie des Lesens«.[51] Nicht das Amt, sprechend die Schwäche alles Schriftlichen zu kompensieren, fällt dem Lesen zu, sondern »die dialektische Aufgabe des Verstehens«:

> Wie im Gespräch muß hier das Verstehen den Sinn des Gesagten stärker zu machen suchen. Was im Text gesagt ist, muß von aller Kontingenz, die ihm anhaftet, abgelöst und in seiner vollen Idealität erfaßt werden, in der es allein Geltung hat. So läßt die schriftliche Fixierung, gerade weil sie den Aussagesinn von dem Aussagenden ganz ablöst, in dem verstehenden Leser den Anwalt seines Wahrheitsanspruches erstehen. Der Lesende hat, was ihn anspricht und was er versteht, eben damit in seiner Geltung erfahren. Was er verstand, ist immer schon mehr als eine fremde Meinung – es ist immer schon mögliche Wahrheit.[52]

Das zielt auf die sinnentwerfende Kraft des Lesers ab: »Nur durch ihn verwandeln sich die schriftlichen Zeichen zurück in Sinn.«[53] So rückt die Autonomie des verstehenden Lesers in den Vordergrund. Doch bezeichnet sie keine absolute, sondern eine mediale Kreativität: Durch und in der Produktivität des Lesens kommt jener Sinn zustande, den der Text selbst bewahrt und auf dem Weg je subjektiver Leseaktivität mitteilt.

> Gleichwohl kommt durch diese Rückverwandlung [der Schriftzeichen] in Verstehen die Sache selbst, von der der Text redet, ihrerseits zur Sprache. Es ist wie beim wirklichen Gespräch, daß die gemeinsame Sache es ist, die die Partner, hier den Text und den Interpreten, miteinander verbindet. So wie der Übersetzer als Dolmetsch die Verständigung im Gespräch nur dadurch ermöglicht, daß er an der

49 Ebd., S. 368.
50 Gadamer, S. 368f.
51 Ebd., S. 372.
52 Ebd., S. 372.
53 Ebd., S. 365.

verhandelten Sache teilnimmt, so ist auch gegenüber dem Text die unentbehrliche Voraussetzung für den Interpreten, daß er an seinem Sinn teilnimmt.[54]

Insofern bewahrheitet sich eine Implikation des Begriffs der Sinnentnahme: In der Tat enthält der Text Bedeutung und Sinn; aber das Verfahren ihrer Gewinnung liegt nicht auf der Ebene des Nehmens, Besitzens oder Rückverwandelns in gesprochene Sprache, sondern auf der Ebene der dialogischen Teilnahme des Lesers an der Schriftlichkeit sowie des selbstgelenkten Eigenbeitrags und der selbstverantworteten Bestätigung dessen, was die Schrift verbürgt.

Daß dies nicht nur philosophisch, sondern auch praktisch gemeint ist, zeigt Gadamer vor allem auch dort, wo er sich selbst als Leser von Dichtung exponiert.[55] Überhaupt liegt die eigentliche Heimat des Sinnentnahme-Konzepts im Bereich poetischer Sprachfunktionen; das sahen schon – freilich mit Mißmut – Ogden und Richards.[56] Sinnentnahme heißt hier soviel wie fragen, ob man dem Wort »Maulbeerbaum« das Wort »Maul«,[57] dem Wort »Verhängnis« die Wörter »Verhängtes« und »Verhängendes«[58] entnehmen darf. Es handelt sich um ein probeweises Hineingreifen in das Wort einer gleichsam arretierten Wortfolge, in seine Morphologie und semantische Schichtung; dieses Durchleuchten, Wenden und Verändern des Einzelwortes läßt immer neue Bedeutungen daraus hervorspringen, so daß der Leser seine eigene Wortarbeit als schrittweises Eindringen in die vom Lesersubjekt perspektivisch erzeugte, aber vom Text zugelassene Worttiefe erfährt. Dadurch entsteht eine »Transpositionsbewegung«,[59] deren Dynamik nicht allein von der Intention des Verfassers, sondern insbesondere vom Nachweis der »Kohärenz«[60] zwischen den einzelnen Entnahme-Ergebnissen ausgeht. Eine Sinn-Textur entsteht so auf zweifache Art: Als Tiefenkohärenz der Bedeutungsschichten innerhalb eines Wortes und als Feldkohärenz auf den unterschiedlichen Ebenen der Transposition.

Auf diese Weise läßt sich Verstehen als Sinnentnahme aufrecht erhalten; ›Sinnentnahme‹ gemahnt daran, »daß die Auslegung nicht an Beliebiges anknüpft, sondern so genau wie möglich zu sagen sucht, was, wie sie meint, dasteht.«[61] Allerdings wird zugleich deutlich, daß diese Art des

---

[54] Ebd.
[55] Hans-Georg Gadamer: Wer bin Ich und wer bist Du? Ein Kommentar zu Paul Celans Gedichtfolge ›Atemkristall‹. Frankfurt 1973.
[56] Ogden, Richards: Die Bedeutung der Bedeutung, 1974, S. 33.
[57] Gadamer: Wer bin Ich, S. 14ff.
[58] Ebd., S. 51.
[59] Ebd., S. 24 und öfters.
[60] Ebd., S. 16 und öfters.
[61] Gadamer: Wer bin Ich, S. 134.

Verstehens nicht jene Grundfunktion ausfüllen kann, die der Bedeutungsgewinnung im Leseprozeß zukommt; sie setzt diese elementare Funktion weitgehend voraus, analysiert sie aber nicht. Gadamer gibt freilich zu: »Die Worte verstehen ist daher das allererste.«[62] Aber die anschließende Frage nach dem, was Verstehen eigentlich sei,[63] geht bereits von dieser sprachgemeinschaftsbildenden Verstehensfunktion aus und wendet sich spezielleren Problemen zu. Zwar gilt insbesondere: »Verstehen steht nicht nur am Ende der literaturwissenschaftlichen Erforschung, sondern auch an ihrem Anfang und durchherrscht das Ganze.«[64] Dieser Anfang jedoch trägt weniger die Merkmale der Sinnentnahme als der erfahrungsbedingten Sinnprojektion, der Einbringung des ›Vorverständnisses‹. ›Sinnentnahme‹ trägt eine ontologische Note: Sie zielt auf das Einverständnis ›in der Sache‹ und weist die diesbezügliche Sprachverwendung in ihrem medialen Charakter aus. Der Akt der Sinnentnahme legitimiert sich durch das Bewußtsein, mit dem Schrifttext eine »Flaschenpost«[65] zu besitzen. Das betrifft natürlich zunächst die Situation hermetischer, kryptischer Lyrik, stellt aber im Grunde nur eine überdeutliche Form schriftlicher Überlieferung und der von ihr ausgehenden hermeneutischen Aufgabe dar.

## 2.2 Assoziation – das besondere Band zwischen Wort und Bedeutung

Wer den Sinn eines Wortes, Satzes oder Textes versteht, assoziiert mit den Klang- und Schriftmustern deren jeweilige Bedeutung. So lautet eine weitverbreitete Erklärung der Frage, wie der Verstehende dazu kommt, akustische oder optische Reize mit Sinn zu verbinden. Selten ist damit eine bewußte Handlung gemeint, deren Struktur im weiteren beschrieben werden könnte. Vielmehr steht hinter der Redeweise von der assoziativen Beziehung die Vorstellung, daß Wortkörper und Bedeutung so eng miteinander verbunden sind, daß sie nur gemeinsam auftreten; wo immer der eine Teil vorkommt, ist auch der andere gleichzeitig oder in unmittelbarer Folge zu finden. Die Assoziation bildet die psychologische Klammer zwischen den beiden Seiten des sprachlichen Zeichens, seines materialen und mentalen Aspekts. Während semiotische Theorien die unterschiedlichen Aspekte eines Zeichens unter den Begriffen der Konventionalität und Arbitrarität zur strukturellen Einheit (Blatt-Metapher) zusammenfassen,[66] belegen psy-

[62] Ebd., S. 112.
[63] Ebd., S. 113.
[64] Ebd., S. 134.
[65] Ebd., S. 7.
[66] Werner, Kaplan: Symbol formation, 1963, S. 16, Anm. 5; hier eine Kritik dieses Ansatzes.

chologische Theorien den Übergang von der Form- zur Inhaltsseite eines Zeichens gern mit dem Begriff der Assoziation. Daß darin bereits eine Quelle von Problemen liegt, wird sichtbar, wenn man sich vergegenwärtigt, daß die strukturalistische Sicht zwar die perspektivische Vielfalt des Zeichens unter den einen Begriff bringt, die psychologische Sicht aber aus der perspektivischen Vielfalt einen Dualismus bzw. eine Folge macht, deren innige Verbindung dann die Assoziation leisten solle.

Doch das Assoziations-Argument ist so plausibel, daß auch eine alltägliche Erklärung der Bedeutungsgewinnung aus Schriftzeichen assoziative Mechanismen anzuführen geneigt ist. Die Leseforschung jedenfalls zögerte nicht, den Assoziationsbegriff für ihre Belange aufzugreifen und im wesentlichen unanalysiert zu gebrauchen. Demnach verläuft das Leseverständnis etwa folgendermaßen: Je nach individueller Lesefertigkeit assoziiert der Leser entsprechende Bedeutungen entweder unmittelbar mit den Schriftzügen oder mittelbar mit jenen Repräsentationen, die ein Schriftzug nach seiner Verarbeitung angenommen hat. Es handelt sich hierbei um eine eher passive Reaktion des Lesers, der aus Gewohnheit und Neigung sich so verhält. Sobald er die Schrift identifiziert hat, stellen sich deren Bedeutungen in Form außersprachlicher Begriffe, Ideen, Vorstellungen und Gefühlen ein. Diese assoziativen Mechanismen haben ihre entwicklungsgeschichtliche Wurzel in einer Disposition, die durch Konditionierung in früheren Lernsituationen herausgebildet wurden. Nicht also ein bewußter, innerer Vorgang vollzieht die Verknüpfung von Sprachgestalt und Sprachinhalt, sondern es besteht eine Disposition zur Assoziation.

Doch selbst wenn es sich so verhielte, würde sich die Frage nicht erübrigen, was während der Assoziation im einzelnen geschieht. Der Hinweis auf dispositionale Gegebenheiten kann nämlich nur als vorläufige Auskunft über einen Sachverhalt gelten, der noch nicht hinreichend erforscht wurde.[67] Was also tut der Mensch, wenn er assoziativ Bedeutungen gewinnt?

Das Assoziieren gehört zu den grundlegenden Fähigkeiten des Menschen, Zusammenhänge zu entwickeln, inhaltliche Felder aufzubauen, Beziehungen zu knüpfen, Reihen zu bilden.[68] Neben den Formen der logischen und kausalen Verkettung sowie des Gruppierens auf Grund struktureller Ähnlichkeit stellt die Assoziation ein rasch, automatisch und

[67] Vgl. Willard Van Orman Quine: Die Wurzeln der Referenz. Frankfurt 1976, S. 24–28. Ajdukiewicz ging in seiner Kritik am Begriff der psychischen Disposition gar so weit, daß er ihn ›mythologisch‹ nannte; Kasimir Ajdukiewicz: Sprache und Sinn. In: Erkenntnis 4 (1934), S. 111.

[68] John R. Anderson, Gordon H. Bower: Human associative memory. New York 1973, Kap. 1. Gustav H. Blanke: Einführung in die semantische Analyse. München 1973, Kap. 7.

intensiv funktionierendes Verfahren der Beziehungssetzung und Ordnungskonstitution dar; Assoziation[69] bezeichnet demnach sowohl ein Ordnungsprinzip von Bewußtseinstatsachen bzw. Ideen als auch eine Methode des Erkennens, genauer des Lernens.[70] Das Konzept der Assoziation zwischen Ideen, wie es seit Aristoteles geläufig ist, kann im gegenwärtigen Zusammenhang unberücksichtigt bleiben.

Hier interessiert vielmehr die Assoziation im Sinn einer Verbindung zwischen Stimulus und Response, wie sie im Rahmen behavioristischer Lern- und Konditionierungstheorien eigens entwickelt wurde; es handelt sich um die Möglichkeit der Verbindung zweier Beobachtungstatsachen, die weder in einem logischen noch kausalen Zusammenhang stehen. Nun finden sich im Bereich der S-R-Theorie verschiedene Bezeichnungen für den hier zur Diskussion stehenden Beziehungsmechanismus; es heißt z. B., der Stimulus rufe eine Response hervor, er verursache sie, zöge sie nach sich, errege sie. Welche Rolle der Assoziationsbegriff in dieser begrifflichen Vielfalt spielt, ist nicht leicht auszumachen; setzt er bloß die angedeutete Reihe der Bezeichnungen fort, oder versteht er sich als Erklärungsmuster von Reaktionsereignissen im nicht-physikalischen Bereich? Seine Bestimmung wird noch schwieriger, wenn man von den reinen S-R-Theorien zu den mediatisierten übergeht, wo also der Assoziationsbegriff die Verkettung des nicht zu beobachtenden Verhaltens erklären soll. Und schließlich taucht das Assoziationskonzept in der gestuften Verhaltenstheorie Charles Osgoods auf, wo es nicht nur die S-R-Verbindung, sondern auch die S-S-Verbindung und die R-R-Verbindung definiert.[71]

Wie eine assoziative Verbindung zwischen einem Wort und seiner Bedeutung zustande kommt, wie diese Assoziation im Prozeß der Spracherlernung eingeführt wird, hat z. B. Richards auf folgende, einflußreiche Weise beschrieben:

> Der Lernprozeß des Sprachgebrauchs ist nicht schwierig zu analysieren. Bei einigen Gelegenheiten hört man das Wort in Verbindung mit Gegenständen einer

---

[69] Insgesamt sechs Bedeutungen des Assoziationsbegriffs analysiert Leo Postman: Association and performance in the analysis of verbal learning. In: Th. R. Dixon, D. L. Horton (eds.): Verbal behavior and general behavior theory. Englewood Cliffs 1968, S. 550–571.

[70] Unter diese allgemeine Charakteristik fällt nicht die jüngere Assoziationsforschung, wie sie etwa durch James Deese bekannt wurde; Deese: Association and memory. In: Dixon, Horton (eds.) 1968, S. 97–108. Deese nämlich weist in neue Richtungen, wenn er schreibt: »Associations, then, are only indices of underlying patterns of relation. They cannot be, in themselves, the deepest level of organization (using ›deepest‹ in something like the sense employed by generative linguists). They are certainly not the *cause* of organization in recall (...)« (S. 100).

[71] Charles E. Osgood: Toward a wedding of insufficiencies. In: Dixon, Horton (eds.): Verbal behavior, 1968, S. 496.

bestimmten Art. Später hört man das Wort, ohne daß ein solcher Gegenstand vorhanden ist. In Übereinstimmung mit einem der wenigen fundamentalen Gesetze mentaler Prozesse, die wir kennen, ereignet sich dann etwas im Geiste, das dem ähnlich ist, was sich ereignen würde, wenn ein solcher Gegenstand wirklich anwesend wäre und unsere Aufmerksamkeit auf sich zöge. Das Wort ist zum *Zeichen* für einen Gegenstand dieser Art geworden. Dem Wort, das zuvor ein Teil der Ursache eines bestimmten Effekts im Geist gewesen war, folgt nun ein ähnlicher Effekt, obwohl der übrige Teil der vorigen Ursache, das Objekt der fraglichen Art nämlich, nicht mehr da ist. Diese Art der Verursachung scheint eine Eigenheit lebendigen Gewebes zu sein. Die Beziehung zwischen dem Gedanken und dem Gedachten ist jetzt indirekter, der Gedanke denkt ›an‹ etwas, das früher zusammen mit den Zeichen Teil der Ursache ähnlicher Gedanken war. Es ist Denken ›an‹ den fehlenden Teil des Zeichens oder, genauer genommen, Denken an all das, was das Zeichen zur Ursache vervollständigen würde.[72]

Während Richards noch von ›verursachen‹ spricht, gebraucht Bertrand Russell ausdrücklich den Assoziationsbegriff:

As soon as the association between an object-word and what it means has been established, the word is ›understood‹ in the absence of the object, that is to say, it ›suggests‹ the object in exactly the same sense in which sight and touch suggest one another.[73]

Vorsichtiger, nur einen Teil des Bedeutungskomplexes ins Auge fassend, schrieb dagegen Sokolow:

Als materielle Hülle der Sprache wird der erwähnte Komplex von Sprechreizen infolge seiner Verbindung mit sinnlichen, anschaulichen Informationen des ersten Signalsystems zugleich zum Träger der gegenständlichen Wortbedeutung, die also nichts anderes ist als die im Verlauf der menschlichen Kommunikation hergestellte Verbindung, Assoziation der Sprachreize mit Gegenständen und Erscheinungen der Wirklichkeit.[74]

Schließlich sei in diesem Zusammenhang noch an Karl Steinbuchs ›Lernmatrix‹ erinnert, einer technischen Realisation des Prinzips der bedingten Verknüpfung von Eigenschaften der Außenwelt und – konventionell vereinbarten – Bedeutungen;[75] sie bewahrheitet das ›Apparathafte‹ der assoziativen Verknüpfung, von dem bereits Ludwig Wittgenstein sprach.[76]

Die Annahme freilich, daß es eine unvermittelte assoziative Verbindung zwischen Stimulus und Response gäbe, also zwischen einer Kategorie der Außenwelt und einer psychologischen bzw. Verhaltenskategorie, wurde

[72] Ivor Armstrong Richards: Prinzipien der Literaturkritik. Frankfurt 1972, S. 169f.

[73] Bertrand Russell: An inquiry into meaning and truth. The William James lectures for 1940. Repr. Harmondsworth 1970, S. 64.

[74] A. N. Sokolow: Untersuchungen zum Problem der sprachlichen Mechanismen des Denkens. In: Hans Hiebsch (Hrsg.): Ergebnisse der sowjetischen Psychologie. Stuttgart 1969, S. 432.

[75] Karl Steinbuch: Automat und Mensch. 3. Aufl., Berlin 1965, Kap. 14.

[76] Ludwig Wittgenstein: Eine Philosophische Betrachtung (Das sogenannte Braune Buch). In: Schriften, Frankfurt 1970, Bd. 5, S. 130.

bereits früh kritisiert und zurückgewiesen. Versteht man unter Assoziation die Einrichtung funktionaler Beziehungen zwischen psychologischen Tätigkeiten bzw. Zuständen im Lauf individueller Erfahrung,[77] so wird klar, daß ein Stimulus in diesem Sinn nicht Bestandteil der Assoziation sein kann. Der unmittelbare Ursprung einer Assoziation muß bereits ein psychisches Ereignis sein. Als assoziative Impulse können z. B. präperzeptuelle Empfindungen (›sensations‹) gelten, die zwar zu der Gruppe sensorischer Prozesse gehören, selbst aber nicht in einer bloß physiologischen Beschreibung aufgehen, sondern abstraktere Vorgänge der Merkmalssammlung bezeichnen.[78] Auch perzeptuelle und affektive Akte fungieren als assoziative Impulse.[79]

Assoziationen in diesem Sinn haben ihre Wurzeln in der Vergangenheit; sie verstehen sich nicht etwa als augenblickliche psychische Akte mit je neu entworfener Struktur und spezieller Zielsetzung, sondern vollziehen sich nach einem habituellen Muster: Man hat in Situationen, in denen regelmäßig ein Gegenstand oder Sachverhalt in Begleitung desselben Wortes auftrat, gelernt, das ›Bild‹ des Originals zu evozieren, wo immer einem dieses Wort begegnet.[80] Im Augenblick assoziativer Bedeutungsgewinnung wiederholt sich die in der Lernsituation konditionierte Verbindung kontingenter Elemente. Der Grad des individuellen semantischen Vermögens hängt somit von der Intensität der Erstbegegnung und der weiteren Konditionierung ab. Diesem Geschehniszusammenhang liegt seinerseits eine Referenztheorie der Bedeutung zugrunde, die an die sensualistisch-empiristische Tradition anknüpft.[81] Aus der Sicht dieser konzeptuellen Grundentscheidung lernt man Bedeutungen durch die Methode der zeigenden Benennung; was auf diesem Weg nicht gelernt wird, muß dann durch Induktionen und Analogiebildungen erschlossen werden.[82]

In diesem Zusammenhang sollte man Charles Osgoods Mediationstheorie der Bedeutung bedenken, die die ältere Konzeption einer direkten Assoziation zwischen Stimulus und Response aufgibt.[83] Statt dessen nimmt

---

77 Edward S. Robinson: Association theory to-day. An essay in systematic psychology. Repr. New York 1964, S. 7.

78 Ebd., S. 41–43.

79 Ebd., S. 43.

80 Daß es auch ohne Evokation eines solchen Bildes geht, ist ein bereits klassisches Argument Wittgensteins; siehe die zitierte Stelle.

81 Bernard Harrison: Meaning and structure. An essay in the philosophy of language. New York 1972.

82 Vgl. dazu Willard Van Orman Quine: Wort und Gegenstand. Stuttgart 1980, Kap. 2.

83 Charles E. Osgood: On understanding and creating sentences. In: American psychologist 18 (1963), S. 735–751. Und: Where do sentences come from? In: D. D. Steinberg, L. A. Jakobovits (eds.): Semantics. Cambridge 1971, S. 497–529.

er eine vermittelnde, aber nicht direkt zu beobachtende Mediationsinstanz an, die die Beziehung zwischen externem Zeichen und beobachtbarer Endreaktion vermittelnd reguliert. Diese interne Einheit enthält eine Response, die ein repräsentationaler Teil der Gesamtreaktion auf einen ursprünglichen Ausgangsstimulus (»significate«) ist; mit ihr ist eine interne Eigenstimulation assoziiert; dieser assoziierte Reiz – und nicht etwa der anfängliche äußere Zeichenstimulus – determiniert das jeweilige Verhalten. Welche Reaktion ein Zeichen hervorruft, hängt also auch davon ab, mit welcher vermittelnden Response ein innerer Reiz assoziiert wird.

Genauer besehen, spielt sich der komplexe Vorgang wohl so ab: Vorausgesetzt wird, daß es zu jedem Ausgangsstimulus eine identifizierbare Menge von Responsen gibt, deren Gesamtheit unter einen Begriff gebracht, symbolisiert oder repräsentiert werden kann. Der jeweilige Zeichenstimulus assoziiert also eine innere Response, die der typische Teil des Begriffs, das Symbol, die Repräsentation der Gesamtresponse ist; die Innenresponse assoziiert ihrerseits einen inneren Reiz; und dieser schließlich assoziiert das Verhalten, das im Anschluß an das Vorkommen des Zeichenreizes zu beobachten ist. Das heißt, es gibt mehrere assoziative Übergänge. Das Besondere aber liegt darin, daß der Vorgang der unmittelbaren S-R-Assoziation durch die Mediationseinheit unterbrochen wird; zwar besteht auch der Mediationsvorgang aus einer assoziativen Verbindung, aber er selbst ist – gemäß Osgoods eigener Auskunft – eine semantische Kategorie. Der Neobehaviorist Osgood will den Bedeutungsbegriff natürlich assoziationstheoretisch fundieren; aber es ist die Frage, ob hier das Assoziationskonzept nicht für gänzlich unterschiedliche Vorgänge erklärend einspringen muß und dadurch seine begriffliche Identität verliert. Die Beziehung nämlich zwischen den vielen einzelnen Responsen auf einen bestimmten Ausgangsreiz und dem Begriff der Gesamtreaktion macht prima vista andere Operationen erforderlich (Abstraktion, Generalisierung oder Begriffsbildung) als der Übergang von Innenresponse zur Eigenstimulation (Planung); beides mit dem Assoziationsbegriff zu bezeichnen, überdeckt in ungerechtfertigter Weise die erheblichen Unterschiede; fraglich bleibt, ob der Assoziationsbegriff hier überhaupt Anwendung finden sollte.

So ist es nicht verwunderlich, daß Osgood bei seinen wiederholten Rechtfertigungen der eigenen Theorie den Assoziationsbegriff kaum noch gebraucht. Statt dessen charakterisiert er das Verhältnis zwischen (beobachtbarer) Gesamtresponse und innerlich mediatisierender Teilresponse sowie zwischen innerer Response und innerem Reiz im Sinn einer Abhängigkeitsbeziehung und nicht etwa im Sinn eines Hervorlockens (»eliciting«) von Reaktionen durch Reize: Der Zusammenhang von Gesamtresponse und innerer Response stellt demnach eine Folge der Reiz-Paarung dar (Ausgangsreiz – Signalreiz), und der Übergang von innerer Response zum inneren Reiz ergibt sich als Folge einer automatischen motorisch-sensorischen Rückkopplung.[84] Osgood schert aus der eigentlichen S-R-Theorie aus,[85] wenn er den Komponenten der Mediations-Einheit nur noch response- bzw. reizähnliche funktionale Eigenschaften zuspricht, im übrigen es aber bevorzugt, von Dekodierungs- und Enkodierungsvorgängen bei der Verarbeitung von Signalen und der Planung von Verhaltensantworten zu sprechen.[86] Damit aber ist ein Thema angesprochen, das nicht mehr unter den Begriff der Assoziation fällt; Kapitel 2.3 und 2.5 werden ausführlich darüber handeln.

Der auf Konditionierung begründete Assoziationsbegriff begegnete im Rahmen sprachlicher Lern- und Verstehensforschung grundlegender Kritik; man konnte zeigen, wie wenig er allein vermochte, Ausmaß und Flexibilität menschlichen Sprachvermögens zu erfassen. Was eigentlich wird konditioniert, mußte man sich fragen: Wörterbuchwissen oder Sprachgebrauch? Wie groß sind die einzelnen Einheiten, die miteinander assoziiert werden? Müssen umfassendere Einheiten, die bereits konditionierte Unterelemente enthalten, je neu konditioniert werden? Wann ist Assoziation notwendig und wann genügt Analogiebildung? Aktiviert die Assoziation immer dasselbe Ausmaß des ehemals Konditionierten? Stellt die assoziative Bedeutung einen nicht weiter überschreitbaren Endpunkt des Bedeutungsverstehens dar oder kann sie nach der Assoziation noch weiter entwickelt werden, so daß das Assoziieren als solches nur ein erster, nicht aber letzter Schritt des Verstehenden wäre?

Gerade die letzte Frage ist so gerichtet, daß sie, je nach Antwort, den Erklärungswert des Assoziationsbegriffs erheblich beschneidet. Bedeutungen könnten nämlich nur dann hinreichend genau durch Assoziation gewonnen werden, wenn zwischen den Assoziationsteilen eine eindeutige, Eins-zu-eins-Beziehung bestünde. Eine solche Möglichkeit aber wird schon durch rein quantitative Überlegungen ausgeschlossen: Wenn jede neue Bedeutung neu assoziiert werden müßte, so wäre die Speicherkapazität des Sprachgedächtnisses bald überfordert. Es gehört zur bewährten Sprachökonomie, daß Wörter meistens Homonyme sind; Homonymität im Bereich von Stimulus und Response ist jedoch nicht zugelassen. Um diese Asymmetrie zwischen der Menge der Stimuli und dem Umfang sprachlicher Bedeutungen aufzufangen, greift man Ergebnisse der semantischen Dekompositionslehre auf. Demnach ist das Bedeutungsreservoir ein intern strukturiertes System, das auf Grundelementen auflagert; nicht alle Bedeutungen werden von Stimuli assoziiert, sondern nur solche Grundelemente,

---

[84] Ch. E. Osgood: Toward a wedding of insufficiencies. In: Dixon, Horton (eds.): Verbal behavior, 1968, S. 497.

[85] Ebd., S. 497f.

[86] Ebd., S. 497.

aus deren Kombination dann komplexere oder spezifischere Bedeutungen erzeugt werden können.

Diese forschungsgeschichtliche Neuorientierung zur Erhaltung des Assoziationskonzepts läßt sich in der Leseforschung deutlich verfolgen. Assoziiert werden hier – so heißt es – nicht fertige Bedeutungen, sondern semantische Merkmale, vorlexikalische Grundeinheiten[87] oder kognitive Strukturen,[88] aus denen durch anschließende weitere Entscheidungsprozeduren die jeweils passende Bedeutung zusammengestellt wird.

Welche Anwendung findet der Assoziationsbegriff unter diesen Gegebenheiten in der Leseforschung? Als repräsentatives Beispiel mögen die Ausführungen von Frank Smith gelten. Smith vertritt ein Lesekonzept, in dem die Theorie der distinktiven Merkmale eine entscheidende Rolle einnimmt. Sie dient dazu, die Stationen oder Ebenen des Prozeßmodells auszuweisen. Demnach gibt es eine Ebene visueller Merkmale, gegebenenfalls auch eine Ebene akustischer Merkmale, dann die Ebene der semantischen Merkmale und schließlich die Ebene der Bedeutung.[89] Der kritische Punkt dieser Auffassung liegt nun in der Frage, in welcher Beziehung diese Ebenen zueinander stehen, wie der prozessuale Übergang von einer Station zur anderen vonstatten geht. Smiths Auskunft lautet hier, daß die Merkmale der unterschiedlichen Ebenen miteinander assoziiert sind. Und damit endet auch schon die Erklärung, noch ehe sie recht begann. Nicht anders hatte übrigens schon Friedrich Kainz den Zusammenhang formuliert.[90] An keiner Stelle erfolgt ein erläuternder Hinweis auf das, was mit ›assoziiert‹ gemeint ist. Der Verdacht liegt nahe, daß es sich hier nicht um eine terminologische Bezeichnung handelt, sondern um eine bloße Redewendung ohne konzeptuellen Hintergrund. Diesen aber darf man füglich von Smith erwarten. Denn er selbst schließt sich in seinen bedeutungstheoretischen Überlegungen der Unterscheidung zwischen Oberflächen- und Tiefenstruktur an. Wer sich aber so in die Tradition der generativen Transformationsgrammatik einreiht, sollte sich davor hüten, Oberflächen- und Tiefenstruktur assoziationstheoretisch in Beziehung zu setzen und somit rein empiristisches Gedankengut beizubehalten, das gerade mit dem Begriff der Erzeugungsregel endgültig verbannt wurde.[91]

Auch die Ausführungen von Geyer und Kolers bleiben in dieser Hinsicht etwas unbefriedigend. Obwohl sie immer wieder hervorheben, daß der

---

87 Solberg in D. W. Massaro (ed.): Understanding language, 1975, S. 336.
88 Frank Smith: Understanding reading, 1971, S. 187ff.
89 Smith: Understanding reading, 1971, S. 209.
90 F. Kainz: Psychologie der Sprache, 1956, Bd. 4, S. 253.
91 Für den ganzen Zusammenhang grundlegend ist das Buch von Bernard Harrison: Meaning and structure, 1972.

Leser beim Verstehen den Schriftsymbolen Bedeutung zuschreiben müsse[92] und das heißt daß er die Bedeutung weder den Zeichen entnimmt noch aus ihnen ableitet, behaupten sie zugleich, daß Sprache dazu diene, Symbole mit Bedeutung zu assoziieren.[93] Sie sehen zwar, daß solche Assoziationen von Regeln bestimmt werden, bedenken aber nicht, daß gerade diese Regeln – wie ungewiß deren Inhalt auch sein mag – dem Assoziationsbegriff grundsätzlich widersprechen.[94]

So läßt sich immer wieder beobachten, daß das Problem der Bedeutungsgewinnung beim Lesen mit der Wirkung assoziativer Prozesse beantwortet wird, ohne daß damit eine tatsächliche Erklärung gegeben wäre. Der Assoziationsbegriff wird in der Leseforschung weder thematisiert noch problematisiert. Beides aber täte dringend not.

Der Anspruch, daß die Assoziation jenen letzten und endgültigen Schritt vom Zeichenträger zum Zeicheninhalt, zur Bedeutung, vollzieht, kann gerade auf dem Hintergrund der Tatsache, daß man Erkenntnisse der semantischen Dekompositionsverfahren zur Rettung des Assoziationsbegriffs verwendet, nicht weiterhin aufrecht erhalten werden. Das Verstehen in seiner vielfältigen Graduierung beginnt gerade auch aus dieser Sicht erst *nach* der assoziativen Operation als Progreß in den Verzweigungen semantischer Felder und Taxonomien.

Es gehört zu den charakteristischen Merkmalen eines solchen Denkweges, daß sich alle verstehenden Handlungen de facto im Bereich außersprachlicher Begriffsbildung abspielen müssen;[95] denn ›Bedeutung‹ liegt hier auf einer Ebene, zu der die Wörter nicht gehören.[96] Nicht Assoziation,

---

92 Geyer, Kolers: Reading as information processing, 1974, S. 223.

93 Ebd., S. 222.

94 Diese Gegenüberstellung enthält aber auch Probleme: Insofern nämlich der Regelbegriff z. T. auch Vereinbarungsergebnisse meint, führt er über diese Komponente auf das semiotisch-strukturelle Konventionalitäts-Argument zurück, das sich seinerseits psychologisch-funktional leicht als Assoziationsbeziehung auslegen läßt. Wenn also der Regelbegriff dem Assoziationsbegriff sinnvoll gegenübergestellt werden soll, so darf er nicht wesentlich auf der Vereinbarungssituation gründen, sondern muß als Erzeugungsregel oder Prinzip der Invarianzbildung verstanden werden. Bezeichnenderweise behauptet denn auch Osgood (Toward a wedding of insufficiencies, 1968, S. 506): »Regularity is not incompatible with the notion of habit (...)« Und die Gegenseite (Bever, Fodor, Garrett: A formal limitation of associationism. In: Dixon, Horton (eds.): Verbal behavior, 1968, S. 585) bestreitet ebensowenig, daß assoziative Prinzipien Regeln seien, nur bildeten sie bloß einen besonderen Fall innerhalb bedeutend stärkerer Theorien. Die Vieldeutigkeit des Regelbegriffs veranschaulicht Stephen A. Tyler: The said and the unsaid. Mind, meaning, and culture. New York 1978, bes. S. 123.

95 F. Smith: Understanding reading, 1971, S. 194. Und: Psycholinguistics and reading. New York 1973, S. 187.

96 Smith: Understanding reading, S. 185.

sondern Begriffsbildung, Entwicklung und Aktivierung kognitiver Strukturen, ist – genau gesprochen – hier das Leitwort der Bedeutungsgewinnung. Auf diese Weise erfolgt ein nicht weiter bedachter Themenwechsel, der zwar von den assoziationstheoretischen Erklärungsschwierigkeiten bedingt wurde, seinerseits aber weder sprachtheoretisch noch semantisch genauer charakterisiert wird.

Die kritische Bilanzierung des Assoziationsbegriffs im lesetheoretischen Zusammenhang zielt nicht darauf ab, dessen totale Irrelevanz zu behaupten. Assoziationen spielen sich zweifelsohne im Lesen ab, und je appellativer oder literarischer der Lesestoff ausfällt, um so stärker machen sie sich geltend. Aber ›Assoziation‹ wird hier in einem anderen Sinn und mit besonderer Absicht gebraucht. Auf dem Hintergrund der schichtentheoretischen Differenzierung in denotative, konnotative und assoziative Bedeutungsschichten spielt die Assoziation in den beiden letzten Schichten die entscheidende Rolle;[97] Osgood hatte gerade sie bei der Entwicklung des semantischen Differentials im Auge, und die empirische Literaturwissenschaft greift dieses Verfahren dankbar auf.[98] Die neuropsychologische Interpretation des Feldbegriffs (semantische Felder) spricht der assoziativen Bedeutungsverknüpfung eine zentrale Rolle zu, so daß die Analyse von individuellen Verstehensvorgängen nicht ohne den Assoziationsbegriff auskommen wird. Aus speziellen Untersuchungen der Beziehung zwischen Filmmusik und Filmgeschehen weiß man, in welchem Ausmaß dem Zuschauer gegenüber die Filmbedeutungen konditioniert werden (z. B. Schauplätze grausigen Geschehens), so daß dieser in seiner weiteren Wahrnehmung und Auffassung (dieses Ortes, an dem einmal etwas geschehen ist) vordringlich assoziativ Bedeutungen konstruiert.[99] Darstellungsprinzipien im literarischen Bereich sind weithin darauf angelegt, den Leser in einen Zustand zu versetzen, in dem er Assoziationen hervorbringt. Der Bedeutungsaufbau, wie er durch Wiederholungen, strukturelle Verknüpfungen, Leitmotive, Schlüsselwörter und Symbole zustande kommt, rechnet mit der assoziativen Bereitschaft des Lesers, der allein die bloße Wiederholung zumindest mit Aufmerksamkeitssignalen assoziiert, die Semantik der Figur, des Ortes und der Dinge durch Assoziationen mit deren Funktion im Handlungszusammenhang gewinnt und die Hintergründigkeit des Wortsinns nach einem Assoziationsschlüssel bestimmt, den zu

---

97 Blanke: Einführung in die semantische Analyse. München 1973.

98 Norbert Groeben: Rezeptionsforschung als empirische Literaturwissenschaft. Paradigma- durch Methodendiskussion an Untersuchungsbeispielen. Kronberg 1977.

99 Helga de la Motte-Haber: Information – Illustration, Suggestion – Fiktion: Musik im Fernsehen. In: Helmut Kreuzer (Hrsg.): Literaturwissenschaft – Medienwissenschaft. Heidelberg 1977, S. 73–80.

gebrauchen ihn seine enzyklopädische und literarhistorische Bildung gelehrt hat.[100]

## 2.3 Übersetzung bzw. Dekodierung und das Problem einer inneren Sprache

Eine dritte Möglichkeit, den Prozeß der Bedeutungsgewinnung darzustellen, läßt sich etwa so formulieren: Schrift und Bedeutung gehören zwei unterschiedlichen Zeichensystemen an, einerseits dem System sichtbarer Figuren, andererseits dem System geistigen Wissens und Denkens. Zwischen beiden vermittelt eine Übersetzung. Wenn der Lesende versteht, so übersetzt er die Schrift in Bedeutung. Bedeutungen, so heißt es in der gegenwärtigen internationalen Leseforschung mit zunehmender Vorliebe, werden dekodiert. Der dekodierende Leser macht genau das rückgängig, was der Schreiber tat, als er Teile seines Wissens, Wollens oder Fühlens mit Hilfe eines Wörterbuches, das die Entsprechungen zwischen seinem Bedeutungs- und dem allgemeinen Schriftsystem verzeichnet, einer Grammatik, die die Aufeinanderfolge der gewählten Elemente regelt, und mittels eines Schreibgerätes sichtbar machte. Sprache gilt in dieser Sicht als ein Äußeres, Materielles und Fremdes, das der Übersetzung in die innere Semantik des persönlichen Erfahrungshorizontes bedarf und erst in dieser Anverwandlung verstanden werden kann. Das Verstehensvermögen des Lesers hängt demnach einerseits von seiner Übersetzungsfertigkeit, andererseits vom Entwicklungsgrad seiner inneren Semantik ab.

Bevor man jedoch den Übersetzungsbegriff und seine Implikation als Erklärungshilfe für den Vorgang der Bedeutungsgewinnung eingehender in Erwägung zieht, sollte man eine begriffliche Eingrenzung vornehmen, ohne die der zu erprobende Erklärungsansatz zu weitläufig ausfallen müßte. Als Übersetzung pflegt man in erster Linie jenen Vorgang zu bezeichnen, bei dem eine bereits kodierte Nachricht in den Kode einer Zielsprache umgewandelt wird; die Nachricht selbst, d. h. ihre Bedeutung, ist hierbei weder Ergebnis noch Ziel des Übersetzens, sondern existiert jenseits bzw. außerhalb der Kodes, zwischen denen eine Übersetzung vermittelt; sie ist das, was identische, aber unterschiedlich kodierte Nachrichten gemeinsam haben. Dieser übliche Übersetzungsbegriff vermag natürlich nicht die Rezeption einer Nachricht, vor allem aber nicht den Prozeß der Bedeutungsgewinnung in seinem Kern zu erfassen; er bezeichnet nur den übertra-

[100] Vgl. auch James Deese: Association and memory. In: Dixon, Horton (eds.) 1968, S. 104: »(...) it is almost impossible to characterize certain peculiar kinds of language (poetry, fanciful metaphor, schizophrenic speech, and the like) without recourse to associative data, explicit or implicit.«

gungstechnischen Wechsel von einem Sprachsystem zum anderen, ohne das Verstehen des Zielsprachensystems zu erklären. Zu dieser Besonderheit tritt noch ein anderer Aspekt des Übersetzungsbegriffs, der deutlich wird, wenn man an die Rolle der Übersetzung im Fremdsprachenunterricht denkt; eine fremde Sprache zu verstehen heißt nämlich nicht, sie in die Muttersprache zu übersetzen; ein solches Übersetzen dient nur als ein vorläufiges Hilfsmittel, solange der Lernende die Fremdsprache noch nicht beherrscht. Wer eine Sprache versteht, übersetzt sie nicht. Der Begriff der Dekodierung jedoch richtet sich genau auf diesen Punkt und identifiziert den Wechsel von der äußeren zur inneren Sprache als einen Übersetzungsvorgang. Aus diesen Überlegungen folgt, daß der Übersetzungsbegriff in dreifacher Hinsicht einer künstlichen Einengung bedarf, damit er den hier gemeinten Sachverhalt bezeichnen kann: Erstens soll er implizieren, daß die Zielsprache des Übersetzens unmittelbar mit dem Ort des Verstehens zusammenfällt; Kapitel 1.2.2 hatte bei der Diskussion der Rolle des Hörverstehens im Lesen bereits vergleichbare Überlegungen angestellt. Zweitens soll der Übersetzungsbegriff anzeigen, daß das Verstehen eines sprachlichen Ausdrucks tatsächlich ein Prozeß des Übersetzens von ›Sprache‹ in Bedeutung ist. Und drittens muß vorausgesetzt werden, daß es eine Übersetzungstätigkeit gibt, an der keine Verstehenskomponente beteiligt ist.

Das Grundmuster dieser Art von Bedeutungsgewinnung hat Jerrold Katz folgendermaßen charakterisiert:

> Grosso modo und etwas metaphorisch können wir sagen, daß bei einer erfolgreichen Kommunikation in etwa das folgende vor sich geht. Der Sprecher wählt, aus Gründen, die linguistisch irrelevant sind, eine Mitteilung aus, die er seinen Hörern zukommen lassen will: einen Gedanken, einen Befehl, oder eine Frage, die er stellen will. Diese Mitteilung ist in Form einer phonetischen Wiedergabe einer Äußerung mit Hilfe eines Systems sprachlicher Regeln codiert, über die der Sprecher verfügt. Dieses Codieren wird zu einem Signal für die artikulatorischen Organe des Sprechers, und er produziert eine Äußerung in der richtigen phonetischen Gestalt. Diese wiederum wird von den Hörorganen dessen, der sie vernimmt, aufgegriffen. Die Sprachlaute, die diese Organe stimulieren, werden dann in einen Nervenimpuls verwandelt [»converted«], woraus eine phonetische Repräsentation entsteht, die jener entspricht, in der der Sprecher seine Mitteilung codiert hat. Diese Repräsentation wird durch das äquivalente System des Hörers zu einer Repräsentation der gleichen Mitteilung, die der Sprecher ursprünglich weitergeben wollte, decodiert [»This representation is decoded into a representation...]. Da der Hörer das gleiche Regelsystem bei der Decodierung [»decode«] verwendet, das der Sprecher bei der Codierung benutzt, ist ein Beispiel erfolgreicher sprachlicher Kommunikation gegeben.[101]

So geht es also, wie Gilbert Harman nicht ohne Ironie feststellt,[102] tatsäch-

---

[101] Jerrold J. Katz: Philosophie der Sprache. Frankfurt 1969, S. 97.

[102] Gilbert Harman: Language, thought, and communication. In: Keith Gunderson (ed.): Language, mind, and knowledge, 1975, S. 282.

lich um den Vorgang der Übersetzung von der Muttersprache in das ›Mentalesisch‹, in die wortlose Sprache des Gedankens.

Es gibt eine gewisse Ähnlichkeit zwischen den Konzepten der Übersetzung bzw. Dekodierung und der Sinnentnahme: Beider Ziel liegt darin, durch bestimmte Handlungen jenen Zustand zu erreichen, in dem sich Verstehen unmittelbar ereignet. Doch auch der Unterschied wird deutlich. Die Sinnentnahme versuchte, aus einem Nicht-Sprachlichen, der Schrift, ein Sprachliches, die lebendige Rede, zurückzugewinnen. Bei der Dekodierung verläuft der Vorgang genau umgekehrt; sie verwandelt das Sprachliche, ob es sich nun um Schrift oder um Rede handelt, in ein inneres System, das man zwar auch ›Sprache‹ nennen kann, das sich aber deutlich von der äußeren, verbalen Sprache unterscheidet.

Der Vorgang, der hier in einem besonderen Sinn als Übersetzung bezeichnet wird und den Übergang von Sprache zu deren Bedeutung erklären soll, lenkt die Aufmerksamkeit auf Erkenntnisse und Verfahren, die im Bereich der maschinellen Rechentechnik entwickelt wurden und von dort her auf die Belange der Sprachwahrnehmung übertragen werden können.[103] Es geht um die Dekodierungsmechanismen kybernetischer Systeme, von Computern zumal. Jeder – digitale – Computer verfügt über zwei Zeichensysteme;[104] das eine dient zur Kommunikation mit der Außenwelt, vermittelt also die Eingaben aus der Umwelt und die Ausgaben an die Umwelt, das andere dient als ›Sprache‹, in der die Maschine mit sich selbst kommuniziert, also Informationen verarbeitet, speichert und erzeugt. Zwischen den beiden Systemen vermittelt ein ›Compiler‹, der die notwendige Übersetzungsfunktion ausübt. Die Übersetzung vollzieht sich hierbei als Zuordnung, d. i. als Kodierung von Zeichen des einen Zeichenvorrats zu Zeichen des anderen und ist in ihrem Ablauf durch Zuordnungsvorschriften eindeutig festgelegt;[105] so funktionieren etwa kybernetische Lesegeräte, die automatisch den ankommenden physikalischen Signalen gespeicherte Bedeutungen zuordnen und darüber hinaus – bei gestörter Signaleingabe – sogar die wahrscheinliche Bedeutung ermitteln können; das ist das Prinzip der ›Lernmatrix‹, die Karl Steinbuch entwickelt hat.[106] Kapitel 4.2 wird sich diesem Zusammenhang noch eingehend zuwenden.

---

103 Jerry A. Fodor: The language of thought. New York 1975, S. 66 und 116.

104 George A. Miller: Toward a third metaphor for psycholinguistics. In: Walter B. Weimer, David S. Palermo (eds.): Cognition and the symbolic processes. Hillsdale 1974, S. 406.

105 Georg Klaus (Hrsg.): Wörterbuch der Kybernetik. Frankfurt 1971, Bd. 1, S. 119.

106 Die schaltungstechnische Definition der Lernmatrix sollte aber nicht darüber hinwegtäuschen, daß ihr eine assoziationstheoretische Komponente zugrunde liegt, die ihren Ausgang von der Pawlowschen Theorie der bedingten Reflexe nimmt. Insofern entspricht diese Form des kybernetischen Dekodierens dem Assoziieren im Sinn psychologischer Konditionierung.

Das erste Problem, das sich nun vor allen anderen ergibt, lautet, ob tatsächlich jede Form sprachlichen Verstehens als Dekodierung im soeben bezeichneten Sinn angesehen werden kann. Entscheidet man sich zunächst für eine positive Antwort, so erfordert der nächste Schritt sogleich, die Frage nach der Beschaffenheit des internen Zeichensystems aufzuwerfen und zu beantworten; eine bloße Versicherung, daß Lesen Dekodieren im Sinn von Bedeutungsgewinnung sei, wie dies z. B. Kenneth Goodman in allen seinen Arbeiten tut, bleibt ziemlich vage, solange nicht ›Bedeutung‹ als spezielles inneres Kode-System ausgewiesen wird. Hier nun beginnen die Schwierigkeiten. Es gilt, eine innere Sprache oder Programmierung, eine Tiefenstruktur oder lexikalische Repräsentation zu finden, die weder Wortsprache noch sprachloser Bewußtseinsstrom ist und trotzdem auf dem Weg der Übersetzungstätigkeit erreichbar bleibt.

Trotz der schon jetzt zu ahnenden Schwierigkeiten, die eine Suche nach einem solchen Bedeutungssystem mit sich bringen wird, gehört es zu den Selbstverständlichkeiten nahezu jedes Lesebegriffs, daß gerade die Schrift einer Übersetzung bedarf, um verstanden zu werden. Die Überlegungen zum Sinnentnahme-Begriff umkreisten denselben Sachverhalt, führten dort aber zu einem eher negativen Ergebnis. Kann es dem Übersetzungsbegriff im hier vorgestellten Sinn gelingen, neue Argumente für die Notwendigkeit einer Überführung des Geschriebenen in das Gesprochen-Verstandene, genauer einer Übersetzung von Sprache in Geist anzuführen? Liegt etwa der schon klassisch zu nennenden Auffassung, daß bereits das bloße Hören eine Modalität des Verstehens sei und daß es demnach genüge, für die Hörbarkeit des Gelesenen zu sorgen, um es zu verstehen,[107] der Gedanke zugrunde, daß man eine Sprache versteht, wenn man die sprachliche Mitteilung in eine gedankliche Struktur übersetzt?

Um das Plausible dieser Grundannahme zu unterstreichen, brauchte die frühe Leseforschung nicht einmal aufwendige Untersuchungen anzustrengen; jeder Leser kann nämlich an sich selbst beobachten, wie er sogar während des stillen Lesens mitartikuliert und wie gerade der wachsende Schwierigkeitsgrad eines Lesestückes das Ansteigen der Mitartikulation verursacht. Solche Vorgänge, deren Ausdrucksspanne von sichtbaren Lippenbewegungen über fühlbare Zungen- und Artikulationsanstöße bis zu elektromyographisch feststellbaren Kehlkopfaktivitäten reicht,[108] nennt man gewöhnlich inneres Sprechen oder Subvokalisation. Unter innerem Sprechen versteht man heute einen Oberbegriff für die Umwandlung gedruckter Wörter in eine beliebige Form des Sprachkodes, sei es nun ein artikulatorischer, akustischer, auditiv-bildlicher oder noch abstrakterer

[107] Edmund Burke Huey: The psychology and pedagogy of reading. Repr., Cambridge, Mass. 1977, S. 123.

[108] Åke W. Edfeldt: Silent speech and silent reading. Stockholm 1959, S. 77f.

Kode.[109] Obwohl man schon bald bei der Erforschung des Auftretens und der Funktionsweise des inneren Sprechens erkannte, daß diese latente Artikulation nicht notwendigerweise das verständnisvolle Lesen vermitteln müsse, daß sie keine physiologische, notwendige Bedingung sei,[110] vielmehr ohne Beeinträchtigung des Verständnisses blockiert werden könne, behauptete man angesichts des nahezu universellen Vorkommens deren konstitutive Funktion;[111] dem kann man sich auch heute durchaus anschließen, denn in der Tat setzt ja die Mehrzahl möglicher Wege den Geltungsanspruch des einen nicht außer Kraft.[112] Verstehendes Lesen galt so als Übersetzen in das System des inneren Sprechens.

Dieses System ähnelt der gesprochenen Sprache, geht aber in dieser Analogie keinesfalls auf. Abgesehen davon, daß das innere Sprechen beim Lesen immer der Grammatik des Geschriebenen folgt, nicht aber der davon zu unterscheidenden Grammatik der Rede,[113] ergeben sich auch insofern Unterschiede, als die Subvokalisation das Gelesene vereinfacht und verkürzt;[114] nicht jedes Wort wiederholt sich in der latenten Artikulation, und bei manchen Wörtern erfolgt nur die Artikulation des Anfangs, entsteht ein sogenanntes Initialgefühl.[115] Solche Veränderungen, die das Gelesene in der Subvokalisation erfährt, können kaum ohne Beteiligung der jeweils bereits verstandenen Bedeutungen zustande kommen; man muß das Gelesene oft schon begriffen haben, bevor man es im inneren Sprechen akzentuiert, unterschlägt bzw. verkürzt.[116] Im inneren Sprechen spiegelt sich demnach nicht nur eine technisch-mediale Übertragung vom Optischen zum Artikulatorischen, sondern zugleich eine verstehensorientierte Auswertung. Hier liegt der Grund für die Annahme, daß es keiner weiteren Übersetzung vom sogenannten Hören der latenten Artikulation zur Bedeutung bedarf. Das System des inneren Sprechens enthält bereits die Korrelate der internen Absichtsbildung und des Meinens in Form von Intona-

---

[109] Glenn M. Kleiman: Speech recoding in reading. In: Journal of verbal learning and verbal behavior 14 (1975), S. 323.

[110] Edfeldt: Silent speech, 1959, S. 152.

[111] Rudolf Pintner: Inner speech during silent reading. In: The psychological review 20 (1913), S. 138.

[112] Hans Hörmann: Meinen und Verstehen. Grundzüge einer psychologischen Semantik. Frankfurt 1976, S. 303.

[113] David Crystal: Neglected linguistic principles in the study of reading. In: Donald Moyle (ed.): Reading: What of the future? London 1975, S. 26–34.

[114] Huey: The psychology and pedagogy of reading, 1977, S. 120 und 123.

[115] Rudolf Schilling: Über »inneres Sprechen«. In: Zeitschrift für Psychologie 111 (1929), S. 206f.

[116] Bekannte Beispiele, die diesen Sachverhalt illustrieren, sind die Wörter ›Montage‹, ›umgehen‹, ›übersetzen‹, die je nach Betonung eine andere Bedeutung erhalten.

tionsbögen, Klangvorstellungen[117] sowie Sprechrhythmen und bildet darin die gestalthafte Organisation der Bedeutung ab. Rudolf Schilling hatte dies so beschrieben:

> Somit treten die für die Mitteilungsfunktion wichtigen Faktoren [Lautheit, Klarheit, Tragfähigkeit] mehr und mehr in den Hintergrund, verblassen die phonetischen Elemente mehr und mehr, während die für die Denkfunktionen wichtigen Elemente, die artikulatorischen Engramme als Träger der Satzstruktur und Vermittler der Sinnbedeutung, kurzum die hauptsächlichsten Träger des intellektuellen Oberbaus der Sprache an Wichtigkeit gewinnen.[118]

In dieser Charakteristik entfernt sich das innere Sprechen deutlich von einem bloßen physiologisch sprechmotorischen Akt und nimmt kognitive Züge an.[119] Einer Lesetheorie, die sich am Übersetzungsbegriff orientiert, kommt das besonders gelegen; für sie nähert sich das innere Sprechen jenen Denkvorgängen, die das Leseverständnis herbeiführen bzw. vollziehen.

Doch die unterstellte Verbindung erweist sich als höchst problematisch. Entgegen der älteren Feststellung, Denken sei identisch mit innerem Sprechen,[120] formuliert man heute vorsichtiger und beschränkt sich auf die Auskunft, das innere Sprechen begleite die Denkfunktionen als sprechmotorischer Akt;[121] »das ›innere Sprechen‹ ist der Anstoß zur Entwicklung eines sehr komplizierten Mechanismus, der von einer Identität zwischen Denken und (innerem) Sprechen (...) sehr weit entfernt ist.«[122] Das aber schränkt die zentrale kognitive Rolle des inneren Sprechens wieder beträchtlich ein. Denn wie dieser komplizierte Mechanismus verläuft, bleibt hier im dunkeln. Deshalb kann man auf Grund des bisher Erkannten noch nicht behaupten, die Bedeutung einer gelesenen Äußerung zu verstehen heiße, die Äußerung innerlich auszusprechen. Der Weg zur Bedeutung ist hier noch nicht endgültig zurückgelegt worden; vielleicht beginnt das Verstehen mit dem inneren Sprechen, aber es erschöpft sich darin keinesfalls.

Zugleich stellt sich noch ein anderes Problem ein. Wenn das innere Sprechen auch Denkvorgänge begleitet und nicht nur Lesevollzüge, so heißt dies ja, daß auch das Denken – und nicht nur das Lesen – artikulatori-

---

117 Problematisch ist bei dieser Begriffsbildung die selten durchdachte auditiv-visuelle Synästhesie, die besonders auch im Begriff des Klangbildes zum Vorschein kommt.

118 Schilling: Über »inneres Sprechen«, 1929, S. 237.

119 Vgl. dazu auch eine Bemerkung von Ulric Neisser: Cognitive psychology, 1967, S. 113.

120 Edward L. Thorndike: Reading as reasoning: a study of mistakes in paragraph reading. In: The journal of educational psychology 8 (1917), S. 323–332.

121 So schon Schilling: Über »inneres Sprechen«, 1929, S. 205.

122 Ebd., S. 242.

sche Impulse hervorruft.[123] Tritt nun beim Lesen inneres Sprechen auf, so wird es schwerfallen, zwischen optischer und mentaler Quelle der Subvokalisation zu unterscheiden. Das aber kann nicht gleichgültig bleiben; denn sollte das innere Sprechen während des Lesens auf Grund des Denkens zustande kommen, dann kann es nicht mehr als internes Verstehenssystem bzw. als dessen Komponente gelten, in das die Übersetzung der Schrift mündet, sondern allenfalls als dessen fakultativer Anhang, der seinerseits erst in Funktion tritt, nachdem der Verstehensprozeß anderweitig abgelaufen ist.

Diese Unsicherheit trug mit zur kontroversen Einschätzung des inneren Sprechens bei. Ein geradezu lebhafter Streit entzündete sich an der Frage, ob inneres Sprechen eher als wesentliche Hilfe in Denk- und Gedächtnisleistungen zu begrüßen[124] oder als unnötiger, wenn nicht gar irreführender Umweg zu meiden sei.[125] In diesem Zusammenhang mag der Hinweis wichtig sein, daß die Erkenntnisse über das innere Sprechen vielfach auch aus Beobachtungen über die Aktualgenese des Sprechens stammen. Aber darf man solche Ergebnisse unbesehen auf den rezeptiven Vorgang übertragen? Besteht nicht zwischen dem Übergang von innerem Sprechen zu lauter Artikulation und dem Übergang von Schrift zu innerem Sprechen ein gewichtiger Unterschied? Läßt sich das eine womöglich im Begriff einer stärkeren sprachmuskulären Aktivität fassen,[126] so impliziert das andere – denkt man etwa an die intonative Gestaltung – die Wirksamkeit einer Verstehenskomponente. Sollte der Begriff des inneren Sprechens Unterschiedliches bezeichnen? In der Tat ist der Begriffsgebrauch nicht eindeutig. Oft genug berührt er Aspekte, die man lieber einer anderen Kategorie, nämlich der der ›inneren Sprache‹, zuschreiben möchte. Der Verdacht liegt nahe, daß schon dort, wo sich sozusagen ein System des inneren Sprechens abzeichnete, eigentlich Merkmale bzw. Funktionen der inneren Sprache gemeint waren.

Nun spielt gerade der Begriff der inneren Sprache in Theorien über die Beziehung von Sprechen und Denken eine zentrale Rolle. Er umfaßt jene Zwischenstufe, die den Übergang zwischen äußerer Sprache und Denken vermittelt, er bezeichnet die Stelle, wo sich außersprachliches und sprachliches Bewußtsein berühren. Wygotski entwirft den Begriff der inneren Sprache im Zusammenhang mit seiner Theorie der Wortbedeutung.[127] Eine

---

[123] Die Motortheorie der Sprachwahrnehmung, wie sie von der Haskins-Gruppe dargestellt wurde, schreibt dieses Phänomen auch dem Zuhören zu.

[124] Edfeldt: Silent speech, 1959; Kleiman: Speech recoding, 1975.

[125] F. Smith: The decoding fallacy, in: Psycholinguistics and reading, 1973.

[126] Sokolow: Untersuchungen, 1969; Hörmann: Meinen und Verstehen, 1976, S. 296.

[127] L. S. Wygotski: Denken und Sprechen. 5. Aufl., Frankfurt 1974.

Wortbedeutung kommt als Einheit von Wort und Gedanken zustande. Die Verbindung ergibt sich aus der Tatsache, daß jeder sprachliche Inhalt auf eine Verallgemeinerungstätigkeit des Denkens zurückweist. Diese Einheit ist keine ursprünglich gegebene, sondern entsteht. Ihre Entstehungsgeschichte läßt sich sowohl phylo- als auch ontogenetisch nachweisen. Da die Wortbedeutung entsteht, bewahrt sie nicht über den gesamten Zeitraum ihrer Entwicklung die gleiche Gestalt; sie verändert sich: Aus niederen und primitiven Formen der Verallgemeinerung geht sie über zu höheren und komplizierteren[128] und baut so ein sprachlich spezifisches Band zwischen Wort und Gedanken auf, dessen Dichte von der jeweiligen Denkaufwendung abhängt; die Wortbedeutung liegt also nicht auf Grund einer bestimmten Lexikoneintragung endgültig fest, sondern erreicht ihre Zielgestalt von Fall zu Fall infolge eines Denkaktes.[129] Diese Verklammerung tritt also nicht von selbst ein, sondern ergibt sich auf Grund einer besonderen Sprachfunktion. Wygotski nennt sie die innere Sprache oder Endophasie.

Die innere Sprache programmiert, oder besser plant den Übergang vom Wort zum Gedanken; wiederholt heißt es, das Wort verdampfe im Gedanken,[130] es stürbe und gebäre dabei den Gedanken. Das Besondere dieser Mutation liegt darin, daß das Wort nicht spurlos im Gedanken verschwindet, sondern durchaus erhalten bleibt; die Einheit von Wort und Gedanken begreift sich somit nicht als Identität, sondern als aktive Verbindung von durchaus Divergentem und Eigenständigem. Allerdings macht Wygotski dies nur in ontogenetischer Hinsicht deutlich; die funktionelle Gegenwart des Wortes im Gedanken bleibt eher im dunkeln. Wygotski versucht, sie durch eine Zweckbestimmung einzukreisen: Die innere Sprache diene der geistigen Orientierung, der Bewußtmachung, der Überwindung von Schwierigkeiten und Hindernissen.[131] Eine solche Zweckbestimmung bedingt auch die strukturellen Eigenschaften der inneren Sprache. Wygotski nennt u. a. Verkürzung, Agglutinierung, prädikative Syntax und Idiomatik. Obwohl solche Eigenschaften das Bild der kommunikativen Sprache aufs äußerste verzerren, beeinträchtigen sie keineswegs die intrapersonelle Verständlichkeit der inneren Sprache, weil deren Ablauf eine interne Gleichheit der Bewußtseinslage voraussetzt, die das Fundament jedes Verstehens bildet. Die innere Sprache erfüllt eine instrumentelle Rolle im problemlösenden Denken; als Sprache für den Sprechenden selbst setzt sie dabei die Eigenverständigung voraus. Obwohl Wygotski den Verstehensprozeß anspricht[132] und ihn mit der inneren Sprache in Verbin-

---

[128] Wygotski: Denken und Sprechen, S. 295.
[129] Ebd., S. 300.
[130] Ebd., S. 313 und 350.
[131] Ebd., S. 317.
[132] Wygotski: Denken und Sprechen, S. 33.

dung setzt, erklärt er ihn jedoch nicht aus deren Aufbau und Ablauf. Nur insofern der Verstehensprozeß dynamisch ins problemlösende Denken hineinreicht, fällt er auch in den Strahlungsbereich der inneren Sprache.

Wygotskis Formulierungen über die innere Sprache werfen eine Reihe von Problemen auf, die noch einer Lösung harren. Zunächst darf nicht übersehen werden, daß alle Aussagen über die innere Sprache nicht aus deren direkter Beobachtung stammen, sondern auf Schlußfolgerungen zurückgehen, die anläßlich der Untersuchung einer ontogenetischen Vorstufe, der egozentrischen Sprache, formuliert wurden. Zwar behauptet Wygotski eine Analogie zwischen historisch genetischer und funktioneller Verkettung der inneren Sprache im Gesamt der Sprachtätigkeit; doch könnten sich gerade im Verlauf der Entwicklung eine Reihe struktureller Veränderungen ergeben haben, die ein bloßes Interpolationsverfahren nicht mit Sicherheit zu erfassen vermag.

Auch was die Struktur der inneren Sprache betrifft, ergeben sich Unklarheiten. Wygotski illustriert deren Aufbau an literarischen Gesprächsbeispielen, in denen der Partner sein Gegenüber nicht auf Grund dessen, was dieser tatsächlich ausspricht, versteht, sondern auf Grund der eigenen Kenntnis von dem, was das Gegenüber meint; ähnlich verhalte es sich auch in der inneren Sprache, in der bloße Andeutungen genügten, um zu wissen, was man selbst meint. Doch was erklärt eigentlich dieser Hinweis? Er zeigt, daß die innere Sprache trotz der enormen Verkürzung, die eine interpersonelle Verständigung ausschließt, für den Benutzer selbst verständlich bleibt, weil dieser weiß, wovon er spricht. Doch wozu spricht er dann überhaupt, wenn er sowieso weiß, was er meint? Liegt in der Tatsache, daß Verstehen zwischen Andeutung und Mutmaßung zustande kommt,[133] die strukturelle Eigenart des Verstehens? Oder handelt es sich hier schon um eine Folge des Verstandenhabens? Bedarf es der Andeutung, um zu verstehen?

Wygotski entscheidet sich nicht deutlich genug zwischen den beiden Möglichkeiten, die Natur der inneren Sprache durch ihre intrapersonelle Verstehbarkeit zu begründen bzw. sie aus ihrem finalen Bezug zum Verstehen abzuleiten. Wenn die innere Sprache ein System der Selbstverständigung darstellt, so müssen ihre Eigenheiten einen prozessualen Zusammenhang zum Verstehen sichtbar machen, nicht aber das Verständnis voraussetzen. So fehlt es an Information über Einzelheiten des aktualgenetischen Prozesses. Daß sich der Gedanke im Wort verkörpere und vollende,[134] hebt zwar die enge Verbindung der beiden Seiten hervor, modelliert aber nicht die Art des Zusammenhangs. Dies wiegt um so mehr, als die behauptete Dynamik der Beziehung komplexere Vorgänge erwarten läßt.

[133] Wygotski: Denken und Sprechen, S. 332.
[134] Ebd., S. 356.

Vielleicht käme man hier einer Lösung näher, wenn man die Stufen der Bedeutungserlernung, wie sie Wygotski an Hand der Methode der doppelten Darbietungen formulierte,[135] als Intensitätsgrade dieser dynamischen Beziehung interpretieren könnte; Wygotski selbst wechselt ja durchaus zwischen Onto- und Aktualgenese. Das Ausmaß des Verstehens hinge dann von der geistigen Energie ab, mit der man die Wortbedeutung von der Stufe des Synkretismus über den Komplex bis zum echten Begriff treibt.[136]

Welche Rolle kann die innere Sprache in der bedeutungsgewinnenden Phase des Leseprozesses spielen? Sie verkürzt die Spanne zwischen Schrift und Bedeutung, indem sie ein System darstellt, das beide Pole miteinander verbindet. Der Weg von der Schrift zur inneren Sprache läßt sich so versuchsweise als eine Art von Übersetzung fassen; kommunikative und intrapsychische Sprachfunktionen implizieren deutlich zu unterscheidende Sprachsysteme, die im Sinn eines Compiler-Modells ineinander übersetzt werden können und müssen. Allerdings ergibt sich der Unterschied zwischen beiden Sprachsystemen eher nur in relativer Hinsicht; denn die interne Sprache steht ja doch – genetisch gesehen – in enger Verbindung mit der externen, so daß die Fremdheit der beiden Systeme auch vom methodischen Zugriff abhängt; sie fällt dem an der Aktualgenese Interessierten stärker auf als dem an der Ontogenese Interessierten. Aktualgenetisch gesehen, umfaßt die Übersetzung tiefgreifende Veränderungen. Sie beschränkt sich nicht auf eine bloße Abbildung der Zeichen des einen Systems auf Zeichen des anderen, wie es bei der obigen Definition der Kodierungsvorgänge hieß; vielmehr vollziehen sich dabei strukturelle Umformungen, so etwa der Wechsel von grammatischen zu psychologischen Kategorien. Die Vorstellung von einer dynamischen Verbindung zwischen Wort und Gedanken in der inneren Sprache bewirkt somit, daß der sprachrezeptive Vorgang nicht im Vollzug des bloßen Übersetzens seinen Abschluß findet. Das ist der Punkt, an dem der Vergleich des Verstehens mit einem Compiler-Modell nicht mehr stimmt. Zwar ist es nicht abwegig zu sagen, daß das Wort in den Gedanken übersetzt wird; aber es handelt sich hierbei nicht um einen einmaligen und endgültigen Vorgang. Das Verstehen bleibt nicht auf eine bloße Übersetzungshandlung beschränkt, sondern wird im Koordinatenfeld der inneren Sprache wesentlich von jener intellektuellen Arbeit getragen, die das Wort zum Gedanken entwickelt. Der Grad dieser Entwicklung hängt von der Energie des Denkaktes ab. Hier zeigt der Begriff der inneren Sprache seine fundamentale Bedeutung für jede Verstehenstheorie. Er weist die aktive Denklei-

---

[135] Ebd., S. 112ff.

[136] Kapitel 4.4.3 wird die Begriffsbildung als Aspekt des Verstehens noch genauer charakterisieren.

stung als entscheidendes Kriterium für das Sprach- und somit auch Leseverständnis aus.

Obwohl Wygotski offensichtlich für niedere Ebenen der inneren Sprache das Verstehen voraussetzt, taucht es auf höheren Ebenen, in denen Verstehen sich mit problemlösendem Denken vereint, als Leistung des wortverarbeitenden Denkaktes wieder auf. Hier entscheidet sich nicht nur, was jemand versteht, sondern wie und in welchem Grad er versteht. Der Prozeß der Gedankengeburt aus dem Wort stellt seine Dynamik unter Beweis, indem er keinen Abschluß kennt, sondern nur Intensitätsgrade seiner Entwicklung. Die Besinnung auf den Begriff der inneren Sprache führt zur Einsicht in die Notwendigkeit einer Übersetzung zwischen unterschiedlichen Systemen; trotzdem tritt das Verstehen nicht als Ergebnis der Übersetzung ein. Der Grad des Verstehens hängt vielmehr im weiteren von der kognitiven Realisierung der Dynamik zwischen Wort und Gedanken im Bereich der inneren Sprache ab.

Noch ein weiterer Umstand verbietet es, Verstehen ausschließlich als Übersetzung im Sinn der Dekodierung auszuweisen. Die innere Sprache stellt nach allem, was man aus Wygotskis Abhandlung ersehen kann, keinen Kode dar, sondern eher einen Plan. Der Begriff der Dekodierung impliziert jedoch den Wechsel zwischen Kodes, nicht aber die Realisierung eines Plans und ebensowenig die Gewinnung eines Plans aus seinen Realisierungen; die Entfaltung eines Plans fällt nicht unter den Begriff der Dekodierung, selbst wenn man einräumt, daß Bestandteile eines Plans an Kode-Einheiten »geknüpft« werden, wie Leont'ev es formuliert.[137] Als es galt, den Begriff der Übersetzung einzuführen, wurde bereits darauf hingewiesen, daß es nicht genügen würde, ihn als bloßen Übertragungsvorgang zu bestimmen, sondern daß es wesentlich darauf ankäme, die Zielsprache der Übersetzung direkt mit dem Verstehenssystem zu identifizieren. Jetzt, wo sich diese Zielsprache in ihrer Planstruktur abzuzeichnen beginnt, müssen auch die Bedenken gegen einen so präzisierten Übersetzungsbegriff wachsen; denn es ist zu bezweifeln, daß die Vermittlung zwischen Planung und Ausführung im Sinn eines Übersetzens angemessen beschrieben werden kann.

Die Anregungen und auch die Lücken, die das Konzept der inneren Sprache vor allem hinsichtlich seiner funktionalen Rolle in der Aktualgenese des Meinens und Verstehens offen ließ, versucht die neuere sowjetische Psychologie mit dem Begriff der inneren Programmierung aufzunehmen bzw. zu schließen. Die innere Programmierung geht der inneren Sprache voraus; sie stellt die erste grundlegende Phase in der Kette der

[137] A. A. Leont'ev: Psycholinguistische Einheiten und die Erzeugung sprachlicher Äußerungen. Berlin 1975, S. 186.

Spracherzeugung dar; sie leitet sowohl die innere Sprache ein, die hier vor allem bei der Planung nichtsprachlicher Handlungen eine Rolle spielt, als auch die äußere Sprache, die ihrerseits ohne Vermittlung der inneren erreicht wird. Die innere Programmierung enthält »die Grundelemente des Inhalts der zukünftigen Äußerung«,[138] ohne von deren sprachlich-grammatischer Realisierung abzuhängen. Als eine Art »Grammatik des Gedankens«[139] setzt sie sich aus Korrelaten von Komponenten der späteren Äußerung zusammen (Subjekt, Objekt, Prädikat) und bildet so ein »semantisches Skelett.«[140] Die innere Programmierung fixiert sich formal als Kode,[141] der noch kein Wort- bzw. Sprachkode ist, sondern aus Bildern, Schemata oder gegenständlich-darstellenden Einheiten besteht.[142] Diese Einheiten füllen sich inhaltlich mit ›Sinn‹ an, wobei ›Sinn‹ als ein übersprachliches, stark persönlichkeitsgefärbtes Analogon zur sprachlich fixierten objektiven, die Wirklichkeit widerspiegelnden ›Bedeutung‹ gilt:[143] »Der Sinn ist die Widerspiegelung eines Fragments der Wirklichkeit im Bewußtsein durch das Prisma des Stellenwerts, den dieses Fragment der Wirklichkeit in der Tätigkeit des jeweiligen Subjekts einnimmt.«[144] Eine Äußerung kommt nach dieser Theorie zustande, indem der Hauptinhalt einer Redeabsicht als vorsprachliches Programm erzeugt,[145] seine Sinn-Einheiten an den Kode der Programmierung[146] geknüpft und dann auf den Kode der Einzelsprache übertragen wird.

So erschließt sich der Vorgang der Sprachproduktion nur zum Teil in Begriffen der Kodierung bzw. Übersetzung. Wenn nämlich Leont'ev die Realisierung des Programms als »seine Umcodierung in bestimmte andere Strukturen« bezeichnet,[147] so kann er damit eigentlich nur die kodierte Form des Programms meinen. Wie es aber zu der mehrfach angesprochenen Verknüpfung zwischen Programm und Kode kommt, bleibt leider ungeklärt. Denn gerade in dieser Hinsicht tauchen terminologische Ungenauigkeiten auf – Leont'ev spricht abwechselnd von kodierter Form, Reali-

---

138 Aleksej A. Leont'ev: Psycholinguistik und Sprachunterricht. Stuttgart 1974, S. 45f.

139 Leont'ev: Psycholinguistische Einheiten und die Erzeugung sprachlicher Äußerungen, 1975, S. 184, Anm. 58 und S. 186. Th. Lewandowski: Sowjetische Psycholinguistik. In: Die Neueren Sprachen, 1976, S. 199.

140 Leont'ev: Psycholinguistik und Sprachunterricht, 1974, S. 46.

141 Leont'ev: Psycholinguistische Einheiten, 1975, S. 186.

142 Vgl. auch den Begriff der semantischen Struktur bei Wallace L. Chafe: Bedeutung und Sprachstruktur. München 1976.

143 Leont'ev: Psycholinguistik und Sprachunterricht, 1974, S. 46f.

144 Leont'ev: Psycholinguistische Einheiten, 1975, S. 187.

145 Ebd., S. 199.

146 Ebd., S. 187.

147 Ebd., S. 199.

sierung und Umformung –,[148] so daß die Unterscheidung in operative Einheiten und deren jeweilige Übergänge keinen zuverlässigen Anhaltspunkt für die Auslegung des Gesamtablaufs der Sprechtätigkeit im Sinn einer Kodierung gewährt. Auch hier – wie im Fall der inneren Sprache – müssen grundsätzliche Bedenken gegen die Anwendung des Kodierungsbegriffs im Bereich von Planbildung und Planverwirklichung erhoben werden; gerade die Asymmetrie zwischen Planung und Ausführung verbietet es, an Übergänge von einem Kode zum anderen zu denken, denn solche Wechsel setzen die Instanz der Planung voraus, schaffen sie ihrerseits aber keinesfalls.

Das Problem verschärft sich noch, wenn man die Überlegungen zur inneren Programmierung auf den Lesevorgang anzuwenden sucht. Zunächst scheint dies mühelos zu gelingen. Gemäß einer allgemeinen Überzeugung kann man von »grundsätzlichen Entsprechungen zwischen Sprachproduktion und Sprachrezeption« ausgehen;[149] das bedeutet, daß man die soeben dargestellte Theorie der inneren Programmierung auch auf den Bereich des Leseprozesses übertragen kann. Wenn es also heißt, die Sprechhandlung setze »ein Ziel, den Entwurf und die Verwirklichung eines Plans (genauer: eines Programms) und schließlich den Vergleich von Ziel und Resultat voraus«,[150] so müßte dasselbe mutatis mutandis auch für das Lesen als eine weitere »Spielart des intellektuellen Aktes« gelten. Doch stellt sich zugleich die Frage, ob es ausreicht, die Aktualgenese des Sprechens einfach rückwärts zu gehen, sie möglicherweise noch mit einer visuellen Komponente auszustatten, um einen Einblick in das verständige Lesen zu erhalten. Kann man Lesen als eine Rückgewinnung der inneren Programmierung auffassen? Um wessen Programmierung würde es sich dann handeln, die des Schreibers oder die des Lesers? Liegt es im Begriff

---

148 Dazu auch Hörmann: Meinen und Verstehen, 1976, S. 305.

149 Lewandowski: Sowjetische Psycholinguistik, 1976, S. 200. Siehe auch Chafe: Bedeutung und Sprachstruktur, 1976, S. 58f. Vgl. dagegen David R. Olson: Language and thought: Aspects of a cognitive theory of semantics. In: Psychological review 77 (1979), S. 272; Olson nimmt an, daß eine Asymmetrie zwischen Sprecher und Hörer bezüglich des Verhältnisses von Denken und Sprechen besteht. Weniger hilfreich sind in diesem Zusammenhang Tylers (The said and the unsaid, 1978, S. 64ff.) kritische Bemerkungen, die eigentlich nur einem allgemeinen Unbehagen Ausdruck geben, wenig jedoch zur Problemklärung beitragen. Daß das verständige Lesen ein Sprachschöpfen in Analogie zum Sprechen sei, hat übrigens schon Erich Drach (Sprecherziehung, 13. Aufl., Frankfurt 1969, S. 161) mit seinem Begriff des Sprechlesens verdeutlicht. Zu bedenken ist allerdings, ob die Entsprechung zwischen Produktion und Rezeption nicht doch nur für den grammatischen Teil der Verarbeitung einer Äußerung zutrifft; Leont'ev: Psycholinguistische Einheiten, 1975, S. 151, siehe auch S. 234, Anm. 153 und S. 245.

150 Leont'ev: Psycholinguistische Einheiten, 1975, S. 155.

der inneren Programmierung, übernommen oder zumindest homomorph nachrekonstruiert zu werden, und lassen sich Programmierungen überhaupt aus spezielleren Kodes erschließen, oder stellen sie sich allein als unbewußte Folge von noch allgemeineren Tätigkeits- bzw. Redeabsichten im jeweiligen Individuum ein?

In der Tat sollte man die Entsprechungen zwischen Sprachproduktion und Sprachrezeption nicht so verstehen, als ob der Vorgang der Spracherzeugung umkehrbar sei. Auch bei der Rezeption steht die Programmierung, und zwar die des Hörers bzw. Lesers am Anfang.[151] Wenn man dies anerkennt, so folgt daraus aber auch ohne weiteres, daß die Programmierung nie im Zug einer Rückübersetzung, d. i. Dekodierung, gewonnen werden kann; der Weg verläuft grundsätzlich von den Programmeinheiten zu jenem Kode, in den sie im Laufe der produktiven Sprachrezeption enkodiert werden. Doch was enthält die Programmierung des Lesers inhaltlich?

Schon sehr früh befaßte sich die Leseforschung im Anschluß an William James' vielzitierte Passage mit der Frage, wie man sich die Absicht eines Sprechers, etwas zu sagen, im Augenblick vor ihrer Realisierung vorzustellen habe und ob Ähnliches auch für das Lesen zuträfe.[152] Die Antworten blieben seitdem auffallend gleichförmig. Vor allem wußte man die unterschiedlichen sprachlichen Erwartungen des Hörers bzw. Lesers anzuführen, seine Fähigkeit, aus allgemeinem Wissen und besonderer Situationskenntnis das Kommende vorauszusagen. Das aber hilft im gegenwärtigen Zusammenhang wenig weiter. Denn die Wirksamkeit von syntaktischen und semantischen Erwartungen setzt immer Verständnis von Teilen voraus, auf dessen Boden erst Prognosen über das Ausstehende gebildet werden können. Erwartungen erklären nicht das Verstehen, sie pflegen es zu erleichtern, aber sie erschweren es zuweilen auch. Man versteht trotz bestimmter Erwartungen, nicht immer aber auf Grund ihres Vorhandenseins. Erwartungen können aus Leerformen oder Prognosen bestehen; ihre jeweilige Bildung gehört möglicherweise – das legt jeder spannungsvolle Textaufbau nahe – zur Aussage des Textes, dessen Anweisungen der Leser befolgt, nachdem er sie verstanden hat, so daß diese Erwartungen keinesfalls Programmierungseinheiten innerhalb der Lesetätigkeit sind, sondern bereits Ergebnisse des verständigen Lesevorgangs. Wenn man sich trotz-

---

[151] Vgl. auch Chafe: Bedeutung und Sprachstruktur, 1976, S. 61: »Bedeutung ist sowohl am Anfang als auch am Ende eines solchen Akts, während die Lautgestalt eine Position in der Mitte einnimmt. Der Sprecher erzeugt eine semantische Struktur und setzt sie in Lautgestalt um. Der Hörer erzeugt aber keine phonetische Struktur und setzt sie in Bedeutung um.« Siehe auch Hörmann: Meinen und Verstehen, 1976, S. 241.

[152] Huey: The psychology and pedagogy of reading, 1977, S. 130ff.

dem dafür entscheidet, die Erwartungen als Sinneinheiten der inneren Programmierung des Lesers zu bestimmen, so nimmt man zugleich damit in Kauf, daß der Begriff der inneren Programmierung den Prozeß der Bedeutungsgewinnung nicht hinreichend erklärt. Er beschreibt dann bestenfalls einen Weg unter vielen anderen; möglicherweise bezeichnet er auch einen Umweg, auf dem die voreilig aufgestellten Hürden der Erwartungen erst beseitigt werden müssen, bevor Verstehen eintritt. Will man aber auf den Erwartungsbegriff ganz verzichten und ihn nicht für die Bestimmung der Sinneinheiten in der inneren Programmierung zugrunde legen, dann steht man abermals vor der Frage, in welcher Hinsicht sich das Konzept einer inneren Programmierung überhaupt für den Leseprozeß nutzbar machen läßt und wie man diese Programmierung formulieren müßte, damit der Übersetzungsbegriff eine sinnvolle Vermittlung leisten könnte.

Im Anschluß an das, was Miller, Galanter und Pribram über die Strategien der Problemlösungen entwickelt haben, ließe sich allenfalls die Suche nach den Plänen des Schreibenden als Programmeinheit des Lesers bestimmen;[153] doch dieser Weg führt entschieden vom Übersetzungsbegriff fort und leitet über zu den ›Analyse-durch-Synthese‹-Modellen, die in einem späteren Kapitel (2.5) behandelt werden.

Als Ergebnis der Überlegungen zu Subvokalisation, Endophasie und innerer Programmierung läßt sich zusammenfassend festhalten, daß Übersetzung bzw. Dekodierung den Vorgang der Bedeutungsgewinnung nicht hinreichend zu erklären vermag, ja daß sie ihn möglicherweise sogar verzerrt. Wenn es nämlich richtig ist, daß die innere Programmierung auch dem Verstehensvorgang zugrunde liegt – ein Erklärungsansatz, der zunächst aus der Erprobung des Übersetzungsbegriffs entstanden ist –, so relativiert diese Einsicht rückwirkend die dominierende Rolle des Übersetzens im Verstehen; denn es geht jetzt nicht mehr um ein bloßes Zuordnen der Elemente der Sprache zu den Elementen der Programmierung, sondern um Planung und Verwirklichung des Geplanten, also um Prozesse, die zwar vielfache Enkodierungen enthalten können, aber nicht aus einem einzigen Akt der Dekodierung bestehen. Die Behauptung, im Leseprozeß werden Bedeutungen dekodiert, sieht an dieser Problemlage vorbei; sie geht naiv davon aus, daß es eine ›Sprache‹ der Bedeutungen gebe, ohne diese allerdings näher zu bestimmen, und verlangt zugleich, daß diese semantische Sprache durch einfache Zuordnungen der Kode-Elemente verfügbar werde. Man kann das eine oder das andere vertreten, aber man kann nicht beides zusammen behaupten: entweder innere Programmierung bzw.

---

153 G. A. Miller, E. Galanter, K. H. Pribram: Strategien des Handelns. Pläne und Strukturen des Verhaltens. Stuttgart 1973, S. 165.

innere Sprache, dann aber nicht Dekodierung, oder Dekodierung, dann aber nicht innere Programmierung.

Der komplexe Sachverhalt wird vollends deutlich, wenn man Jerry Fodors Untersuchung über die ›Sprache des Denkens‹ in den gegenwärtigen Zusammenhang einbezieht;[154] die für den Dekodierungsbegriff mißlichen Folgen einer Konzipierung der inneren Programmierung entfallen hier, da es sich nun um ein Kode-System im eigentlichen Sinn handelt. Fodor – damit begann ja dieses Kapitel – gehört zu den Vertretern einer Forschungsrichtung, die das Verstehensproblem sprachlicher Äußerungen nach dem Vorbild maschineller Rechnungstheorie und insbesondere deren Compiler-Implikation lösen wollen. Von den Ergebnissen aus diesem Bereich, der unter dem Titel der ›künstlichen Intelligenz‹ zunehmend Aufmerksamkeit auf sich lenkt, wird später noch (4.2) ausführlicher die Rede sein. Hier geht es zunächst nochmals um die Frage, ob man die Ebene, auf der sich das Sprachverstehen ereignet, als Kode identifizieren kann und ob dieser Kode Bestandteil eines Dekodierungsprozesses ist.

Fodor geht davon aus, daß Handlungsplanung, Begriffslernen und Wahrnehmen geistige Aktivitäten sind, die auf ›rechnenden‹ (»computational«) Operationen gründen. Der Ablauf solcher Operationen impliziert die Existenz eines Repräsentationssystems, in dem eingehende Stimuluseigenschaften durch Symbole repräsentiert werden, um der weiteren Berechnung verfügbar zu sein. Dieses Repräsentationssystem ist also eine innere Sprache, in der das Denken als Gesamtheit aller an den Symbolen angewandten Operationen vor sich geht. Fodor bestreitet die Möglichkeit, daß dieses System identisch sei mit dem System irgendeiner natürlichen Sprache, wobei er allerdings vorauszusetzen scheint, daß das Wesen einer natürlichen Sprache in ihrer kommunikativen Funktion liegt. Es sind insbesondere spracherwerbstheoretische Überlegungen im Umkreis nativistischer Vorstellungen von einem zugrunde liegenden Spracherwerbsmechanismus, die Fodor dazu führen, nicht ein erlerntes, sondern gewußtes Sprachsystem für die innere Repräsentationsform zu fordern, das vor jeder natürlichen Sprache liegt, die ja ihrerseits erlernt wird.

> Learning a language (including, of course, a first language) involves learning what the predicates of the language mean. Learning what the predicates of a language mean involves learning a determination of the extension of these predicates. Learning a determination of the extension of the predicates involves learning that they fall under certain rules (i.e., truth rules). But one cannot learn that P falls under R unless one has a language in which P and R can be represented. So one cannot learn a language unless one has a language. In particular, one cannot learn a first language unless one already has a system capable of representing the predicates in that language *and their extensions*. And, on pain of circularity, that

[154] Jerry A. Fodor: The language of thought. New York 1975.

system cannot be the language that is being learned. But first languages *are* learned. Hence, at least some cognitive operations are carried out in languages other than natural languages.[155]

Fodor bestreitet zudem, daß sich dieses Repräsentationssystem in einer Weise entwickelt, wie es der psychologische Konstruktivismus behauptet.[156] Die Vermittlung zwischen äußerer Sprache und innerer Repräsentation funktioniert nach dem Compiler-Modell; was die Operationen an der inneren Repräsentation betrifft, so konzentriert sich Fodor vor allem auf die Verifikationsoperation.[157] Die Compiler-Analogie führt so zu einer Übersetzungstheorie des Verstehens. Dies entspricht im übrigen der sprachtheoretischen Konzeption Fodors, der Sprache in eine Reihe setzt mit den übrigen Formen der sinnlichen Informationsaufnahme.

Allerdings scheint Fodor in der Frage der Übersetzungsfunktion letztlich doch nicht zu einem eindeutigen Ergebnis zu kommen. So bezeichnet er die Herstellung der Beziehung zwischen einer Formulierung in der äußeren, natürlichen Sprache und ihrer Entsprechung in der inneren Repräsentation einmal als einen Akt des Übersetzens, dann aber auch als einen Akt des Zuschreibens (›assign‹),[158] ja sogar des Verursachens.[159] Wiederum geht es um das Problem, daß, wenn man schon eine innere Sprache annimmt, eine bloße kodierende Zuordnungshandlung den Übergang von einem System zum anderen schwerlich erklärt. Die Ausführungen eines späteren Kapitels (4.2) werden noch deutlicher zeigen, daß gerade dort, wo es gelingt, eine innere Repräsentationsform als Komponente des Verstehenssystems zu identifizieren, der Begriff der Dekodierung am wenigsten angebracht ist; mit gutem Grund spricht man statt dessen von Enkodierung, isoliert diese Handlung jedoch nicht, sondern bettet sie in einen umfassenden Operationsplan des Sprachverstehens ein.

So muß man zu dem Ergebnis kommen, daß der Dekodierungsbegriff den Vorgang der Bedeutungsgewinnung nicht erklärt. Zwar erweist sich der Gedanke, daß dem Sprachverstehen eine Programmierungs- und Repräsentationskomponente zugrunde liegt, als weitreichende und erfolgversprechende Modellbildung der menschlichen Sprachrezeption; aber es sind nicht übersetzende, dekodierende Handlungen, die ausschließlich oder hauptsächlich diese inneren Systeme aktivieren. Somit bestätigt sich eine

---

155 Fodor: The language of thought, 1975, S. 63f.

156 Gemeint sind etwa Wygotski, Piaget, Bruner und Galperin; dazu Theodor Lewandowski: Spracherwerb und kognitive Entwicklung. In: Wirkendes Wort 28 (1978), S. 86.

157 Vgl. dazu auch Herbert H. Clark: Semantics and comprehension. The Hague 1976.

158 Fodor: The language of thought, S. 173.

159 Ebd., S. 204.

Aussage George Millers, derzufolge die Kodierungstheorie zur Lösung des Bedeutungsproblems wenig beitrage;[160] und man darf sich Geyer und Kolers anschließen, die – zumindest was die Leseforschung betrifft – mit Recht vermuten, daß der Kodierungsbegriff den Bedeutungsbegriff bloß ersetze, ohne ihn dadurch zu erklären.[161]

## 2.4 Die Rekonstruktion eines Sinnganzen aus Fragmenten

Die Probleme der sprachfreien Repräsentationsform und der compilerartigen Kodierungsverfahren, auf die der Übersetzungsbegriff hinlenkte und die schließlich zur Kritik an der hervorragenden bzw. fundamentalen Rolle der Dekodierung im Prozeß der Bedeutungsgewinnung führten, ließen sich möglicherweise umgehen, wenn man Schrift und Bedeutung, die Kategorien der Zeichenmaterialität und des semantischen Bewußtseins, nicht in der Weise trennt, wie es das Compiler-Modell nahelegte. Wenn es nämlich zu erheblichen Erklärungsschwierigkeiten führt, zwischen einer semantikfreien bzw. hinsichtlich des inneren Repräsentationssystems irrelevanten Sprache und einer sprachfreien Semantik bzw. Repräsentation zu unterscheiden, so bleibt – hält man sich von magischen Sprachvorstellungen fern – nur der Weg einer operativen, energetischen Formulierung der Beziehung zwischen Schrift und Bewußtsein übrig. Die Arbeit des Geistes umgreift dann beides, die Materialität des Zeichens wie die Idealität des Gedankens, und wo allein das eine ohne das andere ›sichtbar‹ wird, da handelt es sich nur um ein Fragment, das der Bearbeitung bedarf und dessen Restitution wieder beides enthält, allerdings in einer Form, die das zuvor Fragmentarische ebenso beseitigt wie aufhebt.

Wenn Schrift und Bedeutung also weder als identisch noch gänzlich verschieden angesehen werden dürfen, so sollte als nächstes überprüft werden, inwiefern sie sich teilweise überschneiden oder inwiefern sie von unterschiedlichen Gesichtspunkten aus dasselbe bezeichnen. Schrift bedeutet nun also nicht etwas rein Äußerliches und Bedeutung nicht nur ein Innerliches. Der besondere Zusammenhang ließe sich etwa so formulieren: Im Schriftbild erhält sich das Fragment einer regelgeleiteten Äußerung, d. h. einer Äußerung, die auf Grund bestimmter, allgemein vertrauter oder grundsätzlich erfragbarer Regeln hervorgebracht wurde. Die Bedeutung dieser Äußerung kann auf der Grundlage der Auswertung des Fragments und unter Anwendung derselben Regeln, die dessen Hervorbringung bestimmt hatten, rekonstruiert werden. Ohne sich also der Identitäts- bzw.

---

160 G. A. Miller: Toward a third metaphor for psycholinguistics. In: Weimer, Palermo (eds.): Cognition and the symbolic processes, 1974, S. 403.

161 J. J. Geyer, P. A. Kolers: Reading as information processing, 1974, S. 221.

Gefäßauffassung des Sinnentnahme-Begriffs zu verschreiben, wird nun die rigorose Trennung von Schrift und außersprachlicher Bedeutung wieder zurückgenommen; statt dessen zeichnet sich eine Beziehung ab, die zur Geltung kommt, sobald Schriftzeichen als spurenübersäte Reste eines umfassenderen Zusammenhangs einen Rekonstruktionsvorgang ermöglichen, veranlassen oder steuern. So bleibt dem Leser gänzlich überlassen, was er aus dem fragmentarischen Angebot macht; er kann es ignorieren oder zur Kenntnis nehmen, in der vorläufigen Form belassen oder ausarbeiten. Nichts fällt ihm zu, nichts geschieht ohne ihn, und doch geht alles seinen regelhaften, vorherbestimmten, vom Schreiber beabsichtigten Gang, wenn er mit Energie, Findigkeit und Wissen die Rekonstruktion beginnt. Er mag sich dabei an Unterschiedlichem orientieren: an der Logik der Fragmentstruktur, die er zu vervollständigen trachtet, an der entdeckten Erzeugungsregel, deren Anwendung von seiten des Lesers zu einem Ergebnis führt, in dem das Fragment fugenlos verschwindet, am Losungswort, das die textlichen Beziehungen aufschließt, an der unterlegten Absicht, von der die Schrift als äußere Seite einer Handlung, als eine Form der Beschreibung dieser Handlung, Zeugnis ablegt.

Der so gebrauchte Fragment-Begriff dient hier als metaphorische Umschreibung eines komplexen seelischen Vorgangs. Er hebt die ergänzenden und nachbildenden Operationen im Bereich der Bedeutungsgewinnung hervor. Er macht deutlich, daß der ›Wortlaut‹ nur der Anfang bzw. die Grenzmarke eines weiterreichenden geistigen Prozesses bleibt und nicht etwa als dessen äußerer Anlaß oder gar als Ursache angesehen werden sollte. Die Ergebnisse der Ergänzungen und Nachbildungen stellen gegenüber dem vorgefundenen Fragment weder eine bloße, von Anfang an festgelegte Wiederholung noch eine gänzlich beliebige Neuschöpfung dar; auch verstehen sie sich nicht als endgültige Resultate, sondern als ständig revidierbare Entwürfe. Zwar bestimmen Eigenarten des Fragments die Richtung der Rekonstruktion, aber die rekonstruierenden Ausführungen selbst vollziehen sich in einem vom Fragment nicht determinierten intrapersonellen Bereich.

Das Fragment-Bild legt die Auffassung nahe, daß ein materieller Rest um seinen fehlenden Bedeutungsteil vervollständigt wird. Sofern diese Vervollständigung im Sinn einer Addition verstanden wird, ergibt sich hier allerdings eine eher irreführende Illustration des Gemeinten; denn ›Bedeutung‹ soll ja gerade nicht als ›Teil‹ konzipiert werden, den man der Schrift ansetzen kann oder – im pneumatischen Sinn – ihr einbläst. Was vielmehr dem Leser in der Schrift begegnet, ist eine Richtschnur, ein Symptom und Modell, die er verwendet, wenn er auf dem Hintergrund seines eigenen semantischen Wissens und Könnens die jeweiligen Bedeutungen rekonstruiert. Es handelt sich um eine restaurative Arbeit, bei der sich dokumentarische Treue und interpretierende Selbstverwirklichung die Waage halten.

Die Fragment-Metapher läßt sowohl eine empiristische als auch operationale Bedeutungsauffassung zu. Es geht gleichermaßen um den Aspekt des Passens wie des Verwendens: Bedeutungen passen zur Fragmentsilhouette der Schrift, und sie sind der Umfang der durchlaufenen Routinen, der an den Schriftzügen angewandten Gebrauchsregeln.

In welcher Hinsicht ist die Schrift nun fragmentarisch? Ihre Abstraktheit, die Ablösung vom Schreiber, seinem schreibenden Vollzug und seinem Schreibumfeld, soll hier nicht in erster Linie unter den Begriff des Fragments fallen; denn es gehört zum Wesenszug der Schrift, daß sie die Bedingungen der mündlichen Rede vollgültig durch eigene schriftliche Mittel ersetzt; das sieht man am besten, wenn man Schrifttexte mit den Verschriftlichungen gesprochener Sprache vergleicht. Fragmentarisch ist Geschriebenes hingegen insofern, als die Schriftsprache die jeder Sprachverwendung zugrunde liegende Zeigehandlung in Schreiben und Lesen aufspaltet[162] und so ihre eigene Ergänzungsbedürftigkeit sinnfällig macht. Sie verwandelt die selbstverständliche und unwillkürliche Reaktion des Hörens in den bewußten, planvollen Akt des Lesens. Sie erfordert als ein Dokument der Vergangenheit und der Fremde einen willentlichen Akt der Resozialisierung, den nur der Leser auf sich nehmen kann[163]. Als fragmentarisch erweist sich die Schrift auch unter allgemeinem semiotischen Aspekt, da man sie immer schon als indexikalisches Zeichen wahrnimmt, das auf die eigene Bedeutungsdimension verweist; wer in optischen Mustern Zeichnungen oder gar Schriftzüge erahnt, weiß unmittelbar, daß es sich um bedeutungsvolle Zeichen handelt und nicht bloß um verschüttete Farbe.

Michael Polanyi hat dies unter dem Stichwort ›Hilfswahrnehmung‹[164] so beschrieben:

> Ebenso entsteht eine Veränderung in der Erscheinung gesprochener oder geschriebener Worte, wenn sich ihre Bedeutung bildet und wir unsere Aufmerksamkeit von den Worten auf das hin richten, was sie meinen. Ein Wort, welches direkt betrachtet wird, d. h. als eine Folge von Tönen oder von Zeichen auf dem Papier, erscheint uns als ein bedeutungsloser äußerer Gegenstand. Durch seine Assimilation, die es zu einem hilfsweisen Moment macht, verliert das Wort die undurchsichtige Äußerlichkeit eines Objektes. Sein bedeutungsvoller Gebrauch

---

[162] Wilhelm Kamlah, Paul Lorenzen: Logische Propädeutik. Vorschule des vernünftigen Redens. 2. Aufl., Mannheim 1973, S. 59.

[163] Diane Leat: Das mißverstandene »Verstehen«. In: Karl Acham (Hrsg.): Methodologische Probleme der Sozialwissenschaften. Darmstadt 1978, S. 102–114.

[164] Michael Polanyi: Sinngebung und Sinndeutung. In: Hans-Georg Gadamer, Gottfried Boehm: Seminar: Die Hermeneutik und die Wissenschaften. Frankfurt 1978, S. 119.

führt dahin, daß es seines gegenständlichen Charakters verlustig geht, und uns erlaubt, durch ihn hindurch auf seine Bedeutung zu blicken.[165]

Schrift als Fragment bildet hier einen Wegweiser, der nur im kommunikativen und verstehenden Zusammenhang seine Materialität aufgibt und in der sinngebenden Rekonstruktion zum ›durchsichtigen‹ Bestandteil des Verstehens und der wechselseitigen Verständigung wird. Was aber geschieht genau, wenn der Verstehende im Sinn Polanyis seine Aufmerksamkeit von den Wörtern weg auf das richtet, was sie meinen, was ist geschehen, daß man vom Wort sagen kann, es sei »assimiliert«? Ist diese Assimilation ein beschreibbarer Prozeß? Polanyi verweist auf die Leistung der »unausdrückliche[n] Integration«[166] und setzt sie in Verbindung mit dem Vermögen der Einbildungskraft. Diese Einbildungskraft funktioniert in der Art einer Heuristik,[167] ihre besonderen Mechanismen und Ziele allerdings verlegt Polanyi in das Dunkel des »nie Gesehenen«.[168] Von heuristischen Verfahren wird später noch die Rede sein (Kapitel 4.2). Welche Erklärungshilfen aber gewährt das Fragment-Bild bei der Darstellung von Erkennungsprozessen?

Von Ulric Neisser stammt der Versuch, Erkennungsmechanismen sozusagen fragmenttheoretisch zu erklären.[169] Die Notwendigkeit eines solchen Ansatzes ergibt sich aus der ungenügenden Erklärungskraft der bloßen statistischen Sprachhäufigkeit für tachistoskopische Worterkennungsexperimente. Nicht die absolute Rangfolge einer Worthäufigkeitsliste bestimmt die Wahrscheinlichkeit einer Wiedererkennung, sondern die Qualität des gesehenen Wortfragments (seien es Schreibmuster, Buchstaben oder Wortsilhouetten) umgrenzt den Kreis jener Wörter, aus dessen Bereich dann das vorkommensstärkste Wort bevorzugt wird. Neisser sieht hierin eine Bestätigung der konstruktivistischen Auffassung, »daß Kognition oft mit unvollständiger Stimulusinformation beginnt«.[170]

Der fragmenttheoretisch interpretierte Worthäufigkeitseffekt bezeichnet natürlich noch nicht den Weg von der Schrift zur Bedeutung; er erklärt als einer unter mehreren Komponenten das flüssige, verständnisvolle Lesen.[171] Hier dagegen geht es um einen Fragmentbegriff, dessen zugrunde liegende Ganzheitsvorstellung die Wiederherstellung der Einheit von Zeichenmaterialität und Bewußtseinsakt einfordert.

Sinnfälliger werden die Ergänzungsleistungen des Lesers in jener Illu-

---

165 Ebd., S. 121f.
166 Polanyi, S. 128.
167 Ebd., S. 130.
168 Ebd., S. 132.
169 Neisser: Cognitive psychology, 1967, Kap. 5.
170 Ebd.; zitiert nach der deutschen Übersetzung (Stuttgart 1974) S. 153.
171 Ebd., Kap. »Reading for meaning«.

stration, die das Funk-Kolleg Literatur unter dem Motto »Lesen ist wie Fernsehen im eigenen Kopf« vom Vorgang des Leseverständnisses gibt:[172] Da wird die gelesene Allee bereichert um die Allee aus der Kindheit des Lesers, und der im Buch beschriebene Schneefall führt automatisch zur Ergänzung der winterlichen Kleidung. Das betrifft zunächst Besonderheiten des literarischen Lesens, läßt sich aber ins Grundsätzliche wenden: Gerade neuere Verstehensauffassungen heben das Rekonstruktive der Bedeutungserzeugung im Lesen hervor, indem sie den Sätzen nicht mehr die Funktion von Sinnträgern, vielmehr von auslösenden Signalen, von ›Stichwörtern‹ zusprechen.[173]

Solche auslösenden Funktionen werden insbesondere auf der Ebene der assoziativen und konnotativen Schichtungen von Sprache sichtbar. Hier vollzieht sich die Bedeutungsgewinnung nicht als eine Art Blickwechsel vom Wort zum Begriff bzw. Gegenstand, sondern als vom Wort ausgehende und es umrankende Progression im individuellen Erfahrungsraum; nicht die Finalität definierter Denotationen bestimmt das Verstehen, sondern der Grad des semantischen Vermögens sowie der imaginativen Kraft, die den Verstehenden befähigen, die Schrift von Fall zu Fall verschieden fortzusetzen. Maximilian Scherner hat zu Recht darauf hingewiesen, daß es sich hier um Vorgänge handelt, die der Assoziationsbegriff – so sehr er sich zunächst anbietet – nicht befriedigend zu erklären vermag,[174] und schlägt in Anlehnung an eine Husserlsche Terminologie vor, die beim Verstehen notwendigen Ergänzungsleistungen unter den Begriff der ›Appräsentation‹ zu subsumieren;[175]damit komme der genetische Aspekt des Verstehens zum Tragen, dessen Quelle in der eigenen Biographie, den erlebten Geschichten oder vorgestellten Umfeldern liegt, also in Zusammenhängen, in denen sich die Schrift als Fragment auflöst zur umfassenderen Erlebniseinheit. So gibt es nicht nur eine einzige Art, das Schriftfragment zu vervollständigen, und die Aufhebung des Bruchstücks im umgreifenden Ganzen kann sich auf unterschiedlichen Komplexitätsebenen erneut ereignen.

Die Schrift in ihrer bezeichneten Unvollständigkeit bedarf der Ausarbeitung, die ein Prozeß ist, der während des Lesens beginnt, sein Ende aber

---

172 Leo Kreutzer, Jürgen Peters: Vom Lesen. In: Helmut Brackert, Eberhard Lämmert (Hrsg.): Funk-Kolleg Literatur. Frankfurt 1977, Bd. 1, S. 37f.

173 John D. Bransford u. a.: Sentence memory: A constructive versus interpretative approach. In: Cognitive psychology 3 (1972), S. 207.

174 Maximilian Scherner: ›Woran ich denke, wenn ich das höre‹. Zur verstehenstheoretischen Begriffsbildung – am Beispiel eines Hörspiels von Michael Scharang. In: Der Deutschunterricht 29, 6 (1977), S. 77f.

175 Siehe auch Scherner: Nichttextualisierte Verstehensvoraussetzungen als sprachwissenschaftliches Problem. In: Edeltraud Bülow, Peter Schmitter (Hrsg.): Integrale Linguistik. Festschrift für Helmut Gipper. Amsterdam 1979, S. 348ff.

keineswegs mit dem Abschluß des Lesevollzugs findet. Wo immer neue Konstellationen erfahren werden, bei denen die Schriftzüge einen Bestandteil bilden, stellt sich dieser Anstieg von der Insuffizienz des Gesehenen zur relativen Geschlossenheit der ausgearbeiteten Figur, vom noch nicht oder nicht ganz Verstandenen zum Verstandenen bzw. besser Verstandenen unter Beweis. Die fortschreitende Selbstkorrektur solcher Verstehensgrade, jenseits von Irrtum und Mißverständnis, ist die eigentliche Auswirkung einer fragmenttheoretischen Konzeption, die die Dynamik der Weiterführung, Rekonstruktion und Änderung in sich trägt und so den modelltheoretischen Aspekt der Bedeutungsgewinnung in ein Kontinuum von Verstehensstufen umformuliert.

Mit der Idee einer verstehenden Ergänzung oder Nachbildung der Schrift tritt erneut eine Vorstellung in den Vordergrund, die bereits im Zusammenhang mit der Dekodierungserörterung eine Rolle spielte. Wygotskis nicht minder bildlich gehaltener Ausspruch von der Verdampfung des Wortes im Gedanken zielte je gleichermaßen auf jenen genetischen Zusammenhang zwischen Wortgestalt und Bedeutung, den auch das Fragment-Bild umschreibt. In beiden Fällen geht es um die Formulierung eines geistigen Aktes, einer Verstehenshandlung (W. v. Humboldt) oder Geistesbeschäftigung (A. Jolles), die Wort und Sinn umgreift und bei dieser sinnbildenden Wiederherstellung keines von beiden auf Kosten des anderen eliminiert. Wer wie Humboldt die »Untrennbarkeit des menschlichen Bewusstseyns, und der menschlichen Sprache« betont,[176] kommt nicht umhin, Bedeutungsgewinnung als Restauration von Fragmentarischem bzw. Rekonstruktion nach fragmentarischen Überresten zu fassen.

Der Leseforschung scheint der Gedanke, daß der Leser beim Verstehen eine rekonstruierende Arbeit leistet, nicht fremd zu sein. Kenneth Goodman, der die Frage des verständnisvollen Lesens immer wieder aufgreift und mit wechselnder Terminologie (Dekodierung, Informationssuche, Probierverhalten) zu beleuchten sucht, hat anläßlich der Vielfalt beobachtbaren Leseverhaltens vorgeschlagen, Lesen als Rekonstruktion der Bedeutung, d. h. der Mitteilungsabsicht des Schreibers, zu definieren.[177] Goodman stützt seine Formulierung mit einer bedeutungstheoretischen Überlegung, die ihrerseits erhellt, was unter Rekonstruktion im einzelnen zu verstehen sei. Nach Goodman nämlich fungiert Sprache als Mittel und Instrument im Vorgang des Meinens und Verstehens; der Zweck der Sprache liegt in ihrer Bedeutung.[178] Da sich nun Bedeutungen als geistige

---

176 W. v. Humboldt: Schriften zur Sprachphilosophie, S. 11 (= IV, 16).

177 Kenneth S. Goodman: Behind the eye: What happens in reading. In: Singer, Ruddell (eds.): Theoretical models, 1976, S. 471f.

178 Vgl. zu dieser Bedeutungsauffassung die Darstellung Ludwig Wittgensteins: Philosophische Untersuchungen § 120.

Größen immer nur im Kopf des Schreibers oder Lesers, nie aber in der Schrift oder der Sprache befinden, bedürfen sie eines geeigneten Mittels, um von einem Kopf zum anderen transportiert werden zu können. Diese Aufgabe erfüllt die Sprache als Kode im kommunikationstechnischen Sinn, wie überhaupt Goodmans gesamte Transportvorstellung der Nachrichtentechnik entliehen ist, die Übertragungsfragen nach Maßgabe der Beschaffenheit des Übertragungskanals zu beantworten pflegt. Sprache wird so zu einer Kategorie des Input, mit dem das rezeptive System nur oberflächlich zu tun hat, während in seiner Tiefe die Struktur der Bedeutung haust: Das Klappern der Sprache weckt den schlummernden Sinn. Damit aber vollzieht sich abermals eine Trennung in semantikfreie Sprache und sprachfreie Semantik. Gerade das jedoch suchte der Rekonstruktionsbegriff zu vermeiden, hier liegt seine besondere, den Sprachsinn konstituierende Aufgabe. In der Tat scheint Goodman den Rekonstruktionsbegriff nicht in besonderer Weise hervorheben zu wollen; denn es heißt an entscheidender Stelle, daß der Leser beim Verstehen seine Erfahrungen und Begriffe mit der Sprache assoziiere, daß er die Sprache dekodiere.[179] Nicht Rekonstruktion also, sondern Assoziation und Dekodierung bilden die Grundbegriffe dieser Auffassung von Bedeutungsgewinnung. Daß dabei sehr verschiedene Konzepte durcheinandergewürfelt werden, scheint dem Verfasser allerdings nicht aufzufallen.

Das Fragment-Bild in Verbindung mit dem Rekonstruktionsbegriff identifiziert Bedeutungsgewinnung als einen aktualgenetischen Vorgang der Begriffsbildung; es handelt sich um eine Arbeit mit und an dem Wort. Wer diese Arbeit verrichtet, der versteht, ganz gleich, wie lang und intensiv er arbeitet. Nicht Entschlüsselung, sondern Betätigung der Sprache ist hier der Inbegriff des Verstehens.

Der Gedanke, daß Bedeutungsgewinnung eine Art Rekonstruktion von Fragmentarischem darstelle, mag sich noch in einer anderen Hinsicht bewähren. Bei der Klärung der Frage nämlich, wie man Handlungen versteht, hat sich eine Problemlage ergeben, die der hier dargestellten nicht fern liegt. Es geht um das komplizierte Verhältnis von Verhaltensbeobachtung und Handlungsverstehen. Der entscheidende Impuls zur Wiederaufnahme eines seit je diskutierten Problems ging von der Wittgenstein-Schülerin Anscombe aus.[180] Sie charakterisierte das Handeln als ein intentionales Verhalten, das aus mehreren Komponenten besteht, die allerdings auf unterschiedlicher logischer Ebene liegen und dadurch zu besonderen Erklärungsschwierigkeiten führen: Absicht, Zielsetzung, Wahl der Mittel für die Verwirklichung des Ziels, Durchführung und Resultat. Wer eine

---

179 Goodman: Behind the eye, 1976, S. 477.

180 G. E. M. Anscombe: Intention. 2nd ed., Ithaca 1963.

Handlung verstehen möchte, beobachtet, was der Handelnde tut, d. h. welche Mittel er anwendet und welches Resultat diese Mittel haben; um jedoch die Handlung zu verstehen, genügt ihm natürlich nicht die bloße Beobachtung der Tätigkeit und ihres Resultats, er möchte vielmehr wissen, ob das Resultat identisch ist mit dem Zweck, welche Absicht also der Handelnde bei seinem Tun verfolgte. Er will genau das wissen, was er nicht beobachten kann. Nun steht es ihm frei, den Handelnden nach seinen Absichten und Zielen zu fragen; Handlungen der Vergangenheit würden ihm diese Möglichkeit natürlich nicht mehr bieten. Aber es scheint so, als ob der Handelnde selbst die unumstrittene Autorität in der Frage nach der rechten Weise des Handlungsverstehens darstelle. Daß es sich jedoch nicht so verhält, hat Anscombe mit ihrer Untersuchung erwiesen.

Sie konnte zeigen, daß das Verstehen einer Handlung, insofern dieses Verstehen eine Antwort auf die Frage nach dem Warum einer Tätigkeit gibt, nicht allein oder hauptsächlich eine Angelegenheit der Absichtserklärung des Handelnden ist. Indem nämlich der Verstehende eine Tätigkeit beobachtet und nach dem Warum fragt, fertigt er zugleich eine Beschreibung dieser Tätigkeit an und gebraucht diese Beschreibung als Grundlage für eine Absichtsunterlegung; d. h. er erfragt nicht die Absicht, sondern schreibt sie der Tätigkeit auf Grund einer bestimmten Beschreibung dieser Tätigkeit zu. Anscombe erkannte, daß die Intentionalität eines beobachtbaren Verhaltens grundsätzlich von der Beschreibung dieses Verhaltens abhängt. Eine Tätigkeit ist – so lautet ihre wegweisende Bestimmung – intentional ›unter einer Beschreibung‹. Dieser Grundsatz gilt selbst in jenen besonderen Fällen, in denen man die Gelegenheit hat, den Handelnden nach seiner Absicht zu fragen. Denn nach der Absicht einer Tätigkeit zu fragen heißt nach Anscombe nicht, in den Kopf des Handelnden hineinzublicken oder authentische Nachrichten aus ihm zu erhalten; es heißt vielmehr, eine Beschreibung der beobachteten Tätigkeit zu formulieren, die Richtigkeit dieser Beschreibung zu sichern und dann auf der Grundlage dieser beschreibenden Formulierung nach dem Warum der beschriebenen Tätigkeit zu fragen bzw. dieser Tätigkeitsbeschreibung eine Absicht zu unterlegen. Der Handelnde, wenn er zugegen ist, kann natürlich die Beschreibung mitsamt der unterlegten Absicht zurückweisen; doch wird er statt dessen nicht etwa seine Absicht ohne Umschweife mitteilen, sondern auch er wird eine – freilich andersgeartete – Beschreibung seines Tuns geben und auf ihrer Grundlage seine Absicht identifizieren, d. h. auch er charakterisiert seine Tätigkeit als intentional ›unter einer bestimmten Beschreibung‹.

In der Tradition Wittgensteinschen Denkens stellen Absichten keine pneumatischen Größen dar, die jeder Tätigkeit vorauslägen und eine unabhängige Existenz führten, sondern sie sind Formulierungen, die nach einem bestimmten Muster aus anderen Formulierungen abgeleitet werden. Um welches Muster handelt es sich hierbei?

Anscombe und – ihr folgend – Georg Henrik von Wright erinnern in diesem Zusammenhang an den auf Aristoteles zurückgehenden praktischen Syllogismus, dessen Obersatz ein Handlungsziel oder einen beabsichtigten Zweck anführt, dessen Untersatz eine Tätigkeit als Mittel zur Verwirklichung dieses Ziels ausgibt und dessen Schlußsatz die Anwendung der genannten Mittel zur Erreichung des erwähnten Ziels formuliert: »Wie in einem theoretischen Schluß die Behauptung der Prämissen notwendigerweise zur Behauptung der Conclusio führt, folgt somit in einem praktischen Schluß aus der Bejahung der Prämissen die ihnen entsprechende Handlung.[181]« Die Beziehung zwischen Verhaltensbeschreibung und Absichtsunterlegung ist demnach logischer Natur; aus der Beschreibung einer Tätigkeit wird unter Anwendung des praktischen Syllogismus die intentionale Dimension dieser Tätigkeit erschlossen. Die Besonderheit dieses Schlusses gegenüber dem theoretischen liegt allerdings darin, daß er nur »ex post actu« entworfen werden kann.[182]

Wie lassen sich diese Einsichten in den Bereich der Verhaltensbeschreibung und des Handlungsverstehens auf das Lesethema und insbesondere auf den rekonstruktiven Aspekt der Bedeutungsgewinnung beim Lesen beziehen? Der Leser von Erzählungen wird selbstverständlich in vielfältiger Weise Handlungen begegnen; mehr noch, er wird seine Verstehensbemühungen bei der Lektüre von Geschehnisabläufen weithin nach dem Muster des praktischen Syllogismus ausrichten; denn er versteht das Beschriebene, wenn er es als intentionales Verhalten, mithin als Handlung, identifizieren kann.[183] Aber auch hinsichtlich der Frage, inwiefern die Beziehung zwischen Schrift und Bedeutung im Sinn einer Rekonstruktion von Fragmentarischem interpretiert werden darf, vermag der handlungsverstehende Gesichtspunkt weiterführende Akzente zu setzen. Indem nämlich der Leser die Schriftzüge als Mittel zur Verwirklichung einer Schreiberabsicht auffaßt und so nach dem Vorbild des praktischen Syllogismus eine logische Beziehung aufbaut zwischen einem beobachtbaren Tätigkeitsresultat, den Schriftzügen, einer unterlegten Handlungsabsicht, der Bedeutung, und einer Zweck-Mittel-Entscheidung, dem Schreiben, erhält er einen Handlungszusammenhang, in dem die wahrnehmbare Schrift einen Teil, ein Fragment, des umfassenden intentionalen Verhaltens bildet. Insofern

---

[181] Georg Henrik von Wright: Erklären und Verstehen. Frankfurt 1974, S. 36.

[182] Ebd., S. 110.

[183] Vgl. dazu meinen Anwendungsversuch: Aspekte des Beschreibens und Verstehens von Handlungen. Zu Jeremias Gotthelfs *Die Wassernot im Emmental.* In: Jörg Thunecke, Eda Sagarra (Hrsg.): Formen realistischer Erzählkunst. Festschrift for Charlotte Jolles. Nottingham 1979, S. 93–98.

bewährt sich das gewählte Fragment-Bild im allgemeinen Rahmen des Handlungsverstehens.

Ein letzter Aspekt der rekonstruierenden Arbeit des verständigen Lesers bleibt zu bedenken. Im Rahmen literaturwissenschaftlicher Methodenauseinandersetzung hat sich in zunächst scharfer Wendung gegen die ›Kunst der Interpretation‹ eine Auffassung geltend gemacht, in deren Folge ein Schrift- und Textbegriff entwickelt wurde, der einige Ähnlichkeiten mit dem aufweisen könnte, was hier mit Hilfe des Fragment-Bildes umschrieben wurde. Es geht um das Konzept der Unbestimmtheits- und Leerstellen, das unter teilweiser Berufung auf Roman Ingardens Theorie der schematisierten Ansichten und deren Konkretisationen insbesondere von Wolfgang Iser entfaltet wurde. Das für den gegenwärtigen Zusammenhang Wichtige dieser ausgreifenden Kontroverse liegt vor allem auch in der Tatsache, daß Iser ausdrücklich die Frage nach dem Bedeutungsbegriff stellt und eine Theorie des literarischen Textes auf dem Boden bedeutungstheoretisch relevanter – wenn auch freilich kaum reflektierter – Entscheidungen entwirft; ja es scheint sich sogar um eine Theorie des Lesens zu handeln, wenn auch deren psychologische Richtung bewußt außer acht bleibt.[184]

Iser beschreibt zunächst das wachsende Unbehagen an der bis dahin üblichen akademischen Interpretationspraxis, die nicht nur die grundsätzliche Überlegenheit der eigenen, wissenschaftlichen Verfahren der Sinnfindung vor allen anderen Verfahren des verständnisvollen Lesens behauptet, sondern die sich sogar anmaße, einen Klartext reiner und eigentlicher Bedeutungen erarbeiten zu können, den der Dichter selbst – aus welchen Gründen auch immer – in seinem Werk nur angedeutet habe. Für Iser liegt der Ursprung dieser verfehlten Einstellung in der falsch gestellten Frage nach der Bedeutung eines Textes:

> Bedeutungen literarischer Texte werden überhaupt erst im Lesevorgang generiert; sie sind das Produkt einer Interaktion von Text und Leser und keine im Text versteckten Größen, die aufzuspüren allein der Interpretation vorbehalten bleibt. Generiert der Leser die Bedeutung eines Textes, so ist es nur zwangsläufig, wenn diese in einer je individuellen Gestalt erscheint.[185]

Wenn der Leser Bedeutungen in sich selbst erzeugt, so entspricht er damit einer bestimmten Appellstruktur, die Iser jedem literarischen Text zuspricht. Diese Appellstruktur ist ihrem Wesen nach fragmentarisch und auf die Ergänzungsleistungen durch den Leser angewiesen. Nach Iser besteht jeder literarische Text aus Teilen, die zwar in sich bestimmt sind, deren beabsichtigte Verbindung jedoch nicht ausdrücklich formuliert wird; als solche Teile gelten Perspektiven, Ansichten, Bewertungen, Handlungs-

---

[184] Wolfgang Iser: Die Appellstruktur der Texte. 2. Aufl., Konstanz 1971.
[185] Ebd., S. 7.

bzw. Geschehensschichten und Ereignisfolgen, deren partielle Sicht- und Darstellungsweise den Leser zur facettenreichen Synthese auffordert. So enthält also jeder literarische Text neben perspektivisch bestimmten Stellen auch Leerstellen, die zwischen den bestimmten Stellen liegen oder sich als Folge der einseitigen Bestimmtheit als komplementäre ›Null-Stellen‹ im Gesamtsystem des Werkes ergeben. Leerstellen regen den Leser zur semantischen Projektion an. Sie bestehen also nicht nur aus Aussparungen von notwendigen Verknüpfungen, sondern haben imperativen Charakter; sie fungieren als Anweisungen, die dem Leser sagen, wann er einer Leerstelle begegnet, bis zu welchem Grad und womit er sie anfüllen darf. In seinen späteren Veröffentlichungen identifiziert Iser dieses Beteiligungsangebot des literarischen Textes mit einer Textstruktur, die er den impliziten Leser nennt und die als durchkonstruierte Anweisungsfolge für den Akt des Lesens aufzufassen ist.[186] Im einzelnen zählt er folgende Merkmale des impliziten Lesers auf: Perspektive, Perspektivenkombination, Linearität des Textes, Aussagen über das Nicht-Gegebene; ihnen entsprechen auf der Seite des Lesers und seiner sinnerzeugenden Handlungen: Blickpunkt, Blickpunktwechsel, Gestaltbildung, Erinnerung, Erwartung, Vorstellung.

Obwohl es Iser hauptsächlich um eine funktionelle Wirkungspoetik literarischer Texte geht, liegt es zunächst nahe, den von ihm gebrauchten Leerstellen-Begriff mit dem hier untersuchten Konzept zu vergleichen, das den Vorgang der Bedeutungsgewinnung als Rekonstruktion von Sprachfragmenten zu charakterisieren sucht. Dabei wird es sich allerdings als notwendig erweisen, den engeren literarischen Rahmen in Richtung auf allgemeinere sprachliche Probleme auszuweiten. Ist nicht jede sprachliche Formulierung hinsichtlich ihrer Semantik eine Leerstelle, die der Leser zum Anlaß seiner individuellen und – was Iser gänzlich übergeht – zugleich regelgeleiteten Bedeutungserzeugung nimmt? Dieser Gedankengang mutet nunmehr weniger befremdlich an, wo doch die entgegengesetzte Möglichkeit, daß nämlich die Bedeutungen in der Formulierung selbst liegen, ausscheidet.

Doch Isers Feststellung, daß die Bedeutungen eines Werkes keine unabhängigen Größen seien, die der Interpret herausnehmen könne, führt nur scheinbar auf diese sprachlich-semantische Problemlage hin. In Wirklichkeit geht es ihm keineswegs um die Grundsatzfrage nach dem Status von Bedeutungen und den Arten ihrer Rezeption. Sein Interesse richtet sich allein auf die historischen Besonderheiten der erzählenden Gattung, auf die der Leser reagiert, indem er erstens das Implizierte explizit formuliert, zweitens auf der Ebene der assoziativen Bedeutungsschicht – nur diese

---

[186] Wolfgang Iser: Der Akt des Lesens. Theorie ästhetischer Wirkung. München 1976.

kann Iser meinen, wenn er von der je individuellen Gestalt der Bedeutung im Leser spricht – persönliche Erfahrungsnuancen oder gefühlsbetonte Bewertungen einbringt und drittens die Intention des Werkes – was immer diese sei – zur Kenntnis nimmt. So erweisen sich die Leerstellen, wie sie Iser definiert, als nicht weiter bedachte Fragen der Semantik sprachlicher Äußerungen und als vage Grundlage für einen Lese- und Verstehensbegriff, der sich allein unter dem Gesichtspunkt des reagierenden und konditionierten Leseverhaltens erschließt.[187]

Was hat es – über Iser hinaus – mit dem Leerstellen-Begriff in aller Kürze auf sich? Zwei begriffliche Quellen wären hier anzuführen. Zunächst weist der Leerstellen-Begriff auf Roman Ingardens Theorie der schematisierten Ansichten zurück.[188] Solche Ansichten nennt Ingarden deshalb schematisiert, weil sie zwar einen Wahrnehmungsgegenstand umfassend bestimmen, dies aber nicht in jeder Hinsicht konkret und ausdrücklich tun, sondern skelettartig und zum Teil mit Hilfe sogenannter unerfüllter Qualitäten; als unerfüllte Qualität in einer schematisierten Ansicht gilt etwa das Wissen um die Rückseite eines Gegenstandes, der gerade von seiner Vorderseite aus betrachtet wird, oder der Eindruck von einer gleichmäßigen Färbung einer Farboberfläche, die doch, genau genommen, in einer vielfältigen Abstufung von Farbnuancen ansichtig wird, oder die Identität eines Gegenstandes, die in der Mannigfaltigkeit der konkreten Ansichten nicht gegeben ist.[189] Ingarden macht mit diesen Hinweisen offenkundig, wie der Wahrnehmende sowohl mehr als auch weniger sieht, als in Wirklichkeit zu sehen ist. Die schematisierten Ansichten bezeichnen das, was man das selektive und generalisierende Prinzip der Wahrnehmung nennen könnte, Prinzipien, die nicht nur für die sinnliche Wahrnehmung gelten, sondern vor allem im semantischen Bereich der Bedeutungs- und Begriffsbildung zum Vorschein kommen. Ingarden hat an anderer Stelle die einer solchen Wahrnehmung entsprechende Leseform diskutiert.[190] Von hier aus läßt sich eine Verbindung zur fragmenttheoretischen Konzeption der kognitiv gesteuerten Wahrnehmung im Sinn Ulric Neissers ziehen, wenn auch Ingardens Zielbegriff des ›intentionalen Gegenstandes‹ auf eine andere wissenschaftlich philosophische Tradition (Husserl) zurückweist.

Ingarden unterscheidet zwischen der direktiven, abstrakten Funktion der schematisierten Ansichten und dem tatsächlichen Vollzug der konkreten Ansicht; die konkrete Ansicht richtet sich nach der schematisierten,

---

187 Iser: Appellstruktur, S. 33.

188 Roman Ingarden: Das literarische Kunstwerk. 4. Aufl., Tübingen 1972, Kap. 8.

189 Vgl. in diesem Zusammenhang auch Arnold Gehlen: Der Mensch, seine Natur und seine Stellung in der Welt. 12. Aufl., Wiesbaden 1978, Kap. 16.

190 Roman Ingarden: Vom Erkennen des literarischen Kunstwerks. Tübingen 1968, § 9.

enthält aber darüber hinaus zusätzliche Elemente, die Ingarden »variabel« nennt[191] und die von der subjektiven Natur des Wahrnehmungsaktes von Fall zu Fall verschieden ausgefüllt werden können. Damit zeichnet sich eine weitere Möglichkeit ab, den Leerstellen-Begriff zu erklären.

Es gilt nun, die Leerstelle auf dem Hintergrund eines Valenz-Modells zu erfassen. Leerstellen sind demzufolge Variable in einem Funktionsausdruck.[192] Sie werden einerseits durch ihren Ort im Funktionsausdruck eindeutig determiniert, bezeichnen andererseits einen gewissen Spielraum hinsichtlich dessen, was man für sie einsetzen kann. Wie läßt sich dieser valenztheoretische Ansatz auf den sprachlich-rezeptiven Bereich anwenden? Könnten z. B. Wissensstrukturen und Erwartungshaltung die Rolle des Funktionsausdrucks übernehmen? Oder sollte man lieber die Schrift als ein solches Funktionsdokument identifizieren. Denkt man den ersten Weg weiter, so ergäbe sich eine Möglichkeit, die zunächst kritisierte Rolle der Erwartung im Sprachverstehen neu einzuschätzen. Wissen und Erwartung würden so die inhaltliche Füllung der Variablen bestimmen; daß dies nichts mit Beliebigkeit zu tun hätte, wäre schon daraus erkennbar, daß die Wissenskomponente regelhafte Ordnungsprinzipien impliziert, die sich auch auf die Erwartungsbildung auswirken. Dieser Gesichtspunkt leitet allerdings schon zu einem zentralen Aspekt des folgenden Kapitels über und soll hier nicht weiter bedacht werden.

So viel allerdings läßt sich schon jetzt festhalten: Die rezeptive Sprachverwendung besteht aus einer komplexen Beziehung zwischen Schrift und Leser, in der der Schrift eine direktive oder orientierende, dem Leser die ausführende Funktion zufällt; unter semantischem Aspekt liegt der Schwerpunkt der Beziehung auf dem Leser, der Bedeutungen für Schriftzüge erzeugt, die ihrer Natur nach keine Bedeutungen enthalten oder mit sich tragen können; dabei handelt es sich zwar um einen individuellen Vorgang, nicht aber um einen beliebigen.

## 2.5 Bedeutungserzeugung als Planen, Verwirklichen und Überprüfen sprachschaffender Handlungen

Um einen letzten Weg der Bedeutungsgewinnung im Lesen sichtbar zu machen, mag es nützlich sein, sich einiger Besonderheiten des Lesens zu erinnern, die zwar allenthalben vertraut sind, deren Erklärung aber über das bisher Dargestellte hinausgehen muß. Wie kommt es dazu, daß man

---

191 Ingarden: Das literarische Kunstwerk, S. 280.

192 Nach Gottlob Frege: Funktion und Begriff. In: G. F.: Funktion, Begriff, Bedeutung. Fünf logische Studien. Hrsg. v. Günther Patzig, 4. Aufl., Göttingen 1975, S. 17–39.

Druckfehler übersieht? Warum erkennt man etwas Erwartetes leichter als etwas Unerwartetes, etwas Sinnvolles leichter als etwas Sinnloses? Was befähigt den Leser dazu, Sätze zu Ende zu lesen, ohne auf das letzte Wort blicken zu müssen? Wie entstehen Verlesungen, also solche Fehlleistungen, bei denen ein Wort durch ein anderes sinngemäßes, aber keinesfalls gestaltähnliches ersetzt wird? Warum langweilt den Leser nicht die ständige Wiederkehr derselben Buchstaben eines auf das knappste bemessenen Alphabets?

Die Antworten, die man auf solche Fragen geben müßte, könnten sich an einer Aussage Wilhelm von Humboldts orientieren, die noch immer großen Einfluß auf die Erörterung der Probleme des Sprachverstehens und der Bedeutungsgewinnung ausübt:

> Wo zwei Wesen durch eine gänzliche Kluft getrennt sind, führt keine Brücke der Verständigung von einem zum anderen, und um sich zu verstehen, muß man sich in einem andern Sinn schon verstanden haben.[193]

Und:

> Die Menschen verstehen einander nicht dadurch, daß sie sich Zeichen der Dinge wirklich hingeben, auch nicht dadurch, daß sie sich gegenseitig bestimmen, genau und vollständig denselben Begriff hervorzubringen, sondern dadurch, daß sie gegenseitig in einander dasselbe Glied der Kette ihrer sinnlichen Vorstellungen und inneren Begriffserzeugungen berühren, dieselbe Taste ihres geistigen Instruments anschlagen, worauf alsdann in jedem entsprechende, nicht aber dieselben Begriffe hervorspringen.[194]

Geht man zunächst von der Vereinfachung aus, daß ›einen sprachlichen Ausdruck verstehen‹ so viel wie ›seine Bedeutung kennen‹ heißt, so ergibt sich folgende Problemlage: Um zur Bedeutung eines Wortes zu gelangen, genügt es nicht, das Wort an sich genauestens zu analysieren oder sonstwie auszuwerten; denn die Bedeutung eines Wortes ist weder ein Kennzeichen seiner Gestalt, das man bemerken, abtrennen oder herausfiltern könnte, noch eine Wirkung, die vom Wort als ihrer alleinigen Ursache ausginge. Man muß vielmehr die Reihenfolge umkehren und von der Bedeutung als der Quelle des Wortes ausgehen. Dies widerspricht zunächst dem natürlichen Empfinden, stellt doch die Bedeutung das Ziel des verständnisvollen Lesens dar und nicht dessen Anfang. In der Tat aber ergeben sich gewichtige Gründe für die Behauptung, daß der Verstehensvorgang grundsätzlich schon mit einem Teil dessen, was erst verstanden werden soll, beginnen muß, daß also die vorgefaßte Meinung über die Bedeutung eines Ausdrucks den Verstehensvorgang einleitet und weitertreibt. Indem nämlich der Leser die Druckerschwärze des Papiers, die Hell-Dunkel-Kontraste, für Schrift hält, unterstellt er bereits einen genetischen Zusammenhang zwischen der Dominanz einer Bedeutung und den sich aus ihr ergebenden schriftlichen

---

193 Wilhelm von Humboldt: Über die Aufgabe des Geschichtschreibers; WW IV 47.
194 Schriften zu Sprachphilosophie, S. 559 (= WW VII 170).

Folgehandlungen; und er selbst wird beim Lesen diesen sprachlichen Äußerungsvorgang wiederholen. Sein Verständnis wächst, je vollständiger er den sprachlichen Erzeugungsvorgang bei sich nachvollziehen kann, je besser die Ergebnisse seiner eigenen Konstruktion mit den vorgefundenen Schriftzügen übereinstimmen. Für diesen selbständigen Nachvollzug braucht er notwendigerweise ein bestimmtes Maß an Wissen, genau jenen Teil, den er – nach Humboldt – immer schon verstanden haben muß, damit er mit dem weiteren etwas anzufangen weiß. Was der Leser sieht, dient ihm jetzt als Bestätigung oder Korrektur dessen, was er auf Grund seines Vorverständnisses für sich selbst entworfen hatte.

Dieser Weg der Bedeutungsgewinnung spitzt den rekonstruktiven Ansatz des vorigen Kapitels zu. Nicht die Rekonstruktion aus Fragmenten, sondern der autonome Entwurf sprachlicher Äußerungen, die planende, konstruktive Aktivität des Lesers steht nun im Vordergrund.

Das Schriftbild taucht als sprachlicher Erfahrungsgegenstand erst dann auf, wenn ihm ein tentativer Akt der Bedeutungsunterlegung von seiten des Lesers vorausgegangen ist. Unterbleibt eine solche hypothetische Zuschreibung, so fehlt auch das entscheidende Kriterium für die Identifizierung einer schriftsprachlichen Äußerung; denn nur unter der Voraussetzung ihrer Bedeutungshaftigkeit läßt sie sich von beliebigen Strichführungen unterscheiden. Wenn sich aber die Bedeutung noch vor jeder Wiedererkennung von Schriftzügen einstellt, so wächst damit zugleich die Gefahr eines bloßen Ratens; diesen Fehlformen läßt sich nur auf der Grundlage von Vorwissen, der geprüften kontextuellen Verträglichkeit des Vorweggenommenen und der ständig kontrollierten Erwartungsbildung entgegenwirken. Die sich hieraus ergebenden wahrnehmungspsychologischen Besonderheiten ähneln dem hermeneutischen Problem des Verstehens; sie bestätigen zumal dessen zirkuläre Formulierung: Es gibt keinen analytisch-kontinuierlichen Weg vom Schriftsignal zur Bedeutung; aber der ›Besitz‹ der Bedeutung erlaubt die Synthese, die Konstruktion eines Signals, das sich mit der Vorlage vergleichen läßt; die Erfahrungen aus Synthese und Vergleich wirken dann wieder auf die Bedeutungserzeugung zurück.

Diese Konzeption von Bedeutungsgewinnung lenkt die Aufmerksamkeit auf ein Modell der Sprachwahrnehmung, das unter der Bezeichnung ›Analyse-durch-Synthese‹ weite Beachtung gefunden hat. Sein wesentlicher Gedanke lautet nach Ulric Neisser so: Wenn es möglich ist, mit Hilfe eines hierarchisch geordneten Regelvorrats für eine intendierte Botschaft ein artikuliertes Signal zu konstruieren, so bietet es sich auch an, mit Hilfe derselben Regeln für eine bloß gemutmaßte Botschaft ein hypothetisches Signal zu synthetisieren.[195] In der Möglichkeit der hypothetischen Spracher-

---

[195] U. Neisser: Cognitive psychology, 1967, S. 193f.

zeugung liegt der Kern eines neuartigen Modells der Sprachwahrnehmung; Sprachrezeption erweist sich nun als besonderer Fall der Anwendung von spracherzeugenden Regeln.

Der Vorschlag, Sprachrezeption mit Hilfe eines Analyse-durch-Synthese-Modells zu erklären, geht auf Morris Halle und Kenneth Stevens zurück. Die Autoren beabsichtigten, ein maschinelles automatisches System der Sprachverarbeitung zu entwickeln. Sie versäumten dabei nicht, auf die Tradition rationalistischer Wahrnehmungstheorien hinzuweisen, der sie sich offensichtlich verpflichtet fühlen.[196] Im einzelnen knüpfen sie an kybernetische Regelkreisvorstellungen im allgemeinen, an die sogenannte Test-Operate-Test-Exit-Einheit (TOTE-Einheit) im besonderen an. Miller, Galanter und Pribram hatten in strikter Wendung gegen das behavioristische Denken, das jedes Verhalten im Rahmen von Reiz-Reaktionsverbindungen erklären will, diese neuartige Beschreibungseinheit entworfen, die sowohl methodologischen als auch heuristischen Zwecken dient.[197] Jedes zielorientierte, planvolle Verhalten besteht demnach aus einer Prüf- und einer Handlungsphase. Entscheidet die Prüfphase nach bestimmten Kriterien über die Relevanz einer Eingabe für den Zustand des Organismus sowie über deren Kongruenz bzw. Inkongruenz, so richtet sich die Handlungsphase auf die Beseitigung der ermittelten Inkongruenz; das Ergebnis dieser Korrekturhandlung geht auf einer ›rekursiven Schleife‹ wieder in die Testphase ein, wo es abermals verglichen wird. Dies wiederholt sich so lange, bis die gewollte Kongruenz eintritt. Das Verhalten hängt also nicht von Natur und Stärke der ›Schwelle‹ eines Reizes ab, wie es die behavioristische Theorie formuliert, sondern von der Testphase, die darüber entscheidet, ob die Eingabe für das betreffende System überhaupt ein Reiz ist und in welcher Beziehung er zum augenblicklichen Zustand des Organismus steht. Nicht auf der Passivität des Reagierens liegt hier der Akzent, sondern auf der Aktivität des Auswählens, Beurteilens und Selbstregulierens.

Dieses Konzept bildet den Kern jenes Sprachwahrnehmungsvorgangs, den Halle und Stevens mit dem Analyse-durch-Synthese-Modell beschreiben. Sie wenden sich insbesondere gegen die ebenso landläufige wie unbewiesene Ansicht, man müsse eine Sprachäußerung zuerst aufgliedern, bevor man sie erkennen könne.[198] Diese unterstellte Reihenfolge verfehle

---

196 Vgl. den grundlegenden Aufsatz von Morris Halle und Kenneth N. Stevens: Speech recognition: A model and a program for research. In: Jerry A. Fodor, Jerrold J. Katz (eds.): The structure of language. Readings in the philosophy of language. Englewood Cliffs 1964, S. 604–612. Und K. Stevens, M. Halle: Remarks on analysis by synthesis and distinctive features. In: Weiant Wathen-Dunn (ed.): Models for the perception of speech and visual form, 1967, S. 88.

197 Miller, Galanter, Pribram: Strategien des Handelns, 1973.

198 Halle, Stevens: Speech recognition, 1964, S. 606.

vor allem deshalb den tatsächlichen Vorgang, weil man weiß, daß der Vollzug einer Segmentierung bereits ein bestimmtes Erkenntnismaß voraussetzt. Zwar könne man durchaus eine Beziehung zwischen den physikalischen Attributen des Sprechereignisses und mentaler Repräsentation sprachlicher Einheiten annehmen,[199] aber es gibt keinesfalls eine Eins-zu-eins-Beziehung zwischen physikalisch-materiellen Äußerungseinheiten und geistigen Erkennungseinheiten.[200] Halle und Stevens gehen von dieser allgemeinen sprachrezeptiven Problemlage aus, wenden sich aber im weiteren einem engeren Bereich zu.

Es geht ihnen um ein maschinelles Verfahren, das die phonematische Unterscheidungsfähigkeit simuliert. Die Laute der gesprochenen Sprache sind Signale, die sich fortwährend wandeln; kein Laut gleicht dem anderen, und trotzdem erkennt der Hörer in der endlosen Vielzahl lautlicher Realisierungen die begrenzte Menge wohl zu unterscheidender ›Laute‹, weil er die Vielfalt auf distinktive Einheiten reduziert. Solche distinktiven Einheiten, Phoneme, sind aber keine Eigenschaften des Sprechstroms, können also auch nicht auf dem Weg der Materialanalyse, der Segmentierung zumal, gewonnen werden; sie sind eher Kriterien und Regeln der Prüfphase, also Eigenschaften des die Signale verarbeitenden Systems. Sie fungieren nicht etwa als Materialobjekt der Sprachwahrnehmung, sondern grundsätzlich als geistige Kategorien der Sprachsynthese; auch der rezeptiv-analytische Vorgang läßt sich nur in Begriffen eines produktiv-synthetischen Geschehens darstellen; statt einer Analyse vollzieht sich eine Synthese; das analytische Vermögen beruht auf dem synthetischen. Die Erkennung des Sprachlautes oder des Musters seiner Artikulation ist das Ergebnis eines regelhaften Erzeugungsvorgangs, der sich auf phonemischer Ebene vollzieht. Der Gesichtspunkt des Erzeugens spielt hier die entscheidende Rolle; Phoneme sind nicht materiell gegeben, sondern entstehen auf Grund einer begriffsbildenden, kategorisierenden Arbeit des Systems. Dabei macht es keinen Unterschied, ob man hier an sprachproduktive oder sprachrezeptive Vorgänge denkt; in beiden Fällen gilt dieser Grundsatz.

Bei der Sprachwahrnehmung dient das phonemische Wissen zur Erzeugung bzw. Synthese eines internen Signals, dessen hypothetische Gestalt mit dem rezeptiven senso-neuralen Signalbild der äußeren Vorlage verglichen wird. Stimmt der Vergleich, so erweist sich jenes Phonem, das die Quelle der hypothetischen Signalerzeugung darstellte, als das gesuchte Erkennungsziel. Kein substanzerhaltender Umwandlungsprozeß vermittelt also den Übergang von Außen nach Innen, von physikalischen Eigenschaften des Signals zu mentalen Kategorien der Botschaft;[201] ja man kann nicht

---

199 Stevens, Halle: Remarks on analysis by synthesis, 1967, S. 92.
200 Ebd., S. 90.
201 Halle, Stevens: Speech recognition, 1964, S. 604.

einmal behaupten, daß hier ein Übergang im eigentlichen Sinn vollzogen würde. Das System arbeitet ausschließlich mit den ihm eigenen Operationen des Erzeugens und Vergleichens, und die Signaleingabe bewirkt nur das, wozu das System von sich aus in der Lage ist.

Erste Probleme dieses Ansatzes ergeben sich insofern, als solche Vergleichsprozeduren zwischen innerem und äußerem Signal nicht am Nullpunkt beginnen können; das Suchen und Vergleichen nähme zu viel Zeit in Anspruch, ohne daß schließlich ein Erfolg eintreten müßte, so daß die Effektivität und Ökonomie des Modells darunter litten. Es bedarf einer ersten, vorläufigen, segmentierenden oder filternden Analyse, die ihrerseits noch keine Synthese ist, um den Kreis möglicher Signalkonstruktionen wirksam einzugrenzen.[202]

Zusätzlich fungiert noch eine Kontrollinstanz, die aus den Erfahrungen vorausliegender Verarbeitungen die günstigste Strategie zur Erzeugung der Vergleichssignale wählt. Im übrigen halten es Halle und Stevens für möglich und wahrscheinlich, daß schon die erste Synthese zum positiven Ergebnis führt, da der Output des auditorischen Mechanismus bereits eine Form haben kann, die der Form in der abstrakten Repräsentation stark ähnelt.[203]

Ein solcher Wahrnehmungsvorgang besteht natürlich nicht aus einer einzigen Analyse-durch-Synthese-Bewegung; vielmehr kommt es auf allen Ebenen, der phonemischen, syntaktischen und semantischen, zu Synthesebildungen. Die Größe der Syntheseeinheit erweitert sich dementsprechend vom Laut über das Wort und den Satz bis zur Meinung.[204]

Das Analyse-durch-Synthese-Modell wurde in zweifacher Weise angewendet; es ist wichtig, diesen Unterschied zu vermerken, da er trotz gemeinsamer konstruktivistischer Ausgangslage eine weitreichende konzeptuelle Differenz bezeichnet. Die eine Auffassung sieht in der Synthesebildung einen Prozeß, der, wenn die Prüfphase positiv verläuft, seinerseits schon das Ergebnis der Verarbeitung ist; zuerst also erfolgt die Bedeutungserzeugung, und auf ihrer Grundlage wird jene interne Signalgestalt gebildet, die sich zum Vergleich mit dem sensorisch rezipierten Signal eignet. Nahezu entgegengesetzt formuliert es die andere Auffassung; zuerst kommt auf dem Weg der Synthese ein internes Signal, ein Repräsentant des äußeren Stimulus, zustande, dann erfolgt ein Vergleich dieser Repräsentanten mit Speicherungseinheiten bzw. Gedächtniseintragungen, und erst zuletzt ist als Ergebnis dieses Vergleichs die Bedeutung gewonnen. Im Darstellungsgang des gegenwärtigen Kapitels steht die erste Auffassung im

---

202 Ebd., S. 607.
203 Stevens, Halle: Remarks on analysis by synthesis, 1967, S. 99.
204 Ulric Neisser: Cognitive psychology, 1967, Kap. ›Analysis by synthesis‹.

Vordergrund; denn nur sie enthält das wesentlich Neue für eine Konzipierung der Bedeutungsgewinnung im Lesen.[205]

Die Übertragung des Analyse-durch-Synthese-Modells auf den Leseprozeß scheint nicht ohne weiteres möglich zu sein. Während Neisser etwa im Bereich der visuellen Kognition den Begriff der figuralen Synthese verwendet und damit deutlich die konstruktivistische Idee von Halle und Stevens aufgreift, hält Stevens selbst die Anwendung nur auf höheren linguistischen Ebenen des Lesens für sinnvoll.[206] Da es im gegenwärtigen Zusammenhang nur um diese Ebenen geht, braucht diese Diskussion im weiteren nicht verfolgt zu werden.

Eine auf kybernetisch-konstruktivistischen Prinzipien beruhende Beschreibung des Lesevorgangs findet sich z. B. bei Werner Radigk.[207] Der Autor identifiziert die Schrift als Führungsgröße, aus der in zwei Dekodierungsschritten der Sprachsinn entnommen wird; dieser Sinn fungiert dann als Istwert, der an das erste Dekodierungszentrum zurückgeht und dort mit der Führungsgröße so lange verglichen wird, bis sich eine Übereinstimmung ergibt. Radigks Abhandlung konzentriert sich im weiteren auf Probleme des Lesenlernens unter erschwerten Bedingungen und hat dort ihren spezifischen Wert. Aus der Sicht einer lesetheoretischen, insbesondere verstehensmodellierenden Fragestellung muß man hingegen bedauern, daß Radigk die konstruktivistische Komponente seiner Modellwahl nicht nur nicht ausnützt, sondern ganz offensichtlich mit anderen Konzepten vermischt. Der angewendete Dekodierungsbegriff, zumal in Verbindung mit dem Konzept der Sinnentnahme, reduziert die Syntheseleistung auf eine bloße Überprüfungshandlung, deren vorausliegende Sinnerschließungsphase allein in Begriffen der Signalumwandlung sowie der Entnahme beschrieben wird. Hinzu kommt eine weitere Vereinfachung: Da heißt es, daß der dekodierte Sinn als Istwert an das erste Dekodierungszentrum

---

205 Auf eine weitere Unterscheidungsmöglichkeit innerhalb des Modells macht John Limber aufmerksam, indem er die Analyse-durch-Synthese als einen Vorgang kennzeichnet, der zwischen der extremen Synthese und der extremen Analyse pendeln kann; der Gegensatz von Synthese und Analyse würde demnach eine Verfahrensfrage bezeichnen, nämlich ob man bei der internen Signalerzeugung zuerst die grammatische Struktur synthetisiert, dann die dazu passenden Wörter auswählt und schließlich das Ergebnis mit einer relativ unanalysierten Eingaberepräsentation vergleicht oder ob man zuerst die Eingaberepräsentation analysiert, wobei man jetzt umgekehrt auf der Ebene der Wörter die Analyse begänne und dann zur Entscheidung über die grammatischen Kategorien und Strukturen aufstiege. Limber: Syntax and the sentence interpretation. In: R. J. Wales, E. Walker (eds.): New approaches to language mechanisms, 1976, S. 156.

206 Stevens in: Kavanagh, Mattingly (eds.): Language by ear and by eye, 1976, S. 53.

207 Werner Radigk: Lesenlernen unter besonderer Berücksichtigung der Arbeit mit lernbehinderten Schülern. Berlin 1975, S. 42.

zurückgehe; dieses Zurückgehen ist im Analyse-durch-Synthese-Modell ein komplexer und zugleich zentraler Spracherzeugungsvorgang; bei Radigk verliert sich das spurenlos.

Kenneth Goodman hat in einer Reihe von Veröffentlichungen das Analyse-durch-Synthese-Modell dem eigenen Entwurf eines Leseprozesses zugrunde gelegt. Ohne es ausdrücklich zu erwähnen, reiht er sich damit zugleich in eine umfassendere Tradition kognitionspsychologischer und pädagogischer Grunderkenntnisse ein, deren Kern – in der Formulierung Jerome Bruners – so lautet: »General education does best to aim at being generic education, training men to be good guessers, stimulating the ability to go beyond the information given to probable reconstruction of other events.«[208] Mit seiner prägnanten Formulierung, Lesen sei ein psycholinguistisches Ratespiel, hob Goodman anschaulich ins Bewußtsein, wie wenig der geübte Leser nach allen Elementen und Materialeigenschaften der Schrift zu suchen braucht, um zu erkennen, was geschrieben steht, in welch hohem Grad er eine zielstrebige und wirkungsvolle Auswahl aus der Vielzahl möglicher schriftzeichenhafter Merkmale trifft und wie sehr der gesamte Prozeß visueller Sprachwahrnehmung von dem abhängt, was der Leser bereits weiß, was er erwartet, was er versteht und was er denkend entwickelt. Noch bevor der Leser ein Zeichen genau erkennt und identifiziert, hat er sich darüber schon eine erste Meinung gebildet, und seine weitere Aufmerksamkeit richtet sich vor allem auf solche Daten, die diese Vermutung bestätigen oder zurückweisen können.[209] Lesen ist so ein hypothesenbildender und hypothesenüberprüfender Prozeß,[210] ein »probierendes Informationsverarbeiten«.[211]

Deutlich spiegelt sich in solchen Überlegungen der Kerngedanke des Analyse-durch-Synthese-Modells; es bestätigt sich, daß eine analytische Aufgliederung in Einzelelemente bzw. eine Unterscheidung in distinktive

---

208 Jerome S. Bruner: Going beyond the information given. In: Bruner: Beyond the information given. Studies in the psychology of knowing. New York 1973, S. 237; der Aufsatz erschien zuerst im Jahr 1957. Auf die – wissenstheoretisch gesehen – mathematische Grundlage des Prinzips der Kalkulation, Hypothesenbildung und Hypothesenüberprüfung, das eine wesentliche Alternative zum Prinzip der Beobachtung darstellt, hat Susanne Langer in ihrer epochemachenden Monographie hingewiesen; S. K. Langer: Philosophy in a new key. A study in the symbolism of reason, rite, and art. 3rd ed., repr. Cambridge, Mass. 1963, S. 19ff. (1. Aufl. 1942).

209 K. S. Goodman: Reading: A psycholinguistic guessing game. In: Singer, Ruddell (eds.): Theoretical models, 1976, S. 497–508.

210 H. Levin, E. L. Kaplan: Grammatical structure and reading. In: Levin, J. P. Williams (eds.): Basic studies on reading. New York 1970, S. 130ff. J. Hochberg: Components of literacy, ebd., S. 78f.

211 K. S. Goodman: Die psycholinguistische Natur des Leseprozesses. In: A. Hofer (Hrsg.): Lesenlernen, 1976, S. 144.

Einheiten weder aktualgenetisch noch modelltheoretisch vor dem jeweiligen Teilverständnis stattfinden kann. Sind also mit den soeben skizzierten Überlegungen zum Lesevorgang die wesentlichen Aspekte einer konstruktivistischen Erklärung der Bedeutungsgewinnung im Lesen ausgeschöpft? Wenn ja, so ergäbe sich ein Bild vom Lesen, das gerade in seiner ›ratenden‹ Dimension vielen Leseerziehern eher bedenklich erscheinen müßte. Aber der Sachverhalt ist komplizierter.

So braucht die Auffassung, daß der Leser sich darum bemüht, das vorauszusagen, was er im Begriff steht zu lesen, nicht unbedingt auf einen konstruktivistischen Ansatz zurückzuweisen; denn Vermutungen, Hypothesen und Erwartungen konstituieren ja nicht unmittelbar den Sinn, die Bedeutung eines Schriftzeichens, sondern setzen deren Existenz außerhalb des ›ratenden‹ Bewußtseins gewissermaßen auch voraus und verkürzen bloß die Verarbeitungszeit der Zeichen, deren Bedeutung prinzipiell einholbar bleibt. Bezeichnenderweise spricht Goodman, wo es um das Verstehen beim Lesen geht, lieber von Dekodieren und nur beiläufig etwa von Rekonstruktion;[212] auch Frank Smith, der ebenfalls die steuernde Rolle der Bedeutung beim Lesen hervorhebt, vertritt letztlich die Auffassung, daß Bedeutungen ›identifiziert‹ und das heißt doch wohl soviel wie wiedererkannt werden.[213] Doch weder Dekodierung noch Identifikation bezeichnen genau das, was ein Analyse-durch-Synthese-Modell beschreibt. Wenn es plausibel erscheint, daß der Leser beim Lesen Bedeutungen erzeugt und erst auf der Grundlage dieser semantischen Tätigkeit in der Lage ist, segmentierende, identifizierende oder diskriminierende Aufgaben zu lösen, so sollte man um der Genauigkeit willen den bedeutungsgewinnenden Vorgang so beschreiben, daß seine sprachschaffende Dimension sichtbar wird.

Man hat sich weithin daran gewöhnt, die Funktionsweise des Analyse-durch-Synthese-Modells durch den Mechanismus der Erwartungsbildung und der Bestätigung bzw. Korrektur von Erwartungen zu erklären. Jeder sprachvermögende Leser bildet bei seiner Lektüre inhaltliche und grammatische Vorstellungen von dem aus, was er gerade als nächstes lesen wird; und je mehr er liest, um so gezielter und zutreffender entwirft er neue Erwartungen. Sein Lesen erreicht dort den höchsten Flüssigkeitsgrad, wo die meisten seiner Erwartungen zutreffen; hingegen verzögern Fehlentscheidungen und Revisionen den Lesefluß erheblich. In diesem Sinn hat schon Ernst Meumann die konstitutive Rolle der Erwartung beim verständnisvollen Lesen beschrieben:

> Ferner aber muß man bedenken, daß unser Lesen seiner ideellen Seite nach ein

---

212 Goodman: Behind the eye. In: Singer, Ruddell (eds.) 1976, S. 471f.
213 F. Smith: Understanding reading, 1971, S. 185ff.

Erfassen des logischen Gedankenzusammenhanges ist. Ja, man kann leicht bemerken, daß wir uns immer schon eine Vorstellung von dem *folgenden* Gedankenzusammenhang bilden. Die Erwartung der kommenden Gedanken eilt beständig dem Lesen voraus, und auf Grund dieser Erwartung *deuten* wir die Worte mehr, als daß wir sie wirklich *sehen.*[214]

Im einzelnen schlug Meumann folgendes Prozeßmodell vor, das er auch experimentell zu bestätigen suchte:

a) nach den ersten Worten bildet sich eine, allmählich immer bestimmter werdende Erwartungsvorstellung von dem Sinn des Satzes (eine innere Vorwegnahme des Kommenden); b) wir fassen nur die Vorstellungen derjenigen *Worte* einigermaßen deutlich auf, die uns nach dieser Erwartungsvorstellung die Hauptträger des Gedankens zu sein scheinen; c) wir reihen *nicht* Vorstellung für Vorstellung – etwa den einzelnen Worten folgend – aneinander, sondern gehen darauf aus, die ›Meinung‹, das was der Satz als Gedankeneinheit sagen *will,* zu erfassen; die einzelnen Vorstellungen benutzen wir nur als Anhalts- und Stützpunkt, um diesen *Satzzusammenhang* zu erfassen. Dabei laufen korrigierende und ergänzende Denkakte beständig neben dem Hauptakte her, so daß wir bisweilen auch in Gedanken – und mit dem Blick – wieder auf schon gelesene Worte zurückgreifen, um eine unzutreffende Vorwegnahme des Gelesenen zu berichtigen.[215]

Soweit also die Funktion der Erwartung beim Lesen; aus Meumanns Darstellung wird sichtbar, daß Erwartung keineswegs auf bloßem Raten oder unreflektierter Vorgefaßtheit beruht, sondern eine wichtige Komponente des sinnschaffenden Verstehens bildet.

Nun kann allerdings eine solche Hervorhebung des Erwartungsmoments zu einer Schlußfolgerung führen, die möglicherweise die Pointe des konstruktivistischen Ansatzes zerschlägt. So wird es notwendig, den Erwartungsbegriff seinerseits zu analysieren. Ist er eher eine Funktion des Vorwissens oder der Struktur des Textes? Die Erwartung als grundlegende Kategorie des Verstehenssystems könnte z. B. in der Wahrscheinlichkeitsstruktur des Textes ein adäquates Pendant finden, so daß das Wahrscheinlichkeitsmaß des jeweiligen Textes schließlich die Ausbildung einer genuinen Erwartungshaltung determiniert. Das würde die soeben beschriebene spracherzeugende Tätigkeit des Lesers erheblich dämpfen und seine vermeintlich konstruktive Leistung auf gewohnheitsbedingte Reaktionen zurückschrauben.

Wahrscheinlichkeit bzw. Voraussagbarkeit im Bereich der Sprache kann auf Zweierlei zurückgeführt werden: auf statistische Vorkommenshäufigkeit und auf Regelbefolgung. Beides schließt sich natürlich nicht aus, aber es macht einen erheblichen Unterschied, ob der Wahrscheinlichkeitsgrad und die ihm entsprechende Erwartungshaltung mit quantitativen oder mit

214 E. Meumann: Vorlesungen, Bd. 3, 1914, S. 498.
215 Meumann: Vorlesungen, Bd. 3, S. 499f.

regelbezogenen Argumenten erklärt wird. Eine statistische Erklärung steht nicht weit von der Theorie über die stochastischen Wortketten und ihren speziellen probabilistischen Wahrnehmungsmechanismen, eine Nachbarschaft, gegen die sich nicht zuletzt auch die Vertreter des Analyse-durch-Synthese-Modells gewandt haben. Tatsächlich schreibt denn auch Stanley Wanat im Zusammenhang mit einem Modell des hypothesenbildenden Lesens: »A Markoff process might be an adequate basis for a model of perception of language in reading.«[216] Natürlich erleichtern Schematismus und Voraussagbarkeit des Textes die Bildung von Erwartungen beim Lesen und tragen somit zur mühelosen Leseflüssigkeit bei; aber diese quantitativ-statistischen Aspekte führen zugleich dazu, daß man den Verstehensvorgang im wesentlichen unter dem Gesichtspunkt der dispositionalen Reaktionsbereitschaft und nicht mehr unter dem der regelgeleiteten hypothetischen Spracherzeugung betrachtet. Das Hilfsmittel rückt hier zum grundlegenden Faktor auf.

Aber daneben bleibt ja noch die andere Möglichkeit bestehen, den Erwartungsbegriff aus zugrunde liegendem Regelwissen zu erklären. Nicht jede Erwartung kommt auf Grund von textlichen Wahrscheinlichkeitsverhältnissen zustande. Erwartung ist auch eine Funktion des Wissens, eine Funktion des inneren Modells von Umwelt und Sprache, das jeder Sprachverwender besitzt. Struktur und Ausmaß eines solchen Modells legen vor allem fest, welche Erwartungen der Leser bilden wird und bilden kann. So gesehen, weist die Dominanz des Erwartungsbegriffs keineswegs auf die Theorie der stochastischen Wortketten zurück, sondern bestärkt vielmehr die Auffassung von der spracherzeugenden Aktivität des Lesers und lenkt die wissenschaftliche Aufmerksamkeit auf die Entwicklung eines sprachlichen und kognitiven Regelbegriffs bzw. auf die semantische Repräsentation von Sprache und Wissen.[217]

Zurück zum eigentlichen Modell der Analyse-durch-Synthese. Wurden bislang seine Vorzüge erwähnt, so ist es jetzt an der Zeit, auch kritische Einwendungen zu bedenken. In ihrer umfassenden Monographie über die ›Psychologie des Lesens‹ widmen Eleanor Gibson und Harry Levin einen eigenen Abschnitt dem Analyse-durch-Synthese-Modell.[218] Ihre Bestands-

---

[216] Stanley F. Wanat: Linguistic structure in reading: Models from the research of Project Literacy. In: Davis (ed.): The literature of research in reading, 1971, sec. 8, S. 168.

[217] Hier wäre z. B. an die Wirkung so zu nennender Standardschablonen von Satzstrukturen zu denken; dazu John Limber: Syntax and sentence interpretation. In: Wales, Walker (eds.): New approaches to language mechanisms, 1976, S. 166f.

[218] E. J. Gibson, H. Levin: The psychology of reading. Cambridge, Mass. 1975, S. 449–453.

aufnahme fällt weitgehend negativ aus. Das deutet sich bereits in ihrer Bemerkung an, es handle sich um ein »orthodoxes« Modell,[219] und mündet in eine skeptische Absage an eine Konzeption, die weithin unbewiesen und wenig plausibel sei. Denn die Vertreter der Analyse-durch-Synthese haben nicht eindeutig beweisen können, daß der Leser zuerst Hypothesen bilde und sie anschließend modifiziere; ebensowenig werde deutlich, inwiefern der Leser ein Ratespiel betreibe oder sich um Voraussagen bemühe. Solche Beschreibungen – heißt es weiter – implizieren doch entweder eine Phänomenologie der Leseaktivität, die psychologisch unangemessen sei, oder einen bloßen metaphorischen Sprachgebrauch, der die Sache selbst nicht nur wenig erhellt, sondern auch gewisse grundlegende Eigenschaften jedes Verhaltens, des Leseverhaltens wie anderer Verhaltensformen, verdunkelt.[220] Im einzelnen fragen Gibson und Levin kritisch nach den Grundlagen, auf denen der Leser jeweils neue Voraussagen bildet, nach Natur und Ausmaß dieser Voraussagen (Werden Buchstaben, Wörter oder Phrasen vorausgesagt?), nach den Kontrollbedingungen, den Faktoren der sukzessiven Aufmerksamkeitssteuerung (Woher weiß das Auge, wohin es den nächsten Fokus richten soll?) sowie nach den Bestätigungs- bzw. Falsifizierungsmodalitäten.[221]

Als Entgegnung aus der Sicht des kritisierten Modells ließen sich demgegenüber etwa die präliminare Analyse, die Kontrollinstanz sowie der Prozeßverlauf auf der rekursiven Schleife anführen. Auch der Begriff der präattentiven Wachsamkeit spielt hier eine entscheidende Rolle:[222] Inhaltliche Relevanz kann das Leseverhalten noch vor der Schwelle der Aufmerksamkeit steuern; das periphere Sehen erfaßt optische Reize, die nicht zum Lesestoff gehören, die üblicherweise auch nicht wahrgenommen werden, die sich aber auf das Leseverhalten auswirken, sobald sie für den Leser bedeutungsvoll sind. John Bradshaw präzisiert zusammenfassend: »(...) in reading we are capable of extracting some semantic information from words not yet fixated.« Und: »(...) semantic information but not necessarily phonological or graphological information may be available from words beyond fixation.«[223] Das steht im Einklang mit Julian Hochbergs Beschreibung des »aktiven, zielgerichteten und erkundenden Wahrnehmungssystems«:[224]

---

219 Ebd., S. 439.

220 Ebd., S. 478.

221 Ebd., S. 451f.

222 Im Anschluß an Neisser siehe dazu H. R. Schiffman: Sensory and perceptual aspects of the reading process. In: Davis (ed.) 1971, sec. 8, S. 135.

223 J. L. Bradshaw: Three interrelated problems in reading: A review. In: Memory & cognition 3 (1975), S. 127 und 132.

224 J. Hochberg: Die Darstellung von Dingen und Menschen. In: Ernst H. Gombrich u. a.: Kunst, Wahrnehmung, Wirklichkeit. Frankfurt 1977, S. 83.

> Der »Inhalt« jedes einzelnen Blicks ist also gleichsam immer eine Antwort auf eine Frage nach dem, was gesehen werden wird, wenn irgendein Teil der peripher gesehenen Szene auf die Fovea gebracht wird.[225]

Und:

> Kurz, der Leser wird – und *sollte* – dazu neigen, zu »erraten«, was im peripheren Sehen nur undeutlich unterschieden wird. Je eher er die Botschaft vorwegnehmen kann (aufgrund seines Wissens über Orthographie, Grammatik, Ausdrucksweise und Textinhalt), desto wahrscheinlicher ist es, daß seine »Schätzungen« richtig sein werden, und desto weniger Fixierungen wird er vorzunehmen haben. Das *Wissen* jedoch ist wesentlich: Es ist wenig sinnvoll, dem Leser nur beizubringen, weniger Fixierungen zu machen, solange seine Erwartungen falsch sind und falsch bleiben.[226]

Schließlich sollte nicht vergessen werden, daß die Vorausnahme der zu erwartenden Information einen wesentlichen Bestandteil der Sicherung von Erkenntnisgewinnung darstellt:[227] »Die Entwicklung von Strukturen (z. B. entsprechend eingerichteten inneren Modellen der Außenwelt) zur Bestimmung des künftigen Wertes von Signalfunktionen durch die Organismen ist also lebenswichtig.«[228] Für den Funktionsbereich Sprachwahrnehmung formuliert William Marslen-Wilson dasselbe so: »(...) understanding a sentence is more like plotting a path through some space of possibilities, where these possibilities are stated, in part, in terms of the structures that the language allows.«[229]

In der Kritik von Gibson und Levin kommt der entscheidende Vorteil des konstruktivistischen Modells, seine erkenntnistheoretische Ausrichtung, überhaupt nicht zum Tragen: Bedeutung ist – davon gingen ja die Überlegungen dieses Kapitels aus – keine Eigenschaft der wahrgenommenen physikalischen Schriftstruktur, kein Merkmal der Umwelt, das sich im

---

225 Ebd., S. 80.

226 Ebd., S. 81. Wenn Hochbergs Ausführungen als Bestätigung des kritisierten Modells herangezogen werden, so sollte dabei jedoch nicht eine Feinheit seiner Argumentation verloren gehen: Hochberg lokalisiert das »Raten« im Bereich des peripheren Sehens und interpretiert es so als angemessene Behandlung von unscharfer Informationsaufnahme; Raten und Hypothesenbildung stellen somit Arten der Verarbeitung von verschwommenen und ungenauen Reizeindrücken dar. Ob man daraus folgern soll, daß beim scharfen, fokalen Sehen das Raten überflüssig ist, bleibt noch offen; nach allem, was man z. B. über die laterale Inhibition und – in Analogie zu ihr – über die höheren klassifizierenden Wahrnehmungsfunktionen weiß, scheint auch im fokalen Sehen unscharfes Reizmaterial rezipiert zu werden. Dazu Georg Klaus: Kybernetik und Erkenntnistheorie. Berlin 1969, S. 60ff.

227 Klaus: Kybernetik und Erkenntnistheorie, 1969, S. 83ff.

228 Ebd., S. 84.

229 W. Marslen-Wilson: Linguistic descriptions and the psychological assumptions in the study of sentence perception. In: Wales, Walker (eds.): New approaches to language mechanisms, 1976, S. 226.

Sinn der Wahrnehmungstheorie von James Gibson herausfiltern ließe; aber davon scheinen Eleanor Gibson und Harry Levin auszugehen. Und so sprechen sie sich für ein informationstechnisches Konzept aus, das in der Reduktion von Alternativen die Kernzone des Lesemodells erkennt; solche Reduktionen – heißt es – seien das Ergebnis von Merkmalsanalysen auf allen linguistischen Ebenen, also auch auf der semantischen. Aber man kann Schriftzüge drehen und wenden, wie man will, man wird ihnen keine semantischen Merkmale entnehmen können. So wird mit der Kritik an der Analyse-durch-Synthese ein bedeutungstheoretischer Denkweg versperrt, noch bevor er zu Ende gegangen wurde.

Auch die Kritik von John Morton und Donald Broadbent sieht an den bedeutungstheoretischen erkenntnisphilosophischen Vorteilen des Analyse-durch-Synthese-Modells vorbei.[230] Denn es geht ja nicht darum, ob ein aktives, konstruktivistisches Modell auf Grund seiner angenommenen komplexen Struktur in der Lage wäre, direkt ein neuroakustisches Signal zu dekodieren, wie es die Autoren in ihrem ›passiven‹ Modell erwarten. Es geht vielmehr um den kategorialen Unterschied zwischen mentaler und physischer Einheit; eine angemessene Erklärung der Bedeutungsgewinnung darf diesen Unterschied nicht nivellieren, sondern muß Verfahren zu seiner Überbrückung nennen.

Interessanterweise gibt gerade Ulric Neisser, der eigentliche Verfechter der figuralen Synthese, in seiner Monographie aus dem Jahr 1976 der Kritik von Gibson und Levin weitgehend nach: Der Begriff der Konstruktion droht nun überflüssig oder zweitrangig zu werden, weil es jetzt bei der Wahrnehmung u.a. auch auf die Spezifität der eingehenden Information ankomme.[231] Die Konstruktion von Vorwegnahmen bildet nun nur einen Teil im Gesamtzyklus von Erwartungsbildung, Informationssuche und Informationsaufnahme sowie Erwartungserprobung und Erwartungsmodifikation.[232] Das führt – seiner Meinung nach – entschieden zu einer Relativierung der Analyse-durch-Synthese-Idee, insofern diese von hoch spezifischen Hypothesenbildungen ausging; Neisser hält nun eher vage Erwartungsmuster für wahrscheinlich[233] und spricht lieber von einer allgemeinen Bereitschaft zur speziellen Informationsaufnahme.[234] Es handelt sich somit um einen Kompromiß zwischen Konstruktivismus und merkmalsorientierter Wahrnehmungstheorie (im Sinne James Gibsons), wenn Neisser

---

230 J. Morton, D. E. Broadbent: Passive versus active recognition models, or is your homunculus really necessary? In: W. Wathen-Dunn (ed.): Modells for the perception of speech and visual form, 1967, S. 105.

231 Neisser: Cognition and reality, 1976, S. 18.

232 Ebd., S. 21.

233 Ebd., S. 32, Anm. 17.

234 Neisser: Cognition and reality, 1976, S. 40.

schreibt: »Perception of meaning, like the perception of other aspects of environment, depends on schematic control of information pickup.«[235]

Die bedeutungs- und erkenntnistheoretische Komponente der Analyse-durch-Synthese verpflichtet demgegenüber zu der Annahme, daß am Anfang jeder Sprachverwendung die Bildung von Bedeutungen steht; dem würde auch Neisser nicht widersprechen, bloß würde er mit Blick auf sein nunmehriges Modell des perzeptuellen Zyklus betonen, daß es keinen absoluten Anfang gibt und daß man den Zyklus mindestens einmal durchgegangen sein muß, um alle Komponenten der Wahrnehmung zu betätigen. Doch bleibt die Frage bestehen, ob Sprachwahrnehmung tatsächlich nur ein spezieller Fall von Umweltwahrnehmung ist, ob die Bedeutung sprachlicher Äußerungen in derselben Weise gewonnen wird wie die Bedeutung von Umweltreizen. Entscheidet man sich gegen eine solche Gleichsetzung, so kommt man nicht umhin anzuerkennen, daß die Bedeutungserzeugung am Anfang jeder sprachschaffenden Tätigkeit liegt, ganz gleich, ob diese Tätigkeit produktiver oder rezeptiver Art ist. Bedeutungen entstehen aus intrapsychischen, willkürlichen, automatisierten und intendierten Konfigurationen sowie einer »klugen« Auswahl aus der Reihe aller brauchbaren Konfigurationen.[236] Sie sind also in erster Linie keine fertigen, beständigen Elemente in der Art von semantischen Merkmalen (doch vgl. die Ausführungen der Kapitel 3.2 und 3.3), die in einem Lexikon eingetragen wären; nicht auf deren fraglose Existenz können sich Gesprächspartner berufen, wenn sie sich verstehen wollen; und schon gar nicht können sie Bedeutungen wie Gegenstände austauschen. Der genetische Ursprung der Bedeutungen liegt im Denken, Verlangen und Beabsichtigen.

Gemäß dem Analyse-durch-Synthese-Modell unterscheidet sich die Entstehung der Bedeutungen bei dem, was man meint und was man versteht, nur darin, daß im ersten Fall die Bedeutung intendiert wird, während sie im zweiten hypothetisch gesetzt wird. Beide Arten sind aber bedeutungsschaffende Akte, die sich in sprachlichen Realisierungen fortsetzen, ob sie nun in motorische Aktivitäten münden (sprechen, schreiben) oder nicht (lesen). Natürlich kann der Grund für die Erzeugung von Bedeutungen während des Lesens nicht in einer eigentlichen Redeabsicht liegen; aber ebensowenig stellt die materiale Merkmalsstruktur von Schriftzügen die Ursache für die Bedeutungserzeugung dar. Man muß vielmehr eine Verstehensabsicht voraussetzen, die ihrerseits die Bildung von Suchplänen anregt. Nach Neisser, der sich seinerseits an Piaget anlehnt, könnte es sich dabei um Schemata handeln, die grundsätzlich jeder Lebensäußerung zugrunde lie-

[235] Ebd., S. 72.

[236] Im Sinne Poincarés nach Miller, Galanter, Pribram: Strategien des Handelns, 1973, S. 163.

gen und somit eine Komponente der angeborenen Ausstattung bilden:[237]»A schema is that portion of the entire perceptual cycle which is internal to the perceiver, modifiable by experience, and somehow specific to what is being perceived.«[238] Insofern kommt der Schema-Komponente des perzeptuellen Kreises, wie ihn Neisser entwickelt, doch die Rolle eines primus inter pares zu, obwohl Neisser deren logische Priorität ausdrücklich bestreitet.[239]

Welcher Art sind nun die Pläne, die der Leser benutzt, und worauf richtet sich sein Suchen? Miller, Galanter und Pribram unterschieden zwischen systematischen und heuristischen Plänen;[240] fungieren die einen in der Art eines Algorithmus, der lückenlos alle Möglichkeiten berücksichtigt und prüft, so entwickeln sich die anderen gleichsam als ›kognitive Glücksspieler‹,[241] die nach Maßgabe des individuellen geistigen und intuitiven Potentials sowie auf Grund von außen kommender kommunikativer Hilfen ausgewählte Schwerpunkte im Suchfeld setzen und danach vorgehen. Führt die Systematik mit Sicherheit zum Ziel, aber unter Aufwendung unverhältnismäßig langer Zeit und umständlicher Verfahren, so droht der Heuristik zwar prinzipiell der Mißerfolg, aber wo immer sie zum Ziel gelangt – und das geschieht oft –, erreicht sie ihr Ziel mit kleinsten Mitteln und nicht selten in kürzester Zeit. Der Mensch orientiert sich weitgehend an heuristischen Plänen. Neisser geht jetzt sogar soweit, die traditionelle Psychologie der Bilder und Vorstellungen im Rahmen seiner Schema-Konzeption umzuinterpretieren:[242] Bilder und Vorstellungen, deren Rolle beim Verstehen schon lange untersucht wurde,[243] werden nun als Pläne aufgefaßt, die nicht etwa als zweite Bilder die Wahrnehmung vermitteln, sondern die Informationsaufnahme aus der Umwelt vorbereiten und lenken.[244]

Der Suchbegriff impliziert Momente, die einer weiteren Diskussion bedürfen. Die erste Implikation bezieht sich auf die Art der Existenz dessen, wonach man sucht; die andere betrifft die Tatsache, daß man den Gegenstand des Suchens irgendwie kennen muß, um ihn finden zu können; die dritte besagt, daß ein Suchen nie ohne Anlaß erfolgt. Bei der Analyse-durch-Synthese geht es darum, eine Deckungsgleichheit zwischen mehreren intern konstruierten Signalhypothesen zu erzielen; sie entwirft also nicht

---

[237] Neisser: Cognition and reality, 1967, S. 51ff. und 63.
[238] Ebd., S. 54.
[239] Ebd., S. 73.
[240] Miller, Galanter, Pribram: Strategien des Handelns, 1973, S. 155ff.
[241] Miller, Galanter, Pribram: Strategien des Handelns, S. 164.
[242] Neisser: Cognition and reality, 1976, S. 128ff.
[243] Siehe z. B. Clifton O. Taylor: Über das Verstehen von Worten und Sätzen. In: Zeitschrift für Psychologie und Physiologie der Sinnesorgane 40 (1905/1906), S. 225–251.
[244] Neisser: Cognition and reality, S. 131.

nur eine einzige Art von Hypothesen über die jeweiligen Eingaben, sondern beginnt mit Hilfe eines differenzierten sprachlichen und allgemeinen Wissens eine Reihe kategorial verschiedener Probehandlungen, deren Konvergenzbereich den Gegenstand des Suchens bildet. Das Suchfeld ist somit der je individuelle Wissensbereich; die probeweise Bedeutungserzeugung gelingt nur auf dem Hintergrund des geistigen Vermögens. In diesem Sinn ist nicht das Gesuchte unbekannt, sondern der Weg zu ihm; am Beispiel von Labyrinth-Problemen haben Miller, Galanter und Pribram darauf aufmerksam gemacht, daß dieser Weg leichter zu verfolgen ist, wenn man ihn rückwärts vom Endpunkt (also von der Lösung her oder vom Bekannten) zum Ausgangspunkt begeht. Was den Anlaß des Suchens betrifft, so könnte man meinen, daß der weithin automatisierte Vorgang der Sprachrezeption bloß eines Anstoßes, der Schriftzüge mithin, bedürfte, um zu beginnen; in Wirklichkeit aber sind die Schriftzüge keine Ursache, sondern ein Resultat innerhalb einer Mittel-Zweck-Beziehung, das sowohl auf eine Mitteilungsabsicht zurückweist als auch einen Grund für die Absicht zu verstehen darstellt. In Kapitel 4.2 wird zu zeigen sein, was bei der Suche in einem Verstehenssystem geschieht.

Die Analyse-durch-Synthese darf als erste technische Verwirklichung hermeneutischer Denkweise angesehen werden. Die philosophische Beschreibung des Fremdverstehens, das auf dem Weg analoger Eigenbeteiligung zustande kommt, sowie die Formulierung des hermeneutischen Zirkels finden hier eine gewiß vorläufige, aber realisierbare Entsprechung auf funktioneller Ebene. Es wäre verfrüht zu meinen, solche Programmierungsentwürfe könnten jetzt schon die hermeneutische Diskussion fortführen oder gar ersetzen. Was die Analyse-durch-Synthese bietet, kann nur als Mindestmaß einer Modellierung hermeneutischer Einsicht gelten. Aber die Analyse-durch-Synthese dokumentiert sogar im maschinell-automatischen Rahmen die grundsätzliche Funktionstüchtigkeit hermeneutischer Prinzipien; sie erweist zugleich deren unumgängliche Notwendigkeit im Bereich des Verstehens sprachlicher Äußerungen. Darin bestätigt sich ihr enormer Vorsprung vor allen anderen, insbesondere assoziations- und dekodierungstheoretischen Verstehensentwürfen. Mehr noch: Gegenüber dem Interessensgebiet der Hermeneutik, die ihrerseits allzu gern speziellere, sogenannte höhere Verstehensformen bedenken möchte, versucht die Analyse-durch-Synthese gerade elementare Verstehensformen ansichtig zu machen; sie zeigt, was es heißt, eine Muttersprache zu kennen und zu beherrschen, und sie setzt dies nicht nur voraus.

## 2.6 ›Formen‹ des Lesens statt Lesebegriff?

Die Erörterung der fünf Wege der Bedeutungsgewinnung beim Lesen führte – genau besehen – zu keinem eindeutigen und endgültigen Ergebnis. Gewiß stehen die rekonstruierenden und vorwegnehmend-überprüfenden Aktivitäten im Vordergrund; sie werden den Besonderheiten der sprachlichen Semantik und ihrer Rezeption weitgehend gerecht. Das heißt aber nicht, daß die übrigen Wege grundsätzlich auszuschließen wären; es hat sich nur gezeigt, daß sie Implikationen enthalten, die sich nicht für eine grundlegende Erklärung der Bedeutungsgewinnung eignen; ihre partielle Gültigkeit im Rahmen bestimmter Leseaufgaben bleibt davon unberührt.

Wichtiger als die einseitige Hervorhebung eines Verfahrens auf Kosten aller anderen mag somit eine andere Einsicht sein: Es wird sichtbar, welche weitreichenden und bis heute noch ungeklärten Probleme mit der Frage nach der Bedeutungsgewinnung beim Lesen verbunden sind. Auch die hier festgehaltenen Beobachtungen lösen das Problem nicht gänzlich; aber sie belegen sowohl die Nutzlosigkeit eines Lesebegriffs, der keine Komponente der Bedeutungsgewinnung enthält, als auch das Ungenügende einer Formulierung, die zwar die semantische Komponente nennt, sie jedoch nicht prozessual zu erklären sucht. Insbesondere mußte kritisiert werden, daß bei der Bezeichnung von Verstehensvorgängen bzw. bedeutungsrelevanten Prozessen eine geradezu chaotische Willkür herrschte; der Eindruck läßt sich nicht abweisen, daß die Frage nach dem Verstehen im Lesen weithin mit jeweils modischen Wörtern abgetan wird, ohne daß damit eine wesentliche oder zumindest widerspruchsfreie Einsicht gewonnen wäre. Die Leseforschung enthält bereits eine unübersehbare Fülle von Einsichten in den Leseprozeß; geht man hingegen davon aus, daß der Prozeß des Lesens weitgehend mit dem Prozeß der Bedeutungsgewinnung zusammenfällt, so schrumpft das angesammelte Wissen auf ein durchaus bescheidenes Maß zurück.

Die Tatsache, daß der semantische Aspekt des Lesens eine Reihe ungelöster Fragen aufwirft, könnte auf einen Umstand hindeuten, den es abschließend zu bedenken gilt. Kommt das Veränderliche, Vielfältige, ja Undurchschaubare eines Lesebegriffs, der aus dem Konzept einer konstruktiven Bedeutungserzeugung entwickelt wird, etwa dadurch zustande, daß es mehrere Möglichkeiten des Leseverstehens gibt, daß es also nicht ausreicht, ein einziges Modell des Lesens zu entwerfen, sondern daß die Besonderheiten des Lesevorgangs darin liegen, daß er sich auf mehrere Modelle unterschiedlicher Art zurückführen läßt?

So steht einer begrifflichen, modellorientierten Erfassung des Lesevorgangs und seiner bedeutungsgewinnenden Komponente im Wege, daß es weithin zweifelhaft ist, ob ›Lesen‹ ein einheitlicher, allen individuellen

Verwirklichungen unveränderlich zugrunde liegender Prozeß ist. Fraglich wird somit, ob es das, was man als Inbegriff des Lesens bezeichnen möchte, eigentlich gibt, ja ob es sich überhaupt sinnvollerweise denken läßt; sollte man nicht eher davon ausgehen, daß es durchaus verschiedene Formen des Lesens gibt, die durch keine Gemeinsamkeit miteinander verbunden sind und die sich demnach auch nicht auf einen Begriff des Lesens zurückführen lassen. Soweit beim Lesen die Gesamtheit der individuellen Persönlichkeit beteiligt ist, mag die Ausdifferenzierung in Leseformen sogar sehr nahe liegen; jeder liest und versteht auf seine Weise, jeder projiziert textliche Bedeutungen vor dem Hintergrund eigener Erfahrungen, und die Grenzen zwischen richtigem und falschem Lesen sind hier nicht eng gezogen. Insofern bedeutet die Analyse von Leseformen eine einleuchtende Fortführung der spezielleren Auseinandersetzung mit dem Lesebegriff und seinen bedeutungsgewinnenden Momenten. – Das eigentliche Problem aber stellt sich dann, wenn man die Beschreibung der Leseformen als restlosen Ersatz für eine Erarbeitung des Lesebegriffs nimmt, wenn man die Leseformen als eigentlichen Forschungsgegenstand ausweist und damit seinen Verzicht auf die Ermittlung eines Lesebegriffs rechtfertigt.

Sieht man einmal von diesem grundsätzlichen Bedenken ab und versucht zunächst, sich einen Überblick über auftretende Leseformen zu verschaffen, so wird bald klar, daß die Zahl solcher Formen wohl kaum zu bestimmen ist; das liegt nicht zuletzt auch daran, daß kaum Kategorien entwickelt wurden, nach denen man einigermaßen zuverlässige Einteilungen hätte vornehmen können. Die meisten Listen der Leseformen haben etwas Beliebiges an sich, sei es, daß sie einfach einzelne Leseweisen aufzählen, ohne zwischen ›Form‹ und bloßer aktueller Realisierung zu unterscheiden, sei es, daß sie die Formen auf zugrunde liegende Impulse zurückführen, deren Einteilungsart nicht minder willkürlich ausfällt.

In der experimentellen Lesepsychologie begann man schon früh, Typen des Lesens zu unterscheiden. Oskar Messmer hatte bereits 1904 auf Grund tachistoskopischer Untersuchungen einen »objektiven« und einen »subjektiven« Typus entwickelt.[245] Der objektive Typus zeichnet sich aus durch starre Fixation, relativ kleinen Aufmerksamkeitsumfang, Richtung der Aufmerksamkeit nach außen und objektive Treue; der subjektive Typus manifestiert sich in fluktuierender Fixation, relativ großem Aufmerksamkeitsumfang, Richtung der Aufmerksamkeit nach innen und subjektiver Interpretationstendenz. Hieran schließt Ernst Meumann seine ›Lesetypen‹-Unterscheidung an (rasch – langsam, stockend – fließend, Verleser-objektiv

---

[245] Oskar Messmer: Zur Psychologie des Lesens bei Kindern und Erwachsenen. In: Archiv für die gesamte Psychologie 2 (1904), S. 209.

treuer Leser, fixierend – fluktuierend).[246] Solche Einteilungen blieben zwar nicht unwidersprochen,[247] erweisen sich aber im Ansatz als durchaus angemessen, da sie die Belange des Lesens am sorgfältigsten in der Formulierung der Leseformen beachten. Eine auch heute noch lesenswerte Zusammenfassung der Diskussion legte Friedrich Kainz vor; er erweiterte die Lesetypologie über den objektiv-subjektiv-Gegensatz hinaus auf die Antipoden visuell-akustisch-motorisch und rezeptiv-produktiv. Unter Formen des Lesens versteht Kainz insbesondere die Vollzugsformen, bei denen er – einer traditionsvollen Forschungsrichtung folgend[248] – zwischen apperzeptivem bzw. statarischem (auf das Einzelelement, die Schriftgestalt konzentriertem) und assimilativem bzw. kursorischem (auf den Inhalt gerichtetem) Lesen unterscheidet:

> Apperzeptives Lesen wird produziert: 1. von Ungeübten, Unbeholfenen, geistig wenig Regen und Einfallsarmen; 2. sehr gründlichen, kritischen, gewissenhaften, werkhingegebenen und tiefen Naturen. (...) Assimilativ lesen im Sinne der Minusseite die Flüchtigen, Oberflächlichen, zu Konzentration und Versammlung der Aufmerksamkeit Unfähigen; nach der Plusseite die geistig sehr wendigen, rasch auffassenden Personen, deren scharfer Intellekt im Nu mit einer Aufgabe fertig ist und deren weite Aufmerksamkeit stets über die aufgabengesteckten Grenzen hinausschweift.[249]

Natürlich zeigt sich hier auch das Problematische einer Einteilungsweise, die die Leseformen an eine Typologie der Persönlichkeit bindet; gerade in der umsichtigen Abwägung der Vor- und Nachteile bestimmter Leseformen geht zusehends die spezifische Art der Leseleistung verloren, verflüchtigt sie sich in den allgemeinen Formen der Aufmerksamkeit und der geistigen Aufwendung.

Auch die neueren Prozeßtheorien des Lesens sind weithin so formuliert, daß die möglichen Variationen eines modellierten Leseprozesses als Formen des Lesens auffaßbar sind. Erinnert sei nur an die vom Fertigkeitsgrad abhängende Zahl der Verarbeitungsschritte, an die Gegenüberstellung von sukzessiver und paralleler Verarbeitung, an synthetische (vom Einzelnen zum Komplexen) und analytische (vom Komplexen zum Einfachen) Pha-

---

246 Meumann: Vorlesungen zur Einführung in die experimentelle Pädagogik, 3. Bd., 1914, S. 502–505.

247 F. Schumann: Psychologie des Lesens. In: Bericht über den II. Kongreß für experimentelle Psychologie. Leipzig 1907, S. 169. Adolf Hofer: Linguistische und psycholinguistische Überlegungen zum Schriftspracherwerb. In: DFG Probleme des Lese-Schreib-Erstunterrichts. Boppard 1979, S. 70.

248 Julius Zeitler: Tachistoskopische Untersuchungen über das Lesen. In: Philosophische Studien 16 (1900), S. 380–463; die psychologische Begrifflichkeit geht von Wundt aus.

249 Kainz: Psychologie der Sprache, Bd. 4, 1956, S. 265.

senabfolgen, deren modelltheoretische Konkurrenz zu einem Spektrum jeweiliger Vollzugsformen uminterpretiert werden kann.

Die Vollzugsweisen des Lesens bilden nicht die einzige Kategorie, nach der Formen des Lesens ermittelt werden. Auch die Art des Lesestoffs kann dazu herhalten. Kainz erkannte, daß Aufschriften, Titel und ähnliche Kurztexte eine andere Leseaufgabe darstellen als Sätze, Satzfolgen und Texte, so daß jene ein »einfaches«, diese ein »zusammengesetztes Lesen« erfordern. Der Gedanke, daß der Lesestoff die Leseform bedinge und daß sozusagen eine Textsortentheorie zugleich eine Lesetypologie hervorbringen könnte, ist insbesondere im Bereich der literarischen Wirkungsforschung wohlvertraut. Allerdings werfen gerade die literarischen Gattungen hinsichtlich ihrer Rezeptionsimplikate eher neue Schwierigkeiten auf: Das epische Genre nämlich besitzt seinen Rezeptionsfokus nicht etwa nur im Lesen, sondern auch – denkt man an die Erzählsituation im eigentlichen Sinn – im Hören, das Schauspiel läßt die Leseform neben Sehen und Hören allenfalls als abartige Ausnahme (Lesedrama) zu; und auch im Fall des Gedichts pendelt die Aufnahmeweise zwischen Rezitation und stummer Versenkung, beides Formen, die über den Mittelwert des Lesens weit hinausschlagen.

Daß ein Erwachsener anders liest als ein Kind, bedarf keiner besonderen Belege. Das Lesen entwickelt sich – in positiver wie negativer Richtung – ein Leben lang.[250] Es liegt nahe, die hier zu beobachtenden Unterschiede ebenfalls als Formen des Lesens auszuweisen: Lautieren, Erlesen, Vorlesen, operatives Lesen, kritisches Lesen sind solche Formen, die insbesondere im unterrichtlichen Rahmen die Stufen der Leseentwicklung bezeichnen. Die ältere reifungs- und entwicklungspsychologisch orientierte Lesepädagogik suchte ›Lesealter‹ und Lesertypen zu entwerfen, deren Benennung im einzelnen oft vom jeweils ›angemessenen‹ Lesestoff ausging (Identifizierung des Lieblingsbuchs). Titulierungen dieser Art (Märchen-, Robinson-, Heldenalter) können heute zwar nicht mehr gänzlich überzeugen.[251] Doch der entwicklungspsychologische Ansatz in der Erfassung von Leseformen behält gerade zu einer Zeit, in der die semantisch kognitive Steuerung des Leseprozesses immer deutlicher ins Bewußtsein rückt, eine zentrale Bedeutung, mögen auch die Kriterien der Stufenbildung von der reifungs-

---

[250] Zu Recht fordert Alexander Beinlich die Ausweitung der Blickrichtung auf die Leseentwicklung über die gesamte Lebenszeit hinweg. Beinlich: Die Entwicklung des Lesers. In: Baumgärtner (Hg.): Lesen, 1973, S. 174.

[251] A. Beinlich: Über die literarische Entwicklung in Kindheit und Jugend. In: Beinlich (Hg.): Handbuch des Deutschunterrichts, 1970, 2. Bd., S. 885–958. Ders.: »Lesealter«? Die literarische Entwicklung der Kinder und Jugendlichen. In: K. E. Maier (Hg.): Kind und Jugendlicher als Leser. Bad Heilbrunn 1980, S. 13–85.

bedingten zur symbolisch konstruktivistischen Entwicklungstheorie überwechseln.[252]

Ein Hauptgrund, weshalb man derzeit mit Vorliebe von Formen des Lesens spricht, liegt darin, daß man Lesen als intentionsgeleitetes Verhalten ausweist. Wie jedes Verhalten dieser Art ändert auch dieses seine Gestalt mit den wechselnden Absichten, die dem Verhalten zugrunde liegen. Je nach Leseabsicht ergibt sich demnach auch eine besondere Leseform.[253] Nun darf als gewiß gelten, daß die Menge der möglichen Absichten, die der Mensch beim Lesen verfolgt, unbegrenzt ist, so daß es auf dieser kriterialen Grundlage nie zu einer verhältnismäßig überschaubaren Typologie der Leseformen kommen kann. So versuchte man z. B., die Fülle der Absichten wiederum auf Grundprinzipien der Bedürfnisbefriedigung bzw. der Erwartungserfüllung zurückzuführen. Hans Giehrls »Grundantriebe«, deren jeweilige Dominanz bzw. Kombination zu vier Leseformen führt,[254] oder auch Ernst Nündels Lesefunktionen, als Revers zu den von Halliday analysierten Sprachfunktionen formuliert, können hier als repräsentative Beispiele gelten.

Vor allem der Gedanke, die funktionale Betrachtungsweise von Sprache für die Entwicklung von Leseformen nutzbar zu machen, hat etwas Bestechendes an sich. Zu sehr hat sich seit Karl Bühlers Organonmodell der Begriff der Sprachfunktion – besonders im Bereich der Sprachproduktion – bewährt, als daß eine Übertragung auf rezeptive Bereiche nicht lohnend erschiene. Hier öffnet sich ein Forschungsfeld, das auf dem Boden einer funktionalen Analyse der Sprachrezeption wichtige Erkenntnisse für einen umfassend bestimmten Lesebegriff bereitstellen könnte.

Der sich so nennende pragmalinguistische Ansatz allerdings, den Ernst Nündel entwickelt, hat mit einem Entwurf von Formen des Lesens im engen Sinn noch wenig zu tun. Es handelt sich hierbei vielmehr um allgemeinere Verwendungsweisen, Arten des Umgangs, die sich an vielerlei ›Texten‹ und Medien verwirklichen.[255] Sieht man jedoch zunächst von dieser mangelnden Spezifik ab, so geht Nündel durchaus zu Recht vom

---

252 Davis Elkind: Piaget's theory of perceptual development: Its application to reading and special education. In: The journal of special education 1 (1967), S. 357–361.

253 Schon Meumann: Vorlesungen, 1914, Bd. 3, S. 464. Geyer, Kolers: Reading as information processing, 1974, S. 225 und 227. Gibson, Levin: The psychology of reading, 1975, S. 438ff. Julian Hochberg, Virginia Brooks: Reading as an intentional behavior. In: Singer, Ruddell (eds.): Theoretical models, 1976, S. 243. Hochberg: Die Darstellung von Dingen und Menschen, 1977, S. 76–89.

254 Hans E. Giehrl: Der junge Leser. Einführung in Grundfragen der Jungleserkunde und der literarischen Erziehung. Donauwörth 1968.

255 E. Nündel: Zur Grundlegung einer Didaktik des sprachlichen Handelns. Kronberg 1976, bes. Kap. 7, hier S. 111.

Intentionsbegriff aus: In Verständigungssituationen aller Art gilt der Bezug auf die jeweilige Intention als zufriedenstellendes Kriterium des Gemeinten und Verstandenen. Alles hängt aber nun von der Frage ab, wie man solche Intentionen in den Griff bekommt. Lassen sie sich erfragen, beobachten oder erschließen? Doch Nündel scheint solche Fragen nicht für ein vordringliches Problem zu halten. Statt sich an grundlegenden Erkenntnissen über die Verfahren der Intentionsermittlung, wie sie z. B. Anscombe wegweisend entwickelt hat, zu orientieren, heißt es dazu nur lapidar: »Beschreiben lassen sich Intentionen freilich nur von der Wirkung der Sprachhandlung her, wie es ja auch immer eine Wirkung ist, die der Autor intendiert.«[256] Wessen Sprachhandlung ist gemeint, die des Autors oder die des Lesers? Da Nündel Lesen als intentionsgeleitetes Handeln definieren will, müßte eigentlich vom Leser die Rede sein. Gewiß lassen sich Intentionen nicht beschreiben, Wirkungen aber nur dann, wenn sie sichtbar sind. Doch welche Wirkungen der Sprachhandlungen – des Autors oder des Lesers – sind beobachtbar? Und wenn der Autor immer eine Wirkung intendiert, was tut dann der Leser, um sich sowohl intentional zu verhalten als auch im Sinne des Autors zu reagieren? Das unbedachte Wechseln zwischen Intention und Wirkung, später sogar zwischen Intentionsseite und Rezeptionsseite[257] ohne Rücksicht auf den Umstand, daß eigentlich beide Seiten absichtsgeleitet handeln können, führt dazu, daß der Begriff der ›Rezipientenintention‹,[258] der die Formen des Lesevorgangs definieren sollte, zu eng an den Begriff der Wirkungsabsicht des Schreibers rückt. So bleibt unklar, was Nündel eigentlich meint: die Intention des Lesers, die Reaktion des Lesers auf die Intention des Schreibers oder die am Leser sichtbaren Wirkungen seiner eigenen Intentionen? Will Nündel sagen, daß man zwischen Verstehensabsichten und Verstehenswirkungen im Leser selbst unterscheiden müsse? Hier fehlt es an genaueren Hinweisen. Infolge dieser Unklarheit läßt sich an der Liste der Leseformen, die Nündel im Sinn von textlichen Verwendungsweisen aufzählt, nicht erkennen, inwiefern es sich hierbei um die Bildung sprachlicher Pläne im Sinn Miller, Galanter und Pribrams handelt oder um bloße Reaktionen, die durch Signale des Textes, aber auch durch anderweitige Impulse hervorgerufen werden können. Auf diese Weise rücken nicht nur die besonderen Aspekte des Lesevorgangs aus dem Blick, auch die Erklärungskraft des Intentionsbegriffs leidet unter der unscharfen Trennung zwischen Absicht und Wirkung. Nündels Darlegungen enthalten keine Hinweise auf die Natur des Leseprozesses, sie führen

---

256 Ebd., S. 104.

257 Nündel: Zur Grundlegung einer Didaktik des sprachlichen Handelns, 1976, S. 105.

258 Ebd., S. 109.

nur zu der Einsicht, daß sich der Bereich ›Umgang mit Texten‹ in den weiteren Bereich der Verhaltensweisen einbetten läßt.

Der Verflüchtigung des Lesebegriffs in allgemeinere pragmatische Ziele habituellen und motivationalen Ursprungs[259] entspricht denn auch, daß Nündel eine Klärung des Leseprozesses überhaupt nicht anstrebt; irreführend ist in dieser Beziehung die These, daß am »Leseakt (...) in der Regel mehrere Funktionen des Lesens beteiligt« sind,[260] denn der eigentliche Leseakt wurde gar nicht analysiert, er wurde bloß allgemeineren Verwendungsweisen untergeordnet; und selbst dies geschah nicht einmal unter dem Gesichtspunkt des Akts des Lesens, sondern des Akts des Rezipierens. So erfährt man hier wie auch aus einer späteren, gemeinsam mit Werner Schlotthaus verfaßten Untersuchung sehr genau, wie Lehrer mit Texten umgehen, nicht aber, wie Lehrer und andere Menschen Texte lesen.[261] Die Klassifizierung des Lesens als absichtsgeleitete Verhaltensweisen vermittelt so noch keine Einsicht in den Lesevorgang.

Im einzelnen bliebe freilich noch zu prüfen, ob man die Funktionen der Sprachproduktion ohne weiteres auf den Rezeptionsvorgang übertragen darf – Nündel sieht durchaus die Problematik dieses Verfahrens – und ob gerade Hallidays Liste gegenüber der von Jakobson oder anderen der Vorzug zu geben wäre.[262]

Auffallend ist, daß bei solchen funktionalen Aufzählungen die ›informative Leseweise‹ regelmäßig genannt und von anderen Leseweisen unterschieden wird; als Gegensatz erscheint dann oft die literarische, ästhetische oder auch unterhaltende. Diese Einteilungsart behält etwas unangenehm Beliebiges: Sie kann sich nicht auf den Lesestoff beziehen, da Informationshaltigkeit kein Merkmal bestimmter Gattungen ist, sie kann auch nicht die Verwendungsabsicht des Lesers charakterisieren, da sich keine Rezeptionsweise vorstellen läßt, die nicht Informationen verarbeitet. Information ist eine grundlegende Komponente des Leseprozesses und keine Eigenschaft einer bestimmten Leseweise. Der Informationsbegriff liegt zudem auf einer anderen Ebene als etwa der Begriff der Unterhaltung. So läuft der Ausdruck ›informatives Lesen‹ auf den pauschalen Gegensatz hinaus, daß man Nachrichten, Gebrauchsanleitungen und Rezepte mit Informationsabsicht liest, andere Texte aber ohne diese, was entweder nichtssagend oder falsch ist. Wer Leseweisen nach dominanten Absichten einteilen will, sollte nicht darauf verzichten, eine Systematik der Absichten anzudeuten; der bloße

---

259 Ebd.

260 Ebd., S. 114.

261 Ernst Nündel, Werner Schlotthaus: Angenommen: Agamemnon. Wie lehrer mit texten umgehen. München 1978.

262 Vgl. auch Siegfried Behn: Schichten des Sprachverständnisses. In: Sprachforum 1 (1955), S. 104–110.

Superlativ eines »bisher umfassendste[n] typisierungsversuch[s]«[263] bringt keinen Fortschritt in der Sache.

Welche Bedeutung die ›Formen des Lesens‹ auch innerhalb der literaturwissenschaftlichen Diskussion haben können, hat neulich Karl Maurer gezeigt.[264] Er beläßt es allerdings nur bei einem kurzen Hinweis auf die physiologischen und psychologischen Grundlagen der Leseformen und wendet sich dann auf dem Hintergrund kritischer Auseinandersetzung mit der Symmetrievorstellung technischer Kommunikationssysteme den »Kategorien des literarischen Leserverhaltens« zu.[265] Dabei muß schon jetzt auffallen, wie hier unmerklich der thematische Fokus von den Formen des Lesens zu dem Verhalten des Lesers überwechselt – später ist sogar von den »elementare[n] Bedürfnisse[n] des Lesers« die Rede –,[266] eine Verschiebung, die ganz typisch ist für die derzeitige rezeptionsorientierte Forschung. Auch Maurer weitet im übrigen den Lesebegriff auf andere Rezeptionsweisen (Hören, Schauen) aus;[267] auch darin zeigt sich abermals, wie schwierig es ist, die besonderen Probleme des Lesens zu behandeln. Im einzelnen unterscheidet Maurer Kategorien wie Standpunktwahl (point of view), Identifikation, Verlangen nach Lösung und inhaltlicher Aufklärung sowie Bedürfnis nach Orientierung. Damit rücken Aspekte der Darstellungstechnik, Figurenzeichnung, Handlungsführung und Fokusierung in den Vordergrund, diesmal allerdings aus der Sicht des Lesers, der von Fall zu Fall die Art seines Verhältnisses zum Lesestoff festlegt: Er läßt sich ein auf das perspektivisch dargebotene Weltbild oder distanziert sich davon, indem er es ›gegen den Strich‹ liest oder auch nur objektiviert. Er beteiligt sich an der literarischen Konfiguration, indem er im Geflecht von Haupt- und Nebenfiguren, Vor-, Ab- und Gegenbildern aus eigener Initiative sozusagen ein Soziogramm seiner Beziehungen zu den Figuren entwirft. Er erwartet vom Lesestoff nicht nur eine unbestimmte Zahl von Informationsstücken, sondern ein komplettes System von Informationen, eine letztendliche Vollständigkeit dargebotener, fragmentarischer, verhüllter und vorenthaltener, aber bedeutsamer Informationen. Er ist schließlich bereit, gemäß textlicher wie außertextlicher Signale die eigenen Erwartungsregister zu betätigen und für sich selbst eine dispositionale Synchronie mit dem Lesestoff einzurichten.

Soweit also Maurers Vorschlag, Formen des Lesens als elementare Bedürfnisse des Lesers, ja sogar – was etwas zu hoch gegriffen erscheint –

---

263 Nündel, Schlotthaus: Angenommen: Agamemnon, 1978, S. 72.
264 Karl Maurer: Formen des Lesens. In: Poetica 9 (1977), S. 472–498.
265 Ebd., S. 486.
266 Ebd., S. 492.
267 Ebd., S. 483.

als »Transzendentalien jedes Lesevorgangs« zu kennzeichnen;[268] es ist der Versuch einer Synthese von historisch-literarischer Wirkungstheorie und anthropologischer Auffassungskonzeption, speziell entworfen für literaturwissenschaftliche Belange. Die Substanz des Ansatzes freilich ist nicht neu; eine tiefe Forschungstradition, die allerdings den engen Kreis literaturwissenschaftlichen Interesses übergreift, macht sich hier geltend.

Im Rahmen der Gedächtnispsychologie nämlich untersucht man seit je die Frage, was jemand tut, wenn er sich einen Sachverhalt merkt. Daß Verstehensleistungen an die Funktion des Gedächtnisses gebunden sind, bedarf wohl keiner weiteren Belege; aber die Arbeitsweise des Gedächtnisses selbst bleibt weithin kontrovers. Metaphorische Umschreibungen mnestischer Operationen, wie etwa die, daß das Gedächtnis eine Tafel sei, die von den Impulsen der Außenwelt beschrieben oder bedruckt werde, erweisen sich als unangemessen gegenüber den tatsächlich zu beobachtenden Leistungen. Vieles deutet darauf hin, daß das, woran man sich erinnern kann bzw. was man verstanden hat, ein Ergebnis von Bearbeitungs- und Konstruktionsvorgängen darstellt, daß also das Gedächtnis ein funktionelles System ist, dessen Hauptmerkmal nicht nur in der abbildartigen Bewahrung, sondern gleichzeitig in der Zubereitungsfunktion liegt.

Wenn man so will, ist dieser Gedanke nicht gar so neu. Im Jahr 1791 schrieb Beneken recht anschaulich und vor allem mit unmittelbarem Bezug auf das Lesen:

> Das Gedächtnis gleicht dem Magen, den die Natur zur Zubereitung des Nahrungssaftes bestimmt hat. Wenn dieser mit Speisen, auch wenn sie beßter Art sind, noch mehr aber, mit Speisen mancherley und ganz entgegengesetzter Art, überladen wird, daß die die Dauungskräfte übersteigen; so erzeugt sich kein gesunder Nahrungssaft, sondern ein drückender, fremder Brey, der viel Winde und Blähungen erzeugt, und der Geblütsmasse zähe und scharfe Säfte mittheilt, welche dieselben verderben und ein Zunder von vielerley Krankheiten werden, den Leib entkräften, die guten Säfte verzehren und endlich eine gänzliche Zerstörung anrichten. Eben so reich an Krankheiten der Seele ist ein überfülltes Gedächtniß von unverdauten Begriffen.[269]

Die gesunde Funktionsweise des Gedächtnisses hat Lichtenberg beschrieben:

> Nichts erklärt Lesen und Studieren besser als Essen und Verdauen. Der philosophische eigentliche Leser häuft nicht bloß in seinem Gedächtnis an wie der Fresser im Magen, da hingegen der Gedächtniskopf mehr einen vollen Magen als einen starken und gesunden Körper bekömmt; bei jenem wird alles, was er liest

---

[268] Maurer: Formen des Lesens, S. 492.

[269] Beneken: Vielleserey. In: Weltklugheit und Lebensgenuß oder praktische Beyträge zur Philosophie des Lebens, hrsg. v. J. B. Beneken, Hannover 1791, S. 253f.; zitiert nach Dominik von König: Lesesucht und Lesewut. In: Herbert G. Göpfert (Hrsg.): Buch und Leser. Hamburg 1977, S. 100.

und brauchbar findet, dem System und dem inneren Körper, wenn ich so sagen darf, zugeführt, dieses hierhin und das andere dorthin, und das Ganze bekommt Stärke.[270]

»Dem System zuführen«: so lautet das Stichwort einer Gedächtnis- und Verstehensforschung, die mit zunehmender Gewißheit entdeckt, daß ›sich merken‹ und ›verstehen‹ ein konstruktiver Vorgang im individuellen System des Wissens und Sprachvermögens ist.

Otto Selz unterscheidet vier grundlegende Operationen im kognitiven Bereich:[271] 1. eine abbildende Operation, die eine Wahrnehmungseinheit mit einer Gedächtnisspur in Beziehung setzt; 2. eine ergänzende Operation, die eine fragmentarische Rezeptionseinheit mit Hilfe von Gedächtnisbeständen vervollständigt; 3. eine verändernde Operation, bei der bereits vorhandene Gedächtniseinheiten anläßlich neuer Eingaben verändert werden, wobei sich solche Änderungen als Abstraktionen oder Differenzierungen auswirken, und 4. schließlich eine erzeugende Operation, die also eine neue Gedächtniseinheit erst schafft. Ganz deutlich tritt in dieser Aufzählung die aktive, produktive Seite des Gedächtnisses hervor; die Speicherfunktion stellt in diesem Zusammenhang bereits das Ergebnis von unterschiedlichen Bearbeitungsformen dar.[272]

Die konstruktive Leistung des Gedächtnisses hat dann Frederic Bartlett in epochemachenden Experimenten zur Anschauung gebracht.[273] Verstehens- und Gedächtnisleistungen gehen auf dieselbe operative Quelle zurück und bilden nur zwei Aspekte derselben geistigen Arbeit: Wer eine Geschichte versteht und sich deren Inhalt merkt, konzentriert sich auf das Wichtige, unterstreicht dieses womöglich noch durch eigene Hinzufügungen und läßt das, was er für nebensächlich erachtet, fort. Er strukturiert von sich aus das Vernommene, indem er Zusammenhänge, Abläufe und Konstellationen rationalisiert, vor allem dort, wo der Text seinerseits Lücken, Ungereimtheiten oder gar Irrationales enthält; Ergänzungen oder auch Umstellungen in der Reihenfolge, die geeignet sind, eine kausale Verkettung herbeizuführen, gehören hier zu bevorzugten Eingriffen des Verstehenden. Schließlich führt das Verstandene und Gemerkte sozusagen einen Beziehungsindex mit sich, der darüber Aufschluß gibt, wie der Verstehende

---

[270] Lichtenbergs Werke in einem Band. Hrsg. v. Hans Friederici. Berlin 1973, S. 93; Einfälle und Bemerkungen Heft F, Nr. 202.

[271] Otto Selz: Über die Gesetze des geordneten Denkverlaufs. Stuttgart 1913. Den Weg zu Selz wies Walter Kintsch: The representation of meaning in memory. Hillsdale 1974, S. 42f.

[272] Zu berücksichtigen wäre hier auch, was Ernst Cassirer über die »Reproduktion« schreibt; Philosophie der symbolischen Formen, 1. Teil Die Sprache, 1964, S. 23.

[273] Frederic C. Bartlett: Remembering. A study in the experimental and social psychology. (zuerst 1932) Repr. Cambridge 1954, Kap. 5.

sich selbst zu der erinnerten Geschichte verhält, wie er sie einschätzt und welche Rolle er ihr im eigenen Leben zuspricht. Bartlett erkannte, daß Verstehen und Gedächtnisleistung im Zusammenhang stehen mit der Entfaltung und direktiven Wirkung innerer Schemata.

Solche gedächtnispsychologischen Erkenntnisse besitzen eine unmittelbare Relevanz für den Entwurf von Lese- und Verstehenskonzepten. Es wurde bereits sichtbar, welche Bedeutung den Gedächtnisfunktionen (ikonisches und Kurz- bzw. Langzeitgedächtnis) in einer Theorie des Leseprozesses zukommt; auch der sprachliche Verstehensaspekt kann ohne eine Besinnung auf mnestische Leistungen nicht befriedigend beschrieben werden. Die Rekonstruktion der Schemata und ihr Gebrauch wird die Hauptaufgabe eines verstehenstheoretischen Ansatzes sein, wie er in Kapitel 4.2 entfaltet wird.

Die gegenwärtige Gedächtnispsychologie setzt die von Selz und Bartlett formulierten Problementwürfe fort und fragt nach den besonderen Enkodierungsverfahren, die die Gedächtnisleistung ausmachen. Verstehen erschließt sich unter diesem Gesichtspunkt nicht – wie bereits dargestellt – im Funktionsbereich des Dekodierens; denn der Dekodierungsbegriff setzt nur die Existenz eines Sinnbereichs voraus, der als Sammelbecken aller nicht kodierten Nachrichten und solcher, deren Kodierung rückgängig gemacht wurde, gilt. Hier hingegen geht es um die besondere Struktur des Sinnbereichs, die aus der Sicht technischer Informationsübertragung unberücksichtigt bleiben konnte. Im Mittelpunkt steht nun die Konstitution von Gedächtniskodes und die auf sie abzielenden Integrationshandlungen. Wenn es gelingen sollte, sie zu erfassen, dann könnte man auch die Frage nach den Formen des Lesens unter neuen und vor allen Dingen für das Lesen spezifischen Gesichtspunkten stellen. Anders formuliert: Die Struktur des Wissens und die auf diesen Bereich bezogenen Handlungen könnten eine Antwort darauf geben, welche Formen des Lesens sinnvoll zu unterscheiden wären.

Die Diskussion um den Begriff der Formen des Lesens, wie sie soweit verfolgt wurde, spielte sich im Rahmen wissenschaftlichen Fragens und Prüfens ab; es handelte sich um Vorschläge und Beschreibungen, die aus Beobachtungen von Lesevollzügen in Labor, Unterricht und allgemeineren Lesesituationen hervorgingen. Aber es gibt noch eine andere, philosophische Tradition des Reflektierens, in der dasselbe Thema zur Sprache kommt und der Gegensatz von Lesebegriff und Leseformen eine geradezu brisante Zuspitzung erfährt. Gemeint ist der sprachanalytische Denkweg Ludwig Wittgensteins, wo er auf den Gebrauch des Wortes ›Lesen‹ abzielt. Obwohl Wittgenstein ausdrücklich die Verstehenskomponente des Lesebegriffs ausklammert und Lesen hauptsächlich als regelgeleitetes Lautieren betrachtet,[274] kommt er zum Ergebnis, daß es nicht einen einzigen Begriff des Lesens gibt, sondern daß man ›Lesen‹ auf ganz verschiedene Verhaltensweisen bzw. auf unterschiedliche Beschreibungen von Leseverhalten beziehen kann. Darf man in diesen Erkenntnissen einen Beitrag zur Formulierung von Leseformen sehen?

Es muß von Anfang an berücksichtigt werden, daß Wittgenstein keineswegs eine wissenschaftliche Erforschung des Lesebegriffs im Auge hatte; die Analyse des Wortes ›Lesen‹ diente ihm als Beispiel für die sprachlogische Absurdität einer Erklärung, die insbesondere ›Verstehen‹ nicht nur als distinktiven Vorgang identifizierte, sondern auch räumlich, nämlich im Innenraum des Geistes, lokalisierte; nicht Aufschluß über das, was man ›Lesen‹ nennt, gewähren Wittgensteins Beispielanalysen in erster Linie, sondern Einsicht in die Möglichkeiten eines sprachkritischen ›Klärungswerkes‹.[275] Zugleich aber beschreibt Wittgenstein die Gebrauchsweisen des Wortes ›Lesen‹ bedeutend schärfer, als man von einer bloßen Beschreibung des alltäglichen Sprachgebrauchs erwarten möchte; zu speziell, ja sogar psychologistisch fällt die Terminologie aus, als daß man deren paradigmatischen, auch auf den wissenschaftlichen Sprachgebrauch abzielenden Anspruch verkennen könnte.

Wittgenstein fragt, was der Leser tut, wenn er die Buchstaben sieht und die dazugehörenden Laute laut oder für sich ausspricht; vorausgesetzt, dies sei eine hinreichende Paraphrase des Wortes ›Lesen‹, wie man es üblicherweise gebraucht, so interessiert ihn nun insbesondere die Frage, nach welchen Kriterien man gemeinhin entscheidet, ob jemand liest oder nicht. Wittgenstein sucht also nicht das Wesen des Lesens zu bestimmen, sondern Kriterien zu nennen, die der Beobachter eines Lesers zur Identifizierung seines Lesevollzugs anwendet.

> Was geht nun vor sich, wenn er [der Leser] die Zeitung liest? – Seine Augen gleiten – wie wir sagen – den gedruckten Wörtern entlang, er spricht sie aus, – oder sagt sie nur zu sich selbst; und zwar gewisse Wörter, indem er ihre Druckform als Ganzes erfaßt, andere, nachdem sein Aug die erste Silbe erfaßt hat, einige wieder liest er Silbe für Silbe, und das eine oder andre vielleicht Buchstabe für Buchstabe. – Wir würden auch sagen, er habe einen Satz gelesen, wenn er während des Lesens weder laut noch zu sich selbst spricht, aber danach

---

274 Wörtlich heißt es: »Lesen ist hier die Tätigkeit, Geschriebenes oder Gedrucktes in Laute umzusetzen; aber auch, nach Diktat zu schreiben, Gedrucktes abzuschreiben, nach Noten zu spielen und dergleichen.« Ludwig Wittgenstein: Philosophische Untersuchungen. Frankfurt 1977, § 156, S. 99. Einerseits also faßt Wittgenstein ›Lesen‹ sehr eng, andererseits aber auch recht weit. Im folgenden werden die ›Philosophischen Untersuchungen‹ als PhU mit Paragraphangabe zitiert.

275 Wittgenstein: Vermischte Bemerkungen. Eine Auswahl aus dem Nachlaß. Hrsg. v. Georg Henrik von Wright, Frankfurt 1977, S. 43, siehe auch S. 79.

> imstande ist, den Satz wörtlich oder annähernd wiederzugeben. – Er kann auf das achten, was er liest, oder auch – wie wir sagen könnten – als bloße Lesemaschine funktionieren, ich meine, laut und richtig lesen, ohne auf das, was er liest, zu achten; vielleicht während seine Aufmerksamkeit auf etwas ganz anderes gerichtet ist (so daß er nicht imstande ist, zu sagen, was er gelesen hat, wenn man ihn gleich darauf fragt). (PhU § 156)

Denkt man etwa an die besonderen Umstände des Leseunterrichts, so möchte man sagen, daß es Kriterien gibt, nach denen man entscheidet, ob jemand liest, und daß sich diese Kriterien auf einen bestimmten Lesebegriff beziehen, der sich durch ein fest umrissenes Merkmalbündel ausweist und aktualiter als innerer Vorgang in jedem Lesevollzug auszumachen ist. Wittgenstein destruiert diesen Denkweg; er parodiert geradezu die Möglichkeit, aus den einzeln vorzufindenden Vollzugsweisen des Lesens einen Lesebegriff zu destillieren, indem er solche Bemühungen um eine Wesensbestimmung aus Erscheinungen mit der Suche nach einem Artischockenkern vergleicht: »Um die eigentliche Artischocke zu finden, hatten wir sie ihrer Blätter entkleidet.« (PhU § 164)

Anstatt sich die Vielfalt der Leseweisen einzugestehen, fühlt man sich – so argumentiert Wittgenstein – bei der Beschreibung des Gebrauchs des Wortes ›Lesen‹ fälschlicherweise verpflichtet, entweder alle Formen auf einen Nenner zu bringen oder sie auf einen Begriff zu reduzieren oder eine einzelne Form auf Kosten der anderen als authentische Form zu verabsolutieren. »Chimären« (PhU § 94) jagt auf diese Weise nach, wer Lesen bestimmen möchte als »besondere bewußte geistige Tätigkeit« (PhU § 156), als bestimmten Mechanismus (PhU § 156), als »gewisses Erlebnis des Übergangs vom Zeichen zum gesprochenen Laut« (PhU § 157), als automatische Reaktion auf Schriftzeichen (PhU § 157), als »bewußte[n] Akt des Lesens, des Ablesens der Laute von den Buchstaben« (PhU § 159), als »charakteristische Empfindungen« (PhU § 159), als regelhafte Ableitung der Reproduktion von der Vorlage (PhU § 162), als typischen Vorgang, bei dem die ausgesprochenen Wörter in besonderer Weise, nämlich auf dem Weg des inneren Hörens, kommen (PhU § 165), als Erlebnis der »Verursachung unseres Sprechens durch die Wortbilder« (PhU § 169), der Eingebung und Einheit (PhU § 171). Das Ergebnis dieser Revue intuitiver bis wissenschaftlicher Gebrauchsweisen von ›Lesen‹ lautet: »Nicht ein Zug, der in allen Fällen des Lesens vorkäme!« (PhU § 168), wobei der Akzent auf »allen« liegt. »Und so verwenden wir auch das Wort ›Lesen‹ für eine Familie von Fällen.« (PhU § 164) Die Erkenntnis, daß sich ein sprachlicher Ausdruck auf Verschiedenes bezieht, stellt aber bei Wittgenstein einen entscheidenden Schritt zur endgültigen Einsicht dar, daß dieser Ausdruck überhaupt keine Referenzfunktion ausübt, daß es keinen Referenten gibt, der allen Gebrauchsweisen des Wortes ›Lesen‹ zugrunde liegt.

Nun wäre es verfehlt zu behaupten, man könne im Sinne Wittgensteins Formen des Lesens ohne weiteres aus der Beobachtung solcher Situationen gewinnen, in denen der Mensch das Wort ›Lesen‹ verwendet. Diese Art der Beobachtung dient zunächst vielmehr als Schocktherapie für diejenigen, die glauben, hinter jedem ›Lesen‹ verberge sich ein bestimmter gleichbleibender Vorgang. So ähnlich die Einwände gegen die Entwicklung eines einzigen Lesebegriffs klingen, wie sie z. B. Gibson und Levin einerseits, Wittgenstein andererseits hervorbringen, so verschieden bleibt doch deren wissenschaftstheoretischer Ort, dort die Beobachtung verschiedener Lesevollzüge, hier die philosophisch-sprachanalytische Beschreibung des Gebrauchs eines Wortes. Nichtsdestoweniger bringt Wittgenstein in seiner Beispielanalyse terminologisch wie konzeptuell nahezu das gesamte Wissen der Lesepsychologie seiner Zeit zur Sprache; auch heute – das ist das Überraschende – hat sich der Sprachgebrauch der experimentellen Lesepsychologie gegenüber dem von Wittgenstein inaugurierten und kritisierten Wortschatz kaum verändert; offensichtlich sah die Psychologie keinen Anlaß, die sprachanalytischen Warnungen ernst zu nehmen. Schrieb also Wittgenstein in die Luft? Schrieb er vielleicht an der Sache vorbei? Oder sind sprachlogisch bewußter und wissenschaftlich-empirischer Wortgebrauch so inkommensurabel, daß der in beiden Bereichen sich bewegende Wortbenutzer nicht umhin kann, entweder deren Verhältnis zu tabuisieren oder sich fast schizophrenartig spalten zu müssen.

Zusammenfassend läßt sich festhalten, daß es insbesondere vier Argumente gibt, die es nahelegen, die Redeweise von den ›Formen des Lesens‹ einem bloßen Lesebegriff vorzuziehen oder ihm zumindest an die Seite zu stellen. 1. Das Lesen gibt es nicht; wer auf dieser Formulierung beharrt, verfällt leicht – mit den Worten A. N. Whiteheads – in den »Irrtum der Pseudo-Konkretheit.«[276] Was man ›Lesen‹ nennt, bezieht sich auf unterschiedliche Vorgänge. Lesen ist individuell und subjektiv; jeder hat sein eigenes Leseerlebnis. Das Lesen eines Menschen verändert sich je nach Anlaß, Situation, Stoff und geistiger Entwicklungsstufe. 2. Lesen ist ein Prozeß zwischen visueller Rezeption und Denken. Dieser Prozeß umfaßt mehrere Phasen bzw. Stufen, die je nach Bedarf und Fähigkeit schneller bzw. langsamer durchlaufen werden oder die von Fall zu Fall übersprungen bzw. zwischengeschaltet werden. 3. Lesen ist ein konstruktiver Akt, der anläßlich visueller Signale (Lichtwellen) und auf der Grundlage des individuellen, aber regelhaften Sprachwissens bzw. Sprachvermögens abläuft. Lesevollzug und Leseleistung hängen somit vom Vorhandensein, Ausbau und Aktivierungsgrad der am Leseakt beteiligten Faktoren ab. 4. Begriffs-

---

[276] Zitiert nach Joseph Weizenbaum: Die Macht der Computer und die Ohnmacht der Vernunft. Frankfurt 1978, S. 294.

logisch gesehen ist ›Lesen‹ eine Funktion, deren Wert sich erst aus der Besetzung ihrer Variablen ergibt.

Versucht man sich einen Überblick zu schaffen, in welcher Weise die Begriffe ›Lesen‹ und ›Formen des Lesens‹ zueinander in Beziehung gesetzt werden, so ergibt sich folgende Aufteilung. Am verbreitetsten und sehr plausibel ist die Mittel-Zweck-Beziehung: Das Lesen gilt hier als Mittel, als sogenannte Kulturtechnik, das man instrumentell zur Verwirklichung bestimmter Ziele einsetzen kann. Was man dabei unter ›Lesen‹ versteht, läßt sich etwa unter die Stichwörter Alphabetisierung, Beherrschung der graphemisch-phonologischen Korrespondenzregeln oder der Vertrautheit mit der Schrift als einem abgeleiteten Sprachsystem subsumieren. Die Formen des Lesens ergeben sich dann aus der jeweiligen Konkretisierung des intentionalen Verhaltens bzw. der schriftsprachlichen Verständigung. Von der Mittel-Zweck-Beziehung hebt sich die Gleichsetzung von ›Lesen‹ und ›Formen des Lesens‹ ab. Sei es, daß man eine Identität postuliert, sei es, daß man die Formen als Komponenten des Lesens identifiziert, in beiden Fällen verschwindet der Lesebegriff zugunsten einer Liste unterschiedlicher Leseverhaltensformen. So verfährt etwa der funktionale Ansatz. Keine Identität, immerhin aber eine dynamisch gerichtete Staffelung liegt vor, wenn man ›Lesen‹ und ›Formen des Lesens‹ in einem Katalog von Fähigkeitsstufen zueinander in Beziehung setzt. Hier wird kaum mehr unterscheidbar, was noch ›Lesen‹ und was schon ›Leseform‹ ist: Solch ein Katalog könnte mit Lautieren beginnen, sich über Verstehen und Interpretieren fortsetzen und im Legitimieren, Kritisieren oder gar im praktischen Umsetzen des Gelesenen münden. Schließlich spiegelt die terminologische Unterscheidung zwischen Lesen und Formen des Lesens auch den Unterschied zwischen begrifflichem System und aktuellem Vollzug wider. Denkt man etwa an die Theorie der Informationsverarbeitung und an die Modelle des Leseprozesses, so zeigt sich deutlich, daß in dieser Forschungsausrichtung der Lesebegriff ein theorieabhängiges Konstrukt ist, ein heuristischer Entwurf, der bei entsprechend geeigneter Formulierung tatsächlich allen Lesevollzügen, mithin auch allen Formen des Lesens zugrunde liegen könnte bzw. aus der Vielfalt der Leseweisen abstrahiert werden müßte.

Vergegenwärtigt man sich den Verlauf der Diskussion über die Formen des Lesens, so fällt oft unangenehm auf, daß zwar kein Mangel herrscht an der Vielzahl und Mannigfaltigkeit der Leseformen, daß aber selten den besonderen Anforderungen des Lesens Rechnung getragen wird. Was man als Formen des Lesens aufzählt, sind allgemeine Rezeptionsformen oder – noch weiter gefaßt – Verhaltensweisen. Spezielle Formen des Lesens, die also typisch wären für das Lesen oder zumindest für Sprachrezeption allgemein, werden selten genannt. Eigentlich hat hier nur die Wahrnehmungstheorie themenspezifische Arbeit geleistet. Ihre Unterscheidung in apperzeptives und assimilatives Lesen richtet sich auf die besonderen Bedingungen des Lesevorgangs, der Leseaufgabe bzw. des Leseziels. Gibt es aber darüber hinaus weitere genuine Leseformen, die man etwa vom Hören oder Schauen unterscheiden könnte? Daß innerhalb der Lesegeschichte das Lesen bestimmte Funktionen übernommen hat, die zwar prinzipiell auch von anderen Medien hätten getragen werden können, die aber in der jeweiligen historischen Situation eben nur durch das Lesen erfüllt wurden, könnte z. B. eine Möglichkeit darstellen, den spezielleren Formen des Lesens näherzukommen; man denke an Sozialisationsverläufe, deren Richtung allein durch Lektüre bestimmt war, man denke an die vielfältigen Behinderungen persönlicher Entfaltung, gegen die Lektüre oft das zuverlässigste Gegenmittel darstellte. Natürlich handelt es sich hierbei um Gebrauchsweisen, die ins Positive gewendet sind und ebensogut ins Negative hätten ausschlagen können; zur Geschichte der Rettung durch das Lesen läuft die Geschichte der Verführung parallel. Die Versuchung ist groß, unter Formen des Lesens nur das aufzuführen, was als richtige Form anerkannt werden kann; dabei sind die falschen Formen oft die interessanteren, und zwar auch aus der Sicht dessen, der über das Lesen und seine Formen nachdenkt.

Es soll nicht verkannt werden, daß sich der Begriff ›Formen des Lesens‹ in besonderer Weise dafür eignet, eine das ›bloße‹ Lesen und das ›akademische‹ Interpretieren übergreifende Lesekonzeption zu entwickeln. Faßt man solche Formen als Stufungen oder Grade des Lesevermögens, so zeigt sich einerseits, wie unvollständig ein ›reiner‹ Lesebegriff ausfallen muß, andererseits wie sehr die ›höheren‹ Verfahren des Interpretierens vom zugrunde liegenden Lesen abhängen. Es liegt nahe, Differenzierungen dieser Art zugleich als Entwurf einer Rangordnung oder einer Entwicklungsrichtung von Lesetüchtigkeit auszuweisen, die mit dem einfachen Lesen beginnt und zum wissenschaftlichen Interpretieren, flankiert von exakter Analyse und historisch-panoramischem Abriß, aufstrebt; wenn man diesem Vorschlag nicht vorbehaltlos zustimmen kann, so liegt das daran, daß die wissenschaftlichen Spitzen der Leseleistung (auf Grund wissenschaftsgeschichtlicher und methodischer Überlegungen) im hohen Grade variabel und als Ideale oder Ziele des Lesens auch strittig sind, während das einfache Lesen eine Konstante der Sprachverwendung ist und fundamentalen Charakter hat.

Im Zusammenhang von Leseformen wären weiterhin die von Götz Wienold bestimmten Strategien der Textverarbeitung zu erörtern.[277] Auch die Analyse der Quellen von Mißverständnissen gewährt Aufschluß über

---

[277] Götz Wienold: Semiotik der Literatur. Frankfurt 1972.

die Arten der Leseaktivität; erinnert sei hier nur an Heinz Hillmanns empirische Untersuchung von Substitutions-, Transformations-, Assimilations- und Deformationsoperationen sowie an Richards epochemachende Liste der zehn Hauptschwierigkeiten des Textverständnisses.[278]

Vorläufig lassen sich wohl nur Richtungen für eine zukünftige Ermittlung spezifischer Leseformen angeben. Eine Bestimmung solcher Formen des Lesens, die sich auf den Lesevorgang selbst beziehen, sollte davon ausgehen, daß Lesen ein in Ablauf und Dauer vom Leser bestimmbarer sowie beliebig wiederholbarer Prozeß ist. Diese Merkmale grenzen ihn vom Hörverstehen ab. Genauigkeit, Geschwindigkeit, Beginn, Abbruch, Wiederaufnahme und Wiederholung des Lesens stellen nicht nur von außen kommende Verhaltensweisen des Lesers dar, sondern sie sind in der Natur des Leseprozesses verankert. Das Wiederlesen z. B. ist eine altehrwürdige Form des Lesens.

Während des Lesens sieht der Leser eine bestimmte Textstelle, an die vorausgehende muß er sich erinnern, und bezüglich der folgenden hat er gewisse Erwartungen. Diese Grundfigur sprachlichen Verarbeitens überhaupt tritt im Fall des Lesens besonders deutlich hervor; es ist anzunehmen, daß sie verschiedene Formen annimmt.

Die Permanenz der Schriftzüge gibt dem Leser Gelegenheit zu syntaktischen, satzübergreifenden und überhaupt sprachbesonnenen Analysen, zu denen ihm sonst die Zeit fehlt und die im Gespräch sogar unangemessen wären. Das Ergebnishafte der schriftlichen Äußerung, die ständig sichtbare Gegenwart des Kontextes helfen bei der Vermittlung der Teile mit den konzentrisch sich bildenden Ganzheiten. Die Frage, wie der Leser diese Aufgabe löst, könnte auf Formen des Lesens hinführen.

Die Folge der Schriftzeichen dient dem Leser als ›handfestes Modell‹, an dem er seine Semantik durchspielt und erprobt, an dem er den jeweiligen Fokus der Aussage versuchsweise festlegt. Der Leser verändert die lineare Kontinuität der Schriftzüge, indem er das Wichtige hervorhebt und das Nebensächliche außer acht läßt; daß solche Entscheidungen von Lesen zu Lesen verschieden ausfallen können, ist hinlänglich bekannt. Überscharfe Beleuchtung und graduelle Ausblendung, die einerseits bis zu eigenständigen Erweiterungen und Zusätzen, andererseits bis zu gänzlichen Tilgungen führen mögen, lassen sich in jedem Leseprozeß beobachten; schon auf der elementaren Ebene der Buchstaben- und Worterkennung wirken sie sich aus. An solchen operativen Komponenten des Lesevorgangs gilt es anzuknüpfen, wenn man Formen des Lesens benennen will.

---

[278] Heinz Hillmann: Rezeption – empirisch. In: Walter Müller-Seidel (Hrsg.): Historizität in Sprach- und Literaturwissenschaft. München 1974, S. 433–449. I. A. Richards: Practical criticism. Repr. London 1966; vgl. dazu Kap. 4.3 weiter unten.

Ohne ein bestimmtes Ausmaß an Wissen ist Lesen nicht möglich. Lesen vollzieht sich erst auf Grund der Aktivierung des je eigenen Wissensbestandes bzw. unter Bezugnahme auf vorhandene Kenntnisse. Alle Tätigkeiten, die darauf ausgerichtet sind, eine Beziehung zwischen eigenem Wissen und dem anläßlich des Lesestoffs augenblicklich erzeugten Wissen herzustellen, bilden notwendige Komponenten des Leseprozesses. Doch je nach Aufgabe ändert sich deren Anzahl, Ausmaß und Intensität. Die Bandbreite solcher beziehungssetzenden Verfahren ist groß: Sie reicht von affektiver Assimilation über bewußte Verknüpfung bis zu systematischer Integration; sie umschließt die Anverwandlung ebenso wie die affektive Ablehnung und das kritische Lesen gegen den Strich. Der in der Lesepädagogik oft behandelte Gegensatz zwischen identifizierendem und distanzierendem Lesen[279] könnte auf dem Hintergrund der beziehungsstiftenden Akte neu überdacht werden. Die von ihnen hervorgebrachten Unterschiede in Lesevollzug und Leseleistung ließen sich dann vielleicht als Formen des Lesens identifizieren. Dabei ginge es nicht nur um die bloße Feststellung, ob Gewußtes, Erwartetes und Gewolltes eher bestätigt oder widerlegt würden; vielmehr stünden die besonderen Strategien der Aneignung und des Vergleichs mit den eigenen Interessen im Vordergrund, es ginge um die Tendenzen und Widerstände einer solchen Lesearbeit.

Zu welchen Einsichten in den Lesevorgang führt also die Rede von den Formen des Lesens? Der Ausdruck ›Formen des Lesens‹ zeigt die tatsächliche Vielfalt der unterschiedlichen Lesevollzüge an; er macht deutlich, daß Lesen ein aufgaben- und zweckbezogener Vorgang ist, der seine konkrete Gestalt erst durch den Inhalt der jeweiligen Aufgaben und Zwecke erhält. So gesehen, gewänne man für die Formulierung eines Lesebegriffs wenig, wenn man in der Mannigfaltigkeit einzelner Lesevollzüge ausschließlich nach den wiederkehrenden Gemeinsamkeiten suchen wollte; die Einheit des Lesebegriffs muß auf einer theoretischen Ebene entwickelt werden. Die Tatsache freilich, daß Lesen ein Sprachvermögen ist, das ein Leben lang betätigt wird und sich in diesem Leben vielfältig verändert, verleiht auch den Leseformen eine theoretische Relevanz. Dennoch ersetzen sie keine Definition des Leseprozesses. Im Gegenteil, will man spezifische Formen des Lesens ermitteln, so muß man an Komponenten des Leseprozesses anknüpfen können, die bereits in einer Lesetheorie bzw. in einem Lesemodell ausgewiesen wurden; wird dies versäumt, so besteht die Gefahr, daß man nur vage Formen des ›Umgangs mit Texten‹ aufzählt, die mit Lesen recht wenig zu tun haben.

---

[279] Vgl. zuletzt Karl Otto Conrady: Vom Lesen und seinen Schwierigkeiten. In: Gerd Stein (Hrsg.): Schulbuch-Schelte als Politikum und Herausforderung wissenschaftlicher Schulbucharbeit. Stuttgart 1979, S. 101–111.

## 3 Bedeutungstheorie und Lesebegriff

Bis jetzt ging es um die Frage, was der Leser tut oder was in ihm vorgeht, wenn er die Bedeutung eines Lesestoffs erfaßt. Die Aufmerksamkeit der Darstellung richtete sich vornehmlich auf die unterschiedlichen Wege der Bedeutungsgewinnung. Dabei ließ es sich natürlich nicht vermeiden, gelegentlich dem Problem des jeweils zugrunde liegenden oder implizierten Bedeutungsbegriffs nachzugehen; aber dies geschah regelmäßig aus der Sicht der diskutierten Verfahren der Bedeutungsgewinnung. Es mag nun an der Reihe sein, sich dem Bedeutungsbegriff unmittelbar zuzuwenden. Wenn es nämlich Schwierigkeiten bereitete, vom Weg her das Ziel, vom Prozeß her sein Resultat zu beschreiben, so liegt es nunmehr um so näher, umgekehrt vorzugehen und zuerst eine Bestimmung des Zielbereichs anzustreben; von hier aus mögen sich Einsichten ergeben, die schließlich auch auf die Charakterisierung der Wege zum Ziel Einfluß nehmen könnten.

Nun steht der Bedeutungsbegriff im Bereich der Sprachverwendung von vornherein in einer eigentümlichen Verkettung mit einem anderen Begriff, nämlich dem des Verstehens. Man kann ›Bedeutung‹ durch ›Verstehen‹ bestimmen und umgekehrt: Die Bedeutung eines Sprachausdrucks kennen heißt ihn verstehen, und einen Sprachausdruck verstehen heißt seine Bedeutung kennen (natürlich ist ›kennen‹ in diesem Zusammenhang ebenso undeutlich); die beiden Begriffe implizieren sich also wechselseitig, so daß eine verbindende Formulierung wie ›Bedeutungen verstehen‹ bereits tautologisch klingt. Insofern Verstehen eine Angelegenheit der Bedeutungsgewinnung ist, wurden diesbezügliche Aspekte bereits im vorausliegenden Kapitel behandelt; ein nachfolgendes Kapitel wird darüber hinaus das Verstehensthema weiterführen. Vorerst allerdings steht der Bedeutungsbegriff im Vordergrund. Wenn Lesen in seiner semantischen Dimension wesentlich ein bedeutungserzeugender Vorgang ist, so bleibt zu klären, was denn im einzelnen dabei erzeugt wird. Bedeutungen als Resultate des Lesens müssen sich ja irgendwie beschreiben lassen. Um einige Aspekte und Probleme soll es im folgenden gehen.

Das Gebiet der Semantik ist freilich unübersehbar groß. Zudem hat gerade die Semantik wie kaum eine andere Wissenschaft es mit Problemen zu tun, die trotz ihrer jahrtausendealten Geschichte noch nicht gelöst wurden (Synonymie, Referenz). Wer für die Entwicklung eines Lesebegriffs auf klare Antworten von seiten der Semantik hofft, wird enttäuscht feststellen, daß es zwar eine Vielzahl von Möglichkeiten, aber wenig definitive Lösungen gibt.

Die Leseforschung hat sich von der umfassenden Tradition philosophischer und sprachwissenschaftlicher Bedeutungstheorien bislang kaum anregen lassen. Eine dem Erfassen des Leseprozesses wenig dienliche Trennung zwischen der Technik des Lesens und dem Gedanklichen des Bedeutungsverstehens (oder auch Sinnverstehens) bewirkte und rechtfertigte eine forschungsgeschichtliche Arbeitsteilung, in der die einen nur die Anfangsgründe des Lesens und die anderen nur die höheren Stufen der Bedeutungsbildung und Interpretation erkundeten; aber als sprachliches Vermögen läßt sich das Lesen nicht in eine bedeutungslose und eine bedeutungsvolle Phase aufteilen. Da man dies weithin übersehen hat, ergibt sich die sonderbare Situation, daß Aspekte der Bedeutung in der Lesetheorie ebenso flüchtig und vage zur Sprache kommen wie Probleme des Lesens in Semantik, Verstehenslehre und Interpretation.

Gerade der von der Interpretationswissenschaft gemeinte Bedeutungsbegriff hat im Laufe seiner Geschichte vielfältige Begründungen aus unterschiedlichen Richtungen erfahren: Theologie, Altertumskunde, Rechtswissenschaft, philosophische Hermeneutik und Wissenschaftstheorie legten die Fundamente für die Entwicklung eines Bedeutungs- und Sinnkonzepts, das in den Humanwissenschaften, nicht nur in der Literaturwissenschaft, eine zentrale, wenn auch umstrittene Rolle einnimmt. Angesichts so zahlreicher Legitimationsbemühungen fällt es besonders ins Auge, daß der Vorgang des Lesens selbst und die Erkenntnisse über ihn nicht dazu verwendet wurden, das Konzept der durch Interpretation zu gewinnenden Bedeutung weiterzuentfalten. Zwar gibt es durchaus eine Tradition der Leseerziehung, die über die Belange des Erstleseunterrichts hinausgeht;[1] diese jedoch lehnte sich, statt vor allem von Erkenntnissen und Gedanken über den Leseprozeß auszugehen, mit Vorliebe an die Entscheidungen des literaturwissenschaftlichen Bezugspartners an, der seinerseits das bloße Lesen nicht mehr bedenkenswert fand. Auch der heutige lesergeschichtlich orientierte Zweig der Literaturwissenschaft wirft nur zögernde Blicke in Richtung auf das Lesen und bevorzugt eher sozialhistorische Auskünfte über das Leserverhalten, statt den Lesevorgang in seiner vollen sprachlichen Dimension zum Ausgang der Untersuchung zu wählen. Man hat in neuerer Zeit dem Interpreten vorgeworfen, er tue bei seiner Arbeit nichts anderes als der normale Leser auch; der Vorwurf diente als Kritik an der Interpretationspraxis, insofern diese es hauptsächlich mit der Ermittlung von Bedeutungen

[1] Vgl. Albert Daur: Der Weg zur Dichtung. Lesen als schöpferisches Empfangen. München 1933. Johannes Pfeiffer: Wege zur Dichtung. Eine Einführung in die Kunst des Lesens. Hamburg 1952.

zu tun habe. So sehr also hat sich die Trennung zwischen Interpretieren und Lesen im allgemeinen Bewußtsein gefestigt, daß allein der Verdacht einer Verwandtschaft zwischen beiden zur Abfertigung ausreicht. Besteht Wissenschaftlichkeit darin, daß man aus dem Interpretieren das verbannt, was im Lesen das Entscheidende ist? Gewiß legt die Wissenschaft wert auf Genauigkeit und reduzierte Beliebigkeit; aber dies hat überhaupt nichts mit der Frage nach der Bedeutung eines sprachlichen Ausdrucks zu tun; nach dieser muß der Interpret genauso fragen wie der Leser, und die Genauigkeit ihrer Antworten ist eine sprachliche Genauigkeit. Ein Lesebegriff ohne Bedeutungskomponente erweist sich als unbrauchbar, noch mehr: er läßt sich im Modell nicht einmal realisieren; die interpretationswissenschaftliche Begriffsbildung sollte hinter dieser Erkenntnis nicht zurückbleiben.

Noch ein anderes gilt es kurz zu bedenken. Die allgemeine Erkenntnis, daß ein Sprachzeichen grundsätzlich eine Bedeutungskomponente enthält, daß sprachliche Ausdrücke nur hinsichtlich ihrer Bedeutungshaltigkeit sinnvoll erfaßt werden können, bewirkte eine Mißachtung der internen prozessualen Seite der Bedeutungsgewinnung, da man ja überzeugt war, daß beides immer zugleich gegeben sei. Das zeichenlogische Argument der Konsubstanzialitätsthese, die besagt, daß jedes Wort notwendigerweise eine Bedeutung habe, verstellte die Frage nach dem, was im Menschen vorgeht, wenn er Sprache versteht, bzw. was er hervorbringt, wenn er verstanden hat.

Eine Leseforschung ohne Bedeutungsbegriff kommt zu unzureichenden Ergebnissen. Sie kann weder den Ablauf des Lesens zufriedenstellend erklären noch über den Erfolg einer Lesebemühung urteilen. Immer rückt als entscheidende Instanz die Bedeutungsfrage in den Blickpunkt. Der Literaturbericht von Irene Athey, der sich genau diesem Punkt zuzuwenden scheint, verfehlt dann doch das Thema, indem er statt der angekündigten semantischen Modelle bloß Gedanken von Goodman und Ruddell vorstellt.[2] Weit informativer berichtet dagegen der von Massaro herausgegebene Sammelband.[3] Welche Hilfen also bietet hier die wissenschaftliche Bedeutungslehre für eine Fundierung des Lesebegriffs. Was antwortet sie demjenigen, der danach fragt, was Bedeutung ist?

Um die Klärung des Bedeutungsbegriffs bemühen sich Philosophie, Sprachwissenschaft und Psychologie in wechselseitiger Beeinflussung.[4] Je

---

[2] Irene J. Athey: Language models and reading. In: Davis (ed.): The literature of research in reading, 1971, sec. 6, S. 3–99.

[3] Dominic W. Massaro (ed.): Understanding language. An information-processing analysis of speech perception, reading, and psycholinguistics. New York 1975.

[4] Danny D. Steinberg, Leon A. Jakobovits (eds.): Semantics. An interdisciplinary reader in philosophy, linguistics and psychology. Cambridge 1971. Eugene A. Nida: Componential analysis of meaning, an introduction to semantic structures. The Hague 1975.

nach wissenschaftlicher Ausrichtung rückt Bedeutung in die Problemfelder der Begriffe Sinn, Wahrheit, Begriff, Regel, Verhaltensgewohnheit.

Der philosophisch-logische Bedeutungsbegriff umkreist seit alters vor allem den Referenzaspekt eines sprachlichen Ausdrucks: Worauf bezieht sich ein Ausdruck, welchen Realitätsstatus haben die beiden Bezugsteile, in welcher Weise vollzieht sich der Bezug, und unter welchen Bedingungen ergibt sich der Wahrheitswert eines Satzes, der referierende Ausdrücke enthält? Der Referenzaspekt betrifft natürlich nur bestimmte Wortarten (Nomen und ›Namen‹) und Satzmodi (assertorischer Aussagesatz) und vernachlässigt die anderen sprachlichen Möglichkeiten; darauf haben Vertreter der Philosophie der Alltagssprache hingewiesen, wobei sie ihrerseits dazu neigten, das Modell der funktionalen Wortarten (Konjunktion, Präposition, Negation) in den Vordergrund ihrer Bedeutungstheorie zu stellen. Die logische Bedeutungsdiskussion erfährt eine Zuspitzung in der Frage, wie sich referentielle von nicht-referentiellen, im weiteren Sinne synkategorematischen Ausdrücken unterscheiden lassen.

Die Sprachwissenschaft sieht in der Ausarbeitung der Struktur des sprachlichen Wissens und in den regelhaften Beziehungen dieses Wissens zu den akustischen (Sprachlaut) und optischen (Schrift) Elementen ein wesentliches Ziel ihrer Bemühung; sie versucht darüber hinaus, ein Fundierungsverhältnis zwischen den voluntativen, affektiven und intellektuellen Aspekten der Sprachverwendung und den regulären Aspekten des Sprachsystems zu formulieren. Im einzelnen wendet sich die Sprachwissenschaft insbesondere den paradigmatischen und syntagmatischen Bedeutungsbeziehungen zu: Welche Struktur besitzt der einzelsprachliche Wortschatz, gibt es eine Bauform sprachlicher Bedeutungen, welche Schichtungen der Wortbedeutung lassen sich erkennen (Denotation, Konnotation, Assoziation), und welche Regeln organisieren die Verkettung linearer Wortbedeutungsfolgen zu Satz- und Textbedeutungen?

Das psychologische Interesse an der Bedeutungslehre richtet sich auf die Frage, was ein Mensch ›tut‹ oder ›hat‹, wenn er Bedeutungen erzeugt, um sie auszusprechen oder zu verstehen. Auf dem Hintergrund einer behavioristischen Psychologie gestaltet sich dieses Tun und Haben als Reagieren im Sinn bedingter Reflextheorie und als Entfaltung von Reaktionsdispositionen; auf dem Hintergrund einer kognitiven Psychologie stehen die beiden Ausdrücke Tun und Haben für die Entfaltung eines inneren Modells der Außenwelt und für die Operationen, die an diesem Modell und, vermittels dieses Modells, an der Außenwelt ausgeführt werden. Zwischen behavioristischem und kognitivem Ansatz liegt jene Auffassung, die Bedeutung als das charakterisiert, woran man denkt, wenn man ein Wort hört oder sieht, oder die Bedeutung als Gesamtheit der mit dem gehörten Wort assoziierten anderen Wörter definiert. Bedeutung steht hier für Gedanke, Idee, Assoziation und Vorstellung, deren Zustandekommen – je nach wissenschaftstheoretischer Entscheidung – eher reaktiv oder eher konstruktivistisch erklärt wird. Einen Einblick in die psychische Strukturierung des sprachinhaltlichen Bereichs vermitteln schließlich auch Untersuchungen über die neurophysiologischen Grundlagen der ›semantischen Felder‹,[5] die, wenn es gelingen sollte, ihre Verzweigung verläßlich zu kartographieren, einen wesentlichen Beitrag zur Bestimmung der leserspezifischen Bedeutung einer Textstelle darstellen.

Die interdisziplinäre Situation der gegenwärtigen Semantik läßt eine scharf umrissene fachliche Gliederung des Problemfeldes kaum noch als ratsam erscheinen, so daß etwa Titulierungen wie der philosophische oder sprachwissenschaftliche Bedeutungsbegriff relativ vage bleiben; immerhin aber hielt es Hans Hörmann noch im Jahr 1976 für geboten, eine ›psychologische Semantik‹ ausdrücklich vorzustellen. Eine psychologische oder psycholinguistische Semantik scheint auch für die Entwicklung eines Lesebegriffs relevant zu sein; doch gilt es zugleich, die anderen wissenschaftlichen Traditionen im Auge zu behalten, zumal der psycholinguistische Sammelbegriff – das zeigt sich gerade auch bei Hörmann – Vielerlei und Heterogenes unter sich vereinen kann.[6]

Entscheidende Impulse könnten von einer anderen, in der Semantik üblich gewordenen Sichtungsweise ausgehen. Bedeutungstheoretische Ansätze werden nunmehr mit zunehmender Intensität auf der Grundlage fragelogischer Überlegungen gesichtet und sogar bewertet; solche Überlegungen betreffen die Art der wissenschaftlichen Problemstellung, unter der das Bedeutungsthema angegangen wird: Demnach läßt sich eine platonistische von einer operationalen Richtung in der Semantik unterscheiden, wobei die platonistische typischerweise nach dem fragt, was Bedeutung ist, und mit diesem Fragemuster bereits die (eigentlich erst zu beweisende) Existenz einer Bedeutungseinheit voraussetzt, während die operationale dies gerade nicht tut, sondern die aktuelle Sprachverwendung im besonderen und den lebensförmlichen Zusammenhang im allgemeinen zum Kriterium je zweckorientierter Bedeutungsverleihungen erhebt.[7] S. J. Schmidt faßt diese Problemsituation so zusammen:

> Sobald man Sprache nicht in erkenntnistheoretischer Abstraktion allein auf ihren epistemischen Aspekt reduziert und sie (...) primär unter namentheoretischen Zeichenaspekten (gemäß einem Denotationsmodell) betrachtet, lauten die spezifischen Fragen einer sprachphilosophischen Semantik nicht: Was ist Bedeutung? Womit kann ›Bedeutung‹ gleichgesetzt werden?, sondern:
> Wie kommt es zu dem, was wir ›Bedeutungen‹ nennen?

---

[5] A. R. Luria: Basic problems of neurolinguistics. The Hague 1976.

[6] So die psychologistische Interpretation des späten Wittgenstein und des Logikers Kasimir Ajdukiewicz bei Hörmann.

[7] Adam Schaff: Einführung in die Semantik. Frankfurt 1969, S. 196ff.

Wie fängt ein Sprecher es an, Sprache als System von paarigen Einheiten (Realfaktor + Lautfaktor) funktionieren zu lassen?
Wie kommt ein Ausdruck zu seiner Bedeutsamkeit/sozialer Relevanz; was ist als Bedeutung eines Ausdrucks anzusprechen?
Welches sind die Voraussetzungen, Bedingungen, Erscheinungs- und Beschreibungsmöglichkeiten von sprachlich konstituierten Bedeutungen?
Unter welchen und wie vielen Aspekten muß man sich dem Phänomen der Bedeutsamkeit von Sprachäußerungen nähern?
Gibt es eine exakte Beschreibung(sweis)en von Bedeutungswerten?[8]

Der wertende Anspruch einer solchen forschungsmethodischen Aufteilung scheint auf der Gewißheit zu gründen, daß jede Frage nach dem, was Bedeutung sei, als gegenstandslos oder irreführend betrachtet werden müsse;[9] denn sie führe mit Notwendigkeit zu einer Ontologisierung des Bedeutungsbegriffs, deren Verfehltheit seit Wittgenstein offen zutage läge. Wenn diesen Warnungen zum Trotz hier dennoch die Frage nach der Bedeutung ohne die empfohlene fragelogische Entscheidung gestellt wird, so liegt das daran, daß es von vornherein nicht einzusehen ist, weshalb die Ontologisierung eines Begriffs einen grundsätzlich zu meidenden Denkweg darstelle. Ebensowenig muß eine Antwort auf die Frage nach dem, was Bedeutung sei, notwendigerweise zur Ontologisierung führen; gerade wenn man sich daran erinnert, daß ein hervorstechender Zug gegenwärtiger Semantik darin liegt, Fragen nach der Bedeutung sprachlicher Ausdrücke auch im Rahmen intensionaler Logik zu behandeln,[10] wird man das Ontologisieren nicht als vordringliche Gefahr fürchten müssen, wie dies im Rahmen einer auf extensionaler Logik ruhenden Semantik der Fall sein könnte. Fragelogische Argumente eignen sich ohne Zweifel dazu, Forschungsergebnisse von Anfang an zu kritisieren bzw. zu relativieren. Doch sollte man dabei nicht übersehen, daß diese Argumentationsform grundsätzlich Bedingungen und Grenzen eines jeden Fragetyps anzeigen; nicht nur die platonistische, sondern auch die operationale Fragestellung, die sich als willkommene, weil voraussetzungslose Alternative anzubieten schien, steht, von hieraus gesehen, unter Legitimationsverpflichtung.

Überlegungen dieser Art spielen durchaus auch bei dem Bemühen um eine semantische Fundierung des Lesebegriffs eine Rolle. Die Diskussion der verschiedenen modelltheoretischen Entwürfe führte ja zu einer ähnlichen Problemstellung, wie sie der allgemeine fragelogische Ansatz hervor-

[8] Siegfried J. Schmidt: Bedeutung und Begriff. Zur Fundierung einer sprachphilosophischen Semantik. Braunschweig 1969, S. 49.
[9] A. Schaff: Einführung in die Semantik, 1969, S. 200f. Vgl. auch Pieter A. M. Seuren: Zwischen Sprache und Denken. Ein Beitrag zur empirischen Begründung der Semantik. Wiesbaden 1977, S. XIV, Anm. 5.
[10] Hartmut Kubczak: Das Verhältnis von Intension und Extension als sprachwissenschaftliches Problem. Tübingen 1975. Noam Chomsky: Reflections on language. New York 1975, S. 235f., Anm. 33. Siehe auch die Arbeit von Seuren.

bringt: Ist es überhaupt sinnvoll und möglich, in einem Modell des Lesens eine semantische Komponente oder einen spezifischen semantischen Prozeß genau anzugeben, oder richtet sich die Frage nach der Bedeutung grundsätzlich auf einen funktionellen Zusammenhang, der nicht auf der Ebene der konkreten Komponenten und Teilprozesse zu identifizieren ist. Mehr noch: Wenn Bedeutung sich tatsächlich als »*relationaler* Begriff« erweisen sollte, »der stets auf Intersubjektivität und operationale Allgemeinheit (in der Applikation von Sprache)« verweist,[11] dann wäre zu vermuten, daß ein Modell des Lesens allein noch keinen hinreichend vollständigen semantischen Funktionszusammenhang enthalten könnte, sondern daß dieser sich erst in der Interaktion von Schreiber und Leser bzw. in der Interaktion der Leser untereinander ergäbe. Aber gerade diese interaktive Komponente kann beim Lesen völlig entfallen; ja es ist der Normalfall, daß sie nicht zum Zuge kommt. So stellt der Lesevorgang an die Bedeutungstheorie besondere Ansprüche, die diese mit einem bloßen Hinweis auf Interaktionszusammenhänge nicht beantworten kann.

In gegenwärtigen semantischen Überlegungen setzen sich zunehmend begriffshierarchische Aufteilungen des Bedeutungsbegriffs durch. Man bezieht sich gern auf zeichentheoretische, interaktionale und kognitive Grundlagen und entwickelt von daher den jeweiligen Bedeutungsbegriff aus der Art seiner Lage in der Struktur des Zeichens, aus seiner Wirkungsweise in Interaktionen oder als Stufe des Denkens; Bedeutung erweist sich so als Teil des semiotischen Dreiecks oder Trapezes,[12] als Kriterium in Verständigungssituationen, die eine partnerbezogene Zweck-Mittel-Entscheidung erfordern, und als Aspekt des sich herausbildenden geistigen Vermögens, in Sprache Handlungen vorwegzunehmen, zu ersetzen und zu interpretieren.

Angesichts dieser komplexen Problemlage semantischer Forschungsrichtungen fällt es nicht leicht zu entscheiden, an welcher Stelle ein Lesebegriff sinnvollerweise ansetzen könnte. Es lassen sich unterschiedliche Möglichkeiten vorstellen, die aus der Sicht des Lesebegriffs etwa so formuliert werden können: 1. Bedeutung ist das Ergebnis des Lesens. Als Resultat eines Prozesses manifestiert es sich auch in irgendeiner Form, und um zu erfahren, was Bedeutung ist, müßte man dieses Ergebnis in seiner beobachtbaren Gestalt beschreiben. 2. Bedeutung ist Zweck und Ziel des Lesens. Als ein Aspekt des Wollens weist sie auf den motivationalen Ursprung des Lesens zurück und auf den erwünschten Zielzustand voraus; die Frage nach der Bedeutung würde jetzt zugleich eine Antwort auf das

---

[11] Schmidt: Bedeutung und Begriff, 1969, S. 49.

[12] Kurt Baldinger: Semantic theory. Towards a modern semantics. Oxford 1980. Erika Fischer-Lichte: Bedeutung. Probleme einer semiotischen Hermeneutik und Ästhetik. München 1979.

Warum, Wozu und auf das Ideal des Lesens geben. 3. Bedeutung ist eine Schwierigkeit des Lesens. Sie markiert die Stelle eines Lesetextes, an der der Leser nicht weiterkommt, die er überspringt oder flüchtig beachtet oder bei der er nachfragt. Bedeutung würde hier das Maß der Diskrepanz zwischen potentieller und aktueller Leseleistung bezeichnen, sie würde den Unterschied zwischen wiederholtem und einfachem, konzentriertem und oberflächlichem, interpretierendem und gedankenlosem Lesen sichtbar machen. 4. Bedeutung ist eine vom Leser vorausgesetzte Funktion der Schrift. Nach der Bedeutung zu fragen heißt nun zu ermitteln, wer den Text verfaßt hat, wofür die Schrift steht, wovon sie Ausdruck ist und was sie bezwecken soll. Es heißt zugleich davon auszugehen, daß das Subjekt des Lesens ein sprachvermögender Mensch und kein die Schrift kopierender (ablichtender) und konservierender Apparat ist und daß deshalb die Definition von Bedeutung eine anthropologische Komponente enthalten muß.

Aus der Vielfalt möglicher Bestimmungen des Bedeutungsbegriffs seien im folgenden drei Aspekte herausgegriffen. Sie verdeutlichen die Vielschichtigkeit des Bedeutungsproblems und zeigen die Schwierigkeiten an, mit denen eine semantikorientierte Leseforschung rechnen muß.

## 3.1 Das Wörterbuch als Modell für das, was Bedeutung ist und wie man sie gebraucht

Sowohl Bedeutungstheorie als auch Leseforschung wählen mit Vorliebe die Struktur des Wörterbuchs als Erklärungsmodell für den Bedeutungsbegriff und für die semantischen Vorgänge ›im Kopf‹ des einzelnen Menschen. Auf der Grundlage des Wörterbuchmusters definiert sich Bedeutung als das, was rechts vom Lemma, dem Stichwort, steht. Die Rede von der Bedeutung eines sprachlichen Ausdrucks bezieht sich auf den Umstand, daß es möglich ist, diesen Ausdruck mit einem anderen gleichzusetzen, ihn durch einen bekannten zu ersetzen, ihn mit vertrauteren Worten zu paraphrasieren, ihn in die Primär- und Muttersprache zu übersetzen oder ihn der eigenen, internen Semantiksprache anzuverwandeln; ein Ausdruck hat Bedeutung, wenn er auf Bilder, Definitionen und Erfahrungsschemata, die den Lebenszusammenhang widerspiegeln, verweist. Rechts vom Lemma steht die Liste seiner Gebrauchsbedingungen und Analyseverfahren.

Ein Wort verstehen, seine Bedeutung erzeugen, heißt nachsehen, ob es im eigenen inneren Wörterbuch enthalten ist.[13] Das Stichwort, unter dem man sucht, ist z. B. die orthographische bzw. phonologische Repräsentation des Wortes, wie es klanglich bzw. sichtbar existiert. Ein Gleichheitszeichen

---

[13] Philip B. Gough: The structure of language. In: D. D. Duane, M. B. Rawson (eds.): Reading, perception and language, 1975, S. 23.

oder ein Pfeil vermitteln – modelltechnisch gesprochen – zwischen orthographischer Repräsentation und ihrer Bedeutung; letztere nennt man jetzt auch semantische Repräsentation; sie ist die Form des sprachlichen und allgemeinen Wissens.

Die Art des Wörterbuchs – ob es sich also um ein einsprachiges, zweisprachiges oder Bildwörterbuch handelt – legt alsdann den psychischen Status der Bedeutung fest und entscheidet, ob Bedeutungen sprachlicher, begrifflicher, logischer oder bildlicher Natur sind; davon hängt die Notationsweise der semantischen Repräsentation ab.

Die Anordnung der orthographischen Repräsentationen wird wahrscheinlich nicht dem alphabetischen,[14] sondern eher hierarchischen und anderen dominanzsetzenden Prinzipien folgen; dabei mögen individuelles Sprachwissen, besonders aber persönliche Erfahrungen und Bedürfnisse (die Ordnung der Wörter gemäß ihrer Vorkommenshäufigkeit, ihrer Erwerbsreihenfolge und Distribuierbarkeit sowie gemäß ihrer Relevanz in elementaren Lebenssituationen) die Anordnung des Wort-Bedeutung-Schatzes wesentlich beeinflussen.[15] Man kann die Ordnungsgrundsätze eines solchen mentalen Wörterbuchs und die Techniken seines Gebrauchs mit der Anlage von Bibliotheken vergleichen, die sich einerseits sachorientiert, andererseits adressatenspezifisch aufgliedern; wer in diesem System etwas sucht, hat verschiedene Möglichkeiten (im Fall der Bibliothek stehen ihm mehrere Katalogarten zur Verfügung). Doch streng genommen, führt dieser Bibliotheken-Vergleich schon zu einer Erweiterung, wenn nicht gar zu einer Kritik am Wörterbuch-Modell, denn Wörterbücher sind eben nicht so wie Bibliotheken aufgebaut; auf diesen Sachverhalt hat Kenneth Forster zu Recht aufmerksam gemacht, indem er die psychologische Notwendigkeit hervorhob, daß die Bedeutungen von Wörtern nicht nur auf einem einzigen, sondern auf verschiedenen Wegen erreicht werden können und müssen.[16] Bleibt man zunächst jedoch noch im Rahmen des Wörterbuch-Modells, so muß man weiterhin erklären können, wie die Bedeutungen gefunden werden. Dies kann wohl nur bildlich oder ›technisch‹ formuliert werden; so sagt man, das jeweilige Ausfindigmachen der gesuchten Bedeutung falle einem ›Finger‹ zu, der die passende semantische Repräsentation zu entdecken habe.[17] Wenn dieses Verfahren mechanisch funktionieren

---

[14] Vgl. dazu auch Kenneth I. Forster: Accessing the mental lexicon. In: R. J. Wales, E. Walker (eds.): New approaches to language mechanisms, 1976, S. 266f.

[15] Die Gedächtnispsychologie pflegt zwischen Reihenbildung, Kategorisierung und beziehungshaltiger Vorstellung zu unterscheiden, wenn sie die Arten der Gedächtnisorganisation beschreibt; dazu Alan D. Baddeley: Die Psychologie des Gedächtnisses, 1979, S. 321.

[16] K. I. Forster: Accessing the mental lexicon, 1976, S. 276.

[17] Robert C. Calfee: Memory and cognitive skills in reading acquisition. In: D. D. Duane, M. B. Rawson (eds.): Reading, perception and language, 1975, S. 62.

soll, so muß selbstverständlich eine Eins-zu-eins-Beziehung zwischen den Eintragungen bestehen.

Die Richtung der weiteren Überlegungen hängt nun von der Frage ab, welches Ausmaß eine solche orthographische Repräsentation besitzen soll. Wiederum eignet sich das Muster des Wörterbuchs gut dazu, die weiterreichenden Implikationen sichtbar zu machen, zu denen eine Bestimmung der Länge der orthographischen Repräsentation führt; auch besteht ein Zusammenhang zwischen ihr und der Genauigkeit, mit der eine Bedeutung für ein Stichwort eingetragen ist. Ein Lexikon, dessen linker Teil aus Einzelwörtern besteht, unterscheidet sich strukturell und funktional von einem Lexikon, dessen linker Teil aus Idiomen oder gar Redesituationen (in der Art eines Touristenwörterbuchs) besteht: Mit der jeweiligen Länge des Lemmas verändert sich auch die semantische Eintragung (Wort-, Satz- und Textbedeutung), zugleich wächst auch der Grad der syntaktischen Definiertheit, der ja in bloßen Wort-Wörterbüchern noch keine Rolle spielt; die Erklärung eines Idioms sieht anders aus als die Erklärung eines einzelnen Wortes, und die Zuordnung einer Dialogfolge zu einer Sprachverwendungssituation (›Im Restaurant‹) zeigt eine andere Wörterbuchstruktur als eine Liste, die bloß einzelne Stichwörter enthält und deshalb zusätzliche Auskunft über die semantischen Änderungen einer Wortbedeutung im Satzverbund geben muß.[18]

Es gehört schließlich zum gewohnten Bild eines Wörterbuchs, daß die Eintragungen rechts vom Lemma oft umfassender ausfallen als das jeweilige Stichwort selbst. Innerhalb solcher Eintragungen gibt es deshalb Untergliederungen und weitere Verweise auf Eintragungen unter anderen Stichwörtern. Beide Gesichtspunkte lassen sich nicht aus dem Konzept eines mentalen Wörterbuchs ausschließen, bedingen aber dessen eigentliche Problematik, indem sie die strikte Eins-zu-eins-Beziehung der Eintragungen auflösen und damit die Idee einer mechanisch-automatischen Zuordnung widerlegen. Die Kriterien für die Untergliederung in den semantischen Eintragungen stammen – forschungsgeschichtlich gesehen – aus der Theorie der semantischen Merkmale, aus kasussemantischen Ansätzen, Verfahren der lexikalischen Dekomposition sowie Erkenntnissen über die Mechanismen der Wortassoziation. Diese Forschungsrichtungen geben nicht nur Auskunft über die mögliche Gestalt der Bedeutungseintragungen, sondern

---

[18] Forster (Accessing the mental lexicon, 1976, S. 280) erkennt, daß es für das Satzverständnis nicht ausreicht, ein mentales Wörterbuch mit semantischen Querverweisen anzunehmen, sondern daß es dafür erforderlich ist, von einer internen Repräsentation von Situationen auszugehen, die bei der Verknüpfung von Wortbedeutungen im Satzverständnis die jeweilige Richtung angibt. Dieser Ansatz weist bereits auf die rahmentheoretischen Aspekte eines späteren Kapitels (4.2) voraus.

auch über die Schritte, die innerhalb einer Eintragung zum festgesetzten Ziel führen. Die Leseforschung hat z. B. die Theorie der semantischen Merkmale bereitwillig aufgegriffen, um mit ihrer Hilfe die Struktur des inneren Lexikons, an dessen psychologischer Relevanz sie festhalten wollte, zu erklären[19].

Wenn das mentale Wörterbuch im Modell des Verstehensprozesses die ihm zugeschriebene Funktion ausüben soll, so muß die angedeutete Asymmetrie zwischen der linken und der rechten Eintragung behoben werden. Ein Wörterbuch ohne eindeutige Zuordnung ermöglicht zwar irgendeine Bedeutungsgewinnung, erklärt aber nicht die automatische und genaue Entdeckung einer bestimmten Bedeutung. Für die Beseitigung der problematischen Asymmetrie bieten sich zwei Möglichkeiten an: Man reduziert die Bedeutungsvielfalt einer orthographischen Repräsentation auf eine abstraktere gemeinsame Bedeutungsstruktur; damit bleibt die Eindeutigkeit der verweisenden Funktion erhalten, aber die Überführung der so gewonnenen allgemeinen Bedeutungsstruktur in die textlich bedingte oder konkret gemeinte Bedeutung verlangt nunmehr eine zusätzliche Erklärung, die über das mit Hilfe des Wörterbuch-Modells Charakterisierte hinausgeht; so gesehen, genügt es nicht zu sagen, daß man etwas versteht, indem man in seinem inneren Wörterbuch nachschlägt. Man kann es statt dessen auch – das ist die andere Möglichkeit – bei der Vielfalt der Bedeutungseintragungen belassen, muß dann aber ebenfalls einen selbständigen, im Wörterbuch-Modell so nicht vorgesehenen Mechanismus fordern, der in der Lage ist, aus den unterschiedlichen Bedeutungsmöglichkeiten die zutreffende zu wählen; in diesem Sinn schreibt Forster: »(...) lexical access will inevitably involve *some* kind of search process.«[20] Nicht das bloße Herumblättern im Wörterbuch ist mit diesem Suchen gemeint, sondern die kundige Auswahl dessen, der die Sprache bereits zu einem gewissen Grad beherrscht. Willigt man in diese zusätzliche Erklärung ein, so verringert sich abermals die Erklärungskraft eines mentalen Wörterbuchs, dessen Grundidee in der Annahme lag, daß sich Lemma und Bedeutungseintragung eindeutig und ohne weitere, zumal kognitive Vermittlung zuordnen lassen.

Ein Beispiel: Die Bedeutung des Wortes ›klassisch‹ wird im Duden, Bd. 1: Rechtschreibung, wie folgt angegeben: »mustergültig; vorbildlich; die Klassik betreffend; typisch, bezeichnend; herkömmlich, traditionell, von Zeugen: vollgültig«. Gesetzt den Fall, es gälte den Satz ›Diese Musik ist

---

[19] F. Smith: Understanding reading, 1971, S. 187ff. E. J. Gibson, H. Levin: The psychology of reading, 1975, S. 146. Ph. B. Gough: The structure of language, 1975, S. 15–37.

[20] Forster: Accessing the mental lexicon, 1976, S. 266.

klassisch‹ zu verstehen; das bloße Nachschlagen in einem inneren Wörterbuch, das diese Eintragung enthält, würde nicht weiterführen, denn es stehen ja mehrere, aber durchaus unterschiedliche Bedeutungen zur Wahl. Soll die eindeutige Beziehung zwischen dem Stichwort und seiner semantischen Eintragung bewahrt bleiben, so darf das innere Wörterbuch nur eine einzige Bedeutung enthalten, die als Kern oder gemeinsamer Nenner allen anderen zugrunde liegt; aber was nutzt dem Ratsuchenden diese – wie immer auch gefaßte – vage Information, wenn es ihm doch in erster Linie um eine konkrete und alles andere eher ausschließende Bedeutung geht? Er müßte sozusagen noch einmal nachschlagen und sehen, was die Grundbedeutung im einzelnen für eine Bedeutung hat. Aber dieser Erklärungsweg überzeugt nicht, denn die Bedeutung der Grundbedeutung führt entweder wieder zu einer Grundbedeutung oder zu einer Bedeutungsvielfalt; in beiden Fällen setzen sich die Schwierigkeiten des Ratsuchenden fort, oder sie wiederholen sich.

So wird deutlich, daß das Erzeugen von Bedeutungen nicht als bloßes Nachsehen in einer Tabelle, die bereits fertige Bedeutungen enthält, beschrieben werden kann. Bedeutungen sind offensichtlich nicht fertige und in Listen gesammelte Einheiten, die man automatisch und präzise abrufen kann. Sie werden erst im Akt des Verstehens aufgebaut. Dennoch ist das Modell des Wörterbuchs und seine mentale Interpretation nicht völlig abwegig; es definiert nämlich jene geistige Funktion, die die Ergebnisse der individuellen Geistestätigkeit mit Namen, mit den Laut- und Schriftstrukturen der Sprache, in Verbindung bringt. Es erfaßt aber nicht vollständig den Prozeß der Bedeutungsbildung, dessen Breite und Tiefe – mehr als der Prozeß des einfachen Anpassens – die eigentliche Verstehensleistung begründen. Ein in diesem Sinn statisches Lexikonmodell mit fertigen Bedeutungseinheiten mißachtet die grundlegende und auch notwendige Bewegung im semantischen Bereich und leistet dadurch keine endgültige Erklärungshilfe;[21] ein ›dynamisiertes‹ Wörterbuch hingegen, das aus Zuordnungsprozeduren mit ›intellektueller‹ Entscheidungskompetenz besteht, ähnelt der Struktur eines Wörterbuchs nur noch sehr vage.[22]

## 3.2 Der Aufbau der Bedeutungen

Die Grundfigur eines Wörterbuch-Modells besteht in einer horizontalen Verbindung: hier Wort, da Bedeutung; ja, sieht man vom Fall eines

---

[21] Hans Hörmann: Meinen und Verstehen, 1976, S. 121.
[22] George A. Miller: Toward a third metaphor for psycholinguistics. In: W. B. Weimer, D. S. Palermo (eds.): Cognition and the symbolic processes, 1974, S. 408.

Bildwörterbuchs ab, so muß man sogar sagen: hier Wort und da Wort oder hier Bedeutung und da Bedeutung. Das Prinzip eines solchen Wörterbuchs beruht also auf der Möglichkeit, von den Entsprechungen zwischen Ausdrücken derselben Sprache (natürlich auch zwischen Ausdrücken verschiedener Sprachen) Gebrauch zu machen, das sprachlich Unbekannte durch das sprachlich Bekannte zu erschließen (oder auch mit Hilfe des Bekannten Neues hervorzubringen) und somit zu lernen. Doch das Wörterbuch-Muster erklärt nicht den – sozusagen – vertikalen Zusammenhang der Bedeutungen untereinander. Aber gerade auf diesen Zusammenhang kommt es beim Verstehen an; denn im Verstehen werden Bedeutungen hervorgebracht, eine aus der anderen entwickelt, diese mit jener verbunden und mehrere zu einer Konstellation gefügt. Ein Wörterbuch kann einem bei dieser Arbeit helfen, aber es ersetzt sie nicht. Möglicherweise bietet es dem Verstehenden Bauelemente an; aber erst der Verstehende fügt diese Elemente nach einem bestimmten Plan zu einem semantischen Gebilde. Bedeutungen haben einen Aufbau. Schon ein Wort, nicht erst ein Satz, Abschnitt oder Text, ist eine semantische Architektur aus elementaren, aufeinander bezogenen Einheiten; eine solche Architektur schließt sich jedoch nicht monadisch gegenüber anderen ab, sondern greift mit ihren Verstrebungen in vielfältiger und wechselnder Weise in die Architekturen der anderen Wörter hinein. Der Leser rekonstruiert diese Architekturen, d. h. er kennt die Bauelemente und hat einen Plan für deren Synthese.

Was heißt es nun, solche Bauelemente zu kennen? Sind es elementare Bedeutungen oder Elemente von Bedeutungen? Ein Ziegelstein ist ein Element der Architektur eines Hauses; aber er ist deshalb nicht ein elementares Haus; ebensowenig ist er ein Teil des Hauses, wie es Dach, Stockwerk und Keller sind. Dieser Vergleich legt es nahe, die Bauelemente einer Bedeutung nicht als elementare Bedeutungseinheiten zu charakterisieren, sondern als etwas kategorial Anderes. Will man dabei einen endlosen Regreß vermeiden, so dürfen – wie es scheint – die Bauelemente letztlich keine sprachlich-semantischen Einheiten mehr darstellen; zwar kann es sich durchaus ergeben, daß eine semantische Architektur ihrerseits aus Bedeutungen mit eigenem Aufbau bestehen; aber schließlich müßte man eine Ebene erreichen können, auf der nur solche Konstituenten den semantischen Aufbau bestimmen, die außerhalb der Sprache liegen. Die Implikation dieses Gedankenwegs ist gewichtig: Sie konstituiert ein der Sprache vorausliegendes System, das den Sprachgebrauch begründet und lenkt, ohne von den Eigenschaften der Sprache und ihrer Semantik bestimmt zu werden; die Struktur dieses Systems könnte also die Funktionen der Sprache erklären.

Die Theorie der semantischen Merkmale mag einen ersten Anhaltspunkt dafür geben, woraus und wie man eine Liste der gesuchten Baulemente formulieren könnte.[23] Diese Merkmale gehören keiner natürlichen Sprache an, sondern bilden universale, metalinguale Einheiten, die vermutlich zahlenmäßig begrenzt sind und sich in Abhängigkeit von den allgemein menschlichen Wahrnehmungsbedingungen entwickelt haben.[24] Die Theorie besagt, daß ein Wort sowohl durch die Anwesenheit bestimmter Merkmale als auch durch die Abwesenheit anderer, entgegengesetzter Merkmale charakterisiert wird. Doch das allein genügt noch nicht. Es wurde recht bald geltend gemacht, daß ein bloßes Bündel von Merkmalen noch nicht die Bedeutung eines Wortes hinreichend genau erklären könne, daß vielmehr eine Ordnung der Merkmale untereinander unerläßlich sei.[25] Es entstanden auch Zweifel daran, ob semantische Merkmale allein für die Erklärung des Bedeutungsaufbaus ausreichten; statt dessen schlug man z. B. vor, zunächst Begriffe für primitive Handlungen zu ermitteln, die dann durch semantische Merkmale spezifiziert werden könnten.[26] Vertreter der generativen Semantik lösten sich dann endgültig vom merkmalstheoretischen Verfahren der semantischen Analyse und konzentrierten sich statt dessen auf die Verbanalyse, wobei sie eine Dekomposition in semantische Primitive anstrebten, so z. B. die bekannt gewordene Zerlegung des Verbs ›töten‹ in ›verursachen zu sterben‹, auf deren Grundlage dann die Synthese des gesamten Wortfeldes von ›töten‹ möglich wird.[27] Diese und ähnliche Versuche sollten sich alsbald für die maschinelle Repräsentation von Wissensstrukturen als fruchtbar erweisen (vgl. Kapitel 4.2).

Um den Aufbau von Bedeutungen zu analysieren und zu synthetisieren, genügt es nicht, beim einzelnen Wort stehen zu bleiben; man muß die semantische Rekonstruktion aus der Funktion der Wortbedeutung im Satz entwickeln. Charles Osgood geht z. B. im Sinn der ›topic-comment‹-Auffassung davon aus, daß jeder Satz als ein Kommentar über sein Subjekt anzusehen sei.[28] Aus psychologischer Sicht entwickelt sich nun das Verstehen eines Satzes aus einer Serie interagierender Phrasenanalysen, die in den Entwurf eines zugrunde liegenden Kernsatzes münden; der Kernsatz bringt

---

[23] Jerrold J. Katz, Jerry A. Fodor: Die Struktur einer semantischen Theory. In: Hugo Steger (Hrsg.): Vorschläge für eine strukturale Grammatik des Deutschen. Darmstadt 1970, S. 202–268.

[24] Manfred Bierwisch: Einige semantische Universalien in deutschen Adjektiven. In: Steger (Hrsg.): Vorschläge für eine strukturale Grammatik des Deutschen, 1970, S. 269–318.

[25] Uriel Weinreich: Erkundungen zur Theorie der Semantik. Tübingen 1970.

[26] George A. Miller, Philip N. Johnson-Laird: Language and perception. Cambridge, Mass. 1976.

[27] Daß es sich hierbei um keine identische Paraphrase handelt, ist ein Anlaß für die wiederholte Diskussion der Tauglichkeit solcher Dekompositionen.

[28] Charles E. Osgood: On understanding and creating sentences. In: American psychologist 18 (1963), S. 749f.

seinerseits eine eindeutige Bedeutungsmodifikation des Satzsubjektes hervor. Der Analysevorgang beruht auf dem Dreierschritt von Eingabe, Bearbeitungshandlung und Ausgabe und orientiert sich sowohl am Hierarchiekonzept der Phrasenstrukturgrammatik als auch an den Wahrscheinlichkeitsbeziehungen stochastischer Wortketten. Gewisse Einheiten werden sofort analysiert, andere zunächst im Kurzzeitgedächtnis aufbewahrt, um dann in Verbindung mit bereits analysierten Einheiten verarbeitet zu werden. Die Bearbeitungshandlung stellt sich als Verbindungsoperation zweier Einheiten dar, die je von einem Knoten im Strukturbaum dominiert werden; dabei modifiziert die im Kurzzeitgedächtnis aufbewahrte Einheit die bereits analysierte. Dieser sukzessive semantische Verschmelzungsprozeß der linearen Wortketten gipfelt schließlich in einer assertiven Satzform, die die kommunizierte Bedeutung des Subjekts ausweist.[29] Die Bedeutung eines Ausdrucks ist also das Resultat seiner syntaktisch-semantischen Analyse bzw. Synthese.

Einem anderen Vorschlag zur Rekonstruktion von Bedeutungen aus Bauelementen begegnet man in der Kasusgrammatik Charles Fillmores.[30] Auch hier bilden Sätze den Ausgangspunkt der semantischen Rekonstruktion. Als Bauelemente gelten das Verb und seine nominalen Ergänzungen, deren Funktion in einem Kategoriensystem universaler und vermutlich auch angeborener Kasusbegriffe festgelegt ist: Agentiv (der Fall des belebten, verantwortlichen Urhebers der im Verb genannten Handlung), Instrumental (der Fall der verursachenden unbelebten Kraft), Dativ (der belebte Adressat einer Tätigkeit), Faktitiv (das Ergebnis), Lokativ (die raumzeitliche Festsetzung) und Objektiv (ein Platzhalter für Dinge, die irgendwie von der Tätigkeit betroffen sind.[31] Dieses Kasussystem liegt der Einzelsprache insofern als nicht-sprachliches System zugrunde, als es nicht mit den Kategorien der syntaktischen Oberfläche (›Subjekt‹, ›Objekt‹) zusammenfällt, sondern unabhängig davon ›in der Tiefe‹ durch die »logische Valenz« konstituiert wird.[32] Diese logische Valenz ist die Bauform, die es bei der semantischen Rekonstruktion wiederzugewinnen gilt. Der bedeutungstheoretische Ansatz Fillmores überzeugt insbesondere dort, wo es um das Verstehen von Geschichten geht, die Taten zum Inhalt haben (cf. 5.2).

Wer Sprache als Instrument, sei es des Mitteilens, Kalkulierens oder Dirigierens, auffaßt, wird mit den Grundzügen der soeben erwähnten bedeutungstheoretischen Ansätze einverstanden sein. Er macht als ein an

---

[29] Osgood schließt sich in diesem Zusammenhang Chomsky an, wenn er annimmt, daß passivische Assertionen ins Aktiv umgewandelt werden sollten.

[30] Charles J. Fillmore: Plädoyer für Kasus. In: Werner Abraham (Hrsg.): Kasustheorie. Frankfurt 1971, S. 1–118.

[31] Ebd., S. 34f.

[32] Ebd., S. 30.

der Sprache Interessierter mit seinen Antworten dort halt, wo der Kognitionspsychologe seine Forschungsarbeit beginnt, nämlich am inneren Repräsentationssystem, das nun nicht nur dem sprachlichen, sondern auch dem übrigen Verhalten zugrunde liegt.

Eine in dieser Weise begründete Semantik hat z. B. Pieter Seuren vorgestellt.[33] Seuren definiert Bedeutung »als die Eigenschaft einer wahrnehmbaren Gegebenheit (...), den Wahrnehmenden ihrer Ursachen oder Folgen gewahr werden zu lassen, wenn weder Ursache noch Folgen zum Wahrnehmungszeitpunkt selbst wahrnehmbar sind.«[34] Diese Definition gilt also nicht nur für Sprachzeichen und Zeichen allgemein, sondern überhaupt für alle Kausalzusammenhänge. Zugeschnitten auf die Belange der Sprache lautet die Bestimmung, »daß die Bedeutung einer bestimmten wahrnehmbaren Äußerung in der Eigenschaft der Äußerung besteht, den Wahrnehmenden (Hörer) der Proposition gewahr werden zu lassen, die für das Zustandekommen der Äußerung kausal erforderlich war.«[35] Unter Proposition versteht Seuren eine bestimmte Form des Gedankens im Geist des Sprechers;[36] genauer: zwischen Gedankenwelten und Propositionen besteht eine »rigide eindeutige Abbildungsbeziehung«.[37] Seuren vertritt eine ausgeprägt intensionale Semantik, in der der Bedeutungsbegriff weder von der Sprache noch von der Welt, sondern allein von der zwischen beiden vermittelnden kognitiven Struktur abhängt;[38] diese bildet zusammen mit der semantischen (sprachspezifischen) Repräsentation, zu der sie in Abbildungsbeziehung steht, den Interpretationsbereich. Nur in diesem semantisch-kognitiven Bereich kommt es zu Bedeutungsbildungen sowie Verstehensprozessen. Die Verbindung des Interpretationsbereichs zur sprachlichen Oberflächenstruktur erfolgt dann mittels einer Reihe von Transformationen, während der Bezug auf die Welt über spontane kreative Prozesse abläuft und Angelegenheit der Kognition ist. Die Kognition hat generativen Charakter[39] und vermag unendlich viele kognitive Strukturen zu erzeugen, die ihrerseits vorläufig noch keinen extensionalen Wahrheitsbedingungen unterworfen sind.

---

33 Pieter A. M. Seuren: Zwischen Sprache und Denken. Ein Beitrag zur empirischen Begründung der Semantik. Wiesbaden 1977.

34 Ebd., S. 257.

35 Ebd., S. 275.

36 Ebd., S. 251.

37 Ebd., S. 279.

38 Ebd., S. 158.

39 Seuren, S. 268. Siehe zusammenfassend auch die Votierung für die von Seuren entwickelte kognitive Semantik bei Theodor Lewandowski: Über den Zusammenhang von Sprache und Denken. In: Wege zur Universalienforschung. Sprachwissenschaftliche Beiträge zum 60. Geburtstag von Hansjakob Seiler. Tübingen 1980, S. 497–503, bes. S. 501–503.

Der Aufbau von Bedeutungen als Konfiguration letztlich nichtsprachlicher Bauelemente setzt die Dominanz einer relativ autonomen, generativen Kognition mit möglicherweise angeborenen Komponenten voraus; dadurch wird sichtbar, daß Verstehen unter bedeutungstheoretischem Aspekt ein geistiger Akt der Bedeutungserzeugung und des Bedeutungsaufbaus ist. Werden dadurch aber nicht zugleich – vielleicht unnötigerweise – die Möglichkeiten der Sprache auf bloße syntaktische Oberflächenfunktionen festgeschrieben? Liegt es nicht im Begriff der Sprache, am semantisch-kognitiven Bereich über eine bloße Abbildungsbeziehung hinaus wesentlich beteiligt zu sein?

Es kann nicht übersehen werden, daß bis jetzt jedes Bauelement, ob es sich um Merkmale oder Primitive handelte, immer nur sprachlich beschrieben wurde. Das kommt bekanntlich dadurch zustande, daß man nur in Sprache über Sprache nachdenken kann. Aber wenn man so der Sprache eine metalinguale Funktion zuerkennt und diese in der Tat zur Reflexion über Merkmale bzw. kognitive Einheiten benutzt, so ist es eigentlich nicht einzusehen, weshalb die Betätigung der metasprachlichen Funktion, die eine Funktion der Sprache ist, unbedingt zur Begründung eines nichtsprachlichen Repräsentationssystems führen muß; auf Grund ihrer metasprachlichen Möglichkeiten kann die Sprache selbst die Funktion einer Repräsentation erfüllen. Das Andersartige der inneren Repräsentation gegenüber der äußeren Sprachform – wenn man einmal von einer solchen Differenz ausgeht – könnte auch so erklärt werden, daß der angeblich nichtsprachliche Status der Bauelemente von Bedeutungen auf Grund sprachinterner Umformulierungen zustande kommt und den Zweck erfüllt, Sprachlich-Semantisches dem Denken in ›griffigerer‹ Form zur Verfügung zu stellen.

Die Auffassung, daß Bedeutungen strukturierte Komplexe sind, die man nicht ›nachschlagen‹, sondern rekonstruieren und aufbauen muß, wird dadurch noch nicht entscheidend berührt. Es stellt sich nur die Frage, ob die Vorstellung von der bedeutungskonstituierenden Rolle der Elemente durch die oben angedeutete Regreßgefahr wirklich in einer Weise beeinträchtigt wird, daß man sie auf alle Fälle vermeiden müßte. Was jemand als grundlegend in einer Bedeutungskonfiguration ansieht oder welche Elemente er zum Aufbau wählt, braucht nicht von der Gewißheit abzuhängen, es mit letzten und nicht-sprachlichen Bedeutungskomponenten zu tun zu haben; der Verstehende mag mit wechselnder Situation Verschiedenes als grundlegend ansehen. Der Regreß auf die zugrunde liegende Form endet meistens dort, wo die kognitiven und kommunikativen Interessen einen Schlußpunkt setzen; ändert sich die Lage, so ändern sich auch die Einheiten der semantischen Konfiguration. So scheint das Problem, welchen Status die Bauelemente einer semantischen Struktur haben, nicht unbedingt eine definitive Lösung zu verlangen, in der es um die Konstitution einer nichtsprachlichen inneren Repräsentation geht. Denkbar ist ebenso, daß die Wahl der Bauelemente von der jeweiligen Verstehensabsicht und Verstehenserwartung abhängt. Dieser Gesichtspunkt leitet nun über zu einem dritten bedeutungstheoretischen Ansatz.

## 3.3 Bedeutung als Mitteilungsabsicht

In dem Roman »Hiob« von Joseph Roth wird die Bedeutung eines Wortes und die Rolle, die ihm in der Verständigung zwischen Mutter und Kind zufällt, auf folgende Weise beschrieben:

> Plötzlich, eines Morgens, stieß er [das Kind Menuchim] einen niegehörten schrillen Schrei aus. Dann blieb er still. Eine Weile später sagte er, klar und vernehmlich: »Mama«.
>
> Deborah stürzte sich auf ihn, und aus ihren Augen, die lange schon trocken gewesen waren, flossen die Tränen, heiß, stark, groß, salzig, schmerzlich und süß. »Sag: Mama!« – »Mama« – wiederholte der Kleine. Ein Dutzendmal wiederholte er das Wort. Hundertmal wiederholte es Deborah. Nicht vergeblich waren ihre Bitten geblieben. Menuchim sprach. Und dieses eine Wort der Mißgeburt war erhaben wie eine Offenbarung, mächtig wie ein Donner, warm wie die Liebe, gnädig wie der Himmel, weit wie die Erde, fruchtbar wie ein Acker, süß wie eine süße Frucht. Es war mehr als die Gesundheit der gesunden Kinder. Es bedeutete, daß Menuchim stark und groß, weise und gütig werden sollte, wie die Worte des Segens gelautet hatten.
>
> Allerdings: noch andere verständliche Laute kamen nicht mehr aus Menuchims Kehle. Lange Zeit bedeutete dieses eine Wort, das er nach so schrecklichem Schweigen zustande gebracht hatte, Essen und Trinken, Schlafen und Lieben, Lust und Schmerz, Himmel und Erde. Obwohl er nur dieses Wort bei jeder Gelegenheit sagte, erschien er seiner Mutter Deborah beredt wie ein Prediger und reich an Ausdruck wie ein Dichter. Sie verstand jedes Wort, das sich in dem einen verbarg.[40]

Menuchim ist eine Mißgeburt, und erst später, im Lauf der Geschichte, wird es sich zeigen, daß er in Wahrheit eine charismatische Person ist in dem doppelten Sinn, daß er sowohl an sich selbst Erlösung erfährt als auch den anderen Erlösung bringt. Vor diesem Hintergrund steht die beschriebene Verständigung zwischen Mutter und Kind in einem nicht leicht zu erschöpfenden Sinnzusammenhang.

Darüber hinaus und auf allgemeinerer Ebene illustriert dieselbe Verständigung eine grundlegende Position innerhalb der bedeutungstheoretischen Diskussion. Das Phänomen als solches ist allenthalben vertraut und findet sich in jeder Beschreibung des kindlichen Sprachlernens. Aber es erscheint in diesem entwicklungsgeschichtlichen Zusammenhang zugleich

[40] Joseph Roth: Hiob. Roman eines einfachen Mannes. Amsterdam 1948, S. 26; Kap. 2.

als transitorische Phase, die durch die folgenden Entwicklungsstadien eher überdeckt wird, ohne daß allerdings seine Wirksamkeit erlöschte.

Es geht also um die alltäglich zu erfahrende Tatsache, daß man jemandem mit Worten etwas zu verstehen geben kann und daß es dabei gar nicht einmal so sehr darauf ankommt, was diese Worte bedeuten, als vielmehr was der Sprecher mit ihnen meint. Anders gewendet: Wenn der Verstehende weiß, was sein Gegenüber meint, so braucht er weder ›nachzuschlagen‹, was die Wörter des anderen bedeuten, noch braucht er deren semantischen Aufbau zu rekonstruieren; er weiß einfach, was der andere meint, ob dieser nun Wörter, unartikulierte Laute oder andere Zeichen von sich gibt. An diese Situation knüpft die Auffassung an, daß, wer eine Theorie der Bedeutung entwickeln möchte, zuerst und vor allem eine Theorie des Meinens, des Beabsichtigens, noch genauer: des Sich-verständlich-Machens formulieren müsse.

Im Jahr 1957 legte Paul Grice einen Vorschlag zur Klärung des Bedeutungsproblems vor, der so dicht, knapp und anregend formuliert ist, daß er seitdem ebensoviele Interpreten wie Kritiker gefunden hat.[41] Grice beansprucht nicht, eine Bedeutungstheorie zu entwickeln, die genau auf sprachliche Verhältnisse zugeschnitten wäre (was nach dem einleitend Bedachten auch gar nicht notwendig ist); vielmehr behandelt er die Bedeutung sprachlicher Äußerungen als einen Sonderfall im umfassenderen Bereich all jener Äußerungen (Gesten, Handlungen), die zur Verständigung dienen. Die Übersetzung des englischen Ausdrucks »meaning«, so wie Grice ihn versteht, lautet denn auch nicht ›Bedeutung‹, sondern ›das, was man jemandem zu verstehen gibt‹.

Grice plädiert dafür, daß man den Bedeutungsbegriff vor allem in Verbindung mit der Absicht des Sprechers, mittels des Gesagten beim Hörer etwas zu bewirken, erklären müsse. Er vollzieht damit die vom späten Wittgenstein geforderte Ableitung des Bedeutungsbegriffs aus zwischenmenschlichen Verständigungsgepflogenheiten. Um also zu erkennen, was eine Äußerung bedeutet, reicht weder eine isolierende Untersuchung des Gesagten noch des Verstandenen aus; im Mittelpunkt muß vielmehr das Gemeinte in seinem reflexiven Sprecher- wie projektiven Hörerbezug stehen; d. h. das Gemeinte enthält sowohl ein Bild des Sprechers als auch des Hörers. Grice identifiziert Bedeutung mit dem zielgerichteten Akt des Sprechers, jemandem etwas aufrichtig zu verstehen zu geben. Für den Hörer gilt demnach, daß er im gelungenen Verständigungsfall nicht etwa die lexikalische Bedeutung der Äußerung versteht, sondern den Inhalt der Absicht des Sprechers. Noch genauer: Es kommt Grice bei seiner Bedeu-

---

[41] H. P. Grice: Meaning. In: D. D. Steinberg, L. A. Jakobovits (eds.): Semantics, 1971, S. 53–59.

tungsdefinition nicht darauf an, ob der Hörer versteht, was die Äußerung semantisch enthält, sondern daß der Sprecher eine Wirkung beim Hörer beabsichtigt und daß der Eintritt dieser Wirkung davon abhängt, ob der Hörer die Absicht des Sprechers in ihrer inhaltlichen und final gerichteten Komponente erkennt. Der Absichtsbegriff erfüllt bei der Bedeutungsbestimmung also eine doppelte Funktion: Er ist die Quelle, aus der Bedeutungen hervorgehen, und er ist das Mittel, wodurch Bedeutungen beim Hörer bewirkt werden; oder – aus der Sicht des Hörers formuliert – er ist der Grund (nicht die Ursache), weshalb der Hörer Bedeutungen erzeugt.

In späteren Veröffentlichungen[42] legt Grice angesichts der einschneidenden Kritik, die sein erster Entwurf erfahren hat, besonderen Wert darauf, daß sein Bedeutungsbegriff wesentlich davon abhängt, ob der Sprecher beabsichtigt, daß der Hörer auf der Grundlage (»on the basis of«) der Erkenntnis der Sprecherintention so reagiert, wie es der Sprecher wollte. Im Sinne Grices meint der Sprecher nur dann etwas mit seiner Äußerung, wenn es zum Inhalt der Sprecherabsicht gehört, daß der Hörer das Begreifen der Sprecherintention als Ausgang zur Verwirklichung der beabsichtigten Reaktion wählt. Wenn also jemand einem anderen etwas zu verstehen geben will, so muß er über das rein Inhaltliche der Mitteilungsabsicht hinaus auch das Verfahren, wie diese Mitteilung rezipiert werden soll, vorausplanen und dem Hörer anzeigen.

Grice verteidigt sich alsdann gegen den Vorwurf, er habe die Bedeutung einer Äußerung auf deren illokutiven bzw. perlokutiven Aspekt reduziert und somit den propositionalen Gehalt dieser Äußerung mißachtet.[43] Jede Äußerung, auch die sprachliche, dient – so Grice – im Rahmen der Absichtsübermittlung lediglich als ein Mittel, dessen sich der Sprecher zu bestimmtem Zweck bedient. Hierin argumentiert Grice ähnlich wie Polanyi, der ebenfalls unterstrich, daß es wenig Sinn habe, die materielle Natur eines Wegweisers zu untersuchen, um zu erfahren, was er bedeute. Für Grice spielt es keine Rolle, ob eine sprachliche Äußerung Bedeutung hat und welche lexikalische Bedeutung ihr zukommt; denn Gesagtes und Gemeintes können nicht nur in bestimmten Fällen auseinandergehen, sie unterscheiden sich vielmehr grundsätzlich in einer Weise, wie sich Mittel und Zweck voneinander unterscheiden. Aus Grices Entwurf geht nachdrücklich hervor, daß Bedeutung immer vom Sprecher ausgeht, d. h. in der aktuellen Verwendung zustande kommt, nicht aber Eigenschaft der Äußerung ist, von der man dann Gebrauch machen könnte.

---

42 H. P. Grice: Utterer's meaning, sentence-meaning, and word-meaning. In: Foundations of language 4 (1968), S. 225–242. Und: Utterer's meaning and intentions. In: The philosophical review 78 (1969), S. 147–177.

43 John R. Searle: Speech acts. An essay in the philosophy of language. Cambridge 1969, S. 42ff.

Aus der Reihe der mannigfaltigen Fortführungen der Griceschen Vorschläge sei hier nur einer herausgegriffen. D. M. Armstrong unterscheidet zwischen drei Ebenen einer Äußerung:[44] Eine Äußerung bezeichnet etwas, sie drückt etwas aus, und sie bedeutet etwas. Die Reihenfolge dieser Aufzählung bildet zugleich eine Rangordnung: Grundlegend und umfassend ist die Bezeichnungsbeziehung. Armstrong erklärt diese Stufung an der allgemeinen Form, die jeder Satz hat, der in einem sogenannten normalen sozialen und sprachlichen Zusammenhang geäußert wird.[45] Die Form sieht so aus: Der Sprecher hat das Ziel, daß ein Hörer Grund haben sollte zu glauben, daß der Sprecher glaubt, daß etwas Bestimmtes der Fall ist; die Form kann auch so lauten: Der Sprecher hat das Ziel, daß ein Hörer Grund haben sollte zu glauben, daß der Sprecher das Ziel hat, daß etwas Bestimmtes geschehen sollte.[46] Der Wortlaut der Äußerung ist im Sinn Armstrongs ein Zeichen für die Situation, daß ein Sprecher hinsichtlich eines Hörers bestimmte Ziele hat. Das, was die Äußerung ausdrückt, ist die Tatsache, daß der Sprecher etwas glaubt bzw. ein Ziel hat. Die Bedeutung der Äußerung besteht nun im Inhalt dessen, was der Sprecher glaubt. Das heißt, die Äußerung »Er wird kommen«.« bedeutet, daß er kommen wird, sie drückt aus, daß der Sprecher dieses glaubt, und sie bezeichnet die Situation, daß der Sprecher das Ziel hat, einem Hörer Grund zu geben zu glauben, daß er, der Sprecher, das Gesagte glaubt.

Grices Begriff des Beabsichtigens setzt gegebene Kommunikationssituationen voraus; wer im Sinn von Grice Absichten hat, braucht einen Partner, an dem er sie verwirklichen kann. Wo es einen solchen Partner nicht gibt, kann man auch keine Absichten bilden, es sei denn, man interpretiert die notwendige Anwesenheit des Hörers als projektierte Möglichkeit, die früher oder später eintreten kann.[47] Gegenüber dieser Ausgangslage fällt nun um so mehr auf, daß Grice mit seiner Intentionstheorie nicht etwa beide, Sprecher und Hörer, erfaßt, sondern nur den Sprecher. Es ist der Sprecher, der Intentionen hat, nicht etwa der Hörer. Der Hörer taucht nur als Rolle im Gesamtplan des Sprechers auf; hier, wo der Hörer nur als Teilinhalt der Sprecherabsicht vorkommt, ist genau festgelegt, was der Hörer in der Mitteilung erfährt und auf welchem Weg er dies erfahren soll. In einem solchen Zusammenhang kann sich Grice damit begnügen, vom verstehenden Hörer ohne nähere Einlassung zu behaupten, dieser solle erkennen (»recognize«) oder denken (»think«), was der Sprecher beabsichtigte, da es seiner Intentionstheorie ohnehin nicht um das Psychologische

[44] D. M. Armstrong: Meaning and communication. The philosophical review 80 (1971), S. 435.
[45] Armstrong: Meaning and communication, S. 430.
[46] Ebd., S. 435.
[47] Dazu Stephen R. Schiffer: Meaning. Oxford 1972, S. 73–80.

oder einfacher um den Ablauf des Erkennens und Verstehens geht;[48] bei einem solchen Ziel nämlich ließen sich die Vorgänge des Erkennens und Denkens nicht so rasch als selbstverständlich voraussetzen. Zwar sieht Grice das Hauptproblem des Hörers,[49] der es gerade nicht mit Absichten, sondern mit Äußerungen zu tun hat, denen er erst ›entnehmen‹ muß, was der Sprecher meint; aber seine Theorie vertröstet hier auf den vertrauten Normalfall und, wo dieser ausbleibt, auf die Orientierungshilfen, die der Kontext gewährt. Solche Verweise allerdings kommen eher einer Ausflucht gleich. Denn auch der Kontext – zumal im Schriftlichen – besteht zuallererst aus Äußerungen, hinter denen wiederum Absichten stehen können; und diese Äußerungen wollen ihrerseits erkannt werden. Was schließlich den Normalfall einer Verständigung betrifft, so bleibt dieser so lange ein bloßes Phantasiegebilde, wie man nur auf ihn hinweist, statt ihn zu erklären.

Angesichts dieser Problemlage scheint der Intentionsbegriff mehr Schwierigkeiten als Hilfen für die Lese- und Verstehensforschung bereitzuhalten. Dennoch umkreist er genau den Punkt, um den es auch bei der Entwicklung eines umfassenden Lesebegriffs gehen muß: die Frage, wodurch Bedeutungen beim Sprechen bzw. Schreiben und Hören bzw. Lesen zustande kommen; und die Frage wird um so dringlicher, wenn man die Möglichkeit ausschließt, daß sie in und mit den Äußerungen konkret gegeben werden. Der Leser, der nach der Bedeutung seines Lesestücks fragt, muß wissen, daß die Äußerungen, die er liest, nicht etwa Bedeutungen enthalten, sondern bloß Mittel sind, bei denen er nicht stehen bleiben darf, sondern über die hinaus er zum eigentlichen Zweck vordringen muß. Dieser Zweck, die Bedeutung, ist Bestandteil der Absicht des Schreibers, seiner Kommunikationsbiographie und seines Spracherwerbs. Die Frage der Leseforschung muß also – von hier aus gesehen – lauten: Auf welche Weise nimmt der Leser diese Mittel zur Kenntnis, und wie gelangt er von den Mitteln zum Zweck?

Die einfachste Antwort würde lauten: Er versteht die Mittel und hat damit zugleich die Sprecherabsicht oder kann sie zumindest daraus erschließen.[50] Das Besondere an Grices Argument liegt aber gerade darin, daß nicht etwa das Gesagte bzw. Geschriebene den Intentionsinhalt determiniert, wie es der Grice-Kritiker Black für richtig hält;[51] vielmehr ist es das Gemeinte, das – ganz im Sinn aktualgenetischer Sprachproduktionskonzepte – den Äußerungsteil festlegt. Auch der Leser beginnt bei der Intention und bringt dann die vorgefundenen Mittel mit der Intention in Ein-

[48] Z. B. Grice: Utterer's meaning and intentions, 1969, S. 151.
[49] Grice: Meaning, S. 59.
[50] Max Black: Meaning and intention: An examination of Grice's view. In: New literary history 4 (1973), S. 273f.
[51] Ebd., S. 276.

klang. Aber wie mag ein solcher Vorgang ablaufen? Läßt sich in Analogie zu Grice eine Absichtstheorie des Hörers bzw. Lesers entwickeln? Bildet etwa der Leser seinerseits eine Intention, deren Inhalt dann aus der komplexen Intention des Schreibers bestünde? Diese Annahme kann zwar so nicht völlig überzeugen, denn der Leser hat ja niemanden, auf den er einzuwirken gedächte in der Art, wie es der Schreiber tut. Trotzdem zeichnet sich auf diesem Weg die Möglichkeit einer intentionalen Sicht dessen ab, was der Leser für die Bedeutung seines Lesestücks hält; es ist eine philosophische Bestätigung dessen, was aus psychologischer Sicht zum Bereich der inneren Programmierung gesagt wurde.

Aus psychologisch-experimenteller Sicht ergibt sich darüber hinaus noch folgendes Bild des intentionalen Ansatzes: Im Anschluß an Wittgensteins Gebrauchstheorie der Bedeutungen entwickelt David Olson ein semantisches Konzept, das in der Eingrenzung des Gemeinten aus einer Reihe von Alternativen die entscheidende Leistung sprachlicher Bedeutungen erkennt.[52] Die Definition solcher Alternativen im Umkreis des Gemeinten sowie die Entscheidung für eine bestimmte Alternative sind jedoch nicht wörterbuchartig als Bedeutungen der jeweiligen Sprachausdrücke festgelegt, sondern vollziehen sich im Augenblick des Sprachgebrauchs nach Maßgabe des Wissens, das der Sprecher von der gemeinten Welt und der eigenen Formulierungssituation hat. Olson vertritt durchaus eine Referenztheorie der Bedeutung und unterscheidet klar zwischen Referent und Wort. Der gemeinte Referent einer Äußerung bildet demnach für den Sprecher einen nicht sprachlich, sondern kognitivperzeptuell determinierten Ausgangspunkt seines Sprechens. Das Besondere von Olsons Auffassung liegt nun darin, daß das Wort hierbei weder eine Benennungs- noch eine Repräsentanzfunktion erfüllt, wie es andere Referenztheorien behaupten; es dient vielmehr zur Spezifikation wahrgenommener Ereignisse (die durchaus nicht nur physikalischer Natur zu sein brauchen) im Rahmen einer Gruppe von Alternativen:[53] »(...) the meaning of the word is its use in partitioning a set of alternatives.«[54] Dieser semantische Entwurf führt Olson zu weitreichenden Schlußfolgerungen hinsichtlich des Verhältnisses von Sprache und Denken im Verständigungsprozeß: Während für den Sprecher alle seine Äußerungen redundant seien, da er das, was er über die Welt mitteilen will, bereits vor der Äußerung erkannt hat, bleibe der Hörer ausschließlich auf die sprachliche Form angewiesen, aus der er nicht nur die eigentliche Information, sondern zugleich auch die ganze Reihe von Alter-

---

[52] David R. Olson: Language and thought: Aspects of a cognitive theory of semantics. In: Psychological review 77 (1970), S. 257–273.
[53] Ebd., S. 263.
[54] Ebd., S. 271.

nativen, eingedenk derer der gemeinte Referent vom Sprecher differenziert wurde, rekonstruieren muß.[55]

Olsons Abhandlung wirft zwei Fragen auf, die im vorliegenden Zusammenhang interessieren: Schließt die Definition von Bedeutung als Gebrauch tatsächlich eine Benennungsbeziehung zwischen Wort und Referent aus? Die Beispiele, die Olson anführt, lassen es durchaus zu, dem Wort nach wie vor eine Benennungsfunktion zuzusprechen; allein der Grad der Genauigkeit des Benennens hängt von Verwendungssituation und Verwendungszweck ab.[56] Wenn das aber zutrifft, so stünden sich Benennen und Spezifizieren (Gebrauchen) keineswegs so unversöhnlich gegenüber, vielmehr setzte dann der Gebrauch das Benennen voraus.

Alsdann: Olson hebt gewiß zu Recht die nicht-sprachliche, kognitive Komponente im Verständigungsprozeß hervor; jede Sprachverwendung umkreist Welt, geht aus ihr hervor, bezieht sich auf sie und mündet in sie. Verminderung von Ungewißheit in der Wahl zwischen Alternativen bzw. Informationen über die Welt gehören zu den Grundanliegen des Sprechers und den Elementarerwartungen des Verstehenden. Man darf aber nicht vergessen, daß solche Züge keineswegs für die Sprache, genauer für ihre Bedeutungsseite spezifisch sind, sondern allgemein bei allen zeichenvermittelten Verständigungsprozessen auftreten. Olson entwickelt – streng genommen – keine kognitive Theorie sprachlicher, sondern allgemeiner zeichentheoretischer Semantik. Das Experiment, das er vorführt, aktiviert Sprache nur auf einer ziemlich weitgetriebenen Schwundstufe; die befragten Personen könnten ebensogut mit dem Finger auf das betreffende Holzstück weisen; nur eine künstliche Anordnung entlockt ihnen Sprachfragmente. Für eine mündliche Gesprächssituation in Anwesenheit des Besprochenen mag eine solche Erklärung genügen, da es ohnehin auf Sprache nur zu einem geringen Teil ankommt; für eine Lesetheorie greift sie zu kurz. Zwar versteht auch der Leser, indem er das Gemeinte von den konkurrierenden Alternativen absetzt, aber solche Alternativen sind weder in der Art gemeinsamer perzeptueller Ereignisse noch in der Art von individuellen Schlußfolgerungen ausschließlich gegeben; sie entstehen vor allem erst durch das Geschriebene, und ihre Wahrnehmung bildet bereits einen Akt des Verstehens.

Die soweit referierten Ansätze zu einer auf der Mitteilungsabsicht gründenden Bedeutungslehre haben insofern eine unmittelbare Relevanz für die Entfaltung eines Lesebegriffs, als der zentrale Impuls innerhalb

---

[55] Ebd., S. 272.

[56] Im übrigen hängt wohl nicht die Bedeutung vom Kontext der Alternativen ab (Olson, S. 264), sondern eher die Wortwahl, d. h. es wird jenes Wort gewählt, dessen Grad der Benennungsgenauigkeit für den gegebenen Fall ausreicht.

einer, insbesondere literarischen, Lesesituation von der Frage ausgeht, was der Schreiber dem Leser habe mitteilen wollen. Nun konnten schon Überlegungen des Kapitels 1.2 zeigen, daß die interaktionstheoretische Beschreibung der Schriftverwendung im Sinn von Koordinationsprozeduren zu keiner befriedigenden Erklärung des Lesevorgangs führt. Es liegt im Wesen der Schriftsprache, daß sie nicht nur auf dem Hintergrund vorauszusetzender Koordinierungen funktioniert, sondern daß sie ihrerseits auch Grundlagen für Koordinationen schafft. So bleibt die Frage bestehen, ob der Absichtsbegriff im Sinn von Grice tatsächlich in der semantischen Komponente des Lesevorgangs die grundlegende Rolle ausfüllen kann.

Von hier aus wäre eher Manfred Bierwisch zuzustimmen, der mit Hilfe einer ziselierten Unterscheidung von Bedeutungsarten und im Rahmen eines differenzierten Bedingungsgefüges die elementare, fundamentale Rolle der sprachlich determinierten Bedeutung zur Geltung bringt und das Entstehen der Äußerungsbedeutung und des kommunikativen Sinns (letzterer steht für Grices Absichtsbegriff) als eine Funktion der Verknüpfung von Sprache und Kontext erklärt, wobei der Kontextfaktor, insofern er sich auf Alltagskenntnis bezieht, zunächst die Äußerungsbedeutung, und insofern er darüber hinaus soziale Interaktionsstrukturen betrifft, dann auch den kommunikativen Sinn bedingt.[57]

> Sprachverhalten als sprachlicher Ausdruck von Gedanken und als Verstehen sprachlich formulierter Gedanken wird determiniert durch das Zusammenwirken von Sprachkenntnis und Alltagswissen. Kommunikatives Sprachverhalten wird determiniert durch das Zusammenwirken beider Systeme mit den Kenntnissen sozialer Interaktionsstrukturen.[58]

Daraus folgt für Bierwisch:

> (...) die Erklärung der Bedeutung eines Äußerungsexemplars *t* verlangt außer der Kommunikationsintention zusätzliche Faktoren, die, wie man leicht einsieht, den Löwenanteil an der Determination der Struktur der Bedeutung übernehmen müssen.[59]

Bei der Bestimmung der sprachlich bedingten Bedeutung eines Ausdrucks greift Bierwisch auf die bereits in Kapitel 3.2 skizzierte Auffassung zurück, derzufolge sich lexikalische Einheiten in semantische Grundelemente zerlegen lassen, deren kombinatorische Anordnung die »logische Form« des Ausdrucks repräsentiert;[60] dabei wird abermals sichtbar, daß solche Grundelemente in der Mehrzahl mit perzeptiven und kognitiven Erfahrungen

---

[57] Manfred Bierwisch: Wörtliche Bedeutung – eine pragmatische Gretchenfrage. In: Günther Grewendorf (Hrsg.): Sprechakttheorie und Semantik. Frankfurt 1979, S. 119–148.

[58] Bierwisch: Wörtliche Bedeutung, 1979, S. 121.

[59] Ebd., S. 127.

[60] Ebd., S. 136.

zusammenhängen,[61] so daß gerade in diesen nicht-kommunikativen (oder, im Anschluß an das in 1.1 Gesagte, intrakommunikativen) Prozessen die Voraussetzung dafür zu finden ist, »daß eine Äußerung in der Kommunikation mit einer Bedeutung versehen werden kann«.[62] Die Erklärung der Bedeutung einer Äußerung darf also nicht beim kommunikativen Sinn dieser Äußerung ansetzen, der ja in vielen Fällen durchaus fehlt,[63] sondern an den sprachlich bedingten Bedeutungen und ihrer weiteren Modifikation in den jeweiligen Kontexten.

Angewandt auf die besonderen Probleme des Lesens heißt dies, daß der Leser die sprachlich bedingte Bedeutung eines geschriebenen Ausdrucks auf der Grundlage seiner Sprachkenntnisse ermittelt, daß er alsdann die Äußerungsbedeutung als eine Funktion von sprachlich determinierter Bedeutung und Alltagswissen festsetzt und daß er schließlich – falls notwendig – den kommunikativen Sinn als eine Funktion von Äußerungsbedeutung und Interaktionsbedingungen bestimmt. Für den Leser kommt erschwerend hinzu, daß sowohl der Bereich der Sprachkenntnisse als auch der des Kontexts (Sprachwissen, Interaktionsbedingungen) für Schreiber und Leser verschieden sein kann. Dieser zeitlich oder räumlich bedingte Unterschied bewirkt u. a. auch, daß der Leser die Beziehung zwischen Sprache und Kontext erst festlegen, d. h. die Funktionsart, die zwischen beiden Faktoren gilt, bestimmen muß; die erfolgreiche Identifizierung ironischer, übertragener Äußerungen hängt hiervon entscheidend ab.

Der kommunikative Sinn eines Textes kann also auch für den Leser nicht die Schlüsselstellung einnehmen, die er in der Griceschen Auffassung beansprucht und die in der lesepädagogischen Frage nach dem, was der Schreiber gemeint habe, im Vordergrund steht. Wenn der Leser Rechenschaft ablegt über die Bedeutung von Äußerungen, die er gelesen hat, so entwickelt er eine Struktur, die als Ergebnis einer Verbindung von sprachlichen und kontextuellen Faktoren auf unterschiedlichen Ebenen entsteht. Die determinierende Rolle liegt hierbei bei der sprachlich bedingten Bedeutung, die durch die modifizierenden Kontexte in die Äußerungsbedeutung und – möglicherweise, aber nicht mit Notwendigkeit – in den kommunikativen Sinn eingeht.

Zusammenfassend bleibt festzuhalten, daß alle drei diskutierten bedeutungstheoretischen Ansätze (Bedeutung auf dem Hintergrund des Wörterbuch-Modells, der Aufbau von Bedeutungen und Bedeutung als Mitteilungsabsicht) in einen Lesebegriff integriert werden müssen, da sie wesent-

---

[61] Zur ontogenetischen Fundierung dieser Auffassung jetzt Eve V. Clark: The ontogenesis of meaning. Wiesbaden 1979.

[62] Bierwisch: Wörtliche Bedeutung, S. 127, vgl. auch S. 137.

[63] Ebd., S. 125.

liche Seiten des Leseprozesses berühren. Es hat sich aber auch gezeigt, daß jeder Ansatz für sich allein zu Problemen führt, so daß keiner für sich eine absolute Geltung beanspruchen darf. Will man trotzdem eine Dominanz unter den drei Ansätzen erkennen, so legen die besonderen Anforderungen einer Lesesituation den Schwerpunkt auf die sprachliche Dimension von Bedeutung; denn Lesen hat es in den meisten Fällen nur mit Sprache zu tun. Der generative Aspekt der Bedeutungserzeugung lenkt sodann den Blick auf die kognitiven Funktionen. Es wird nun notwendig werden, die Art dieser Operation näher kennenzulernen und ihre semantischen Ergebnisse zu veranschaulichen. Mit anderen Worten: es geht um den Verstehensbegriff.

# 4 Verstehenstheoretische Implikationen des Lesebegriffs

Eine Diskussion des Verstehensbegriffs kann an verschiedenen Punkten ansetzen: Sie mag mit der Charakterisierung dessen, der versteht, beginnen; sie mag auch von der Natur jener Bereiche ausgehen, die Verstehen notwendig machen; sie mag schließlich bei einer Liste jener Kriterien anheben, die man zur Identifizierung und Messung von Verstehensleistungen benötigt.

Die erste Blickrichtung zeichnet sich durch eine anthropologische Note aus; hier mündet die Frage nach dem Verstehenden in die allgemeinere Analyse der existentiellen Situation des Menschen und seiner individuellen Lebensgeschichte. Die Untersuchung der Verstehensanlässe führt zu einer umfassenden Texttheorie, die die Objekte des Verstehens namhaft macht. Die Beurteilung von Verstehensvollzügen gehört in den Bereich allgemeiner Lern- und Lehrsituationen, wobei der Verstehensbegriff hauptsächlich in Hinsicht auf seine unterrichtlich zu beobachtende Wirkung bedacht wird.

Je nach Interessenlage sind also ganz unterschiedliche wissenschaftliche Disziplinen angesprochen. Geht man vom Verstehenden aus und fragt nach den Bedingungen der Möglichkeit des Verstehens, so folgt man philosophisch-hermeneutischen Denkwegen; möchte man lieber beantworten, was im Verstehenden geschieht, wenn er versteht, was er im einzelnen tut, während er versteht, so befindet man sich auf psychologischem Gebiet. Textwissenschaftlich im weitesten Sinn sind all jene Arbeiten, die Verstehen als komplementäre Auseinandersetzung mit charakteristischen Textstrukturen ausweisen, ob es sich hierbei um die Allgemeinheit von Gesetzestexten, die Geschichtlichkeit von religiösen Offenbarungstexten oder die Besonderheit von Dichtung handelt. Schließlich sind Methoden der empirischen Unterrichtswissenschaften aufgerufen, wenn es darum geht, Lernfortschritte zu kontrollieren.

Zu dieser wissenschaftsgeschichtlichen Verzweigung, die eine Gesamtübersicht zum Thema Verstehen ausschließt, tritt noch ein weiteres Problem hinzu. Ähnlich wie im Fall der Auseinandersetzung mit dem Bedeutungsbegriff steht auch am Anfang jeder Befassung mit dem Verstehensbegriff der Zweifel, ob denn die Frage nach dem, was Verstehen sei, in dieser Weise gestellt werden sollte. Denn auch hier droht die fragelogische Situation, die Existenz einer bestimmten Einheit oder eines Prozesses vorauszusetzen, die erst eigentlich bewiesen werden sollte. Selbst wenn man jedoch diese ontologische Implikation der Fragestellung bewußt ausklammert (indem man nur auf modelltheoretischer Ebene zu argumentieren beansprucht), bleibt doch noch eine andere Unsicherheit bestehen, die den Kreis der möglichen Antworten auf die Frage nach dem Verstehen wesentlich beeinflußt. Es handelt sich dabei um den Zweifel, ob man den Verstehensbegriff überhaupt einer Komponentenanalyse unterziehen kann; das heißt, ist Verstehen ein zusammengesetzter Begriff, dessen Einzelteile ermittelt werden können, oder stellt er eine nicht weiter reduzierbare Einheit dar, die zwar in umfassenderen Zusammenhängen als Komponente auftritt, selbst aber nicht zerlegbar ist.

Auch innerhalb einer einzelnen Disziplin erweist sich der Verstehensbegriff als außerordentlich komplex. Die experimentelle Psychologie etwa geht den Verstehensbegriff von ziemlich unterschiedlichen Seiten an:[1] So läßt sich z. B. die Hypothese aufstellen, das Verstehen einer Äußerung vollziehe sich in Form einer Suche nach etwas, das der Verstehende bereits in seinem eigenen Gedächtnis aufbewahrt und an das er sich nur zu erinnern brauche, um es zu verstehen; demnach könnte die Erforschung des Verstehens einen speziellen Beitrag zur allgemeinen Gedächtnisforschung leisten, der es um die Struktur des im Gedächtnis Gespeicherten und die Mechanismen der Gedächtnisfunktionen geht. Mit nicht minderem Recht könnte man aber auch von der Vermutung ausgehen, daß derjenige, der eine Äußerung versteht, sich von ihr einen Begriff macht, und je mehr Begriffsarbeit er leistet, desto umfassender fällt sein Verständnis aus; so gesehen, gehört die Analyse des Verstehens zur Erforschung der Begriffsbildung, genauer: der Aktualgenese der Begriffsformung. Ebenso bietet sich die Auffassung an, daß es sich im Fall des Verstehens um Formen des Wahrnehmens und Erkennens handle; wer eine Wortfolge im vollen Sinn – also nicht nur als Linienführung, sondern als Bedeutungsträger – erkennt, befindet sich schon mitten im Verstehensereignis, und also dürfte man füglich einen perzeptionstheoretischen Ansatz in der Verstehensforschung für fruchtbar halten. Schließlich leuchtet auch unmittelbar ein, daß man während des Verstehens auf Schwierigkeiten stößt, die irgendwie behoben werden müssen, daß man Problemen begegnet, deren Lösung zusammenfällt mit dem Bewußtsein, etwas verstanden zu haben; von hier aus erweist sich die Nähe der Verstehensforschung zu all jenen wissenschaftlichen Überlegungen, die es mit Strategien des Problemlösens zu tun haben.

Im folgenden stehen jene Verstehenskonzepte im Vordergrund, die die

---

[1] Zu dieser Übersicht siehe Patricia A. Carpenter, Marcel Adam Just: Sentence comprehension: A psycholinguistic processing model of verification. In: Psychological review 82 (1975), S. 45.

Frage nach der Prozessualität des Verstehens behandeln. Dabei bilden modelltheoretisch gewonnene Erkenntnisse insofern einen Brennpunkt der Aufmerksamkeit, als an ihnen die Belange des Lesevorgangs unmittelbar zur Geltung kommen können. Die Frage nach der besonderen Beziehung zwischen Lesen und Verstehen braucht jetzt nicht neu aufgeworfen zu werden; denn jede Untersuchung, die das Phänomen des Sprachverstehens nicht von der Seite des Hörens angeht, stellt automatisch einen Beitrag zum Lese-Thema dar.

## 4.1 Der sprachanalytische Klärungsversuch Ludwig Wittgensteins

Seit geraumer Zeit erweist es sich als ratsam, einer Prozeß- und Komponentenanalyse des Verstehensbegriffs eine Besinnung auf die Wortbedeutung von ›verstehen‹ vorauszuschicken. Eine solche Reihenfolge der Untersuchungsschritte weist auf das Vorbild der sprachanalytischen Philosophie zurück, deren Klärungswerk gerade auch die besonderen Probleme der Bedeutung des Wortes ›verstehen‹ betrifft. Es liegt also nahe, sich zuerst daran zu erinnern, welche Ergebnisse die sprachkritischen Untersuchungen über die Verwendungsweise des Wortes ›verstehen‹ hervorgebracht haben.

Wer die Gebrauchsbelege des Wortes ›verstehen‹ auf dem Hintergrund seiner eigenen Sprachkenntnis und mit Hilfe entsprechender Wörterbücher auflistet, muß in erster Linie festlegen, welche Verwendungen er überhaupt berücksichtigen will. Der Umstand, daß jedes Wort in Isolation vieldeutig und homonym ist, kommt zwar einer wesentlichen Argumentationsfigur der Philosophie der Umgangssprache entgegen, die gerade den traditionellen Dogmatismus von der Einheit der begrifflichen Wortbedeutung aufsprengen will, verpflichtet zugleich aber zur vorgängigen Rechenschaft über den als relevant erachteten Verwendungsumfang. Angesichts der grundlegenden ›Kreativität‹ sprachlicher Leistungen ist die Verwendung eines Wortes weder von vornherein eindeutig begrenzt noch endgültig absehbar; das heißt aber nicht, daß eine solche Präzisierung grundsätzlich ausgeschlossen ist, vielmehr hängt es vom Bedarf der jeweiligen sprachlichen Verwendungssituation ab, ob und in welchem Ausmaß der Verwendungsumfang eines Wortes begrenzt wird. Wenn also die Alltagssprachenphilosophie die Frage nach der Grundbedeutung von ›verstehen‹ mit dem Hinweis auf die Gebrauchsvielfalt zurückweist,[2] so bestätigt sie zunächst nur dieses kreative Prinzip der Sprache, dringt aber noch nicht zu den Besonderheiten des Wortes ›verstehen‹ vor. Das kann erst dann geschehen, wenn man in der

---

[2] Friedrich Waismann: Logik, Sprache, Philosophie. Stuttgart 1976, S. 371f. und S. 505ff.

Vielfalt der Verwendungsweisen eine Eingrenzung versucht oder Kriterien nennt, nach denen man bestimmte Verwendungsweisen sammelt und andere beiseite läßt; ein solches Verfahren ist der Philosophie der Umgangssprache allerdings verdächtig, denn damit beginnt schon jene Einschränkung des Wortgebrauchs, gegen die sie argumentiert; trotzdem erweist sie sich als notwendig. Ohne sie dürfte die Gebrauchsanalyse, streng genommen, gar nicht vom Verbum ›verstehen‹ ausgehen, sondern vom Stamm ›versteh-‹ und müßte dessen allseitige, nicht nur verbale und nominale Anwendung berücksichtigen; selbst jene Gebrauchsweisen, die ›verstehen‹ im etymologischen Sinnzusammenhang mit ›stehen‹ verwenden, ja die ganze geschichtliche Gebrauchsdimension sollten eigentlich nicht so wortlos übergangen werden, wenn man – wie es die Alltagssprachenphilosophie tut – von der bloßen Graphem- bzw. Phonemfolge des Wortes ›verstehen‹ ausgeht. In Wirklichkeit kommen nun solche notwendigen Grenzziehungen bei der sprachanalytischen Erfassung von Wortgebrauchsweisen durchaus vor; deutlich zeigt sich dies an Wittgensteins Verfahren, die in der Verwendungsweise des Wortes ›lesen‹ zu beobachtende Bedeutungskomponente ›verstehen‹ außer acht zu lassen (PhU § 156).[3]

Die sprachanalytische Erkenntnis, daß sich das eine Wort ›verstehen‹ auf eine Mehrzahl unterschiedlicher Fälle bezieht, dient insofern als Korrektiv der philosophisch-psychologistischen Überzeugung von der Innerlichkeit der Verstehensvorgänge, als sie die Partialität der zugrunde liegenden Wortverwendung aufdeckt und eventuelle Implikationen der hypothetisch-wissenschaftlichen Begriffsbildung für die Umgangssprache zurückweist; sie besteht auf der semantischen Eigendynamik der Alltagssprache, die sich von der sogenannten Präzision fachwissenschaftlicher Begriffsarbeit unabhängig weiß. Jede positive Festsetzung eines Verstehensbegriffs steht somit unter dem Verdacht einer durch Scheuklappen eingeengten Semantik, und es hängt vom Sprachwitz des Philosophen der Umgangssprache ab, ob er eine Begriffsdefinition mit einer noch nicht berücksichtigten, aber relevanten Verwendungsweise desselben Wortes aus den Angeln heben kann.

Das besondere Verfahren, mit dem Wittgenstein die Gebrauchsweisen von ›verstehen‹ sichtet und überprüft, folgt dem Prinzip der Paraphrasierung: Wenn jemand wissen will, was ein sprachlicher Ausdruck bedeutet, auf welchen Gegenstand oder Sachverhalt er hinweist, ob er ein philosophisches oder psychologisches Phänomen bezeichnet, und wenn er davon ausgeht, daß es etwas geben muß, was die Bedeutung dieses Ausdrucks ist, so soll er zunächst einmal darauf verzichten, ausschließlich danach zu

---

[3] Im folgenden werden Ludwig Wittgensteins ›Philosophische Untersuchungen‹ (Frankfurt 1977) in dieser Form zitiert.

fragen, worauf dieser Ausdruck hinweist, sondern sich zuerst unterschiedliche Paraphrasen dieses Ausdrucks vor Augen führen; wenn er dabei sieht, wie das soeben noch mit Selbstverständlichkeit Gesuchte in den neuen Formulierungen verschwindet, so daß er jetzt gar nicht auf den Gedanken gekommen wäre, überhaupt nach einem Gegenstandsbezug des Ausdrucks zu fragen, so wird er auch erkennen, daß sein erstes, auf ein bedeutungsvolles Was gerichtetes Fragen nur eine irreführende Konsequenz seiner unglücklich gewählten Formulierungsweise gewesen ist, deren referentieller Suchauftrag verschwindet, sobald andere, weniger verfängliche Paraphrasen in den Vordergrund rücken. Er wird also erfahren, daß wissenschaftliche Aufgaben und Probleme u. a. auch durch die Art entstehen, wie man Wörter verwendet; sobald er jedoch eine Paraphrase jenes Ausdrucks findet, der scheinbar eine bestimmte Fragestellung veranlaßte, verschwinden auch die Probleme; er ist von ihnen geradezu erlöst. So gibt es also verschiedene Paraphrasen desselben Ausdrucks; doch nicht jeder Paraphrase darf man dieselbe Bezeichnungsfunktion zusprechen.

Wittgensteins Ergebnisse seiner sprachanalytischen Betrachtung von ›verstehen‹ lassen sich auf dem Hintergrund eines Ansatzes zur Wortanalyse in drei Gruppen einteilen: Seine Antwort auf die Frage, was ›verstehen‹ sei, hängt von der fakultativen Füllung der Leerstellen (der Argumente oder Ergänzungen) des Wortes ›verstehen‹ ab.

Ich verstehe.
Ich verstehe den Ausdruck.
Ich verstehe den Ausdruck als das.

Der monovalente Gebrauch bezeichnet eine bestätigende Rückkopplung in einer allgemeinen Dialog- oder speziellen Lernsituation.[4] Er enthält relativ wenig Irreführendes, weil er keine referentielle, auf Inneres, Psychisches gerichtete Funktion impliziert, sondern lediglich die expressive Funktion herausstellt. Anders gewendet: Er ist ein ›Zug innerhalb eines Sprachspiels‹, und sein Gebrauch führt nicht zur Einbildung einer spielexternen Beobachterrolle.

Der bivalente Gebrauch führt hingegen genau zu jenen chimärenhaften Auffassungen, an denen die Alltagssprachenphilosophie Kritik übt. Die Prädikat-Objekt-Verbindung unterstellt oder suggeriert das Vorgangshafte eines Ereignisses und den Materialbezug einer Tätigkeit: Das Verb scheint einen Vorgang zu benennen, und das Objekt hebt dessen transitive Qualität hervor. Das Wort ›verstehen‹ wird hier so gebraucht, als ob es eine Form des Tuns bezeichne. Freilich kann es sich hierbei nicht um ein äußeres Tun handeln wie bei ›schneiden‹ und ›schlagen‹, sondern um ein inneres. So

---

[4] Vgl. Wittgenstein: Philosophische Grammatik. Frankfurt 1973, S. 73.

folgt aus dem ersten, prozessualen Mißverständnis das zweite, psychologische mit Notwendigkeit.[5]

Ein erster Schritt zur Beseitigung dieser sprachlichen Falle kann darin bestehen, nach dem Objekt des Verstehens zu fragen: Was ist der Gegenstand des Verstehens? Der Satz? Die Zeichen des Sprechenden? Die Bedeutung bzw. der Sinn des Satzes? Die Absicht des Sprechers?

Laut ›Tractatus‹ und ›Philosophischer Grammatik‹ handelt es sich bei der Formulierung ›Ich verstehe den Satz.‹ um eine analytische Aussage; d. h. tiefengrammatisch gesehen, müßte der bivalente Ausdruck in seine monovalente Form zurückverwandelt werden.

Ein anderer Weg, die Formulierung ›Ich verstehe den Satz.‹ zu klären, bietet sich an, wenn man sie dem soeben skizzierten Paraphrasierungsexperiment unterzieht. Der Ausdruck ›einen Satz verstehen‹ läßt sich etwa so paraphrasieren: ›einen Satz mit Verständnis hören bzw. sehen‹. Von der Analyse des Präpositionalausdrucks hängt nun alles ab. Zu diesem Zweck werden zunächst analoge Formulierungen aufgezählt und miteinander verglichen:[6]

den Raum mit lautem Türschlagen verlassen
ein Bild mit der Lupe betrachten
auf den Garten des Nachbarn mit Neid blicken
ein Eis mit Sahne bestellen
eine Melodie mit Ausdruck summen
einen Satz mit Verständnis hören.

Die Beispiele verdeutlichen, daß das »mit« unterschiedliche Funktionen ausübt und daß sich demzufolge die Referenzfunktion des abhängigen Syntagmas ändert. Die Referenzfunktion von »Türschlagen«, »Lupe« und »Sahne« ist klar; die Ausdrücke können ohne Schwierigkeit extensional bestimmt werden, und vor allem sind sie in ihrem jeweiligen Kontext kompatibel, d. h. bei ihrer Verflechtung im Satzzusammenhang droht nicht jene Kategorienverwechslung aufzutreten, vor der Gilbert Ryle nachdrücklich warnte. Auch »mit Neid« erlaubt eine extensionale Quantifizierung, die der von »blicken« nicht widerspricht. Die besonderen Probleme tauchen erst bei den Formulierungen »mit Ausdruck« und »mit Verständnis« auf. Einfache linguistische Operationen erweisen, daß diese beiden Syntagmen sich anders verhalten als die übrigen. Wittgenstein schreibt:

> Sprich einen Satz und denke ihn; sprich ihn mit Verständnis! Und nun sprich ihn nicht, und tu nur das, womit du ihn beim verständnisvollen Sprechen begleitet hast! – (Sing dies Lied mit Ausdruck! Und nun sing es nicht, aber wiederhole den Ausdruck!) (PhU § 232)

---

[5] Gilbert Ryle: Der Begriff des Geistes. Stuttgart 1978.

[6] Zum Verfahren siehe Wittgenstein: Vermischte Bemerkungen. Frankfurt 1977, S. 132–134 und PhU § 332.

Wer bei der Verwendung dieser Präpositionalausdrücke den Unterschied nicht sieht, läßt sich von der sprachlichen Oberflächengrammatik (PhU § 664) irreleiten und sucht nach etwas, das es nicht gibt.

Zu irreleitendem Mißverständnis führt möglicherweise auch die Formulierung, daß die Zeichen des Sprechers bzw. des Schreibers der Gegenstand des Verstehens sei. Einer weitverbreiteten Überzeugung gemäß versteht man Zeichen, indem man sie als bloßes Mittel zur Erfahrung des dahinterstehenden Sinnes gebraucht. Darin drückt sich z. B. eine auf Leibniz zurückgehende Unterscheidung zwischen der ›Blindheit‹ einer nur durch Zeichen vermittelten ›symbolischen‹ und der Unmittelbarkeit einer ›intuitiven‹ Erkenntnis aus.[7] Über diese Denkgewohnheit wunderte sich Wittgenstein und notierte: »Kleist schrieb einmal, es wäre dem Dichter am liebsten, er könnte die Gedanken selbst ohne Worte übertragen. (Welch ein seltsames Eingeständnis.)«[8] Die ›Philosophische Grammatik‹ setzt an dieser Stelle an und beginnt ihre kritische Gegenargumentation:

> Man sieht im Verstehen das Eigentliche, im Zeichen das Nebensächliche. – Übrigens, wozu dann das Zeichen überhaupt? – (...) Wenn man aber sagt: »wie soll ich wissen, was er meint, ich sehe ja nur seine Zeichen?« – so sage ich: »wie soll *er* wissen, was er meint; er hat ja auch nur seine Zeichen«.[9]

Dieselbe Formulierung wird dann der § 504 der ›Philosophischen Untersuchungen‹ wieder aufgreifen. Seinem aphoristischen Bau entsprechend, läßt der mit Argument und Gegenargument spielende Satz mehrere Lesarten zu;[10] eine davon lautet: Wer bedauert, daß er den anderen immer nur unvollkommen verstehen kann, weil er nicht in den fremden Sinnbereich unmittelbar hineinzusehen vermag, sondern nur dessen äußere Einkleidung kennt, muß aus demselben Grund auch bedauern, daß er sich selbst immer nur unvollkommen verstehen kann; denn er hat für sich auch nur das, was er vom anderen erhält und was beide zur gegenseitigen Verständigung gebrauchen; der eigene Sinnbereich steht ihm im sogenannten Gewand der Zeichen genauso gut oder schlecht zur Verfügung wie der des anderen. Aus dieser Problemsituation lassen sich zwei entgegengesetzte Schlußfolgerungen ziehen: Manche entscheiden sich für diese Bedauernshaltung in all ihren Konsequenzen; d.h. sie empfinden die grundsätzliche Defizienz sowohl des Fremd- als auch des Eigenverständnisses; man denke nur an

---

7 Ernst Cassirer: Philosophie der symbolischen Formen, Bd. 1, S. 50.

8 Wittgenstein: Vermischte Bemerkungen, S. 37.

9 Wittgenstein: Philosophische Grammatik, S. 39f.

10 Vgl. auch die altchinesische Anekdote: Zwei Philosophen blicken von einem Steg in den Bach und der eine sagt: »Siehst Du, wie sich die Fischlein freuen?« Der andere antwortet darauf: »Woher willst Du, der Du kein Fischlein bist, wissen, ob sich die Fischlein freuen?« Darauf erwidert wieder der erste: »Woher willst Du, der Du nicht ich bist, wissen, ob ich nicht weiß, daß sich die Fischlein freuen?« Zit. n. Georg Klaus: Kybernetik und Erkenntnistheorie, 1969, S. 249f.

Formulierungen des ›Lord Chandos-Briefes‹ von Hugo von Hofmannsthal. Andere – zu ihnen zählt Wittgenstein – zeigen das Absurde einer solchen Bedauernshaltung, indem sie die individuell-privatistischen Implikationen der Trennung zwischen der Eigentlichkeit des Sinnverstehens und der Mittelbarkeit der Zeichenverwendung überspitzen und somit die polare Grundfigur, von der die Überlegung ausging, zum Schwanken bringen; sie gehen statt dessen davon aus, daß Verstehen als Verständigung ein Vorgang des Zeichengebrauchs ist, der allein schon dadurch gelingt, daß alle an der Verständigungssituation Beteiligten mitmachen; dazu sind sie in der Lage, wenn sie Mitglieder derselben Sozialisationsgemeinschaft sind und es auch bleiben wollen. Verstehen vollzieht sich also nicht als mühevolle Nostrifikation des Fremd-Sinns, sondern bezeichnet jetzt die Teilnahme am lebensförmig gestifteten und normierten Umgang mit Zeichen. Verstehen ist weder ein Entschlüsseln noch Bearbeiten von Sprachzeichen, sondern ein Vollzug ihrer Anwendung. Es gibt keinen Anlaß für die Vermutung, daß das Wort ›verstehen‹ darüber hinaus einen Vorgang bezeichnet, der vor oder neben dem Vollzug des Zeichengebrauchs abliefe. Überhaupt liegt der Hauptzug der Verwendungsweise von ›verstehen‹ nicht in einer referentiellen, sondern eher in einer klassifikatorischen Funktion. Diese Funktion vereint unter dem Sammelnamen ›verstehen‹ sowohl Ausdrücke für Prädikate des Zeichengebrauchs (›verständig‹, ›mit Verständnis‹) als auch Ausdrücke für Prädikate des Lehrerfolgs (›können‹, ›wissen‹). Das Besondere dieser Klassifizierung liegt nun darin, daß sie ihre Elemente nicht nach dem Prinzip der hierarchisch gestaffelten Merkmalsunterscheidung, sondern des Kettenkomplexes (im Sinne Wygotskis) anordnet.

Was schließlich die beiden letzten Objektbestimmungen in der bivalenten Interpretation von ›verstehen‹ betrifft, das Verstehen des Sinns und der Absicht, so weisen diese eher auf einen trivalenten Gebrauch hin. Ihre bivalente Anwendung führt den nicht sprachanalytisch Geschulten zur ontologischen oder psychologischen Extrapolation der sprachlichen Inhaltsseite und begründet einen falschen Dualismus, der sich nur scheinbar auf sachliche Gegebenheiten berufen kann, in Wirklichkeit aber dem sprachlichen Schabernack zum Opfer fällt.

Die trivalente Verwendungsweise von ›verstehen‹ liegt jeder Interpretationssituation zugrunde: Die Praxis alltäglichen Sprechens bietet die Möglichkeit, jeden sprachlichen Ausdruck durch einen anderen zu ersetzen, Beziehungen zwischen unterschiedlichen Ausdrücken herzustellen und ein Ausdrucksfragment zu ergänzen bzw. eine Ausdrucksreihe fortzusetzen. In dieser Weise verwendet man das Wort ›verstehen‹ überall dort, wo man die Frage nach dem Verstanden-haben nicht nur mit einer einfachen Bejahung beantwortet, sondern der Erwiderung auch eine inhaltliche Spezifikation beifügt.

Die Philosophie der Umgangssprache bleibt nun durchaus nicht bei der reinen Wortgebrauchsanalyse stehen. Indem sie den tatsächlichen Wortgebrauch nicht nur beschreibt, sondern auch über dessen Zustandekommen nachdenkt, geht sie einen entscheidenden Schritt über die Grenzen der eigentlichen Sprachanalyse hinaus und formuliert eine Theorie, die – ganz entgegen der selbst aufgestellten Denkmaxime[11] – durchaus den Anspruch auf Erklärung erhebt.

Eine der Antworten nämlich auf die Frage, wie man das Wort ›verstehen‹ gebraucht, erwähnt Vorgänge und Ergebnisse einer vorausgegangenen Lehr- und Lernsituation. ›Verstehen‹ bezeichnet das, was in solchen Situationen gelehrt und gelernt wurde. Wer nach ›verstehen‹ fragt, dem wird als Antwort der Hinweis gegeben, er möge sich daran erinnern, wie er das zu Verstehende in einer Lehrsituation gelernt habe, oder er möge sich vorstellen, wie ein solcher Lernvorgang ablaufen könne und wann er füglich als abgeschlossen gelten dürfe. Sprachanalytisch ist an dieser Argumentation, daß ›verstehen‹ als relationaler Begriff erscheint und daß es deshalb sinnlos ist, über eine Relation ohne Kenntnis der konkreten Relata zu sprechen; indem aber zugleich Unterrichtssituationen als Kriterien der Beschreibung angeführt werden, wechselt die Sprachanalyse in die Formulierung lerntheoretischer Grundsätze über und verläßt damit den rein deskriptiven Bereich.

Es hängt nun viel davon ab, wie man im einzelnen die Begriffe ›lehren‹ und ›lernen‹ bestimmt. Dabei bereitet der Begriff ›lehren‹ bedeutend weniger Schwierigkeiten als der Begriff ›lernen‹. Lehrsituationen sind ziemlich leicht zu ermitteln; wenn sie stattfinden, lassen sie sich ohne weiteres beobachten: Kennzeichen einer solchen Lehrsituation sind die Lehrperson, der zu lehrende Inhalt, die Lehrmaterialien, die Übungen und Kontrollen und natürlich der Schüler. Wenn ›verstehen‹ auf einen Lehrprozeß zurückweist, so bestimmen Vorkommen und Identifizierbarkeit der Lehrsituation den Gebrauch des Wortes ›verstehen‹. Das Lernen hingegen läßt sich nur dann in ähnlicher Weise identifizieren, wenn man das Lernen immer auf eine Lehrsituation bezieht; das aber muß keineswegs in der Regel der Fall sein, wie kybernetisch-spieltheoretische Überlegungen zum Lernbegriff als systeminterne Modifikation des Modells der Außenwelt zeigen; und ebensowenig gebraucht man das Wort ›lernen‹ nur in Hinsicht auf Lehrsituationen. Das bedeutet, daß der Gebrauch des Wortes ›lernen‹ von sich aus nicht die Verstehensprobleme löst, sondern nur die Schwierigkeiten wiederholt, die sich bei der Frage nach dem Gebrauch von ›verstehen‹ ergaben. Es führt also vorläufig noch nicht weiter, ›verstehen‹ auf Lehr- und Lernsituationen zurückzuführen, es sei denn, man reduziert das

[11] Wittgenstein: Tagebücher. In: Schriften, Bd. 1, S. 186. Siehe auch PhU § 109.

Lernen auf das Lehren. Ob dies Wittgenstein im Sinn hatte, als er die Erlernung von Sprachspielen im Rahmen einer Abrichtung beschrieb, bleibt fraglich; zieht man die Konnotationen des Wortes ›abrichten‹ ab, so bleibt jedenfalls im Kern eine Auffassung übrig, die das Lernen als Reaktionsverhalten auf Lehrimpulse ausweist und von allen selbstregulierenden Komponenten des Lernens absieht.

Die sprachanalytische Gebrauchsbeschreibung entzieht dem Verstehensbegriff seine phänomenale Grundlage, indem sie dessen denotative Funktion als irrelevant erklärt (PhU § 304) und statt dessen die klassifizierende Funktion in den Vordergrund stellt; dadurch bezeichnet das Wort ›verstehen‹ nicht mehr Sachen, Zustände und Vorgänge der psychischen Innenwelt oder der interaktionalen Umwelt, sondern Eigenschaften der Ausdrücke für eine Menge von Bezeichnungen für unterschiedliche Sprachverwendungen.[12] Ihr kritisches Werk macht sichtbar, wie verfänglich es sein kann, gewisse Redeweisen für authentische Bilder der Wirklichkeit zu halten und das Zufällige, Stilistische des Wortlautes zur alleinigen motivationalen Grundlage wissenschaftlicher Suchaufträge zu machen. Die Argumentation folgt sprachimmanenten Prinzipien, versteht sich aber im ganzen als Reaktion auf metaphysisch-idealistische sowie psychologistische Tendenzen in der Philosophiegeschichte; das heißt, sie pendelt beständig zwischen der sprachlogischen Inthronisierung der Umgangssprache und der puristischen Austreibung all jener Redeformen, die aus dem Bemühen um wissenschaftliche, fachsprachliche, ja selbst reflektierte Sprachpräzision entstanden sind. Wenn sie sich gegen die falsche Einschätzung wehrt, daß sie bloß von Wörtern handele (PhU § 370), so heißt das nicht, daß ihre Frage nach dem Wesen der Wörter eine phänomenale sei, sondern es bedeutet, daß sie die sprachliche Dimension der Wesensfrage hervorkehrt. Dabei erhebt die Argumentation einen durchaus empirisch zu nennenden Anspruch, indem sie nämlich aufweist, daß jedes Fragen nach dem Wesen des Verstehens, also auch das wissenschaftliche Fragen, als Antwort genau das vollzieht, wonach der Fragende suchte und dessen Benennung er irrigerweise im Vollzug gefunden zu haben meint. Wenn so Verstehen und Sprechen die erste, grundlegende begriffliche Voraussetzung alles anderen bilden, können sie ihrerseits weder philosophisch noch wissenschaftlich vergegenständlicht und thematisiert werden. Die konstitutive Rolle des Verstehens schließt es aus, Verstehen seinerseits durch anderes konstituieren und erklären zu können. Anders formuliert: Der Gebrauch des Wortes ›verstehen‹ ist so geregelt, daß man gegenüber jedem Versuch,

---

[12] Die Formulierung ist bewußt in Anlehnung an die Bestimmung von ›Information‹ als Eigenschaft zweiter Stufe im Sinn Georg Klaus' gehalten und wird in Kapitel 5.1 bei der Definition von Lesen fortgeführt.

Verstehen in Komponenten zu analysieren, den nicht hintergehbaren Vorrang des Verstehens behaupten kann.

Wenn Wittgensteins sprachanalytisches Verfahren nicht »Phänomene«, sondern »sprachliche Begriffe« betrifft (PhU § 383), so könnte sich eigentlich die Frage nach der Relevanz seiner Verstehens-Beschreibung für die Entwicklung eines umfassenden Lesemodells erübrigen. Der Sprachgebrauch, wie ihn Wittgensteins Klärungswerk exponiert, scheint, was das Verhältnis von Lesen und Verstehen betrifft, weder die Beziehung einer Konjunktion bzw. Adjunktion noch die einer Synekdoche ausdrücken zu wollen: Wer die Ausdrücke ›lesen‹ und ›verstehen‹ gebraucht, meint damit nicht, daß beide zusammen oder einer von beiden genau ein Phänomen bezeichnen, und er meint ebensowenig, daß ›verstehen‹ einen Teil von ›lesen‹ bilde. Um etwas über die Beziehung der beiden Ausdrücke zu erfahren, gilt es, deren Verwendungsweisen zu beschreiben. Das Ergebnis ist – um ein Gedankenspiel zu versuchen – ein Wörterbuchartikel mit polyperspektivischer Strukturierung der Worterklärung: Er enthält ein nach Verwendungszwecken facettiertes Wortfeld mit fließenden Übergängen.

Die modelltheoretisch interessante Frage, was beim Lesen und Verstehen geschieht, bleibt hier unbeantwortet. Man darf sich nicht von Wittgensteins Hinweisen auf den ›Gebrauch‹ irreführen lassen: Das, was mit dem Gebrauch der Ausdrücke ›lesen‹ und ›verstehen‹ gemeint ist, hat überhaupt keine »soziale Dimension«,[13] gehört nicht in den Bereich der Performanzanalyse; die pragmatische Rezeption Wittgensteins rutscht von der Begriffs- auf die Phänomenebene und offenbart damit die vertraute Willkürlichkeit jeder überanstrengten Erbeforschung. Hätte Wittgensteins Gebrauchs-Begriff tatsächlich eine soziale Dimension angesprochen, so hätte er damit die selbstgewählte Spezialisierung der Sprachphilosophie überschritten und damit bereits eine wissenschaftliche Entscheidung in Richtung auf eine interaktionale und zugleich wohl auch anti-kognitive Konzeption getroffen.

Vor sprachanalytischem Hintergrund erweisen sich die bisherigen Modellierungen des Leseprozesses insofern als ungenügend, als sie ›verstehen‹ als phasenartige Komponente identifizieren wollen. Nun bildet die Verstehensreflexion innerhalb der modelltheoretischen Leseforschung gewiß noch keinen rechten Arbeitsschwerpunkt; aber dieser Mangel entstand nicht aus der Einsicht in die Unmöglichkeit einer phasenspezifischen Diskrimination – in Kapitel 1.2.3 kam diese Sicht durchaus zur Sprache –, sondern eher aus dem Versagen des Zeitfaktors, der bei der Überprüfung jedes Flußdiagramms des Lesevorgangs immer noch die Hauptrolle spielt.

---

[13] Jörg Zimmermann: Wittgensteins sprachphilosophische Hermeneutik. Frankfurt 1975, S. 121.

In der Tat bekunden die diesbezüglichen Entwürfe eine erstaunliche Armut im Vergleich mit der Versiertheit des Sprachanalytikers, obwohl dieser ja den Verstehensbegriff als wissenschaftliches Thema eher beseitigt; was ein Lesemodell zur Verstehensphase oder deren Problematik anführt, liegt immer noch auf der untersten Stufe semantischer Erkenntnisse. Sowohl der Assoziations- als auch der Dekodierungsbegriff etwa zeigen im Licht der Privatsprachen-Diskussion[14] ihre nahezu absurde Irrelevanz für einen Bereich, der noch nicht einmal sprachlich-begrifflich, geschweige denn sachlich-phänomenal geklärt ist.

Die konstitutive Funktion des Verstehens läßt vermuten, daß man das Verstehen nicht direkt in einem Modell des Leseprozesses erfassen kann, sondern nur als transzendentale Bedingung oder besondere Qualität seiner Gesamtstruktur auszeichnen sollte. Damit würde das Verstehen nicht etwa aus dem Modell verschwinden; es ist aber auch nicht sichtbar in einer Modellzeichnung, die es sich zur Aufgabe macht, wahrnehmungspsychologische und sprachverwendungswissenschaftliche Grunderkenntnisse phasen- oder stufenartig zu arrangieren.

Doch an welchen Kriterien könnte man den ›verstehenden‹ Grundzug eines Lesemodells erkennen? Worin unterscheidet sich ein Modell, dessen Struktur mit Verstehen durchtränkt ist, von einem bloß mechanischen? Wittgensteins eigene Überlegungen helfen hier nicht weiter, denn er selbst trennt das Verstehen von der Analyse des Wortes ›lesen‹ ab und unterstellt damit die Möglichkeit einer genauen Trennung, gegen die er soeben noch argumentiert hatte. Zur eigenen Rechtfertigung könnte sich Wittgenstein natürlich auf den Sprachgebrauch berufen; er beriefe sich damit auf einen Widerspruch, der in der Umgangssprache selbst liegt, also nicht ›philosophisch‹ erzeugt wurde und deshalb harmlos ist. Aber gerade das von Wittgenstein diskutierte Beispiel der sogenannten technischen Seite des Lesens (die Realisierung der Buchstaben-Laut-Beziehung) kommt – wie man heute weiß – nicht ohne eine verstehende Dimension aus, da sowohl phonemische als auch graphemische Sprachstrukturen auf dem Boden begrifflichen Wissens und Vermögens ruhen, die ihrerseits verstehende Leistungen einfordern.[15]

Transzendentale Bestimmungen des Verstehens entziehen sich der Modellierung in einem Flußdiagramm; man kann sie nicht mit der Wirklichkeit konfrontieren und ihre Angemessenheit überprüfen. Stellen also Verstehensmodelle, Verstehensmessungen sowie Verstehenskontrollen auf der Grundlage von Verstehenskomponenten – sprachanalytisch gesehen – einen Denkweg dar, der nur zu »Beulen« führen kann?

---

[14] Vgl. aber die Kritik Fodors (The language of thought, 1975) an Wittgensteins Verurteilung der Theorie der Privatsprache.

[15] B. G. Ananjew: Psychologie der sinnlichen Erkenntnis. Berlin 1963, S. 360ff.

Das ist sicherlich nicht der Fall, denn gerade diese Aspekte und Verfahrensweisen beziehen sich auf Phänomene, die auch der Philosoph der Umgangssprache zur Kenntnis nimmt, wenn er den Gebrauch des Wortes ›verstehen‹ studiert.

Wer das Verstehen beobachtet und kontrolliert, ist auf Verstehensäußerungen angewiesen. Ihm ist es nahezu gleichgültig, ob überhaupt und welcher innere Prozeß beim verständnisvollen Lesen abläuft. Überprüfen läßt sich nur das Beobachtbare; daraus Rückschlüsse auf Vorausgegangenes, gar Inneres zu ziehen, bleibt dem Sprachanalytiker ein verfängliches Verfahren; er fragt hier lieber, welche Rückschlüsse eine Sprachgemeinschaft (in einem bestimmten Sprachspiel) gelten läßt. Wittgenstein liebte es, ›Wesensbestimmungen‹ des Verstehens im Zusammenhang mit Beobachtungen am Mienenspiel des Verstehenden zu behandeln; hierbei triumphierte bekanntlich sein ›Witz‹, zugleich aber sollte man darin die Tradition der Mimikreflexion, wie sie etwa durch Johann Jakob Engel begründet wurde, nicht verkennen.

Überraschenderweise reicht der Einfluß Wittgensteins auch in einen wissenschaftlichen Bereich hinein, der sich gerade um eine Modellierung und technische Realisierung typischer Verstehensvorgänge bemüht und damit einen Denkweg einschlägt, der auf den ersten Blick dem sprachanalytischen Prinzip entgegengesetzt zu sein scheint. Um so erstaunlicher mutet dann die wiederholte Berufung dieser Forschungsrichtung auf einen bekannten Ausspruch Wittgensteins an, demzufolge man in den meisten Fällen unter der Bedeutung eines Wortes seinen Gebrauch in bestimmten Sprachverwendungssituationen versteht. Offensichtlich formulierte Wittgenstein damit einen Grundsatz für die Verstehensdiskussion, der nicht nur sprachdeskriptive, sondern geradezu modelltheoretische Brisanz besitzt. Es darf als ein Kennzeichen für die Vielschichtigkeit der Wittgensteinschen Argumentation angesehen werden, daß sie, obwohl ihr jeder Versuch einer Bestimmung des Inbegriffs von Verstehen verdächtig, ja gar zuwider war, nichtsdestoweniger zugleich einen Schlüsselbegriff geprägt hat, der den Impuls einer neuartigen Verstehensforschung auf einen recht zutreffenden Nenner bringt. Über den so zu nennenden operativen Grundzug des Verstehens soll nun das nächste Kapitel Auskunft geben.

## 4.2 Verstehen im Bereich der künstlichen Intelligenz

Die Erinnerung daran, daß es sogenannte Lesemaschinen gibt, hat auf den ersten Blick nichts Aufwühlendes an sich. Unter ›Lesemaschine‹ stellt man sich seit alters mehr oder minder einfallsreiche Gestellkonstruktionen vor, die es dem Leser ermöglichten, auf engstem Raum mächtige aufgeschlagene Folianten relativ gleichzeitig zu handhaben, oder man denkt an das pädagogische Hilfsmittel, mit dem der Erstleser das Lesen spielend erlernen sollte.[16] Neben diesen heute kaum noch vertrauten Mechanismen der Bücherablage – die pädagogische Lesemaschine nennt man heute lieber Lesekasten – dringt eine andere, das Lesen im eigentlichen Sinn bezeichnende Vorstellung von Lesemaschine in den Vordergrund: Standardisierte Amplitudensignale befinden sich heutzutage fast an jeder Ware, und füllfederartige Stifte, die mit schnurrenden Apparaten verbunden sind, lesen diese verwirrenden Strichmuster in einem Zuge. Vorgedruckte Formulare unterschiedlichster Provenienz setzen ihren Benutzer davon in Kenntnis, daß er ein Blatt vor sich habe, welches »von einem Computer gelesen« werde; meistens verbindet sich mit dieser Benachrichtigung eine Ermahnung, nichts an dem Vordruck des Formulars zu ändern, damit das ›automatische Lesen‹ nicht gestört werde. Auch an diesem maschinellen Aspekt des Lesens wird man heute kaum Anstoß nehmen. Wo immer von der ›Lesetechnik‹, der Fähigkeit zur bloßen Umwandlung der Signalmaterialität, die Rede war, lagen Assoziationen zu den Mechanismen einer Maschine nahe. Was hier während des Lesens passiert, läßt sich am leichtesten mit dem Funktionieren eines Pianolas vergleichen: Rezeptoren verwandeln die Stifte einer Walze oder die Struktur eines Lochstreifens in Klänge; das Pianola liest, indem es Ertastbares in Hörbares umsetzt.

Brisanter wird der Begriff der Lesemaschine erst dann, wenn Verstehensfragen zur Diskussion gelangen, wenn man also entscheiden soll, ob eine solche Apparatur das, was sie liest, denn auch versteht; denn das Verstehen gilt gemeinhin immer noch als das zuverlässigste Residuum des Menschen in seiner niederlagenreichen Auseinandersetzung mit der selbstgeschaffenen Technik. Natürlich kann man einem Plattenspieler oder Rekorder, der ja im ›technischen‹ Sinn durchaus liest, keine Verstehensleistung zusprechen. Aber daran zeigt sich nur, wie unbedacht man in diesem Zusammenhang das Wort ›lesen‹ gebraucht hat: Sowohl die Formulierung ›Lesetechnik‹ wie ›Lesemaschine‹ enthalten eine wenig brauchbare Auffassung des gesamten Leseprozesses; sie mechanisieren den Leseprozeß und verschieben den Verstehensaspekt ins Numinose.

Demgegenüber könnte die Konstruktion eines kybernetischen Lesegerätes einen entscheidenden Schritt weiterführen.[17] Ein solches Gerät nämlich vermag nicht nur Signale umzuwandeln, sondern im gewissen Sinn auch

---

[16] August Sander: Die Lesemaschine in ihrer historischen Entwicklung und in ihrer Stellung zu den pädagogischen Strömungen der Gegenwart. Langensalza 1914. Franz M. Feldhaus: Bücherlesemaschinen. In: Zeitschrift für Bücherfreunde, NF 10 (1918/19), S. 214–218.

[17] Über technische Details der zeichenerkennenden Lesemaschinen informiert John Anthony Weaver: Maschinen, die lesen. In: Menschen wie Maschinen. München 1969, S. 67–85.

zu verstehen. Diese Leistung könnte man einem Gerät dann zusprechen, wenn es gelänge, Bedeutungen als selbständige Entitäten zu repräsentieren und deren Zuordnung zu Signalen eindeutig zu bestimmen. Unter dieser Voraussetzung ließen sich Automaten entwickeln, die den empfangenen Signalen Bedeutungen zuordnen und somit den Text verstehen. Dazu schrieb Karl Steinbuch:

> »Lesen« bzw. »Verstehen« ist selbstverständlich etwas ganz anderes als eine Reproduktion der Schriftzeichen oder Sprachlaute an einem anderen Ort oder zu einer anderen Zeit, wie es Fernseh- oder Fernsprechsysteme, Ton- und Bildspeicher leisten. Dieses »Lesen« und »Verstehen« setzt irgendeinen Erkenntnisprozeß voraus, der darin besteht, daß der raumzeitliche physikalische Tatbestand der Schrift oder Sprache (z. B. Schwärzung auf dem Papier oder akustische Signale im Raum) nach bestimmten Kriterien einer vorgegebenen Klasse und damit einer Bedeutung zugeordnet wird. Das Zuordnungsschema zwischen dem raumzeitlichen physikalischen Tatbestand und den Bedeutungen kann nur durch Analyse der Leistungen menschlicher Sinnesorgane bestimmt werden, es ist nicht die Folge eines außermenschlichen Naturgesetzes. Ist dieser Zusammenhang jedoch gefunden und in objektiver Weise formuliert, dann ist es möglich, technische Systeme aufzubauen, welche Schrift lesen und Sprache verstehen können.[18]

Ob solche Konzeptionen von Bedeutung und Bedeutungszuordnung – wie sehr sie sich auch auf dem Hintergrund einer ›Lernmatrix‹ technisch realisieren lassen – dem tatsächlichen sprachlichen Verstehensprozeß allseitig gerecht werden, mag freilich zweifelhaft bleiben. Trotzdem erinnern sie schon in dieser knappen Form mit Nachdruck daran, daß der Begriff einer vorsemantischen Lesetechnik zu kurz greift; schon aus der Sicht der Bedingungen eines Lesegerätes läßt sich festhalten, daß Lesen – wie es in der epochemachenden Studie von Newell und Simon heißt[19] – ein Vorgang ist, bei dem im Gedächtnis interne symbolische Strukturen gebildet werden, die externe Stimuli bezeichnen.

Nun hat sich gerade in jenem technisch-maschinellen Bereich, der zur Erörterung von Verstehensfragen am wenigsten geeignet schien, ein Forschungszweig entfaltet, der nicht nur andernorts entwickelte Verstehenskonzepte übernimmt, sondern einen selbständigen Beitrag zur allgemeinen Verstehensdiskussion darstellt. Gemeint ist die Computer-Wissenschaft mit ihrer Programmierungstheorie, der Erforschung der ›künstlichen Intelligenz‹ und dem Verstehen von natürlichen Sprachen. Die bisherigen Ergebnisse zeigen an, daß die Skepsis gegenüber Versuchen, Verstehensleistungen im maschinellen Rahmen zu bedenken, weitgehend von Vorurteilen bestimmt ist, und zwar wirken solche Vorurteile paradoxerweise negativ gerade auf die Entfaltung nicht-technischer Verstehensmodelle zurück,

---

[18] K. Steinbuch: Automat und Mensch, 1965, S. 343f.

[19] Allen Newell, Herbert A. Simon: Human problem solving. Englewood Cliffs 1972, S. 21.

indem sie immer nur die Nicht-Darstellbarkeit von Verstehen beschwören und somit den weitgehenden Verzicht auf die Entwicklung eines Verstehensbegriffs rechtfertigen. Das läßt sich gerade in der Leseforschung beobachten: Dem detaillierten Interesse an der Lesetechnik entspricht die – womöglich anthropologisch-existentiell gestützte – Vagheit in der Beschreibung dessen, was man Sinnentnahme, Sinnverständnis oder auch Dekodierung nennen möchte. Der Lesebegriff erfährt eine Polarisierung, die eine gemeinsame Quelle aufweist, nämlich das methodisch-technische Denkmuster, das – positiv gewendet – zum Begriff der trainierbaren Lesetechnik führt und – negativ gewendet – die Verstehenskomponente des Lesebegriffs ausschaltet.

Die allgemeine Verlegenheit, in die eine maschinelle Realisierung von Verstehensvorgängen manchen versetzt, hat ein führender Vertreter der Künstlichen-Intelligenz-Forschung zum Anlaß für ein aufschlußreiches Bekenntnis genommen:

> Ich glaube, daß einmal Maschinen entwickelt werden, deren Intelligenz derjenigen des Menschen überlegen sein wird. Dann wird die Gefahr bestehen, daß Menschen sich durch diese Maschinen bedroht fühlen und sie zu zerstören versuchen. In dem Krieg zwischen Menschen und Maschinen, der dabei entstehen könnte, würde ich mich auf die Seite der Angegriffenen, d.h. der Maschine stellen; denn warum sollte ich mich mit dem Angreifer identifizieren, nur weil er die gleiche hard-ware hat wie ich?[20]

Die Untersuchung dessen, was Verstehen ist, pendelt genau so wie die Untersuchung dessen, was Lesen ist, zwischen den Extremen der Normalform des Verstehens und seiner Wunschform. Die Normalform steht fortwährend in Gefahr, aus der Sicht der Wunschform als trivial disqualifiziert zu werden; das ist der Grund, weshalb der Mensch die Maschine gern verachtet und das eigene Verstehensvermögen hochschätzt, ohne zu bedenken, daß er in vielen Fällen auch nur im Sinn der Normalform versteht und die Wunschform kaum je erreicht. Die Wunschform des Verstehens hingegen, als differentia specifica des Menschen gegenüber der Maschine und allem übrigen in der Welt, nimmt die Gestalt eines Superlativs an, dem die Maschine mit ihrer perfektionistischen Aura (schneller, genauer, zuverlässiger) möglicherweise sicherer zusteuert als der seinem Wesen nach ›mittlere‹ Mensch. Hier liegt der Grund für die angstvolle Identitätskrise: Wie maschinell ist der Mensch, wenn Maschinen verstehen können, und wie menschlich ist die Maschine, wenn der Mensch auch nichts anderes tut als funktionieren?

Im gegenwärtigen Zusammenhang kann es nicht um den grundsätzli-

20 Ross Quillian nach Manfred Wettler: Menschmaschinen und Maschinenmensch. Zur schrecklich-segensreichen Utopie der künstlichen Intelligenz. In: Sprache im technischen Zeitalter, 1979, Heft 71, S. 212.

chen Aspekt dieses Themas gehen. Hier soll nur bedacht werden, inwiefern die Computer-Wissenschaft Überlegungen zu einem Verstehensbegriff anbietet, die sozusagen ein Mindestmaß dessen anzeigen, was man bei einem Entwurf von Verstehensvollzügen berücksichtigen sollte.[21] Vermutlich lassen sich über eine umfassende Form des Verstehens, über dessen Idealform, ohnehin keine definitiven Aussagen formulieren, weder im technischen, psychologischen noch philosophischen Rahmen; dagegen sollte es möglich sein, die Komponenten jener Schwelle zu entdecken, die Verstehen von Nicht-Verstehen trennt.

Nun decken sich die besonderen Ziele der Computer-Wissenschaft nicht ohne weiteres mit den Interessen einer hermeneutischen Theorie und Sprachpsychologie. Nicht in allen Fällen nämlich bildet das Verstehen natürlicher Sprachen das eigentliche Thema einer maschinellen Simulationsforschung. Ein Computer dient gewöhnlich dazu, etwas Verborgenes zu suchen, Aufträge auszuführen, Probleme zu lösen. Um dies zu können, muß er die erteilten Anweisungen ›verstehen‹. Solange diese Anweisungen in einer künstlichen Sprache formuliert werden, stellen sich Verstehensprobleme im eigentlichen Sinn überhaupt nicht. Soll hingegen der Computer in der Lage sein, Aufträge, die in natürlicher Sprache erteilt werden, zu verstehen, muß er das Vieldeutige, Lückenhafte und Ungenaue, wodurch sich natürliche Sprachen (durchaus nicht zu ihrem Nachteil) vor künstlichen auszeichnen, kompensieren können; das Verstehensproblem spitzt sich hier auf die Frage zu, wie man einen geeigneten Compiler für natürliche Sprachen schreiben könne.[22] Aber auch das trifft noch nicht den eigentlichen Nerv der Verstehensproblematik. Immerhin bleibt festzuhalten: Solange man künstliche Sprachen zur Auftragserteilung gebraucht, stellen sich diese Verstehensprobleme überhaupt nicht. Erst wenn man den Verstehensprozeß mit dem zentralen Problemlösevorgang identifiziert (ohne den heute keine ›rechnende‹ Maschine konstruiert wird), erst wenn man ihn als besonderen Fall allgemeiner Problemlösung, Suchstrategie und Beantwortungstechnik ausweist – worauf natürlich die Compiler-Schwierigkeit notwendigerweise hinführt –, dann berührt die Computer-Wissenschaft ein

---

21 Den Siegeszug der Computer-Metapher, die insbesondere die ihr vorausgegangenen wissenschaftsgeschichtlichen Leitbilder der Assoziation und Kommunikation ablösen werde, hat Miller vorausgesagt; George A. Miller: Toward a third metaphor for psycholinguistics. In: Weimer, Palermo (eds.): Cognition and the symbolic processes, 1974, S. 397–413. Vgl. auch U. Neisser: Cognition and reality, 1976, S. 5f., und Willem J. M. Levelt: A survey of studies in sentence perception: 1970–1976. In: Levelt, Flores d'Arcais (eds.): Studies in the perception of language. Chichester 1978, S. 60.

22 Bertram Raphael: The thinking computers. Mind inside matter. San Francisco 1976, S. 178.

Thema, das auch die sprachphilosophische Verstehensdiskussion unmittelbar angeht.

Das Verstehen einer sprachlichen Äußerung gleicht – in einer ersten versuchsweisen Bestimmung – dem Umgang mit mathematischen Ausdrükken. Ein sprachlicher Text, der verstanden werden soll, besteht aus zwei Arten von Symbolen; aus Zeichen für Elemente und aus Zeichen für den Umgang mit diesen Elementen; der Gesamtausdruck stellt eine Anweisung an das verstehende System dar, diese Operationen an den Elementen zu vollziehen und das Ergebnis in einer bestimmten Formulierung festzuhalten bzw. der weiteren Verhaltensplanung zugrunde zu legen. Der Computer bedient sich für diese Aufgabe besonderer Mittel, der Computer-Sprache. Sie ist eindeutig, vollständig, explizit und ohne Voraussetzungen. Sie folgt darin dem Vorbild formaler Sprachen, die als ›Spiele‹[23] die Struktur eines Kalküls besitzen: Eine gewisse Anzahl von Grundelementen und Operationen werden axiomatisch gesetzt, sie bedürfen ihrerseits keiner Begründung oder Erklärung.[24] Aus ihnen leitet sich dann alles andere ab. Die Computer-Sprache ist kein Symbolsystem, das seinerseits verstanden werden müßte – insofern ist hier die Sprachmetapher irreführend; die Computer-Sprache ist das Wissen, über das das System verfügt, die Menge der Operationen, die das System ausführen kann.

Eine Maschine, die so funktioniert, daß ein außenstehender Beobachter mit Recht von ihr sagen könnte, sie verhalte sich so wie ein Mensch, der eine sprachliche Äußerung versteht, eine solche Maschine also enthält als Mindestausstattung einen Assembler und eine Datenbasis:[25] Der Assembler verwandelt die zu verstehende Äußerung in ein Programm; das Programm erfüllt seinerseits die Aufgabe, in der Datenbasis nach der entsprechenden Information zu suchen. Wenn die Komponenten der zu verstehenden Äußerung in der Datenbasis eindeutig gespeichert sind, der eingeleitete Suchprozeß nach diesen gespeicherten Einheiten mit Erfolg abschließt und die Maschine ein Verhalten zeigt (genauer: einen Output produziert), das allein auf Grund des Gefundenen zustande gekommen ist, so heißt dies, daß die Maschine die Äußerung verstanden hat. Verstehen in diesem Sinn vollzieht sich also als Suchprozeß; das Problem, vor das sich ein maschinelles System gestellt sieht, lautet nicht, was ist das, was verstanden werden soll, sondern wo und in welcher Form befindet es sich im Speicher.

Die maschinellen Überlegungen zum Verstehensaspekt machen deut-

---

[23] Joseph Weizenbaum: Die Macht der Computer und die Ohnmacht der Vernunft. Frankfurt 1978, S. 77.

[24] Ebd., S. 133.

[25] Weizenbaum: Die Macht der Computer, 1978, S. 249. Die periphere Ausstattung, die Sensoren und Effektoren, mag hier außer acht bleiben.

lich, daß es eine universale Lösung von Verstehensaufgaben nicht gibt;[26] Verstehen ereignet sich im jeweiligen besonderen Zusammenhang, der nur zum Teil durch die sprachlichen, daneben aber auch durch die personalen und situativen Komponenten gebildet wird. Diese kaum zu verallgemeinernde Besonderheit von Verstehensvollzügen führt zugleich zur Einsicht, »daß unfehlbare *Regeln für Entdeckungen* jenseits des Raumes ernsthafter Forschungen sind.«[27] Schließlich zeigt der computer-wissenschaftliche Ansatz in derselben Klarheit wie Überlegungen anderer Herkunft auch, daß das Thema Sprache und Verstehen weder mit einer Gleichsetzung noch mit einer Trennung der beiden Themenkomponenten zu beantworten ist: Sprache und Verstehen können weder identisch sein noch können sie unterschiedliche Aspekte ein und derselben Sache darstellen, weil es dann nicht die täglich zu beobachtenden Phänomene der Verständnisschwierigkeiten gäbe; Gesprochenes und Geschriebenes wären immer schon von sich aus verständlich, und ebensowenig gäbe es die bekannten Nöte des Sagens und Schreibens. Doch auch die andere Lösung, Sprache und Verstehen zu trennen, kommt nicht in Frage: Verstehen kann sich nicht einfach als eine Übersetzung aus der Sprache in das eigene, individuelle Zeichensystem abspielen, weil jeder Übersetzung ein Verstehensprozeß vorausgehen muß.[28]

Aus computer-wissenschaftlicher Sicht konzentrieren sich die Probleme um die beiden Fragen, wie man eine geeignete Datenbasis entwerfen soll und auf welche Weise ein Programm ablaufen kann.

Der technische Aspekt der Datenbasis lenkt die Aufmerksamkeit auf Struktur und Funktion des menschlichen Gedächtnisses. Verstehen ist kein Vorgang, der am Nullpunkt beginnt, sondern der grundsätzlich auf Vorhandenem aufbaut. Das Ausmaß des Wissens bestimmt den Grad des Verstehens und nicht etwa der absolute Informationsgehalt dessen, was verstanden werden soll.[29] Verstehen spielt sich dort ab, wo es gelingt, die Struktur der Nachricht in die Struktur des Wissens einzufügen.

Wie kann eine solche Struktur des Wissens aussehen? Viele Antworten weisen darauf hin, daß es sich um sogenannte semantische Netze handeln müsse.[30] Der Netz-Begriff will anzeigen, daß das Gedächtnis bzw. die

---

[26] Ebd., S. 20 und 150.

[27] G. Polya: Schule des Denkens. Vom Lösen mathematischer Probleme. Bern 1949, S. 158.

[28] Weizenbaum: Die Macht der Computer, 1978, S. 248.

[29] Ebd., S. 277.

[30] Auf das Modell der semantischen Merkmalslisten (»set-theoretic model«), das zuweilen dem Netz-Konzept entgegengesetzt wird, soll hier nicht eingegangen werden; dazu Edward E. Smith: Theories of semantic memory. In: W. K. Estes (ed.): Handbook of learning and cognitive processes. Bd. 6: Linguistic functions in cognitive theory. Hillsdale 1978, S. 1–56.

Datenbasis nicht nur Bedeutungskerne enthält, sondern diese semantischen Elemente zugleich zu anderen in Beziehung setzt.[31] Die Bedeutung eines Wortes findet demnach keine punktuelle Entsprechung im Gedächtnis, vielmehr durchzieht sie mehrere Netzstränge. Was also ein Wort bedeutet, hat auf dem Hintergrund eines Netz-Modells sowohl einen quantitativen wie einen qualitativen Aspekt: quantitativ insofern, als der Bedeutungsumfang von der Zahl der berücksichtigten Bedeutungselemente abhängt, qualitativ insofern, als die jeweilige Beziehungsstärke zwischen den Netzknoten zu einer semantischen Zentrierung und Gewichtung führt. Verstehen vollzieht sich demnach nicht nur als Suche nach der passenden Entsprechung im Gedächtnis; worauf es wesentlich ankommt, sind die Vorgänge innerhalb des Netzes, die Gesamtheit der Spuren, die bei der Aktualisierung der Verknüpfung hinterlassen wurden. Hierin liegt das aktive, ja sogar generative Moment einer solchen Gedächtniskonzeption; denn in solchen ausschreitenden Bewegungen innerhalb des semantischen Netzes darf man den eigentlichen Motor für die Veränderung bzw. Intensivierungen des Verständnisses sehen.

Netze lassen sich nach unterschiedlichen Prinzipien konstruieren. Ein wichtiges Prinzip ergibt sich aus der Antwort auf die Frage, in welcher Größenordnung Einheiten gewählt werden sollen, die die Funktion semantischer Knoten übernehmen. Soweit zu sehen ist, bedient man sich dabei aller bislang vertrauten linguistischen Einheiten, von der Ebene der semantischen Primitive über die Wort- bis zur Satzebene; ja sogar Aspekte der Redeabsicht, der Situation und des Kontextes werden neuerdings berücksichtigt. Was die Beziehungsarten zwischen den Elementen betrifft, so spielen insbesondere Klassifikation, Prädikation und Assoziation eine Hauptrolle; aber auch Prinzipien der ›Familienähnlichkeit‹ werden in letzter Zeit miteinkalkuliert. Sie definieren den Zusammenhalt des Netzes, und es ist ersichtlich, daß dieser Zusammenhalt nicht allein auf hierarchischem und begriffslogischem Weg zustande kommt, sondern eine vielfältige Verknüpfungsart impliziert, die auch Raum läßt für lebensgeschichtliche und persönliche Anordnungen. Daß damit aber auch die Grenzen einer maschinellen Verwirklichung von semantischen Netzen gesetzt sind, wird deutlich sichtbar: Maschinen haben keine Lebensgeschichte;[32] somit fehlt ihnen eine wesentliche Quelle der Netzbildung. Die semantischen Netze, wie sie die Computer-Wissenschaft entwirft, sind weitgehend rationale Strukturen, ökonomisch angelegt und funktionstüchtig.

Mit dem Begriff des Programms rücken Aspekte der Verwendung und

---

[31] Die Struktur kognitiver Netzwerke beschreibt z. B. David G. Hays: Kognitive Netzwerke: Formen und Prozesse. In: Peter Eisenberg (Hrsg.): Semantik und künstliche Intelligenz. Berlin 1977, S. 86–112.

[32] Weizenbaum: Die Macht der Computer, 1978, S. 279ff.

des Vollzugs in den Vordergrund. Deutlicher als in den übrigen, insbesondere philosophischen Verstehensdiskussionen erweist sich in den Grundideen der Programmierung (Prozedur, Unterprozedur, Iteration, Rekursion)[33] der prozessuale Charakter von Verstehensereignissen.[34] Verstehen vollzieht sich als Suchen. Das Besondere dieser Suche liegt darin, daß es nicht nur auf das Ergebnis des Suchens, auf das Auffinden bestimmter Elemente ankommt, sondern daß die Art des Suchens selbst, die Dauer sowie die beim Suchen angewandten Mittel das Ergebnis wesentlich mitbestimmen. Seit geraumer Zeit ist deutlich, daß ein Programm zur Ausführung dieser Aufgaben über Techniken des Problemlösens verfügen muß. Der Gebrauch der Datenbasis setzt einen Mechanismus voraus, der die vielfältigen Schwierigkeiten, die bei einer Sprachverarbeitung auftreten, zu bewältigen vermag. Nicht alle dabei entstehenden Probleme lassen sich algorithmisch und deduktiv lösen; das ist eher ein untypisches Verhalten. Es scheint, daß heuristische Verfahren effektiver arbeiten und das menschliche Sprachverstehen angemessener simulieren. Inhalt und Richtung solcher Heuristiken hängen von vorausliegenden Analyseergebnissen sowie vom allgemeinen Wissensbestand ab. Dabei kommt es natürlich häufig zu recht vorläufigen Entscheidungen, die einer ständigen Revision unterliegen können; das würde bei einem deduktiv vorgehenden Verfahren nicht der Fall sein. Trotzdem spielt der heuristische Ansatz keineswegs die Rolle eines Notbehelfs. Vielmehr sollte man darin den Versuch erkennen, den besonderen Bedingungen des Verstehens gerecht zu werden. Wenn es nämlich richtig ist, daß es »kein totales Verstehen und keine absolut verläßliche Überprüfung des Verstehens geben« kann,[35] so verlieren alle ›sicheren‹ algorithmischen Wege ihre Relevanz im Bereich des menschlichen Verstehens.

Der wohl bekannteste Entwurf einer heuristischen Suchmethode stammt von Newell und Simon.[36] Das Lösen eines Problems gestaltet sich hier als Suche nach Mitteln, die geeignet sind, ein bestimmtes Ziel zu erreichen; das heißt, das Ziel selbst ist durchaus bekannt, und auch die Kriterien, die darüber entscheiden, ob sich ein Mittel zur Verwirklichung eines Zieles eignet, sind festgelegt. Es geht allein um den Weg zum Ziel, um das Wie. Der Weg wird durch mehrere Teilhandlungen markiert: Wahl eines Elements, das für die Lösung in Betracht kommt, Wahl des Operators, der dieses Element in ein anderes umwandelt, Beurteilung des neu

---

[33] Terry Winograd: Ein prozedurales Modell des Sprachverstehens. In: P. Eisenberg (Hrsg.): Semantik und künstliche Intelligenz, 1977, S. 170.

[34] Weizenbaum, S. 259.

[35] Weizenbaum: Die Macht der Computer, 1978, S. 256.

[36] Allen Newell, Herbert A. Simon: Human problem solving. Englewood Cliffs 1972, S. 101–105.

gewonnenen Elements hinsichtlich seiner Brauchbarkeit für die Lösung und Entscheidung über das weitere Verfahren (Fortsetzung, Änderung, Abbruch). Die heuristische Suchmethode führt also die Aufgabe einer Mittel-Ziel-Analyse aus.[37] Sie läuft als Regelkreis ab: Das Ziel ist der Soll-Wert; sobald zwischen ihm und dem Ausgangszustand, dem Ist-Wert, eine Diskrepanz zustande kommt, wird diese mit geeigneten Mitteln beseitigt. Meistens verläuft der Annäherungsprozeß so, daß das Endziel in mehreren kleinen Teilschritten mit entsprechenden Unterzielen angestrebt wird.

Die heuristische Komponente der Programmierung stellt gewiß nur einen Teil der umfassenden Verstehenssimulation dar; sie enthält aber einige Implikationen, die sich auf eine allgemeine Konzipierung des Verstehensbegriffs auswirken und möglicherweise zu einer nicht beabsichtigten Vereinseitigung führen. Die Heuristik im Sinn Newells und Simons setzt nämlich voraus, daß der Soll-Wert objektiv besteht und sich unmittelbar der Wahrnehmung bietet; demnach müßte man das zu Verstehende als eine Art Gegenstand auffassen, dessen Soll-Wert klar vor Augen liegt; dem Verstehenden fiele die Aufgabe zu, die vom Soll-Wert ausgehende Diskrepanz durch entsprechende Manipulationen des Ist-Wertes zu löschen. So löst man gewiß viele Aufgaben, und insofern das Verstehen eine Aufgabenlösung umschließt, vollzieht es sich auch auf diesem Weg. Aber sind damit alle oder zumindest die repräsentativen Fälle des Verstehens erfaßt? Zu Recht weist Weizenbaum auf die Dominanz der instrumentellen Vernunft hin, die bei dem Entwurf solcher Suchmethoden zum Ausdruck kommt; sie aber lenkt nur einen Teil der gesamten Verstehensvorgänge. Sprachverstehen erschöpft sich nicht im Konzept des Problemlösens; was dabei zu kurz kommt, zeigt Weizenbaum nachdrücklich:

> Ein Satz ist ein »gegebenes Objekt«, die begriffliche Tiefenstruktur, die er bedeutet, ist das »gewünschte Objekt«, das Ziel besteht in der Transformation des ersteren in das letztere, und die Mittel werden von dem Programm bereitgestellt, das natürliche Sprachen verstehen kann.[38]

Wer so das Sprachverstehen behandelt, mißachtet – so Weizenbaum – die existentielle Verquickung des Verstehens mit der persönlichen Lebensgeschichte, die individuelle Beteiligung an Verstehensvollzügen. Rationalität kann nur eine Komponente des Verstehens bilden. Daneben und ergänzend gibt es den Bereich des Nicht-Rationalen, den die gegenwärtige Bewußtseinspsychologie mit neuen Argumenten wiederentdeckt.[39]

Der Blickwechsel auf die andere, nicht-rationale Seite des Bewußtseins geht nicht nur von einem idealen anthropologischen Standort aus, sondern

---

[37] Ebd., S. 414–418.
[38] Weizenbaum: Die Macht der Computer, 1978, S. 265.
[39] Robert E. Ornstein: Die Psychologie des Bewußtseins. Köln 1974.

hat sogar gehirnphysiologische Motive. Es häufen sich die Hinweise darauf, daß es zwei Arten des Wissens gibt, die je eine eigene Struktur besitzen, unabhängig voneinander wirksam werden und aus unterschiedlichen Quellen hervorgehen. Diese Erkenntnis stützt sich auf die gehirnphysiologische Entdeckung, daß die beiden Hirnhälften in unterschiedlicher Weise funktionieren:[40] die eine rational, analytisch und linear, die andere diffus, ganzheitlich, gleichzeitig und beziehungsreich. Weizenbaum, einer der prominenten Vertreter der Computer-Wissenschaft ist bereit, diese neuen Erkenntnisse über die alternativen Funktionen der komplementären dualen Wissensstruktur mit dem augenblicklichen Stand der maschinellen Wissenssimulation zu vergleichen und daraus Schlußfolgerungen zu ziehen; sein Ergebnis fällt kritisch aus. Die bislang angewandten Verfahren zur Programmierung des Sprachverstehens beziehen sich ausschließlich auf Funktionen der einen rationalen Hirnhälfte und klammern alles andere aus. Diese Reduktion erweist sich als so schwerwiegend, daß Weizenbaum zur Überzeugung kommt, »daß jede Art von ›Verständnis‹, über die ein Computer verfügen mag, also jede Art von ›Intelligenz‹, die ihm vielleicht zugeschrieben wird, nur in einem äußerst schwachen Sinn etwas mit menschlichem Verständnis und menschlicher Intelligenz zu tun hat.«[41]

Solche Einschränkungen und Vorbehalte sollen nicht das Gesamtkonzept zurückweisen, sondern nur die begrenzte Gültigkeit selbst solcher Programme anzeigen, die heuristisch ablaufen; gerade sie schienen ja in ihrer ›intuitiven‹ Ausrichtung dem menschlichen Verstehen am nächsten zu kommen. Ein Programm besteht natürlich nicht nur aus einer heuristischen Mittel-Zweck-Analyse; aber die anderen Verfahren steigern nur die Rationalität der Heuristik.

Ein Programm enthält eine Vielzahl unterschiedlicher Regeln, die angeben, wann man eine Analyse beginnen, wie man in einer bestimmten Problemsituation verfahren, welche Entscheidungen bei einer Wahlmöglichkeit getroffen werden und wann man einen Weg aufgeben soll. Die Regeln werden dem sprachverstehenden System in einer auf es abgestimmten Sprache angegeben. Sie sind nicht Formulierungen, die ihrerseits erst

---

[40] Ornstein: Die Psychologie des Bewußtseins, 1974, S. 77–103.

[41] Weizenbaum: Die Macht der Computer, 1978, S. 282. Minsky scheint in dieser Hinsicht nicht so skeptisch zu sein: »In any case, I see no reason to suppose that the unconscious is distinguished either along the dimension of massive parallel computation or by extraordinary holistic synthesis. A more plausible function would seem to be rapid, shallow exploration using material prepared by earlier analysis. The unconscious aspect might only reflect the lack of ›annotation‹ and record-keeping that would make the process otherwise accessible to review and analysis.« Marvin Minsky: A framework for representing knowledge. In: P. H. Winston (ed.): The psychology of computer vision. New York 1975, S. 258.

verstanden werden müssen, sondern Anweisungen, auf die das System reagiert. Diese totale Rationalität verfehlt zwar die alltäglichen Weisen des Verstehens. Sie bewährt sich hingegen in spezielleren Fällen des Verstehens, der Interpretation zumal, wo instrumentell ausgerichtete Verfahren (Methoden) vorherrschen.

Insofern darf auch eine auf Verstehensvorgänge bezogene Leseforschung von den Ergebnissen und Einsichten der ›künstlichen Intelligenz‹ nicht absehen. Gegenüber der weithin vagen Verwendung des Verstehensbegriffs in der Erklärung von Leseprozessen erweist sich die maschinelle Durchsichtigkeit als nützliche Folie, vor der man die kompliziertere Verästelung des Verstehens im Lesen sichtbar machen kann. In diesem Sinn seien einige Beispiele angeführt, die einen Einblick in die Möglichkeit der Strukturierung des Wissens und seiner Repräsentation vermitteln und damit eine Komponente des Verstehensvorgangs identifizieren, die in weiteren Überlegungen zum Leseprozeß nicht mehr fehlen darf. Es geht mithin um die kognitiven Grundlagen des Lesens, die im Begriff des Lesens als Kulturtechnik ungerechtfertigterweise gesellschaftsgeschichtlich relativiert wurden.

Im Jahr 1969 stellte Ross Quillian seinen ›Teachable Language Comprehender‹ vor, ein Computerprogramm, das unbekannte, d.h. noch nicht gespeicherte Sätze einer Sprache verstehen kann.[42] Als Fernziel stand dabei vor Augen, die Verstehensleistung eines Zeitungs- oder Buchlesers zu simulieren. Quillian geht von einer Verstehensbeschreibung aus, die zunächst wenig versprechend anmutet: Verstehen vollzöge sich als Anknüpfung fremder Information an den eigenen Wissensbestand; man versteht, indem man explizite oder implizite Behauptungen eines Textes auf die eigenen Kenntnisse von der Welt bezieht.[43] Abgesehen davon, daß hierbei Sprachäußerungen auf ihre assertorische Funktion eingeschränkt werden, droht eine solche Definition auch noch das Verstehen auf bloßes Wiedererkennen zu reduzieren. Das aber liegt keineswegs in der Absicht Quillians. So heißt es denn auch an entscheidender Stelle:

> The important point here is that in TLC the function of text is to be viewed not as explicitly stating information for a reader but rather as directing the reader to construct for himself various cognitive structures. Such structures will in large part represent assertions that go beyond anything explicit in the text itself; this is possible because in constructing these structures the reader includes pieces of information drawn from his prior memory. At the same time, a text is able to communicate something new to the reader, something which he did *not* already

---

[42] M. Ross Quillian: The teachable language comprehender: A simulation program and theory of language. In: Communications of the ACM. A publication of the association for computing machinery 12 (1969), S. 459–476.

[43] Ebd., S. 459f.

> have in his memory, by dictating ways in which he must *adapt* and *recombine* the pieces of information he draws from memory. These pieces then are used as components for building the new cognitive structures that represent his comprehension.[44]

Es geht also nicht um Informationsfluß, Bedeutungsextraktion oder Sinnentnahme. Verstehen vollzieht sich als ein interner, konstruktiver Vorgang, dessen Leistungskraft einerseits von der Quantität des Gespeicherten, andererseits vom Lern- und Kombinationsvermögen abhängt. Gerade die technische Realisierung von Verstehensvorgängen weist mit Nachdruck darauf hin, welche aktiven Eigenleistungen ein System aufbringen muß, um das zu erzielen, was man Verstehen nennt.

Der Kern des Systems ist das Gedächtnis, das vor allem eine semantische Funktion erfüllt, während der syntaktische Teil eher eine nebengeordnete Rolle spielt. Das Gedächtnis enthält Assertionen, Aussagen über den Weltbereich, den das System kennt. Diese Aussagen werden nicht als bloße Anhäufung gespeichert, sondern bilden zusammen ein ›semantisches Netz‹, das aus ›Knoten‹ und deren wechselseitigen Beziehungen besteht. Solange das System lernt, bleibt es auf einen menschlichen Monitor – seinen Lehrer – angewiesen, der ihn mit jenen syntaktischen und semantischen Informationen versieht, die er jeweils bei seiner Textlektüre braucht; das Ausmaß solcher von außen kommenden Hilfen nimmt aber ständig ab, so daß das System, auf die Dauer gesehen, immer selbständiger arbeitet.

Die Information, über die das Gedächtnis verfügt, existiert in einem gedächtnisspezifischen Kode: Der Kode besteht aus zwei Elementen, den ›Einheiten‹ und den ›Eigenschaften‹. Eine ›Einheit‹ repräsentiert den Begriff eines Gegenstandes, Sachverhalts oder Ereignisses und findet ihre sprachliche Entsprechung in einem Einzelwort, einer Nominalphrase oder einem Satz; eine ›Eigenschaft‹ hingegen entspricht allen Formen der Prädikation, wie sie sich sprachlich in Verben, Relativsätzen und Attributen niederschlägt. Das Gedächtnissystem macht sich einen sprachlichen Ausdruck zu eigen, indem es eine ›Einheit‹ bildet, dessen erstes, obligatorisches Element immer ein sogenannter Zeiger ist, der seinerseits auf einen Oberbegriff des anzuverwandelnden Ausdrucks verweist; das zweite (nicht obligatorische) Element innerhalb der ›Einheit‹ verweist dann – gleichfalls mittels eines Zeigers – auf eine ›Eigenschaft‹, die den Oberbegriff eingrenzt. Auch ›Eigenschaften‹ setzen sich aus Elementen zusammen: Es gibt hier zwei obligatorische Elemente, wovon das erste wiederum aus einem Zeiger besteht, der auf das entsprechende Eigenschaftsattribut hinweist, während das zweite Element die Wertigkeit des ersten anzeigt; darüber hinaus können fakultative Elemente noch weitere ›Eigenschaften‹ bezeich-

[44] Ebd., S. 460.

nen. Quillian definiert die Zeiger und die ›Einheiten‹, auf die sie verweisen, als die Wortbedeutungen der natürlichen Sprache.

In diesem wahrhaft dichten semantischen Gedächtnisnetz spielt sich das Verstehen eines Ausdrucks als zeigergesteuertes Suchen ab, das bei einer gegebenen Einheit beginnt und von daher alle weiteren Verweise auf andere Einheiten verfolgt; je nach Gedächtniskapazität dehnt sich das Suchfeld fächerartig aus. Die zurückgelegte Suchspur hinterläßt an jeder durchschrittenen Einheit ein ›Aktivationszeichen‹, das den Begriff anzeigt, von dem die Suche ausging. Da nun solche Spuren gleichzeitig von mehreren Begriffen ausgehen, geschieht es oft, daß eine Einheit mehrere Aktivationszeichen erhält; solche Überschneidungen von Suchspuren weisen regelmäßig auf Gemeinsamkeiten zwischen den unterschiedlichen Ausgangsbegriffen zurück. Die so gefundenen Beziehungen zwischen zwei oder mehreren Begriffen bilden die Grundlage der hypothetischen Bedeutungserzeugung; hier wird die Bedeutung des Textes mit den Mitteln des semantischen Gedächtnisnetzes aufgebaut.

Quillian strukturiert sein Gedächtnismodell streng hierarchisch. Das ist der Grund für die Ökonomie des Modells. Darin wird zugleich aber auch seine Schwäche sichtbar. Die Terminologie eines wissenschaftlichen Sprachgebrauchs mag sich zwar an dem Ideal begrifflicher Hierarchie ausrichten, die alltägliche Sprachverwendung hingegen tut es wohl kaum. Hier dominieren assoziative, erfahrungsbedingte Anordnungsprinzipien. Das, was ein Wort ›typischerweise‹ bedeutet, bestimmt in erster Linie den Verstehensvorgang, und die typische Bedeutung eines Wortes fällt selten mit seiner wissenschaftlichen zusammen.[45]

Für Terry Winograd heißt Verstehen einer Sprache soviel wie Umwandlung einer Laut- bzw. Buchstabenkette in eine interne Repräsentation von Bedeutung.[46] Dabei geht es nicht so sehr um die Frage, ob diese Bestimmung den Verstehensaspekt der menschlichen Sprachverwendung genau und allseitig erfaßt, sondern vordringlich um die Frage, wie ein maschinelles System auf der Grundlage der vorgeschlagenen Verstehensdefinition arbeiten kann: Es muß z. B. sprachlich formulierte Befehle ausführen, Fragen beantworten, Probleme lösen, Schlußfolgerungen ziehen und ausgeführte Handlungen begründen können. Winograds Arbeit wendet sich einer hoch speziellen, aber auch bescheidenen Aufgabenstellung zu, die sich sowohl der Forderung stellt, zureichende Bedingungen des Verstehens zu formulieren, als auch die engen Grenzen anerkennt, die einer Simulation von partiellen Verstehensvorgängen hinsichtlich ihrer Verallgemeinerungs-

[45] Vgl. dazu die Arbeiten von E. Rosch. Siehe auch die Zusammenfassung von E. E. Smith: Theories of semantic memory, 1978, S. 14–37.

[46] Terry Winograd: Understanding natural language. Edinburgh 1972, S. 23.

fähigkeit gezogen sind. So versteht Winograd unter interner Repräsentation nicht etwa eine geistige Einheit, sondern eine besondere Art der Formulierung, auf die ein Computersystem reagiert, der es gehorcht, die es beantwortet oder seiner Datenbasis hinzufügt; ebensowenig erhebt der Ausdruck ›Repräsentation von Bedeutung‹ den Anspruch, Psychisches abzubilden, er gilt vielmehr als heuristische Fiktion.[47] Nicht etwa eine ontologische, sondern eher eine operationale Bedeutungstheorie wird damit angesprochen. Weizenbaum hat das so formuliert: »Die Bedeutung eines Computerkodes muß dann die Handlung des Computers sein, der diesen Kode als Anweisung interpretiert und sie befolgt.«[48]

Das Besondere des Winogradschen Systems liegt darin, daß es als erstes die pragmatische Seite der Verstehensakte erfaßt hat. So urteilt etwa Yorick Wilks in seinem informativen Forschungsbericht.:

> Einer der Gründe für die außerordentliche Wirkung von Winograds Arbeit war, daß vor ihrem Erscheinen die Arbeiten zur künstlichen Intelligenz sprachwissenschaftlich trivial waren, während die Systeme der Linguisten die Verwendung von Schlußfolgerungen und Wissen über die wirkliche Welt nicht integrieren konnten.[49]

Dem Verstehen liegen demnach nicht nur phonologische bzw. graphemische, syntaktische und semantische Analysen zugrunde, sondern ebenso eine strukturierte Kenntnis jenes Bereichs, von dem die zu verstehenden Äußerungen reden. Zugleich beschränkt sich das System nicht auf die Analyse des ausdrücklich Formulierten, vielmehr vermag es, Schlußfolgerungen zu ziehen, Ergänzungen vorzunehmen und Beziehungen zu setzen, Handlungen mithin, wie sie gegenüber einfachsten textlichen Gegebenheiten, so der pronominalen Verkettung, notwendig werden. Winograds System besitzt – in den Worten Weizenbaums – ein Modell »eines Aspekts der Außenwelt«, auf Grund dessen es »von allein funktioniert«.[50] Hier liegt übrigens auch der kritische Ursprung für spätere Verfeinerungen der künstlichen Wissenssimulation, die dann z. B. auch die Konzepte der Erwartungserwartung und des Wissens über das eigene Wissen integrieren wird.[51]

Die Datenbasis enthält nach Winograd symbolische Beschreibungen von Tatsachen; diese Tatsachen gelten nur für einen bestimmten, genau umgrenzten Weltausschnitt; im vorliegenden Fall handelt es sich um eine Welt bunter Blöcke, Pyramiden und Behälter; der Umgang mit ihnen ist die

---

[47] Ebd, S. 26.
[48] Weizenbaum: Die Macht der Computer, 1978, S. 136.
[49] Yorick Wilks: Sprachverstehende Systeme in der künstlichen Intelligenz. Überblick und Vergleich. In: P. Eisenberg (Hrsg.): Semantik und künstliche Intelligenz, 1977, S. 185.
[50] Weizenbaum: Die Macht der Computer, 1978, S. 44.
[51] M. Minsky: A framework for representing knowledge, 1975, S. 235 und S. 248.

Tätigkeitsform des Systems. Die Gesamtheit der Tatsachenbeschreibungen stellt also ein Modell genau der Welt dar, in der und auf die hin Äußerungen verstanden werden. Die Datenbasis bildet die Gegenstände der Welt nicht ab, sondern repräsentiert sie; das heißt, Gegenstände und Begriffe erhalten Datenausdrücke, die nach logischem Vorbild so formuliert werden, daß der Name der Beziehung, in der Gegenstände bzw. Begriffe stehen, zuerst genannt wird und dann die Relata folgen. Beziehungen dieser Art ordnen Elemente den Eigenschaften jener Klasse zu, zu denen diese Elemente gehören. Das ist wichtig, denn in dieser Gestaltung der Beziehung liegt die Quelle für die Fähigkeit des Systems, deduktiv zu arbeiten. Die Beziehungen werden nun ihrerseits prozedural beschrieben; das heißt, jede Beziehung besteht aus einer Handlungsanweisung an das System. Was also ein gespeicherter Ausdruck für das System bedeutet und in welcher Weise das System ihn versteht, wird aus dem ersichtlich, was im System vorgeht und welches Verhalten dieser Vorgang verursacht.

Winograd entwirft drei Programme: ein syntaktisches, ein semantisches und ein kognitives. Das syntaktische Programm funktioniert nach Prinzipien der systemischen Grammatik (Halliday). Obwohl Winograd ein paralleles Arbeiten der drei Programme grundsätzlich befürwortet, beginnt sein System mit der syntaktischen Analyse; darin unterscheidet er sich von späteren sprachverarbeitenden Systemen, die mit der semantischen Analyse beginnen, und eine syntaktische nur dann einschalten, wenn die semantische zu keinem Ergebnis kommt.[52] Die semantische Analyse in Winograds System erfolgt auf der Grundlage von Lexikondefinitionen, die – linguistisch gesehen – auf der Theorie semantischer Merkmale beruhen, sich aber wiederum als prozedurale Formulierungen verstehen. Das kognitive Programm übernimmt die deduktiven Aufgaben.

Nun unterscheidet sich die spezielle Aufgabe, das Wissen über eine Welt der Blöcke zu repräsentieren, erheblich von jener umfassenden und von vornherein wenig eingrenzbaren Aufgabe, das Wissen zu repräsentieren, das der menschlichen Lebensführung zugrunde liegt. Zwar werfen bloße quantitative Aspekte für maschinelle Systeme bekanntlich keine grundsätzlichen Probleme auf; aber, um die Effektivität des Systems auch im ökonomischen Sinn zu erhalten, bedarf es einer Reihe von Reduktionen, die die inhaltliche Fülle der Lebenswelt auf Grundformen zurückführt. Auch der Mensch scheint ja im Verstehensvollzug von solchen Grundformen Gebrauch zu machen; andernfalls würde er in der ihn umgebenden Infor-

---

[52] Christopher K. Riesbeck, Roger C. Schank: Comprehension by computer: Expectation-based analysis of sentences in context. In: W. J. M. Levelt, G. B. Flores d'Arcais (eds.): Studies in the perception of language. Chichester 1978, S. 252.

mationsvielfalt die Orientierung verlieren. Wenn man vergleichbare Grundformen einem Automaten eingeben will, so muß man sich über ihre Gestalt im klaren sein, und das ist keine leichte Aufgabe. Diese Grundformen – wie immer sie auch aussehen mögen – erfüllen gleich zwei Aufgaben: Sie erlauben eine automatische Ableitung aller vorkommenden Einzelheiten, und sie sind selbst – als nicht weiter atomisierbare Einheiten – der Grundbestand des kognitiven Systems; das bedeutet, sie brauchen ihrerseits nicht etwa vom System verstanden zu werden. Die Verstehensoperation vollzieht sich vielmehr als Bezugnahme auf diese immer schon verstandenen Grundformen. Gerade einer Automatentheorie kommt eine solche – hermeneutische – Konzeption entgegen; denn diese Systeme funktionieren auf Grund von »Einbauoperationen«, also »Operationen, die keine zusätzlichen Erklärungen für den Arbeiter bedeuten.«[53] Solche Operationen nennt man auch ›Primitive‹, ein Begriff, der in neueren Bemühungen um eine angemessene Simulierung der semantischen Grammatik einer Sprachäußerung immer wieder auftaucht.

In Anlehnung an die Kasusgrammatik Charles Fillmores und die generative Semantik Wallace Chafes hat z. B. die so sich nennende Elinor-Gruppe ein semantisches Dekompositionsverfahren vorgestellt, das in Form eines ›aktiven semantischen Netzwerkes‹ genau die Funktionen ausführen soll, die man von einem sprachverstehenden System erwartet.[54] Dieses Netzwerk repräsentiert in propositionaler Form[55] Aussagen in einer Sprache, d. h. Bedeutungsstrukturen, die allen möglichen – nicht nur sprachlichen – Zeichensystemen zugrunde liegen.[56] »Wir betrachten Sprache nur als einen Aspekt kognitiver Fähigkeiten.«[57] Auch hier bilden Knoten und deren Relationen die grundlegenden Bauelemente.[58] Die Knoten stellen »Begriffe für Objekte und Ereignisse in der Welt und Darstellungen von abstrakten, klassenartigen Begriffen« dar,[59] das heißt, es gibt Begriffs- und Prädikatknoten. Die Relationen spezifizieren, zu welcher Klasse von Knoten ein einzelner Knoten gehört, wie diese Knotenklasse heißt und welcher Agent, welches Objekt sowie welches Instrument zu einem Knoten gehören. Um die Anzahl der Knoten in einem begrenzten Umfang zu halten, repräsentiert man nicht etwa je ein Wort in einem Knoten, sondern interpretiert die Bedeutung eines Wortes als Ergebnis einer Synthese von elementaren, der

---

53 Weizenbaum: Die Macht der Computer, 1978, S. 133.

54 Donald A. Norman, David E. Rumelhart: Strukturen des Wissens. Wege der Kognitionsforschung. Stuttgart 1978.

55 Norman, Rumelhart: Strukturen des Wissens, 1978, S. 36.

56 Ebd., S. 22 und 25.

57 Ebd., S. 121.

58 Ebd., S. 52.

59 Ebd., S. 111.

Zahl nach begrenzten Einheiten. Für Prädikatknoten sieht das etwa so aus:

> Bei unserer Untersuchung der englischen Verben haben wir mindestens vier verschiedene Klassen von elementaren Prädikaten identifiziert, die den Bedeutungen der Verben zugrunde liegen: *Bedeutungselemente des Zustandes (statives), der Zustandsänderung (change), der Ursache (cause), und der Handlung (actionals).* Jede dieser vier Prädikatarten hängt mit einem anderen Aspekt der Verbbedeutung zusammen. Die *Zustands*-Komponente eines Verbs gibt das feste Verhältnis an, das für eine bestimmte Zeit zwischen seinen Argumenten besteht. Die *Änderungs*-Komponente sagt einfach aus, daß eine Zustandsveränderung stattgefunden hat. Die *Ursach*-Komponente teilt die Quelle oder den Grund der Veränderung mit. Die *Handlungs*-Komponente beschreibt den Verhaltensablauf bei der Ausführung der durch das Verb gekennzeichneten Handlung. Alle Verben scheinen mindestens eine dieser grundlegenden Komponenten zu enthalten, wobei ein Verb auch alle vier enthalten kann.[60]

Eine charakteristische Besonderheit dieses Ansatzes liegt darin, daß die Prozeduren der semantischen Dekomposition nicht nur strukturellen Analysezwecken dienen, sondern als »aktive Verfahren« gespeichert werden, »die eine Reihe von Aufgaben ausführen können«.[61] Sie statten das sprachverstehende System mit einem Instrumentarium aus, das sich gegenüber den implikations- und präsuppositionsreichen sprachlichen Ausdrücken als hochsensibel erweist. Solche Verfahren befähigen das System zur minutiösen Auswertung sprachlicher Eingaben und zur Bewältigung jener Aufgaben, die Sprachverstehen in die Nähe von Problemlösung rücken. »In diesem Rahmen besteht das Modell des Sprachverständnisses aus einer Theorie des linguistischen *Wissens* des Sprachbenützers und einer Theorie der kognitiven *Prozesse,* welche dieses Wissen auf die Aufgabe des Verstehens spezifischer Sätze zur Anwendung bringen.«[62] Die hiermit angesprochenen kognitiven Prozesse überschreiten natürlich die sprachliche Domäne; es gehört zur wesentlichen Voraussetzung dieser Theorie, »daß komplexe kognitive Vorgänge die Prozesse des Sprachverstehens und der Erfassung visueller Ereignisse begleiten.«[63] Angesichts solcher Aussagen sollte man sich hüten, die Spätphilosophie Wittgensteins allzu eng in die Nähe operationaler Sprachauffassungen der künstlichen Intelligenzforschung zu rücken.

Klassifikation, Prädikation und Dekomposition sind die hervorstechenden Bauelemente der soeben charakterisierten Wissensstrukturen. Aber sie reichen – das zeigt die zunehmende Verfeinerung der Konzepte – noch immer nicht aus, alltägliches Sprachverstehen zufriedenstellend zu erklären. Wer Sprache versteht, verarbeitet nicht nur die dargebotenen Ein-

---

[60] Ebd., S. 62.
[61] Norman, Rumelhart: Strukturen des Wissens, 1978, S. 76.
[62] Ebd., S. 127.
[63] Ebd., S. 47.

drücke, er eilt diesen beim Verstehen sogar voraus. In phänomenologischer Schreibweise hieß das so:

> Eine solche Verständigung kann anscheinend nur gelingen, wenn das, was A mitteilt, wenn das Gedankengebilde des A irgendwie Anschluß findet in der Gedankenwelt des B, wenn es eine Beziehung zu dieser Welt findet, wenn diese Welt sozusagen schon Platz bietet für das Auftauchen des Gedankengebildes, welches A übertragen will. (...) Wir können vielleicht sogar sagen, daß jede Verständigung davon abhängt, daß ein solcher Anschluß gefunden wird oder, etwas anders ausgedrückt, daß jede Verständigung davon abhängig ist, daß bei dem Hörenden schon ein Horizont vorhanden ist, in den sich die Rede einfügt oder, vielleicht besser, in den sich das Gedankengebilde einfügt.[64]

Vertreter der künstlichen Intelligenz formulieren dasselbe so: »in order to understand what someone says it is necessary to have a highly developed model of the kinds of things he could say.«[65] Das gelingt dem Hörer oder Leser nur dann, wenn er über die Suche nach der semantischen Repräsentation der einzelnen Eingaben hinaus zugleich einen allgemeinen Sinnzusammenhang entworfen hat, in dem das soeben Verarbeitete einen charakteristischen oder möglichen Ausschnitt bildet. Man versteht ein Wort, indem man seine Bedeutung findet und es zugleich als Teil eines umfassenden Handlungs- oder Situationszusammenhangs identifiziert. Hier setzen neuere Erkenntnisse über die Wirkung von Rahmen (Minsky), Skripten (Schank) und Rezepten (Wettler)[66] beim Sprachverstehen an. Es handelt sich hierbei um Repräsentationen von stereotypen Situationen und Handlungen. Der Gebrauch solcher Rahmen macht es dem Verstehenden möglich, pragmatische Schlußfolgerungen zu ziehen, die weit über das sprachlich Ausgedrückte hinausgehen und doch zum Verstehen einer sprachlichen Äußerung gehören.

Die Rahmentheorie wurde zunächst nicht etwa im Bereich der Sprachverarbeitung entwickelt, sondern erwuchs aus Überlegungen zur visuellen Analyse von Szenen.[67] Vorausgesetzt, daß visuelle Perzeption mit symbolischer Repräsentation arbeitet, stellt sich sogleich die Frage, wie man Objekte bzw. Szenen, die man für gewöhnlich aus unendlich verschiedenen Perspektiven wahrnimmt – sei es, daß die Objekte sich bewegen, sei es, daß

---

[64] Wilhelm Schapp: In Geschichten verstrickt. Zum Sein von Mensch und Ding. 2. Aufl., Wiesbaden 1976, S. 6f.

[65] Ch. K. Riesbeck, R. C. Schank: Comprehension by computer: Expectation-based analysis of sentences in context. In: Levelt, Flores d'Arcais (eds.): Studies in the perception of language, 1978, S. 248.

[66] Manfred Wettler: Sprache Gedächtnis Verstehen. Berlin 1980.

[67] Marvin Minsky: A framework for representing knowledge. In: Winston (ed.): The psychology of computer vision, 1975, S. 211–277. Zur Tradition dieser Sicht vgl. Arnold Gehlen: Der Mensch. Seine Natur und seine Stellung in der Welt. 12. Aufl., Wiesbaden 1978, insbesondere Gehlens Ausführungen über die symbolische Verdichtung der Wahrnehmung.

der Beobachter seinen Standort verändert – so im Gedächtnis repräsentiert, daß die Repräsentation den fortlaufenden Veränderungen gerecht wird, ohne daß mit jedem neuen Blickwechsel eine neue repräsentationale Enkodierung notwendig würde. Es geht mithin darum, Sachverhalte und Beziehungen, die noch nicht bzw. nicht mehr ansichtig sind, in einer Weise zu repräsentieren, die weder das Gedächtnis mit einer nicht zu bewältigenden Detailfülle überlastet noch es durch die Konfrontation mit immer neuen, unerwarteten Situationen zu unaufhörlicher Verarbeitung treibt. Der rahmentheoretische Ansatz stellt hier einen ersten Schritt zu einem Entwurf gedächtnisrelevanten ›möglichen Wissens‹ dar. Dieses mögliche Wissen wird als Netzstruktur, Szenario oder gar Paradigma repräsentiert, die einen Zusammenhang zwischen Gegebenem und Möglichem, Ausdrücklichem und Impliziertem, Teil und Ganzem, Figur und Grund herstellen. Minsky definiert den Rahmen-Begriff auf folgende Weise:

> A *frame* is a data-structure for representing a stereotyped situation, like being in a certain kind of living room, or going to a child's birthday party. Attached to each frame are several kinds of information. Some of this information is about how to use the frame. Some is about what one can expect to happen next. Some is about what to do if these expectations are not confirmed.[68]

Auf den Bereich des Sprachverstehens angewandt, bedeutet dies, daß Wörter nicht nur isolierte Bedeutungen hervorrufen, sondern umfassende Muster mit detaillierten oder auch nur platzhalterartigen Angaben zu typischen Handlungsweisen, Personenbestand und Situationsmerkmalen. Bei der Entwickung solcher Rahmen geht Marvin Minsky von den kasusgrammatischen Ansätzen Fillmores und Celce-Murcias aus, hält aber auf der Ebene des Textverständnisses auch andere, nicht nur verbzentrierte Strukturierungen für möglich.

> In more extended discourse, however, I think that verb-centered structures often become subordinate or even disappear. The topic or »theme« of a paragraph is as likely to be a scene as to be an action, as likely to be a characterization of a person as to be something he is doing. Thus in understanding a discourse, the synthesis of a verb-structure with its case assignments may be a necessary but transient phase. As sentences are understood, the resulting substructures must be transferred to a growing »scene frame« to build up the larger picture. An action that is the chief concern of one sentence might, for example, become subsidiary to a characterization of one of the actors in a larger story frame.[69]

Den wechselnden Anforderungen, denen ein sprachverstehendes System ausgesetzt ist, entsprechen denn auch verschiedene Rahmen-Formen:

> *Surface syntactic frames:* Mainly verb cases. Prepositional and word-order indicator conventions.

---

[68] Minsky: A framework for representing knowledge, 1975, S. 212.
[69] Minsky: A framework for representing knowledge, 1975, S. 235f.

*Surface semantic frames:* Deep syntactic frames perhaps. Action-centered meanings of words. Qualifiers and relations concerning participants, instruments, trajectories and strategies, goals, consequences and side-effects.

*Thematic frames:* Topics, activities, portraits, setting. Outstanding problems and strategies commonly connected with topic.

*Narrative frames:* Stories, explanations, and arguments. Conventions about foci, protagonists, plots, development, etc., with the purpose of causing the listener to construct a new Thematic Frame in his own mind.[70]

Der Vorschlag, Rahmen in dieser Weise zu spezifizieren, wirkt sich unmittelbar auf die Entfaltung eines Verstehensbegriffs aus, wie ihn der Leseprozeß impliziert. Denn Rahmen sind ja nicht nur Schablonen, die von außen angesprochen werden, sondern Modelle, die auch von sich aus in Aktion treten, dergestalt, daß sie aufgrund des in ihnen verankerten möglichen Wissens zu Fragen führen, die als Suchbefehle die weitere Lektüre bestimmen. Eine Geschichte verstehen heißt Rahmen zu gebrauchen, die Fragen nach dem Agenten, der Intention, der Konsequenz, dem Adressaten und dem Instrument der Handlung aufwerfen und tendenziell beantworten und die auch Auskunft geben über die Möglichkeiten einer weiteren Informationsgewinnung und die Angemessenheit des bereits Gefundenen zu beurteilen erlauben.

Die derzeitigen Ergebnisse des computer-wissenschaftlichen Ansatzes stellen Verstehen als einen aufgaben-, ziel- und zweckbezogenen Prozeß dar. Sein Ablauf umfaßt eine repräsentationale und operative Komponente. Beide Komponenten greifen ineinander und haben sowohl einen prozessualen als auch resultativen Aspekt. Im Verstehensvollzug vermittelt eine Reihe von Operationen zwischen einem System, genauer dessen repräsentationaler Form, und seiner relevanten Umwelt. Diese Vermittlung setzt einerseits eine relativ stabile Wissensstruktur voraus, dient aber andererseits auch dem Ausbau dieser Wissensstruktur, die ihrerseits der Planung einer Verhaltensäußerung zugrunde liegt. Letztlich äußert sich also die Qualität der Verarbeitung in der Ausführung bestimmter Handlungen, die als Antwort auf eine bestimmte Problemsituation angemessen sind; noch genauer: diese Handlungen bilden unmittelbar einen Bestandteil des Verstehens, indem das Verstehen erst in der Handlung zu seinem praktisch relevanten Abschluß kommt. In diesem konzeptuellen Zusammenhang führt die Frage nach dem Wesen von Bedeutung und Verstehen nicht allein und vor allem zur Bestimmung der Natur von Repräsentationen, sondern auch zur Beschreibung des Verhaltens, das die Effektoren auf Grund der internen Verarbeitung und im Zusammenhang eines Problemkontextes zeigen. Die Gesamtheit der Verfahren mit ihren repräsentationalen Implikationen, die die Eingabe mit dem inneren Wissenssystem in Verbindung

---

[70] Ebd., S. 245.

bringen und hier situationsgezielt manipulieren, bezeichnet den Bereich des Verstehens. Als Verstehensleistungen, wie sie die Künstliche Intelligenz derzeit simulieren kann, wären etwa zu nennen: Gespräche führen, Fragen beantworten, Probleme lösen (z. B. Disambiguieren, Referentialisieren), Voraussagen treffen, Befehle ausführen, Behauptungen überprüfen, Ausdrücke paraphrasieren, Informationen behalten, Schlußfolgerungen ziehen, Entscheidungen fällen.

Das Funktionieren eines sprachverstehenden Computers bestätigt also die Auffassung, daß dem menschlichen Sprachverstehen ein inneres Repräsentationssystem zugrunde liegt. Aber es erlaubt keineswegs die Schlußfolgerung, daß es sich hierbei um ein nicht-sprachliches System handeln müsse. Die Übersetzungs- bzw. Dekodierungstheorien der Bedeutungsgewinnung können sich nicht auf die computer-wissenschaftlichen Erkenntnisse berufen; denn sie würden dabei den generativen Aspekt der Repräsentationsform ebenso mißachten wie ihre funktionale Einbettung in die operativen Verfahren. Im traditionsreichen Streit um die Beziehung zwischen Sprache und Denken liegt hiermit eine eigenartige und bemerkenswerte Position vor: Sprachverstehen vollzieht sich grundsätzlich auf mindestens zwei Ebenen. Wie man diese Ebenen identifiziert, ist dagegen eher eine Frage der Notation bzw. der maschinellen Technik. Die sich hier aufdrängende Dualität muß also nicht mit der Unterscheidung in einen sprachlichen und einen kognitiven Bereich zusammenfallen; vielmehr bietet es sich an, die Dualität innerhalb des sprachlich-kognitiven Bereichs als eines Ganzen anzusiedeln. Es stünden sich somit also gegenüber: die äußere kommunikative Sprache und die innere, heuristische, direktive Sprache, die als Repräsentationsform fungiert. Die repräsentationalen Aufgaben der Sprache lenken abermals den Blick auf deren metasprachliche Funktion; sie ist der eigentliche Grund dafür, daß man bei der Konzipierung der Repräsentationsform nicht unbedingt an ein nichtsprachliches System denken muß. Im übrigen aber darf ein letztes nicht vergessen werden: Die Zweckrationalität sprachverstehender Maschinen macht deutlich, daß die Natur der Repräsentationsform unter anderem auch von der Zielbestimmung der Verarbeitung abhängt, so daß es wahrscheinlich ist, daß die Art der Problemsituation die Wahl der Repräsentationsform mitbestimmt.[71]

Welche Erkenntnisse lassen sich aus dem skizzierten Forschungsbereich für die Entfaltung eines Begriffs vom verständigen Lesen ableiten? Zunächst gilt es festzuhalten, daß die oben bedachten Verstehensleistungen nur einen Ausschnitt aus der Gesamtheit aller möglichen Lesevollzüge

---

[71] Kapitel 4.4 wird unter anderer Fragestellung versuchen, die mögliche Natur von Repräsentationen zu erörtern.

darstellen. Nicht jedes Lesen mündet in ein beobachtbares Verhalten, das genau die Rolle einnimmt, die der Terminal für eine Maschine hat. Immerhin aber gibt es eine Reihe von Leseaktivitäten, die unmittelbar in Handlungen münden: Alle Texte, die Anweisungen enthalten (Gebrauchsanweisungen, Gesetzestexte, Lehrbücher), fallen hierunter; insbesondere aber ist hier die unterrichtliche Lesesituation zu nennen, die durchweg eine Instrumentalisierung des Verstehens in Verhaltensäußerungen verfolgt. Dem wird sich das nächste Kapitel zuwenden.

Indem der Verstehensprozeß eine Wissenskomponente einschließt, wird sichtbar, daß alle Versuche, Lesen und Verstehen im Rahmen von Fähigkeiten, Fertigkeiten oder gar Techniken zu beschreiben, zu kurz greifen. Nicht das Ausmaß angewandter Strategien bestimmt allein den Verstehensvollzug, sondern vor allem auch die Qualität der Wissensstruktur.

Was also tut der Leser, wenn er versteht? Eine denkbar einfache Antwort schlug Walter Kintsch vor.[72] Der Leser zerlegt den Lesetext in Aussagen; das heißt, er bildet Prädikat-Argument-Propositionen mit Hilfe der kasusgrammatischen Terminologie. Eine Wiederholung desselben Arguments in aufeinander folgenden Propositionen gewährleistet den Zusammenhang der einzelnen Propositionen. Eine Propositionsreihe, etwa die eines Absatzes, kann ihrerseits eine Makro-Proposition bilden.[73] Dieser Ansatz bewährt sich offensichtlich bei der Voraussage des Verstehens, d. h. der Form des Verhaltens, in der sich das Verstehen manifestiert. Es erlaubt zugleich die Festsetzung der jeweiligen Lesbarkeit eines Textes, die Messung der Verstehensgeschwindigkeit und die Lokalisierung eines Verstehensproblems. Das Verhalten, das durch das jeweilige Verstehen herbeigeführt wird, offenbart sich in Nacherzählungen, Beantwortung von Fragen und Erinnerungen. Die kognitive, nach Kintsch nicht-sprachliche, Komponente dieses Verstehensmodells liegt einerseits in der propositionalen Notation, die zwar mit Hilfe von Wörtern vollzogen wird, eigentlich aber Repräsentationsausdrücke jenseits von Sprache meint; andererseits äußert sie sich in den verschiedenen Folgerungsstrategien des Lesers: auf der semantischen Ebene etwa gegenüber Implikationen und Präsuppositionen, auf der pragmatischen gegenüber Konversationsmaximen.[74] Beides kann nur deshalb gelingen, weil der Leser eine Wissensstruktur besitzt, die

---

[72] Walter Kintsch: The representation of meaning in memory. Hillsdale 1974. Ders.: Memory and cognition. New York 1977. Ders.: Comprehension and memory of text. In: W. K. Estes (ed.): Handbook of learning and cognitive processes. Bd. 6: Linguistic functions in cognitive theory. Hillsdale 1978, S. 57–86.

[73] Douglas Vipond: Micro- and macroprocesses in text comprehension. In: Journal of verbal learning and verbal behavior 19 (1980), S. 276–296.

[74] Kintsch: Memory and cognition, 1977, S. 369f.

umfassender und eindeutiger ist als der jeweilige Text. Daß Kintsch damit in gefährliche Nähe zu der Auffassung rückt, daß Verstehen eine Art des Übersetzens aus einer vieldeutigen in eine eindeutige Sprache sei, wird an dieser Stelle natürlich besonders deutlich. Aber diese Konsequenz hinsichtlich der Repräsentationsform brauchte Kintsch eigentlich nicht zu ziehen. Es hätte genügt, wenn er die Funktion der propositionalen Repräsentation in der Weise beschrieben hätte, wie es z. B. Jerome Bruner schon über zwei Jahrzehnte zuvor getan hat:

> The best description of a people's history is that set of propositions that permits a given individual to go beyond the information given to him. (...) that minimum set of propositions that will permit the largest construction of unknowns by people to whom the propositions are revealed.[75]

Komplizierter und im ganzen wohl auch angemessener fällt der Vorschlag von Schank und Abelson zur Repräsentation von Geschichten aus.[76] An einer einfachen Erzählung stellen die Autoren dar, was ein verstehendes System von der Geschichte repräsentieren muß, damit es Fragen beantworten kann, die sich auf die Rekonstruktion von Handlungsmotiven beziehen.[77] Die Repräsentation hat die Form eines Gefüges, an dessen Gipfel das Thema der Erzählung steht; aus dem Thema ergeben sich die Ziele und aus ihnen wiederum die Handlungspläne, deren Ausführung im Rahmen standardisierter Situationen (»scripts«) und mit Hilfe eines Systems ›primitiver Handlungen‹ erfaßt wird. Themen und Ziele bilden den Bereich der Wissensstruktur, während die planvoll ausgeführten Handlungen auf der Ebene der ›begrifflichen Abhängigkeit‹ angesiedelt werden.[78] Anders

---

75 Jerome S. Bruner: Going beyond the information given. In: Bruner, Beyond the information given. Studies in the psychology of knowing. New York 1973, S. 236. Bruner bezieht sich seinerseits auf Morton G. White.

76 Roger C. Schank, Robert P. Abelson: Scripts, plans, goals and understanding. An inquiry into human knowledge structures. Hillsdale 1977.

77 Ebd., S. 167–174.

78 Die Struktur der begrifflichen Abhängigkeitstheorie (»conceptual dependency theory«) setzt sich aus primitiven Handlungen zusammen, die – in Analogie zur chemischen Analyse – als Elemente der Handlungen zu verstehen sind und durch entsprechende Kombinationen die jeweilige Wortbedeutung ergeben. Schank und Abelson (S. 11–14) unterscheiden Elemente des Besitzwechsels (geben, nehmen, kaufen), des Ortswechsels (gehen, stellen), der Verursachung (stoßen, werfen, zerbrechen), der Bewegung, des Ergreifens, des Einnehmens (essen, trinken, atmen), des Ausstoßens (spucken, schwitzen, schreien), der inter- oder intrapersonalen Informationsübertragung, der Informationserzeugung (entscheiden, schließen, vorstellen), des Sprechens und der Aufmerksamkeitsausrichtung. Der Zweck einer solchen Identifizierung aktionaler Atome steht im Zusammenhang mit den von den Autoren gewählten Prinzipien, synonyme Formulierungen nur einmal zu repräsentieren und alle sprachlichen Implikationen in der Repräsentation explizit zu machen.

gewendet: Um eine erzählte Handlung verstehen zu können, genügt es nicht, die darin vorkommenden Aktionsverben einer semantischen Analyse zu unterziehen und die so gewonnenen Elemente (primitive Handlungen) zu einer Kausalkette zu verknüpfen; zum Verstehensvorgang gehört wesentlich die Erkenntnis, daß Handlungen aus Plänen hervorgehen, die ein Ziel erreichen wollen; das Entstehen eines solchen Ziels hängt seinerseits vom Thema der geschilderten Begebenheit ab, wobei als Thema eine Rollenfixierung, eine zwischenmenschliche Beziehung oder eine lebensgeschichtliche Entscheidung gilt.

Solche Erkenntnisse und Erfolge bei der Konstruktion sprachverstehender Maschinen zeigen nochmals mit besonderer Deutlichkeit, welche grundlegenden Voraussetzungen ein System erfüllen muß, damit es Sprache verstehen kann. Die motivationale Rekonstruktion von Handlungszusammenhängen bildet – wie bereits in Kapitel 2.4 dargestellt – einen zentralen Bereich philosophischer und wissenschaftstheoretischer Verstehensreflexion, sie gehört zugleich zum Standardwerkzeug literaturwissenschaftlichen Interpretierens, ob dieses nun im einzelnen nach den Absichten des Handelnden, dem Typus der Handlungssituation oder der Struktur der dargestellten Lebenswelt fragt. Am technischen Modell sprachverstehender Systeme wird somit deutlich, daß eine zentrale Komponente gegenwärtiger Verstehenstheorie dem einfachen Leseprozeß zugrunde liegen muß, damit er – wenigstens im Modell – funktioniert.

## 4.3 Verstehen als eine Form des Verhaltens

Ob jemand lesen kann, stellt man für gewöhnlich daran fest, ob er das Gelesene auch versteht. Ob jemand versteht, entscheidet sich an der Frage, ob er sich bei und nach seiner Lektüre verständig verhält. Und wie er sich verhält, das kann man beobachten: Er beantwortet z. B. Fragen, die sich auf seinen Lesestoff beziehen, er führt Anweisungen aus, denen er bei seiner Lektüre begegnet, und er löst Aufgaben, die der Text ihm stellt. Um entscheiden zu können, ob er dies alles verständig und das heißt hier richtig tut, braucht man Kriterien; die Kriterien liegen insofern im Text, als er ausdrücklich oder zwischen den Zeilen Antworten, Handlungsvorwegnahmen und Lösungen enthält, deren Wiederholung, Entdeckung und Paraphrase man vom Leser erwartet und die in ihrer Gesamtheit das Verhalten des befragten und geprüften Lesenden bestimmen. Verstehen im Rahmen von Verhaltensbeobachtung spielt sich mithin vor allem in Unterrichtungssituationen ab. Da der Lehrende nun einmal nicht in die Köpfe seiner Schüler hineinsehen und auf direkte Weise beobachten kann, was während des Lesens geschieht, so kontrolliert er Verhaltensweisen, die anläßlich des Lesestoffs und im Zusammenhang mit unterrichtlicher Unterweisung zustande kommen; er ist dabei überzeugt, daß dieses Verhalten den Verstehensvorgang ausmacht, vollendet bzw. zum Ausdruck bringt, oder er vertraut darauf, daß der Rückschluß von der Verhaltenskundgabe zum Verstehensereignis gilt.

Es ist unmittelbar ersichtlich, daß ein solcher Ansatz mit einigen Unwägbarkeiten rechnen muß, die ein zuverlässiges Erfassen des Verstehensvorgangs in Frage stellen. Als Grundlage der Verstehensbeobachtung und -messung dient das Ausdrucksvermögen; aber nicht jedes Verstehen mündet in einen beobachtbaren Ausdruck oder läßt sich vom Unterweisenden zu einem Verhalten provozieren; das Ausdrucksvermögen und die Bereitschaft, dem Verstehen Ausdruck zu verleihen, spiegeln nur unzureichend die Verstehensleistung wider. Alsdann wenden sich Kontrollfragen, die eigentlich auf das Verstehen abzielen, in erster Linie an das Gedächtnis, genauer an das Erinnerungsvermögen; nicht was verstanden, sondern was nach der Lektüre behalten wurde, geht in die Beurteilung der Verstehensleistung ein. Schließlich verzerrt die zeitliche Begrenzung jeder Beobachtungssituation die Einsicht in Verstehensvollzüge; es gibt wenig Anhaltspunkte dafür, daß der Zeitpunkt der Beobachtung mit den optimalen oder repräsentativen Verstehensereignissen zusammentreffen muß.[79]

Dies alles bedacht, läßt sich andererseits nicht grundsätzlich bestreiten, daß ein Begriff, der sich auf ein geistiges Ereignis wie Verstehen bezieht, u. a. auch auf Verhaltensdaten gründen muß; anders gewendet, um über einen solchen Begriff nachdenken zu können, muß man sich auf Verhaltensdaten beziehen.[80] Verstehen, das auf dem Prinzip der Zweckrationalität beruht, umfaßt eine Verhaltenskomponente; das hatten die computerwissenschaftlichen Überlegungen deutlich zeigen können. Ohne einen Rückbezug auf das Verhalten bleibt der Verstehensbegriff ›leer‹; gerade im Verhalten äußert sich die inhaltliche Komponente des Verstehens am augenscheinlichsten; ohne diesen Bezug droht eine Verstehensdiskussion in einem bloßen Gedanken –, wenn nicht Wortspiel zu verharren.[81] Aussagen

---

[79] Vgl. Paul A. Kolers: Reading temporally and spatially transformed text. In: Kenneth E. Goodman (ed.): The psycholinguistic nature of the reading process. Detroit 1973, S. 38: »There is, in fact, no significant analysis I know of concerned with what comprehension itself is. Some tests of comprehension ask questions of fact or of the meanings of unfamiliar words definable by their contexts. There are tests of short-term memory and induction. Others ask for brief descriptions of the content, précis. Such tests measure intelligence and prior knowledge as much as comprehension. Other tests require the subject to complete sentences, to answer multiple-choice questions, and the like, supplying the subject with the very information whose existence in his head is our matter of interest.«

[80] Jonathan Bennett: Linguistic behaviour. Cambridge 1979, S. 3.

[81] Vgl. Reinhard Schulz: Lesen/Verstehen (Reading Comprehension). Ein wichtiger

über Verstehensereignisse, die sich der Möglichkeit nach nie äußern können, führen im gegenwärtigen Zusammenhang nicht weit, auch wenn deren Vorkommen nicht grundsätzlich bestritten werden soll. Insofern also darf man Schlesinger zustimmen, der festgestellt hat: »understanding is evidenced by our ability to give an account of what we have read.«[82]

Die Zahl der Verhaltensdaten, die es erlauben, aus ihnen einen Verstehensbegriff zu entwickeln, ist natürlich unendlich.[83] Selbst wenn man sich auf innerliterarische Dokumentationen von Lese- und Verstehenserlebnissen beschränkt, bleibt das gesamte Gebiet unübersichtlich.[84] Da gibt es die Versunkenheit des Lesers, der seine Umwelt vergißt und reglos in der Welt seiner Phantasie von Abenteuer zu Abenteuer taumelt. Es gibt die Situation der guten und schlechten Nachrichten, die den Blick erhellen oder trüben: die zitternde Hand, das tränende Auge, die gerunzelte Stirn, die bewegten Lippen; der Strich mit dem Bleistift, das erregte Zerknittern des Schriftstücks. Verstehen als eine Form des Verhaltens umfaßt die gesamte Breite des Ausdrucks ›Umgang mit Literatur‹. Was gilt hier noch als ein Verhalten, das Verstehen zum Ausdruck bringt bzw. verwirklicht, und was nicht mehr? Der Erwerb des Prachtexemplars, die Vernichtung des Schundes, die Nachahmung des Verhaltens literarischer Figuren und der Schwur mit der Hand auf der Bibel?

Gegenüber einer solchen lebensgeschichtlichen Breite von Verstehensbekundungen scheint eine Normierung der rechten Weise, sich verständig

---

Teil rezeptiver Kompetenz. In: Die Neueren Sprachen NF 23 (1974), S. 430. Schulz kommt bei der Bestimmung des Verstehens nicht über eine bloße Aneinanderreihung von Paraphrasen hinaus, obwohl gerade er doch vom Thema her mehr zu versprechen schien: »Verstehen *(Comprehension)* ist also das eigentliche Ziel der Fertigkeit Lesen. Was ist unter *Comprehension* zu verstehen? ›... *Comprehension* (drückt) in seiner Grundhaltung mehr als nur Verständnis aus. Es beinhaltet daneben Begreifen, Verstehen, Erfassen, Einsicht, Inbegriff und Umfang (im Sinn von Umfangen)... Der Lernende soll einen Text verstehen lernen *(the act of understanding)*. Das bedeutet aber nicht bloße Kenntnisnahme des Textinhaltes... Das *Comprehension* verlangt Arbeit am und Auseinandersetzung mit dem Text, was zum zweiten Ziel, zur Einsicht und zum Begreifen der inneren Zusammenhänge, ..., führt *(the act of including)*«. Es handelt sich hierbei um ein Selbstzitat des Autors.

82 I. M. Schlesinger: Sentence structure and the reading process. The Hague 1968, S. 49.

83 Daß es für das Verstehen kein typisches Verhalten gibt, hat Paul Ziff gezeigt: Understanding understanding. Ithaca 1972, S. 1–20. Sein Gegenvorschlag, Verstehen als analytischen Verarbeitungsprozeß zu identifizieren, bleibt dagegen philosophisch eher trivial.

84 Siegfried Unseld (Hrsg.): Erste Lese-Erlebnisse. Frankfurt 1975. Heinrich Pleticha (Hrsg.): Lese-Erlebnisse 2. Frankfurt 1978. Dietmar Larcher, Christine Spiess (Hrsg.): Lesebilder. Geschichten und Gedanken zur literarischen Sozialisation. Reinbek 1980.

zu zeigen, eher ausgeschlossen. Was sich allenfalls als Möglichkeit anbietet, wäre eine Bewertung dieses Verhaltens auf Grund seiner lebensgeschichtlichen, beruflichen und interaktiven Wichtigkeit. In diesem Sinn haben alle in Unterrichtssituationen auftretenden Verstehensbekundungen eine hervorragende Bedeutung. Hier bilden Verstehen und Verhalten eine Einheit, deren repräsentative Bedeutung oft behauptet wird. Von hier aus ist dann der Weg zu einer begrenzten Liste jener Komponenten und Teilfähigkeiten, die das Verstehen ausmachen, nicht mehr weit.

Schon sehr früh hat I. A. Richards einen solchen Katalog entwickelt;[85] dabei ging er bezeichnenderweise gerade von dem Fehlverhalten der Verstehenden aus und untersuchte, welche Quellen für die Verstehensfehler verantwortlich sind. Er erkannte zehn Hauptschwierigkeiten: Zunächst kommt alles darauf an, daß der klare Sinn einer Äußerung erkannt wird (»making out the plain sense«). Dann spielt die Fähigkeit, paralinguistische Faktoren zu berücksichtigen (»sensuous apprehension«), eine wichtige Rolle. Auch die sinnliche, insbesondere visuelle Vorstellungskraft (»imagery«) regelt das Verstehensergebnis. Irrelevante persönliche Assoziationen (»mnemonic irrelevances«) stören alsdann ebenso das Verständnis wie Verstehenstopoi (»stock responses«), also eingerastete Verstehensgewohnheiten. Nicht immer gelingt es, das rechte Maß gefühlshafter Erregung (»sentimentality«) einzuhalten; doch ebenso nachteilig wirkt sich eine stumpfe Empfindungslosigkeit (»inhibition«) aus. Doktrinär verfestigte Einstellungen (»doctrinal adhesion«) gegenüber dem Wahrheitswert einer Weltansicht und dem ästhetischen Ranggefüge beeinträchtigen ebenso die Verstehensleistung wie tektonisch-strukturelle Vorlieben (»technical presupposition«). Schließlich lenken die allgemeinen ästhetischen Erwartungen und Vormeinungen (»general critical preconceptions«) die einzelnen Verstehensvollzüge.

Richards' Aufzählung beruht auf empirischen Untersuchungen über das Verhalten von Studenten beim Umgang mit Dichtung. Nimmt man diese personale und textliche Einengung in Kauf, so stellt sich zunächst vor allem die Frage, inwiefern die genannten neuralgischen Stellen der Verstehensgenese allgemeine Kategorien bilden, mit deren Hilfe man jede Verstehensleistung rekonstruieren kann; handelt es sich um grundlegende oder schon abgeleitete, um selbständige oder wechselseitig abhängige Kategorien? Spätere gleichgerichtete Arbeiten neigen eher dazu, den empirischen Anspruch von Richards' Ergebnissen anzuzweifeln. Doch mag man das Intuitive dieser Erkenntnisgewinnung auch noch so betonen, in den Grundzügen trifft Richards durchaus die Faktoren, die das Verhalten von Teilneh-

---

[85] I. A. Richards: Practical criticism. A study of literary judgement. Repr. London 1966, S. 13–17 (zuerst 1929).

mern an Verstehenssituationen bestimmen. Auch spätere, empirisch besser abgesicherte Arbeiten zum selben Thema werden in der Sache nichts wesentlich Neues bringen.

Das eigentliche Problem liegt darin, ob Richards tatsächlich – ex negativo – Komponenten des Verstehens aufzählt oder nicht viel eher Überprüfungskriterien nennt, mit deren Hilfe man bereits geschehene Verstehensvollzüge nachträglich rechtfertigen oder kritisieren kann. Gewiß stellt es ein einleuchtendes Verfahren dar, von den Verstehensfehlern auf Verstehensschwierigkeiten zurückzuschließen und von diesen dann zur Formulierung von Verstehenskomponenten überzugehen. Doch die Problemfrage, die im gegenwärtigen Zusammenhang interessiert, lautet ja nicht, ob jemand den ›klaren Sinn‹ einer Textstelle ›ausmachen‹ kann, sondern was er dabei tut, wenn er diesen klaren Sinn erfaßt. Nicht das Resultat allein, sondern auch der Verlauf dieses Verhaltens sollte mitbedacht werden.

Richards würde ein solches Nachfragen wahrscheinlich mit dem Hinweis auf die unterschiedlichen Stufen des Verstehens beantworten, Stufen, wie er sie an anderer Stelle seiner Monographie gekennzeichnet hat:[86] Das bloße Erfassen von Lauten und Umrissen als Wörter bilde noch kein Verstehen. Aber schon jede gedankliche oder gefühlhafte Bewegung, die durch Wörter angeregt und auf das von den Wörtern Repräsentierte gerichtet ist, stellt einen ersten, elementaren Grad des Verstehens dar. Der zweite Grad wird erreicht, wenn Wörter in uns Handlungen und Gefühle veranlassen, die der Haltung des Sprechers angemessen sind. Der dritte Grad schließlich betrifft die intellektuelle Unterscheidungsfähigkeit, die die durch Wörter hervorgerufenen Gedanken abzugrenzen vermag. Der erste und zweite Grad des Verstehens läßt sich nach Richards auch bei Tieren nachweisen; und ein Großteil der Unterhaltungen mit Kindern vollziehe sich im zweiten Verstehensgrad. Die angeführten zehn Hauptschwierigkeiten des Verstehens betreffen wahrscheinlich nur die dritte Ebene; obwohl gerade die ersten beiden Punkte auch schon auf der ersten Verstehensebene bedeutsam sein können. Aber das hängt eben davon ab, was man sich unter »making out the plain sense« vorstellen soll: eine spezifische Reaktion auf Wörter, einen Wechsel der Aufmerksamkeit von den Wörtern auf das durch sie Repräsentierte, mithin eine Assoziationsgewohnheit, über die bereits das Kapitel 2.2 Auskunft gab, oder die sprach-begrifflich geleistete Verstehensarbeit, deren Verlauf aber erst eigentlich geklärt werden müßte?

Neuere empirische Arbeiten zur Ermittlung von Verstehenskomponenten aus Verhaltensdaten übernehmen diese Problembürde, ohne sie im wesentlichen bewältigen zu können. So entwickelte z. B. Frederick Davis einen vielbeachteten Katalog, der grundlegende Verstehensfertigkeiten

---

[86] Richards: Practical criticism, S. 326.

aufführt.[87] In ausführlichen Analysen belegt er, daß Verstehen keine einheitlich globale Fähigkeit ist, sondern aus verschiedenen, voneinander unabhängigen und nicht weiter reduzierbaren Teilfertigkeiten besteht: 1. sich an Wortbedeutungen erinnern; 2. Antworten auf Fragen finden, die im Leseinhalt ausdrücklich oder nur paraphrasiert beantwortet sind; 3. Gedanken verknüpfen; 4. Schlüsse aus dem Inhalt ziehen; 5. des Schreibers Absicht, Einstellung, Ton und Stimmung erkennen; 6. die Bedeutung eines Wortes aus dem Zusammenhang erschließen; 7. die Technik eines Schreibers feststellen; 8. der Struktur eines Absatzes folgen. Davis läßt es bewußt unentschieden, ob die einzelnen Fertigkeiten in einer hierarchisch bestimmten Reihenfolge anzuordnen sind; daß sie aber vielfach ineinandergreifen, ist ersichtlich. Um so erstaunlicher ist Davis' Feststellung, daß sich die acht Fertigkeiten empirisch isolieren und identifizieren lassen; denn das deutet doch darauf hin, daß die meßtechnische Gliederung zugleich eine komponentielle Aufteilung nahelegt.

Nun wird man durchaus nicht bestreiten wollen, daß die genannten Fertigkeiten irgendwie am Verstehensprozeß beteiligt sind; und jeder, der über den Erfolg von Verstehensleistungen urteilt, wendet Mittel an, die darauf abzielen, das Wirken solcher Fertigkeiten sichtbar zu machen. Bedeutung, Absicht, Technik, Struktur haben unmittelbar mit Verstehen zu tun. Aber in welcher Weise? Erklären die Formulierungen der Fertigkeiten (erinnern, antworten, verknüpfen, folgern, erkennen) wirklich den Verstehensvorgang oder umschreiben sie nur das Wort ›verstehen‹?

Wenn z. B. eine Verstehensfertigkeit darin liegt, die Absicht des Schreibers zu erkennen, so sollte man angeben können, wie sich diese Fertigkeit im einzelnen verwirklicht. Verschiedene Fälle sind hierbei denkbar: Möglicherweise steht in der Nachbarschaft der Äußerung, für die die Absicht des Schreibers erkannt werden soll, eine Absichtserklärung; in diesem Fall ereignet sich Verstehen als Erinnerung an die Wortbedeutung der Absichtserklärung; das heißt, die fünfte Fertigkeit verwirklicht sich in der Weise, die der ersten zugesprochen wurde. Es kommt auch vor, daß eine Absichtserklärung fehlt und die Absicht ›zwischen den Zeilen‹ steht; hier nimmt das Verstehen Formen des Problemlösens an, z. B. der Schlußfolgerung; damit ist die vierte Verstehensfertigkeit angesprochen. Schließlich gibt es Situationen, in der die Entscheidung, ob hinter einem Redeinhalt zusätzlich eine, möglicherweise anders gerichtete, Redeabsicht steht, schon einen wichtigen Verstehensvollzug darstellt; die Fertigkeit, die es mit Absichten zu tun hat, setzt sich also aus komplexen Fertigkeiten zusammen. Bedenkt

[87] Frederick B. Davis: Psychometric research on comprehension in reading. In: Davis (ed.): The literature of research in reading with emphasis on models. New Brunswick 1971, sec. 8, S. 3–60.

man diese verschiedenen Möglichkeiten und die sich daraus ergebenden Überschneidungen der Fertigkeiten, so stellt die Fertigkeit der Absichtserkennung weder einen einheitlichen noch fundamentalen Prozeß dar. Man gewinnt viel eher den Eindruck, daß, was die fünfte Fertigkeit nennen will, eine Umformulierung der Beobachtung ist, daß ein Leser, der einen Text verstanden hat, u. a. auch in der Lage ist, über die Absicht des Schreibers Auskunft zu geben.

Die unter dem Begriff der Verstehensfertigkeiten aufgezählten Leistungen stellen allem Anschein nach eher typische Erwartungen dessen dar, der einen Lesenden beobachtet. In seiner Beobachterrolle richtet er sich nach Kriterien, die es ihm erlauben, öffentlich zu entscheiden, ob man einem Lesenden den Verstehenserfolg zusprechen kann oder nicht. Diese Kriterien bewähren sich durchaus; aber sie bewähren sich nicht deshalb, weil sie authentische Komponenten des Verstehensvorgangs bezeichnen oder modellieren, sondern weil sie zugleich auch Kriterien des Lesers sind, der mit ihrer Hilfe seine Verstehensgeste vorbereitet und dokumentiert. Weil beide, Beobachter und Leser, diese Kriterien einkalkulieren, wird an ihnen das verständige Verhalten meßbar.

In diesem Zusammenhang sind auch neuere Ansätze der ›empirischen Literaturwissenschaft‹ und Wirkungsanalyse zu sehen.[88] Hier geht es ebenfalls um das Beobachten und Auswerten von Verhaltensweisen, die man mit Verstehensleistungen gleichsetzt. Verfahren des cloze procedure, multiple choice, der Begriffsanalyse und des Polaritätenprofils dienen u. a. dazu, Verstehensdaten zu gewinnen, deren Gesamtheit den Untersuchungsbereich empirischer Rezeptionsforschung ausmachen soll. Wiederum bestimmen Beobachtungssituation und Kontrollinstrumente mit ihren wechselseitig aufeinander bezogenen Erwartungen und Erwartungserwartungen den demonstrativen Gebrauch von bestimmten Verstehensfertigkeiten. Nicht, was der Leser tut, wenn er eine Textstelle versteht, wird bei Untersuchungen dieser Art sichtbar, sondern was der Befragte in der Befragungssituation für ein zulässiges Antwort-Verhalten erachtet.

Für eine eigentliche Verstehenstheorie bleibt im Rahmen einer Wirkungsanalyse merkwürdigerweise wenig Raum. Das zeigt sich z. B. an der Untersuchung einer Autorengruppe über die Wirkung eines Celanschen Gedichts:[89] Verstehen wird gleichgesetzt mit Reagieren, wobei der zu verstehende Text den Reiz und der durch einen Fragebogen veranlaßte Metatext des Lesers die Reaktion bildet. Daß damit nicht nur ein schwacher

---

[88] Dazu grundlegend Norbert Groeben: Rezeptionsforschung als empirische Literaturwissenschaft. Paradigma- durch Methodendiskussion an Untersuchungsbeispielen. Kronberg 1977.

[89] Werner Bauer u. a.: Text und Rezeption. Wirkungsanalyse zeitgenössischer Lyrik am Beispiel des Gedichtes »Fadensonnen« von Paul Celan. Frankfurt 1972.

Verstehensbegriff, sondern auch ein enger Reaktionsbegriff eingeführt wird, zeigen grundlegende kybernetische Überlegungen, die den Vorgang der Texthervorbringung als Ergebnis der im inneren Modell erprobten Einwirkung eines informationsverarbeitenden Systems auf seine Umwelt auffaßt.

So liegt die Problematik eines vom Verhalten ausgehenden Verstehensbegriffs u.a. auch beim Beobachter. Er grenzt etwas zeitlich, situativ und koordinativ ein, was von Natur aus quer zu dieser Eingrenzung liegen kann; er inszeniert eine Beziehung zwischen Verhalten und Verstehen, die eben nur für die von ihm gesetzte Spieldauer gilt. Die von ihm behauptete Allgemeingültigkeit der Ergebnisse läßt sich nur auf das Verhalten in ähnlichen Situationen anwenden, nicht aber auf die Art des Verstehens, das sich in diesem Verhalten äußert. Er beobachtet nicht nur das Verstehen in seinen verhaltensrelevanten Konsequenzen, sondern er erzeugt mit seinen Beobachtungsinstrumenten eine bestimmte Weise des Verstehens. Der Modus, wie ein Leser sich gegenüber jenen Aufgaben verhält, die der Beobachter als Diagnosemittel anwendet, braucht so in keiner Weise das widerzuspiegeln, was geschieht, wenn der Leser versteht.

Natürlich spricht vieles dafür, daß Verstehen eine Art Aufgaben- und Problemlösens darstellt; diese vor allem im computer-wissenschaftlichen Rahmen entwickelte Auffassung ging jedoch nicht nur von der Beobachtung des Verhaltens (des Outputs) aus, sondern auch von der Modellierung der Verhaltensplanung. Der Begriff der Verhaltensplanung hingegen spielt in einem Argumentationszusammenhang, der Verstehen als eine Weise des Verhaltens betont, eine durchaus kritische Rolle: Geht man davon aus, daß das Verhalten die Realisierung eines Plans ist, dessen Bildung seinerseits identisch wäre mit dem Verstehensvorgang, so ergeben sich keine Schwierigkeiten. Behauptet man aber, daß das Verhalten die einzige relevante Dimension dessen ist, was man ›verstehen‹ nennt, so führt der Planungsbegriff zu bereits vertrauten Problemen; denn er unterstellt – modelltheoretisch – die funktionale Existenz einer dem Verhalten vorausliegenden und das Verhalten bestimmenden Komponente und identifiziert diese als den eigentlichen Ort des Verstehens, womit gerade jener Blickwechsel vom Verhalten auf seine Planung gerechtfertigt wird, den der Ansatz der Verhaltensbeobachtung zu vermeiden sucht; Verstehen als Verhalten sollte ja nicht nur ein Innerliches äußerlich wiederholen, sondern im Verhalten sollte sich Verstehen – kommunikativ – konstituieren.

Zusammenfassend lassen sich drei Einstellungsarten zur Beziehung von Verhalten und Verstehen unterscheiden: 1. Verhalten ist eine Ergänzung des Verstehens; diese komplementäre Beziehung kann expressive (Inhalt – Gestalt), resultative (Handlung – Ergebnis) und exekutive (Plan – Verwirklichung) Formen annehmen. 2. Verstehen ist eine Eigenschaft des Verhaltens; die Formen des Verhaltens hängen von der Situation ab, in der man Sprache gebraucht, wobei an dialogische Situationen ebenso zu denken ist wie an nicht-dialogische; diese Unterscheidung ist wichtig, weil sie u.a. auch anzeigt, ob eine betreffende Situation durch ein Bestreben nach Konformität mit Erwartungserwartungen gekennzeichnet ist oder nicht. 3. Das Verhalten ist der Anlaß des Verstehens; dies gilt insofern, als jede Formulierung von Verstehensaufgaben und die Beobachtung von Verstehensleistungen Verhaltensweisen darstellen, die ihrerseits einen bestimmten Verstehensvorgang erst hervorbringen.

## 4.4 Verstehen als Prozeß der Zeichenbildung

In den ›Philosophischen Untersuchungen‹ vermerkt Ludwig Wittgenstein unter dem Paragraphen 120:

> Man sagt: Es kommt nicht aufs Wort an, sondern auf seine Bedeutung; und denkt dabei an die Bedeutung, wie an eine Sache von der Art des Worts, wenn auch vom Wort verschieden. Hier ist das Wort, hier die Bedeutung. Das Geld und die Kuh, die man dafür kaufen kann. (Anderseits aber: das Geld, und sein Nutzen).

Seit geraumer Zeit gibt es in der Forschungsgeschichte der Sprache einen Begriff, der den von Wittgenstein kritisierten gegenständlichen Dualismus von Wort und Bedeutung nicht erzeugt, sondern von vornherein einen Element-Funktions-Zusammenhang bezeichnet: der Begriff des Zeichens. Wenn es richtig ist, daß das Zeichen eine nicht weiter reduzierbare Einheit des Geistes ist, in der und mit der er arbeitet, so hat es auch wenig Sinn zu behaupten, daß Zeichen Elemente sind, die ihrerseits verstanden werden müßten; wollte man dies annehmen, so käme man nicht umhin, die Zeichen auf Grundlegenderes zurückzuführen. Verstehen – semiotisch gesehen – vollzieht sich vielmehr im Benutzen der Zeichen: Wort und Bedeutung – das heißt soviel wie Zeichen und sein Nutzen. Den Gebrauch der Zeichen kann man ›verstehen‹ nennen.

Es gibt nun zwei Möglichkeiten, den Prozeß des Verstehens in diesem Rahmen zu erklären. Zum einen ist Verstehen ein – noch genauer zu bestimmender – Ausschnitt aus der Gesamtheit der Manipulationen mit Zeichen. In dieser Hinsicht sind Zeichen nicht nur fundamentale, sondern auch fertige Einheiten, die sich weder ontogenetisch noch aktualgenetisch verändern; alle geistigen Vorgänge vollziehen sich demnach nur als Wechsel in den Konstellationen der Zeichen. Zwar werden auch diese Zeichen im Verlauf der Ontogenese erworben, aber sie selbst entwickeln sich nicht. Nun weiß man aber, daß sich insbesondere der semantische Spracherwerb nicht als Aneignung fertiger Elemente hinreichend beschreiben läßt, sondern daß das Erworbene seinerseits Veränderungen unterliegt. Der Erwerb der Zeichen vollzieht sich auch als eine Entwicklung in der Struktur der

Zeichen selbst; nicht auf die einmalige Aneignung, sondern auf die fortgesetzte Ausarbeitung des Erworbenen kommt es an. Das soll nicht bedeuten, daß hier doch noch eine Reduzierbarkeit der Zeicheneinheit behauptet würde; es geht vielmehr um die Erkenntnis, daß vor allem auch der Entwicklungsstand des Zeichens die geistige Leistung im allgemeinen, das Verstehen im besonderen bestimmt. Nicht allein die Arten der Manipulation mit Zeichen also, sondern die genetische Zeichenqualität wirkt sich entscheidend in der Verstehensleistung aus. Dies – der Hinweis auf die jeweilige Entwicklungsstufe des Zeichens – ist mithin die andere Möglichkeit, den Prozeß des Verstehens zu erklären. Wie aber werden Zeichen gebildet, auf welche Weise entwickeln sie sich, und welche Stufen durchlaufen sie?

Es gibt drei Arten von Zeichen, die im gegenwärtigen Zusammenhang von besonderer Bedeutung sind: Töne, Bilder und Begriffe.[90] Als Elemente der Zeichenklasse weisen alle drei Arten die Struktur der Zeichenrelationen und Zeichenfunktionen auf; das heißt, sie haben einen Mittel-, Begriffs- und Objektbezug, und sie fungieren als Repräsentanz, Expression und Appell, um nur an das Bekannteste zu erinnern. Aber diese strukturellen Eigenarten dürfen nicht mit jenen geistigen Vorgängen verwechselt werden, die dem Verstehen zugrunde liegen. Nur aus den Operationen, die an den Zeichen als komplexe Einheiten vorgenommen werden, läßt sich der Verstehensvorgang rekonstruieren. Verstehen ist ein Bilden von Zeichen; aber diese Zeichenbildung setzt nicht am Nullpunkt an, indem sie etwa aus Einheiten, die noch keine Zeichen sind, Einheiten mit Zeichenqualität macht. Vielmehr vollzieht sich die Zeichenbildung innerhalb der Grenzen der Zeicheneinheit; es verändert sich lediglich der Umfang, die Ausformulierung, der Aggregatzustand. Verstehen ist eine Bewegung im Zeichenbildungsprozeß.

Der Gedanke, daß die Rezeption von Zeichen ein Prozeß der Zeichenbildung ist, findet sich bereits bei Peirce. Dieser hat in seiner Theorie des Interpretanten dargelegt, wie jeder Verwendung von Zeichen ein Vorgang der Interpretantenbildung zugrunde liegt:

> Ein Zeichen oder *Repräsentamen* ist etwas, das für jemand in irgendeiner Hinsicht für etwas anderes steht. Es wendet sich an jemanden, erzeugt also im Geist dieses Menschen ein gleichwertiges oder vielleicht ein komplexeres Zeichen. Dieses Zeichen, das es erzeugt, werde ich den *Interpretanten* des ersten Zeichens nennen.[91]

---

[90] Vgl. Charles Sanders Peirce: Schriften zum Pragmatismus und Pragmatizismus. Hrsg. v. Karl-Otto Apel, Frankfurt 1976, S. 54 (5.283). Auf Dante gehen die drei Verfahren zurück, Wörter mit Sinn aufzuladen: Melopoeia, Phanopoeia, Logopoeia; zit. n. Ezra Pound: ABC des Lesens. Frankfurt 1976, S. 47.

[91] Peirce: Collected papers, 2.228; zit. n. Umberto Eco: Zeichen. Einführung in einen Begriff und seine Geschichte. Frankfurt 1977, S. 162.

Nach Peirce ist die Erzeugung des Interpretanten kein einmaliger und endgültiger Vorgang, sondern läßt sich beliebig oft wiederholen; denn jeder Interpretant bleibt ja seiner Natur nach Zeichen, so daß vom Interpretanten als Zeichen wiederum ein neuer Interpretant gebildet werden kann. So entsteht eine Kette von Interpretantenbildungen, die Peirce erst im »letzten logischen Interpretanten«, einer Verhaltensgewohnheit, zur Ruhe kommen läßt.[92]

### 4.4.1 Töne

Es gibt eine Form des Verstehens, für die sich schwerlich eine Bezeichnung finden läßt. Gemeint ist jenes Verstehen, das sich – wie man sagen möchte – von allein, ganz plötzlich, womöglich auch im gänzlich fremden Zusammenhang einstellt. Empfindungen des Durchdrungenwerdens, der Eingebung und Erfüllung begleiten es. Nicht selten zeichnet sich dieses Verstehen durch eine eigenartige Inhaltslosigkeit, eine Irrelevanz des Stofflichen, aus; so etwa die Situation des lesenden Kindes, wie sie Walter Benjamin beschreibt: »Stille des Buches, die weiter und weiter lockte! (...) Es [das Kind] ist unsäglich betroffen von dem Geschehen und den gewechselten Worten und wenn es aufsteht, ist es über und über beschneit vom Gelesenen.«[93]

Wenn Verstehen immer ein Verstehen von etwas ist, so tritt hier allem Anschein nach ein Verstehensobjekt hervor, das sich weder zu Begriff noch Bild verdichten will und das vielleicht angemessenerweise mit dem Verstehen von Musik, von ›Tönen‹ verglichen werden kann. Peirce sprach in ähnlichem Zusammenhang von »Gefühlen« und wählte als Illustration ebenfalls das Verstehen von Musik:

> Die erste eigentlich bedeutungstragende Wirkung eines Zeichens ist ein Gefühl, das durch es hervorgerufen wird. Es gibt fast immer ein Gefühl, das wir als Beweis dafür interpretieren können, daß wir die eigentliche Wirkung des Zeichens verstehen, obwohl die Grundlage, die es für die Wahrheit bietet, häufig sehr schwach ist. Dieser »emotionale Interpretant«, wie ich ihn nenne, mag weit über jenes Gefühl des Wiedererkennens hinausgehen; und in einigen Fällen ist er die einzige eigentliche bedeutungstragende Wirkung, die das Zeichen hervorbringt.[94]

Die so bezeichnete Form des Verstehens liegt der Bild- und Begriffsbildung voraus; sie begleitet diese nicht nur als eine Art Gewißheit und Zuversichtlichkeit, sondern stellt eine eigenartige, vor-inhaltliche Verstehensweise

---

92 Peirce: Schriften, S. 513 (5.476).
93 W. Benjamin: Einbahnstraße. In: Gesammelte Schriften. Bd. 4, 1. Frankfurt 1972, S. 113.
94 Peirce: Schriften, S. 512 (5.475).

dar. Befragt man z. B. einen Leser nach seinem Verstehen und versichert dieser, seinen Lesestoff verstanden zu haben, ohne allerdings in der Lage zu sein, das eigene Verständnis zum Ausdruck zu bringen, so braucht das nicht daran zu liegen, daß sein Ausdrucksvermögen mangelhaft entwickelt ist, sondern es kann sich um ein Verstehen handeln, das genau auf der Stufe wirksam wird, die Peirce mit dem Begriff des emotionalen Interpretanten bezeichnet hat.

Das Verstehen von Tönen bildet so eine Verstehensleistung, die nicht auf bloße Inhaltlichkeit angewiesen ist, sondern einen selbständigen Bereich der Stimmung, Empfindung und Einfühlung entfaltet. Hieran ließe sich im weiteren eine begründete Theorie der Identifikation anschließen, die gerade den Gesichtspunkt des »sich verlierens«, von dem Theodor Fontane gelegentlich spricht,[95] als Form des Verstehens aufgreift und so im Sinne Herders dem »lebendigen Lesen« als einer »Divination in die Seele des Urhebers« etwas näherkommt.[96]

Wie aber kann man das Verstehen von Tönen im Sinn eines Erzeugungs- und Bildungsprozesses genauer beschreiben? Entzieht sich dieser Bereich nicht einem definitiven Zugriff? In der Tat helfen hier wohl nur Andeutungen weiter. So läßt sich z. B. im Zusammenhang literarischer Lektüre beobachten, daß der Leser besonders gelungene Stellen seines Lesestoffs auswendig herzusagen geneigt ist und daß er sein Verstehen nicht besser zu vollziehen meint als in der wortgetreuen Übernahme des Originals in seiner klanglichen, melodiösen und rhythmischen Dimension; zumal gegenüber Lyrik ist dies oft der Fall. Ein solches Haftenbleiben an oberflächensyntaktischen und prosodischen Phänomenen widerspricht eigentlich der durchaus begründeten Ansicht, derzufolge Verstehens- und Behaltensleistungen grundsätzlich semantisch fundiert sind; diese Art der Sprachwahrnehmung stellt demnach eher einen Ausnahmefall dar. Zugleich aber sollte nicht übersehen werden, daß gerade die gelungene Formulierung in der Poesie weder auf eine ›tiefe‹ Form reduzierbar noch in eine solche transformierbar ist; dies gilt sowohl strukturell als auch funktional – funktional insofern, als der Dichter die Ersetzung seiner Formulierung durch eine Absichtserklärung für diese Formulierung selten gelten läßt. Der Leser entspricht also dieser besonderen sprachlichen Situation, wenn er den Wortlaut in seiner schönen, passenden oder ergreifenden Architektur beibehält, ja ihm sogar – beim Wiederlesen – vorauseilt. Auf diese Weise hat er – in den Worten

---

95 Theodor Fontane in einem Brief an seine Tochter Mete vom 27. Februar 1891. In: Briefe Bd. 2: Briefe an die Tochter und an die Schwester. Hrsg. v. Kurt Schreinert, Charlotte Jolles, Berlin 1969, S. 171f.

96 Johann Gottfried Herder: Vom Erkennen und Empfinden der menschlichen Seele. Zweiter Versuch. In: Sämtliche Werke, hrsg. v. Bernhard Suphan. Repr. Hildesheim 1967, Bd. 8, S. 208f.

Theodor Adornos – »Fühlung« mit der Sprache des Dichters, eine Fühlung, »die das Klima des Verstehens bildet.«[97]

Es gibt noch eine andere Möglichkeit, über das Verstehen von Tönen eingehender zu sprechen, die Vorgänge der Tonbildung, die ein Vollzug des Verstehens sind, anschaulicher, durchsichtiger zu machen und somit ihre Wirksamkeit zu bestätigen. Neuere gehirnphysiologische Untersuchungen deuten auf eine laterale Spezialisierung der Hirnhemisphären hin.[98] Man entdeckt mit zunehmend gewisseren Ermittlungsverfahren, daß die beiden Hemisphären auf unterschiedliche und autonome Weise Informationen verarbeiten und somit Wissensstrukturen aufbauen, die zwar alternativ sind, aber komplementär zueinander stehen: Die linke Hemisphäre arbeitet logisch, sukzessiv und analytisch, die rechte intuitiv, simultan und ganzheitlich; die eine verarbeitet bewußt und aktiv Informationen, die andere ist rezeptiv und unbewußt auf unmittelbares Erfahren eingestellt. Diese Unterscheidungen spielten schon bei der Erörterung des Problems eine Rolle, wie leistungsstark und angemessen die Simulation von Intelligenz und Wissen durch rechnende Systeme ausfallen könne. Im gegenwärtigen Zusammenhang geht es um die Frage, ob das, was als das Verstehen von Tönen bezeichnet wurde, in den Bereich der Funktionseigenschaft der rechten Hemisphäre gehört.

Die rechte Hemisphäre nämlich erzeugt das Träumen, die künstlerische Kreativität und insbesondere das musikalische Ingenium.[99] Manches, was in die Tradition esoterischer Psychologien zurückreicht, könnte hier erneut bedacht werden; Robert Ornstein zählt einiges auf.[100]

Nun scheinen allerdings die sprachlichen Funktionen, um die allein es hier geht, außerhalb des in Rede stehenden arationalen Bewußtseinsmodus zu liegen. Sprache als lineare Struktur – so heißt es – entfalte sich auf Grund ihrer Linearität im Bereich des rationalen Bewußtseins. Doch die Auffassung von der Linearität der Sprache ist falsch oder im hohen Maß einseitig. Weder die geschriebene noch die gesprochene Sprache sind nur oder hauptsächlich linear strukturiert: Das zeigt sich sowohl auf syntaktischer als auch auf phonemischer bzw. graphemischer Ebene. Man weiß, daß die gesprochene Sprache keine additiv lineare Aufeinanderfolge von Lauten ist, sondern eine mentale Konstellation von kontext- und positionsabhängigen Phonemen; und auch die Buchstabenfolge erschließt sich nur als ein Muster, das aus einem Geflecht komplexer Umgebungsbeziehungen besteht. Das Konstellative des Phonologischen und Graphemischen hat

---

97 Theodor W. Adorno: Ästhetische Theorie. Frankfurt 1973, S. 185.
98 Robert E. Ornstein: Die Psychologie des Bewußtseins. Köln 1974.
99 Ornstein: Die Psychologie des Bewußtseins, 1974, S. 80 und 82.
100 Ebd., S. 129ff.

sehr wenig zu tun mit einer zeitlichen, additiven Reihenbildung, sondern weist auf einen zugrunde liegenden kognitiven Plan zurück. Ähnliches gilt bekanntlich auch für syntaktische Beziehungen. Was schließlich die Semantik betrifft, so durchkreuzt sie mit ihrer valenzbedingten Vernetzung und lexikalischen Schichtung allemal das Prinzip der Linearität. Von hier aus also ist die Vermutung nicht ganz abwegig, daß die vertraute gehirnphysiologische Laterierung des Sprachvermögens nur einen Teil der Sprachleistung erfaßt, eben die bewußten und logischen, während andere Sprachfunktionen im nicht-rationalen Bewußtseinsmodus wirksam werden.

Ohne dies ausdrücklich hervorzuheben, gibt Ornstein selbst Anlaß zu solchen Vermutungen, wenn er auf die Funktion von Sprache und Literatur in der Erziehung zur Intuition zu sprechen kommt. Hier geht es ja ebenfalls um sprachliche Funktionen. Aber Ornstein vermeidet es, diesen umfassenden Begriff von Sprache voll zur Geltung zu bringen. Er reduziert die Sprache lieber auf Verbal-Logisches und spricht der Lektüre oder dem Vernehmen von Geschichten, die seiner Meinung nach für die Entwicklung der Intuition eine große Rolle spielen, eher sprachlose Wirkungen zu. Dem ›Verbalen‹ linkshemisphärischen Ursprungs stellt er somit ein Total-Sprachliches entgegen, das sich im Verstehen von Geschichten aktualisiert und von dem rechtshemisphärischen Bewußtseinsmodus getragen wird. Die sprachliche Dimension beider Funktionsbereiche tritt hierbei eindeutig hervor, ohne daß sie Ornstein allerdings weiter reflektierte. »Der Geschichtenerzähler«, so heißt es zwar,[101] »benützt die Sprache, um ›am verbalen Intellekt vorbei zum Ziel zu kommen‹, um einen Bewußtseinsmodus zu bewirken, der vom normalen, verbalen, intellektuellen Apparat nicht erreicht wird.« Und noch deutlicher formuliert Ornstein in Hinsicht auf das Lesen:

> Das Ziel der esoterischen Tradition ist es natürlich, unbekannte Information aufzunehmen. Lehrgeschichten enthalten absichtlich bestimmte eigens ausgewählte Ereignisstrukturen. Die wiederholte Lektüre der Geschichte läßt diese Strukturen im Geist des Lesers stärker hervortreten. Da viele der Ereignisse unwahrscheinlich und ungewöhnlich sind, schafft das Lesen der Geschichten nach und nach neue Konstruktionen oder gewissermaßen neue ›Wahrnehmungsorgane‹. Die Geschichten führen den Geist auf ungewohnte und nicht-lineare Pfade. Es ist also nicht notwendig, die Geschichten im üblichen intellektuellen und rationalen Modus zu ›verstehen‹. Das wiederholte Lesen verleitet das Bewußtsein dazu, auf ungewöhnliche Art und Weise zu wirken; es schafft Operationsmuster oder Kategorien, die verfügbar sind, wenn äußere Ereignisse sie diktieren. Diese Praktik kann einen Menschen Aspekte der Realität wahrnehmen lassen, die so ungewöhnlich und unüblich sind, daß er sonst gar nicht die erforderlichen Konstruktionen oder das erforderliche ›Wahrnehmungsorgan‹ besitzen würde.[102]

101 Ornstein: Die Psychologie des Bewußtseins, 1974, S. 225.
102 Ebd., S. 224f.

Es sollte nicht abwegig sein, hier einen Zusammenhang zu sehen zwischen der so beschriebenen intuitiven Weise des Lesens und jenem meditativen Aspekt des stillen Lesens, den Augustinus in seiner Darstellung der Lesegewohnheit des Ambrosius herausgestellt hat.

Diese – wenn man so will – esoterische Tradition des Lesens bedenkt Ornstein nicht; die sprachliche und somit vermeintlich logische Dimension des Lesens ist für ihn Grund genug, das Lesen insgesamt als laterale Spezialisierung der linken Hirnhälfte auszuweisen.[103] Der Gegensatz von Verbal-Intellektuellem und Narrativ-Intuitivem bleibt bei Ornstein unaufgelöst und verzerrt seine Beschreibung des rezeptiven Sprachvermögens. Dieser Mangel kommt in einem pädagogischen Ausblick, der gerade Aspekte der Verbesserung des Lesens herausgreift, nochmals voll zur Geltung:

> Beim Lesen haben wir zum Beispiel alle schon Augenblicke erlebt, wo unsere Aufmerksamkeit nachließ, so daß in unserem Bewußtsein nichts mehr registriert wurde, obwohl wir weiterhin auf die Seiten ›blickten‹. Zu anderen Zeiten sind wir vielleicht zu angespannt oder zu stark mit anderen Dingen beschäftigt gewesen, als daß wir auf das hätten ›achten‹ können, was uns präsentiert wird.
>
> Physiologisches Feedback-Training kann hier vielleicht helfen. Nehmen wir an, die Forschung könnte gewisse physiologische Prozesse entwerfen, die beispielsweise mit wirksamer verbaler Informationsverarbeitung zu tun haben. Wir würden dann das Nervensystem des Studenten, wie auch seine Hände und Augen, mit dem Computer-Lehrer verbinden, der nur dann Information vermitteln würde, wenn er ein angemessenes Muster physiologischer Aktivität vorfinden würde. Um den Text zu Gesicht zu bekommen, müßte der Student einen physiologischen Zustand herbeiführen, in dem er wirkungsvoll lesen kann. Würde seine Aufmerksamkeit nachlassen (und könnten wir ein damit in Wechselwirkung stehendes Muster physiologischer Aktivität finden), würde das Material aus seinem Blickfeld verschwinden, und dem Studenten würde sofort bewußt werden, daß er seinen Modus der Informationsverarbeitung ändern müßte.[104]

Läßt man einmal die beglückenden oder beängstigenden Gefühle unbeachtet, die einen angesichts eines solchen pädagogischen Prospekts durchdringen mögen, so muß man aufgrund der soeben festgestellten Einengung des Sprachbegriffs befürchten, daß die physiologische Kontrolle der »wirksamen verbalen Informationsverarbeitung« genau auf Kosten des anderen, nur scheinbar nicht verbalen Bewußtseinsmodus geht und somit gerade jener Bereich wieder und endgültig ausgeschaltet wird, den die gehirnphysiologischen Überlegungen zur lateralen Spezialisierung soeben erst erschlossen haben. Offensichtlich kann man in diesem Zusammenhang keine gute Bewußtseinsphysiologie ohne vorhergehende Sprachtheorie betreiben.

---

[103] Ornstein: Die Psychologie des Bewußtseins, 1974, S. 262.
[104] Ebd., S. 265.

Sieht man von solchen partiellen Einwänden ab, so bleibt nichtsdestoweniger festzuhalten, daß es einen Bewußtseinsmodus gibt, der schneller, ganzheitlich und ›tonal‹ arbeitet und der einen wesentlichen Bereich des Sprachverstehens ausmacht. Er ist die Quelle dessen, was man als erstes, intuitives, privates Verstehen bezeichnen kann. Er organisiert ein Verstehen, das noch nicht die Schwelle des Mitteilbaren erreicht hat, das also im Ausdrucksverhalten des Verstehenden nicht sichtbar zu werden braucht und trotzdem als mentales Ereignis stattgefunden haben kann. (Deshalb sind übrigens alle literarischen Darstellungen des Verstehens mit Hilfe der Verben des inneren Vorgangs so wichtig für eine umfassende Einschätzung der Verstehensleistungen.) Als Alternative zur Rationalität der Informationsverarbeitungsmodelle erweist sich der lateral spezifizierbare nichtrationale Bewußtseinsmodus als weitreichende Erklärungshilfe bei der Erfassung von Sprachverstehensvorgängen.

### 4.4.2 Bilder

Die Rolle der inneren Bilder beim Verstehen ist ein altes und umstrittenes Thema. Sind Bilder ein wesentlicher Teil des Verstehensprozesses, oder stellen sie sich eher als dessen Ergebnis ein? Sind sie gar bloßer Nebeneffekt, der ebensogut ausbleiben könnte? Treten sie nur dort auf, wo es Konkretes zu verstehen gilt, oder erfüllen sie auch in abstrakten Zusammenhängen eine Verstehensfunktion? Welchen Quellen entspringen Bilder? Entstehen sie überhaupt in einem aktiven Bildungsprozeß, oder stellen sie sich einfach als Reaktion bzw. Assoziation zufällig ein? Liegt der Nutzen der Bilder darin, daß sie ›innerlich angeschaut‹ werden, oder erfüllt sich ihre Aufgabe in einem besonderen Vorgang der Bildgestaltung und -erzeugung?

Der Begriff des Bildes ist in sich komplex. Zunächst liegt es nahe, ihm die Struktur einer zweistelligen Relation zuzusprechen: Demnach wäre ein Bild grundsätzlich eine Abbildung von etwas; in diesem Rahmen müßte man dann weiter klären, ob die Abbildung eher dem Prinzip der dokumentarischen Treue oder eher stilisierenden (verzerrenden, idealisierenden) Grundsätzen folgt. Bedenkt man allerdings die vielfältigen Funktionen von Bildern, so wird man den Bildbegriff nicht ausschließlich auf seine zweistellige Relation bzw. auf die abbildende Funktion festlegen wollen. Bilder entwerfen auch Möglichkeiten, nehmen Künftiges voraus, schreiben Handlungsweisen vor und illustrieren Bereiche, die sich nicht nachzeichnen lassen. Es wäre irreführend, auch in diesen Fällen auf der Abbildfunktion (Abbildung von Idealen, Begriffen; Allegorisierung) zu bestehen, denn der Abbildungsbegriff im Rahmen einer zweistelligen Relation sollte die Existenz seiner konkreten Vorlage voraussetzen; will man dagegen den Abbildungsbegriff erhalten, so müßte man die Struktur der zweistelligen Relation in eine dreistellige umwandeln und somit eine dritte Leerstelle schaffen, die den Wirklichkeitsmodus der zweiten bestimmt.[105] So verändert sich die Struktur des Bildbegriffs in Abhängigkeit von den jeweiligen Zwecken der bildnerischen Tätigkeit: Bilder bilden Existierendes ab, schematisieren Unübersichtliches, repräsentieren Abwesendes, veranschaulichen Abstraktes; aber sie verhüllen auch, dekorieren, phantasieren, ja sie symbolisieren und bedeuten, das heißt, sie werfen genau die Probleme auf, zu deren Lösung sie eigentlich herangezogen wurden. Ein Erklärungsansatz, der den Bildbegriff zum Mittelpunkt seiner Verstehensanalyse wählt, übernimmt damit einerseits eine komplexe semantische Bürde, andererseits entscheidet er sich für ein Konzept, das gerade der Vielfältigkeit von Verstehensleistungen Rechnung trägt.

Bilder – so lautet eine landläufige Überzeugung – sind das Ergebnis der sinnlichen Wahrnehmung, der Vorstellung und der Erinnerung; insofern Vorstellung und Erinnerung auf Daten der sinnlichen Wahrnehmung zurückgreifen, scheint letztlich die Wahrnehmung die eigentliche Quelle der Bildhervorbringung zu sein. Gemäß dieser Auffassung ließe sich eine direkte Verbindung zwischen der Struktur der Bilder und der Leistung der Sinnesorgane, der Augen, ziehen; insbesondere Anschaulichkeit und Konkretheit, die die Wahrnehmung von Gegenständen und Situationen kennzeichnen, würden so auch in der Bildgestaltung hervorstechen. Eine wesentliche Voraussetzung dieser Argumentation liegt darin, daß Bilderzeugung und Wahrnehmung nicht gleichzeitig bzw. in enger Verbindung auftreten, sondern daß sich Bilder nur dort einstellen, wo eine Wahrnehmung des imaginierten Gegenstandes zur selben Zeit nicht stattfindet. Das ist z. B. beim Lesen der Fall, wo die Wahrnehmung nicht das erfaßt, was sprachlich zur Darstellung kommt. Welche Bedeutung den Bildern als Erzeugnissen der Vorstellungskraft des Lesers beizumessen ist, zeigt neuerdings eine Formulierung der Wissenschaftlichen Kommission Lesen:

> Visuelle, auditive und besonders audiovisuelle Medien führen die Wahrnehmung unmittelbar an die pralle Fülle der Erscheinungen und ihre Abläufe heran. Nicht so das Buch: Es *legt die Wahrnehmung still* und treibt statt dessen das Vorstellungsvermögen, die Einbildungskraft, das Mit- und Weiterdenken an; es läßt innewerden und begreifen.[106]

Es hat natürlich Tradition, eine Trennungslinie zu ziehen zwischen der ›prallen Fülle der Erscheinungen‹, wie sie sich dem Auge bietet und wie sie

[105] Von der Tatsache, daß man noch eine weitere Leerstelle, nämlich den Benutzerbezug, berücksichtigen muß, sei augenblicklich abgesehen.

[106] Wissenschaftliche Kommission Lesen. Leseförderung und Buchpolitik. Eine Expertise. Bertelsmann Briefe, Januar 1977, Heft 89, S. 6.

die Vorstellung erzeugt; nur schlug man sich seinerzeit gern auch auf die Seite des Auges und warnte vor den Untiefen der ›bildernden‹ Vorstellung, während im augenblicklichen Konkurrenzkampf der Medien manchem das Leben allein im Buch und der von ihm gereizten Einbildungskraft pulsiert. Doch abgesehen von solchen eher buchpropagandistischen Bekundungen – die ›üppigen Bilder‹, die der Leser bei seiner Lektüre erfahren kann, waren schon immer der Wunschtraum oder der Alptraum derer, die sich um den Leser, den jungen oder weiblichen zumal, sorgten.

> Das Land des Lesens ist ein geheimnisvoller, unendlicher Erdteil. Aus Druckerschwärze entstehen Dinge, Menschen, Geister und Götter, die man sonst nicht sehen könnte. Wer noch nicht lesen kann, sieht nur, was greifbar vor seiner Nase liegt oder steht: den Vater, die Türklingel, den Laternenanzünder, das Fahrrad, den Blumenstrauß und, vom Fenster aus, vielleicht den Kirchturm. Wer lesen kann, sitzt über einem Buch und erblickt mit einem Male den Kilimandscharo oder Karl den Großen oder Huckleberry Finn im Gebüsch oder Zeus als Stier, und auf seinem Rücken reitet die schöne Europa. Wer lesen kann, hat ein zweites Paar Augen, und er muß nur aufpassen, daß er sich dabei das erste Paar nicht verdirbt.[107]

So scheint also alles darauf hinzudeuten, daß sich das Verstehen beim Lesen als eine Art Evokation von Bildern und Bilderwelten vollzieht, die jene Anschaulichkeit wiederherstellen, die bei der Verschriftlichung der Bilder, die der Schreiber hatte, verloren gehen mußte. Wie sich der Griff nach dem Ding als entwicklungsgeschichtlicher Grundakt des Begreifens in der Etymologie des Wortes aufdrängt, so liefert der Blick auf die Sache das sinnliche Muster für die Erweckung des Sinns aus der Schrift. Die Bilder sind der Ort, wo Verstehen als Gestaltung, Orientierung und Teilnahme stattfindet.

Nun löste gerade der Begriff des Anschaulichen eine Diskussion aus, die dazu führte, daß man schließlich die Rolle der Bilder beim Sprachverstehen gänzlich bestritt oder zumindest als irrelevante Begleiterscheinung außer acht ließ. So wandte sich Theodor Meyer mit Entschiedenheit dagegen, daß Sprache allgemein und Sprache als Mittel der Poesie im besonderen darauf angelegt sei, bildhaft anschaulich reproduziert zu werden.[108] Er legte schlüssig dar, daß sprachliche Bedeutungen grundsätzlich abstrakter und allgemeiner Natur sind[109] und somit nicht zum Gegenstand der Anschauung erklärt werden können; denn die Anschauung bleibe an das Gegebene und Einzelne gebunden. Statt dessen erkannte er in der ›Vorstellungstätigkeit‹ die Grundform des Sprachverstehens. Die Vorstellung aktiviere – im

---

107 Erich Kästner: Als ich ein Junge war. Berlin 1957, S. 84. Zit. n. Heinrich Pleticha (Hrsg.): Lese-Erlebnisse 2. Frankfurt 1978, S. 166.

108 Theodor A. Meyer: Das Stilgesetz der Poesie. Leipzig 1901.

109 Ebd., S. 11.

Gegensatz zur Anschauung – nur Grundmerkmale und Beziehungsmerkmale des Gegenstandes oder Sachverhalts, vollziehe sich also gegenüber dem Konkret-Individuellen auf allgemeiner und abstrakter Ebene.

Ob dies allein schon genügt, den Vorgang des Verstehens zu erklären, kann aus Meyers Ausführungen nicht eindeutig ersehen werden. Manche Bemerkungen scheinen darauf abzuzielen, Vorstellung und Verstehen zu identifizieren.[110] Aber dann heißt es an hervorgehobener Stelle: Der Inhalt der Vorstellung müsse seinerseits »vom Bewußtsein erfaßt« werden.[111] Die Antwort auf die Frage, wie dieses Erfassen möglich werde, fällt ebenso dürftig – was der Verfasser auch eingesteht – wie modern aus:

> Man könnte es [dieses Erfassen] als ein eigentümliches Wissen um den jeweils vorgestellten Inhalt bezeichnen. Der Vorstellende weiß, daß er diesen Inhalt angeschaut, empfunden, innerlich erlebt oder denkend nach Anleitung der Wirklichkeit ermittelt hat, daß er ihm also in irgend einer dieser Formen gegeben war, er ist durchdrungen davon, daß er ihn sich angeeignet und in seinem geistigen Besitz eingeordnet hat, und daß er darum an ihm geprägte Münze besitzt; ja es ist ihm, als habe er ihn so sicher, daß er ihn jederzeit in der Form, in welcher er ursprünglich gegeben war, sich innerlich reproduzieren könnte. Aber damit begnügt er sich auch; er unterläßt es aus guten Gründen, diese Reproduktion vorzunehmen, die ihm auch bei vollständig klaren Vorstellungen so häufig mißglücken müßte. Er schaut ihn nicht in irgend einer Weise an, er weiß ihn nur.[112]

Auf die Bedeutung des ›gemünzten Wissens‹ als Komponente des Verstehens werden ja auch die Erkenntnisse der ›künstlichen Intelligenz‹-Forschung hinweisen. Soweit also bewahren die Darlegungen Meyers eine überraschende Aktualität.

Doch was leistet der Begriff der Vorstellung? Meyer begründet ihn wesentlich aus dem Gegensatz zur bildlichen Anschauung und identifiziert ihn stellenweise sogar mit Denken;[113] es handelt sich also, genau besehen, um eine Definition sprachlicher Bedeutung. Behält man nun den von Meyer entwickelten Argumentationszusammenhang bei, so verwandelt sich die Bestimmung des Verstehens als Wissen um den Vorstellungsinhalt in das Wissen um die Bedeutung der Wörter; ob diese Bedeutungen ihrerseits aus Grundmerkmalen oder anderem, etwa Bildern, bestehen, mag gegenüber der Behauptung, daß es sich um ein Wissen handelt, nebensächlich bleiben. Meyer scheint zu ahnen, daß seine Vorstellungstheorie nicht jene Erklärung des Verstehensprozesses enthält, die er eigentlich in Aussicht gestellt hatte; so beschließt er seine Ausführung mit dem Hinweis, daß es sich im Fall des Vorstellens und mithin des Verstehens um eine »Urthatsa-

---

[110] Ebd., S. 16, 19, 38.
[111] Ebd., S. 34.
[112] Meyer: Das Stilgesetz der Poesie, 1901, S. 34.
[113] Ebd., S. 61.

che unseres psychischen Lebens« handele, die »weder zu beschreiben noch zu erklären ist.«[114]

Zu welchen Einsichten führt jetzt noch der Vorstellungsbegriff, wenn er sich einerseits mit dem Bedeutungsbegriff austauschen läßt und andererseits im dunklen Bereich des Wissens verschwindet? Lohnte sich der Aufwand, mit dem Meyer die Anschauung aus der Vorstellung vertrieb, war dies überhaupt notwendig? Sowohl im alltäglichen wie wissenschaftlichen Sprachgebrauch hat sich doch die bildhafte Komponente des Vorstellens erhalten und trat keineswegs in Widerspruch zu deren abstraktiver Leistung, die zweifelsohne auch vorhanden ist. Meyer wandte sich gewiß mit Recht gegen den selbstverständlichen Dogmatismus von der Anschaulichkeit insbesondere poetischer Sprache; aber er hatte noch mehr im Sinn, und davon lenkt die radikale Abwendung von der Anschaulichkeit ebenso ab wie die Ausflucht in die »Urthatsachen«. Gerade die Vorstellungstätigkeit mit ihrer synthetisch-konstruktivistischen Komponente der Merkmalserzeugung bildete den Kern eines verstehenstheoretischen Ansatzes, der auch heute noch interessiert: »Denn das Werk des Dichters wird erst in der Aufnahmethätigkeit des Genießenden zum Kunstwerk«.[115] Dabei spielt die Vorstellung als geistige Aktivität gewiß die Hauptrolle. Und auch das ist Meyer zuzugestehen, daß sich das Vorstellen nicht in einem anschaulichen Reproduzieren, im passiven Abbilden erschöpft, sondern ein gestalterischer Vorgang ist. Aber Meyer erkannte offensichtlich nicht, daß das Hervorbringen von Vorstellungsbildern sowohl eine abstraktive als auch anschauliche Komponente umschließen und somit zu einer Vielzahl von Mischformen zwischen diagrammartigem Schematismus und bildlicher Figuration gelangen kann.

Der Gedanke, daß sich in der Vorstellung Anschauliches und Allgemeines wechselseitig durchdringen, wurde vor allem im Rahmen der materialistischen Widerspiegelungstheorie immer wieder hervorgehoben.[116] Hier gelang es, in der Struktur der Vorstellung das Zusammenarbeiten von innerer Bildhaftigkeit und verbalem Abbild,[117] theoretischer Kenntnis und sinnlicher Einzelvorstellung[118] nachzuweisen und somit die Vorstellung als »mediatorisches Glied« des »dialektischen Übergang[s] von der Empfindung zum Denken« zu identifizieren.[119] Dies geschah in schroffer Wendung gegen eine psychologische Tradition, die die Vorstellung inhaltlich zu stark an die Wahrnehmung und Empfindung band und auf dem Hintergrund

114 Ebd., S. 34.
115 Meyer: Das Stilgesetz der Poesie, 1901, S. 9.
116 B. G. Ananjew: Psychologie der sinnlichen Erkenntnis. Berlin 1963.
117 Ebd., S. 272.
118 Ebd., S. 284.
119 Ananjew: Psychologie der sinnlichen Erkenntnis, 1963, S. 246.

dieses Zusammenhangs als Hauptmerkmal der Vorstellung die Blaßheit, das Fragmentarische und Unbeständige anführte. Dagegen wurde eine Differenzierung der Vorstellungsstruktur gesetzt, die sich aus der Beziehung zum Sinngehalt ergab: In den wesentlichen Bereichen zeige sich die Vorstellung durchaus als »stabil, ganzheitlich und vollständig«, während sie auf nebensächlichem Gebiet »instabiler und schematischer« ausfiele.[120] Damit war die Dynamik des Vorstellens zwischen Abstraktion und Anschauung gesichert.

Es zeichnet Ausführungen, die sich der materialistischen Widerspiegelungstheorie verpflichtet wissen, aus, daß sie den Begriff des Abbildes mit besonderem Bedacht gebrauchen. Wenn also Vorstellung als »ein auf der Grundlage von Empfindungen entstehendes verallgemeinertes Abbild eines Gegenstandes« definiert wird,[121] so fällt das volle Gewicht dieser Bestimmung auf den Abbildbegriff. Er bekundet die antisolipsistische materialistische Grundauffassung von der objektiven Realität der Außenwelt und der widerspiegelnden Tätigkeit des Bewußtseins. In diesem Sinn fällt die Funktion des Abbildens nicht nur der Vorstellung als Gesamtprozeß zu, sondern auch deren Komponenten, nämlich der inneren Bildhaftigkeit und dem verbalen Abbild[122] sowie dem Abbild und der Bedeutung.[123] Beides also, sowohl die Anschaulichkeit als auch die Allgemeinheit der Vorstellung, geht auf Abbildungsprozesse zurück. Daraus folgt, daß weder die sinnliche Konkretheit noch der kognitive Schematismus eine eigene, spezifische Leistung der Vorstellungsbildung ist. Vielmehr fällt es der Abbildungsfunktion zu, die Gegenstände der Außenwelt widerzuspiegeln. Weil aber dadurch zunächst nur die sinnliche Komponente der Vorstellung erklärt werden kann, nicht hingegen die abstrakte, so muß – zur Erhaltung der Abbildtheorie – der Begriff einer »objektiven Bedeutung des Gegenstandes« eingeführt werden;[124] diese objektive Bedeutung des Gegenstandes läßt sich dann ebenfalls widerspiegeln und führt zur abstraktiven Komponente der Vorstellung. Das heißt aber, daß der kognitive Schematismus, wie er sich in der Vorstellungstätigkeit mehr oder minder auswirkt, keine konstruktive Aktivität des Bewußtseins darstellt, sondern bloße Rezeption von äußerlich Gegebenem. Die Vorstellung erweist sich als Summe zweier Abbildungsprozesse, wovon der eine Gegenstände zum Vorbild hat und die sinnliche Komponente bedingt, der andere objektive Bedeutungen der Gegenstände, deren Widerspiegelung zur abstrakten Komponente führt. Von hier aus läßt sich der Verdacht nicht ganz abweisen, daß der gesamte

---

120 Ebd., S. 283.
121 Ebd., S. 270.
122 Ebd., S. 272.
123 Ebd., S. 281.
124 Ananjew: Psychologie der sinnlichen Erkenntnis, 1963, S. 284.

Argumentationszusammenhang weniger der Entwicklung eines Anschaulichkeit und Abstraktion integrierenden Vorstellungsbegriffs galt, als vielmehr der Sicherung der Widerspiegelung mit Hilfe des Vorstellungsbegriffs.

So führt der abbildtheoretische Ansatz mit seiner Koppelung von Allgemeinheit und Anschaulichkeit sowie der Einsicht in die Aufgabenbezogenheit des Vorstellens tief in die Struktur der Vorstellung hinein, engt aber letztlich die Funktion der Vorstellung wieder auf eine bloße Abbildung ein, wobei die verallgemeinernde Leistung und somit ein Kern der Vorstellungsaktivität verloren geht.

So liegt das Hauptproblem darin, Anschaulichkeit und Allgemeinheit im Begriff der Vorstellung gleichermaßen zu erhalten; die Versuchung, das eine auf Kosten des anderen hervorzuheben, ist hier offensichtlich groß. In dieser Problemsituation kommt der zeichentheoretischen Konzeption eine besondere Bedeutung zu. Gerade sie eignet sich vorzüglich zur geforderten Verflechtung der anschaulichen und allgemeinen Momente im Vorstellen. Es ist die Gruppe der ikonischen Zeichen, die die bildlich abstraktive Komponente strukturell enthält;[125] als semiotische Gebilde weisen sie auf einen abstrahierenden und generalisierenden Prozeß zurück, und ihre ikonische Besonderheit unterstreicht das Abbildhafte der Repräsentationsart.

Vor diesem allgemeinen Hintergrund ist nun die Monographie von Piaget und Inhelder über die ›Entwicklung des inneren Bildes beim Kind‹ zu sehen.[126] Die Autoren deuten an, daß sich möglicherweise eine »Ableitungsverbindung« zwischen jenem »Aspekt des erwachsenen Denkens, das individuell, bildhaft und zum Teil inkommunikabel bleibt, und dem präoperatorischen Denken des Kindes« finden läßt.[127] Und sie präzisieren diesen Zusammenhang in der Frage:

> Könnte nicht ebenso die bildhafte und intuitive Repräsentation, die die Operation auf den Stufen ersetzt, auf denen sie noch nicht ausgebildet war, als Ausgangspunkt des individuellen und bildhaften Symbolismus betrachtet werden, dessen jeder Erwachsene bedarf, um das abstrakte Denken, das an verbale

---

[125] Zum ›Ikon‹ vgl. die Übersicht von Umberto Eco: Zeichen. Einführung in einen Begriff und seine Geschichte. Frankfurt 1977, S. 137–147. Eco spitzt seine Argumentation auf den Nachweis des Konventionalitätscharakters ikonischer Zeichen zu. Zeichentheoretisch ist dies gewiß berechtigt. Für den gegenwärtigen Zusammenhang muß allerdings daran erinnert werden, daß der zeichentheoretische Konventionsbegriff den Vorgang des Sprachverstehens nicht erklären kann und deshalb unergiebig ist.

[126] Jean Piaget, Bärbel Inhelder: Die Entwicklung des inneren Bildes beim Kind. Frankfurt 1979.

[127] Ebd., S. 32f.

Zeichen und an die Zeichen der mathematischen Sprache gebunden ist, zu konkretisieren?[128]

Im Vordergrund ihrer weiteren Untersuchung stehen die Genese dieses besonderen Symbolismus und seine Beziehung zur kognitiven Entwicklung. Es wird sichtbar, daß sich die Vorstellungsbilder unter Einwirkung bestimmter Komponenten der kognitiven Entwicklung, nämlich der kognitiven Operationen, zu einem eigenartigen, gegenüber der kollektiven Sprache selbständigen und individuellen Mittel des Denkens entfalten.

Piaget und Inhelder definieren den Bildbegriff so: »Das visuelle Bild ist eine figurale Evokation von Objekten, von Relationen und sogar von Klassen, usw., die sie in einer konkreten und scheinbar-sinnlichen Form übersetzt, dabei aber einen hohen Grad an Schematisierung enthält (...)«[129] Der genetische Ursprung des Bildes liegt in der Nachahmung, und zwar in ihrer interiorisierten Form. Nachahmung ist in der Piagetschen Psychologie der außengesteuerte Aufbau interner Repräsentationen bzw. die Modifizierung des inneren Schematismus und fungiert neben der entgegengerichteten Assimilation als Erhaltung des Gleichgewichts, der Äquilibration, die Ziel und Motor aller biologischen und intellektuellen Entwicklung ist.

In der Entwicklung des Bildes aus der Nachahmung mit ihren schematisierten Figurationen und symbolischen Evokationen[130] liegt der wesentliche Punkt der gesamten Argumentation. Piaget und Inhelder wenden sich gegen die Auffassung, daß das Bild bloß eine »abgeschwächte Wahrnehmung«[131] sei, daß die Sinnlichkeit des Bildes die sensorischen Aspekte der Wahrnehmung bloß passiv und automatisch fortsetze,[132] und legen besonderen Wert auf die »ergänzende Aktivität«,[133] die von der Nachahmung als der Quelle der Bildhervorbringung ausgeht.

Die besondere Funktion der Bilder als Symbole des Denkens gegenüber der Sprache als dem anderen wichtigen Symbolismus sehen die Autoren zum einen in der konkreten Individualität der Bilder, die jene Erfahrungen dem Denken verfügbar machen, die in der Abstraktheit der Sprache wortlos bleiben,[134] zum anderen in der einfachen, mittelbaren und nicht auf

---

128 Ebd., S. 33.

129 Piaget, Inhelder: Die Entwicklung des inneren Bildes, 1979, S. 471. Ähnlich auch Jerome S. Bruner: The grwoth of representational processes in childhood. In: Bruner: Beyond the information given, 1973, S. 317: »An image is a selective, simultaneous, and often highly stylized analogue of an event experienced.«

130 Piaget, Inhelder, S. 479.

131 Ebd., S. 17.

132 Ebd., S. 19 und 477.

133 Ebd., S. 480.

134 Ebd., S. 497.

strenges Klassifizieren ausgerichteten Erhaltung dessen, »was gerade eben wahrgenommen wird, und besonders alles dessen, was in der äußeren Umgebung oder an den eigenen Handlungen wahrgenommen worden ist, und das es nicht zu verlieren gilt.«[135]

Die Piagetsche Psychologie sieht die Sprachentwicklung in Abhängigkeit von der Entwicklung des Denkens, der Beherrschung einer Reihe von Operationen. Sie rezipierte die Zeichentheorie als willkommene Terminologie zur Identifizierung der verschiedenen Mittel des Denkens. So ergab sich ein Zusammenhang von kognitiven Operationen und semiotischen Repräsentationen, ob diese nun motorischer, bildlicher oder sprachlicher Art sind. Aber der Ausdruck ›Mittel des Denkens‹ trifft nicht genau das von Piaget Beschriebene. Denn diese Mittel sind nicht fertige Einheiten, die übernommen werden, sondern sie entstehen aus Operationen; die bildliche Repräsentation entsteht – wie bereits angedeutet – aus der Nachahmung; und umgekehrt definiert die Qualität der Repräsentation die Operationsart. So wird sichtbar, daß sich die repräsentationale und operative Komponente wechselseitig beeinflussen. Piaget scheint diese Wechselseitigkeit im Sinn einer Prozeß-Resultat-Beziehung aufzufassen, denn er spricht der bildlichen Repräsentationsform einen statischen Rest zu, der sie immer von der operatorischen Energie des Denkens qualitativ absetze.

So erweisen sich die Bilder als eine Art Modelle, die im Verstehensvollzug entworfen werden; und die besonderen Ziele oder Zwecke des Verstehenden legen fest, welcher Anschaulichkeitsgrad auf der Skala zwischen abstraktem Diagramm und konkreter Figuration bevorzugt wird.

Die vielseitige Rolle des Bildes in Wahrnehmungs-, Gedächtnis-, Lern- und Sprachverwendungsaufgaben hat schließlich Allan Paivio untersucht.[136] In einem großangelegten Vergleich der bildlichen Vorstellungstätigkeit mit verbalen Prozessen erkundete er die strukturellen und funktionalen Besonderheiten der beiden hervorragenden symbolischen Repräsentationsformen des Menschen sowie deren gegenseitige Beziehung. Unter ›Bild‹ versteht Paivio eine visuelle Repräsentation konkreter Objekte und Ereignisse im Gedächtnis bzw. eine nichtverbale Art des Denkens, in dem solche Repräsentationen erzeugt und benutzt werden.[137] Die funktionalen Eigenarten der beiden Symbolsysteme ergeben sich aus der jeweiligen Spezialisierung innerhalb dreier Funktionsgegensätze: des Gegensatzes von konkret und abstrakt, von statisch und dynamisch sowie von paralleler und sequentieller Verarbeitung.[138] Was die Rolle des Bildes anlangt, so liegt der Schwerpunkt

[135] Piaget, Inhelder: Die Entwicklung des inneren Bildes, 1979, S. 498.
[136] Allan Paivio: Imagery and verbal processes. New York 1971.
[137] Paivio: Imagery and verbal processes, 1971, S. 12.
[138] Ebd., S. 16–38.

der Argumentation auf dem Konkretheitsmerkmal des Funktionszusammenhangs, in dem die Erzeugung von Bildern zu beobachten ist; Paivio räumt aber ausdrücklich ein, daß Bilder auch in abstrakten Zusammenhängen auftreten können.[139]

Auch für Paivio entsteht der bildhafte Symbolismus aus wahrnehmungsmotorischen Erfahrungen[140] und bewahrt von daher seine räumliche Struktur, die ihrerseits eine gleichzeitige, parallele Verarbeitung des bildlich Repräsentierten ermöglicht. Der dynamische Zug der Bilder äußert sich darin, daß sie nicht nur statische Situationen, sondern durchaus auch Situationswechsel repräsentieren, ja sogar den kreativen Sprüngen der Phantasie zugrunde liegen können.[141]

In einem eigenen Kapitel stellt Paivio alsdann die Frage nach dem Zusammenhang von Bedeutung und symbolischen Prozessen. Mit großer Vorsicht heißt es dazu: »(...) the image is somehow representative of the specific meaning of the word for that person at that time.«[142] Das heißt, das innere Bild ist zwar nicht identisch mit der Bedeutung, spiegelt aber deren Kern.[143] Paivio steht in der Tradition behavioristischer mediationstheoretischer Semantik: »Mainly we are concerned with psychological meaning of stimuli, which, theoretically, refers to the capacity of words and nonverbal objects and signs *consistently to arouse covert and overt reactions* of certain kinds.«[144] Daß diese verdeckten Reaktionen im Fall der Erregung durch konkrete Reize aus Bildern bestehen, bezeichnet den Leitgedanken der weiteren Untersuchung.

Paivio erkennt drei Ebenen des Bedeutungsbegriffs, deren Schichtung sowohl ontogenetisch als auch funktional relevant ist: die Stufe der repräsentationalen Prozesse, auf der die Umweltreize als Gedächtnisbilder oder auditiv-motorische Repräsentationen abgebildet und möglicherweise sogar schon verallgemeinert werden, die Stufe der Bezeichnung, auf der die bildlichen Repräsentationen benannt und die auditorisch-motorischen illustriert werden, und die Stufe der Assoziationen, auf der Ketten von Bildern, Wörtern oder Wort-Bild-Kombinationen entstehen.[145] Paivio ver-

---

139 Ebd., S. 27. Paivio identifiziert den Begriff der Konkretheit auf dreierlei Weise: an der Stimuluseigenschaft, der Art der Aufgabenstellung und der Reaktionstendenz. An späterer Stelle folgt dann eine formale Bestimmung im Sinn einer Direktheit der sensorischen Bezugnahme und eine psychologische Bestimmung im Sinn der Leichtigkeit, mit der ein Stimulus das Bildnis seines Objekts hervorruft. Vgl. S. 59.

140 Ebd., S. 18.

141 Ebd., S. 32, 51, 434.

142 Paivio: Imagery and verbal processes, 1971, S. 62.

143 Ebd., S. 50.

144 Ebd., S. 51.

145 Ebd., S. 53.

steht diese drei Ebenen als Stufen der Kodierung innerhalb eines Modells der Informationsverarbeitung; sie entsprechen der Leistung des Wiedererkennens (Familiarität), der Verifikation und der assoziativen Verknüpfung.

Bezogen auf die besonderen Probleme des Leseverständnisses glaubt Paivio die Hypothese bestätigen zu können, daß es bei Texten konkreten Inhalts, d.h. hier deskriptiven Inhalts,[146] eine starke Korrelation zwischen der Erzeugung von Bildern und dem Verstehen gibt.[147] Diese Korrelation besagt allerdings nicht, daß die Hervorbringung von Bildern dem Verständnis vorausginge oder mit ihm zusammenfiele; im Gegenteil war zu beobachten, daß Versuchspersonen ihr Verständnis eines Satzes durchweg schneller anzeigten als ihre Produktion eines dazu gehörenden inneren Bildes. So bleibt der statistisch begründete funktionale Zusammenhang relativ abstrakt. Wenn es zudem richtig sein sollte, daß der Leser während des Lesens – und nicht erst nach einem Leseabschnitt – Bilder erzeugt, die dann möglicherweise vom Gesamtverständnis der Textstelle widerlegt werden, so liegt der Verdacht nahe, daß die bildliche Repräsentationsform im Bereich des Sprachverstehens auch einen lästigen Umweg darstellen könnte, der sich durch nicht-bildliche Symbolisierungsverfahren vermeiden ließe. Aber man sollte sich gerade in diesem Bereich davor hüten, mit der Erklärung eines Verstehensvorgangs zugleich eine Garantie für sein Gelingen abgeben zu wollen; wenn Bilder eine Verstehensaufgabe erfüllen, so heißt dies nicht, daß sie auch unbedingt zum Verstehen führen müssen. Und ein weiteres wäre hier noch zu bedenken: Wenn der Verstehende bildliche Symbolismen wählt, so liegt es nahe, daß seine verbale Auskunft über Eintritt und Beschaffenheit des nicht-verbalen Symbolismus mehr zu bedenken hatte als eine verbale Auskunft über eine verbale Symbolisierung; von hieraus würde es sich erklären, weshalb es ›so lange dauert‹, bis jemand über seine inneren Bilder sprechen kann.

Der Bildbegriff, wie ihn Paivio vorstellt, ist flexibel genug, um in den unterschiedlichsten Verstehensaufgaben, die von der Sprache ausgehen, eine Funktion übernehmen zu können. Die Frage, die nun vor allen anderen interessieren muß, lautet, wie solche Bilder gebraucht werden, genauer: wie sie entstehen. Hier allerdings beharrt Paivio auf seinen behavioristischen Grundlagen und führt als entscheidende Mechanismen neben der perzeptuellen Darbietung die Konditionierung klassischer und operanter bzw. instrumenteller Art an. Obwohl er das Unzureichende der klassischen Konditionierung für die Erklärung der produktiven Qualität und Flexibilität der bildlichen Symbolsysteme einräumt und statt dessen generative Mechanismen in Erwägung zieht,[148] bleibt er dem Reiz-Reak-

[146] Ebd., S. 476.
[147] Ebd., S. 441–444.
[148] Paivio: Imagery and verbal processes, 1971, S. 71.

tions-Muster und den von ihm implizierten kausalen Faktoren[149] verpflichtet. So wird der Prozeß der Zeichenbildung auf eine bloße Reaktion verkürzt; unter dem Decknamen des Assoziierens entzieht er sich damit der genaueren Einsicht. Der generative Aspekt, den Paivio strukturell an den Bildern hervorhebt, kommt somit funktional nicht zur Geltung.

So bleibt als abschließendes Resümee festzuhalten: Die Erzeugung der Bilder und deren konkret-abstrakte Schärfeneinstellung gehört strukturell und funktional zum Verstehensprozeß und ist nicht etwa ausschließlich eine nachträgliche Bebilderung bereits abgeschlossener Verstehensereignisse. Die Funktion dieser Bilder liegt nicht darin, daß sie innerlich angeschaut werden; zu dieser wenig dienlichen Auffassung könnte ihre zuweilen stark sinnliche Natur verleiten, aber ihr gleichzeitiger allgemeiner Charakter schließt die interne Analogie zum Sehen aus. Ebensowenig genügt es, die Bilder allein in ihrer instrumentellen Funktion für das Denken zu bestimmen; die bildliche Struktur verändert das Denken, wirkt positiv auf die Denkoperationen ein, so daß sich unter dieser Einwirkung ein bildhaftes Denken eigener Art entwickelt. Neben dem begrifflichen Denken und Verstehen erhält sich ein bildhaftes, das in der Entfaltung modellartiger Repräsentationen autonome Erkenntnisprozesse trägt.

### 4.4.3 Begriffe

Der Leser gelangt schließlich zum Verständnis eines Textes, indem er Begriffe über seinen Text bzw. über Teile seines Textes bildet. ›Begriff‹ soll hier nicht etwa im engen Sinn von wissenschaftlicher Terminologie gebraucht werden, sondern umfaßt gerade auch die unscharfen Begriffe der alltäglichen Sprachverwendung. Begrifflichem Verständnis haftet der Charakter strenger Rationalität und reflektorischer Bewußtheit an; auch dies mag eine voreilige Einengung sein, die über die elementare Wirksamkeit von Begriffsbildungsprozessen hinweglenkt. Zur grundlegenden Leistung der Begriffsbildung gehört es, entscheiden zu können, zu welcher Klasse von Gegenständen oder Situationen ein Einzelobjekt oder ein Fall gehört, und zu wissen, wie man mit Gegenständen umgehen muß, damit man für sie eine Klasse formulieren kann, unter die sie fallen.

Der Aufbau der Begriffe hängt einerseits vom Mittelbezug, dem Wortlaut, ab, andererseits von der Gedächtnisstruktur des Lesers; übt der Mittelbezug eine direkte Funktion aus, so umfaßt das Gedächtnis die semantische und operative Komponente. Nach Friedhart Klix, auf den die folgende Skizze Bezug nimmt, liegen der Bildung von Begriffen Klassifizie-

---

[149] Ebd., S. 406.

rungsprozesse zugrunde.[150] Sie stehen im Zusammenhang mit einer Reihe von Wirkprinzipien.Diese Wirkprinzipien lassen sich ihrerseits den kognitiven Strukturbildungsprozessen zuordnen, die nicht nur Vorgänge der Begriffsbildung, sondern auch des allgemeinen Problemlösens bedingen.

Mengentheoretisch gesehen, vollziehen sich Klassifizierungen als Operationen mit Elementen und bilden darin »Spezialfälle allgemeinerer Transformationen von Mengen«.[151] Als Elemente sind hier Merkmale anzusehen. Ein ›Merkmal‹ ist »die anschaulich repräsentierte Reizverarbeitungsleistung eines Analysatorsystems«.[152] Merkmale sind also nicht wahrnehmungsunabhängige Gegenstandseigenschaften, sondern sie kommen zustande, indem »objektive Gegenstandseigenschaften zu Reizbildungen führen, die als phänomenale Eigenschaften wahrgenommen werden.«[153] Indem die Merkmalsbildung an Wahrnehmungsleistungen gebunden bleibt, hängt sie inhaltlich nicht nur von den Stimulierungen ab, die von den Eigenschaften des Objekts ausgehen, sondern ebenso von der konkreten Situation, den Umgebungszuständen[154] und Orientierungsanlässen.[155] sowie insbesondere auch von der Verhaltenseinstellung.[156] Das heißt: »Sobald aktive Verhaltensweisen auf die Objekte einwirken, verändern sie bestimmte Teile ihrer Merkmale.«[157]

Daraus läßt sich folgende Konstellation entwickeln: Es gibt eine Situation mit einer bestimmten Merkmalsmenge; auf diese Situation wirken nun Verhaltensweisen dergestalt ein, daß sie eine neue Situation mit eigener Merkmalsmenge erzeugen. Die Beziehung zwischen der Merkmalsmenge der Ausgangssituation und der Endsituation ist hier entscheidend; sie läßt sich als Transformation bezeichnen.

Es gibt unterschiedliche Arten von Transformationen; sie lassen sich zu Gruppen zusammenfassen und legen den Grund für die Formulierung der Wirkprinzipien, die ihrerseits die kognitiven Strukturbildungsprozesse erklären. Von den fünf möglichen Strukturbildungsprozessen, die Klix aufzählt, sind die beiden ersten für die Begriffsbildung ausschlaggebend: 1. Das Prinzip der gemeinsamen Teiltransformationen[158] – Transformationsfolgen, die bei gleichem Ausgang zu unterschiedlichen Endzuständen füh-

---

150 Friedhart Klix: Information und Verhalten. Kybernetische Aspekte der organismischen Informationsverarbeitung. Einführung in naturwissenschaftliche Grundlagen der Allgemeinen Psychologie. 3. Aufl., Bern 1976, bes. Kap. 8.

151 Klix: Information und Verhalten, 1976, S. 611.

152 Ebd., S. 517.

153 Ebd., S. 529.

154 Ebd., S. 529.

155 Ebd., S. 537 und 551.

156 Ebd., S. 526f.

157 Ebd., S. 529.

158 Ebd., S. 531.

ren, können gemeinsame Teiltransformationen enthalten; diese »Teilklassenbildung führt zur Ausbildung invarianter Merkmale im Gedächtnisbesitz, die stabile Klassifizierungen in einer ständig bewegten und sich wandelnden Umwelt ermöglichen.« 2. Das Prinzip der Verknüpfung von Teilklassen aus Transformationsgruppen[159] – Transformationsfolgen, die einen gleichen Ausgangs-, aber unterschiedlichen Endzustand haben, lassen sich in gemeinsame und nicht gemeinsame Teiltransformationen aufgliedern; hierbei kommt es besonders auf die Art der Verknüpfung zwischen den beiden Teiltransformationsmengen an; es gibt die Möglichkeiten der Konjunktion, Disjunktion und excludierenden Disjunktion: »Die Verknüpfung von Teilklassen (...) ermöglicht eine Anpassung der Klassenbildungen an sich ändernde Belange oder Bedürfnisse der Verhaltensorientierung: Verkleinerungen oder Einengungen der relevanten Objektmengen oder Ereignisfolgen durch konjunktive Verknüpfungen, Erweiterungen hingegen durch disjunktive Verknüpfungen«.[160]

Der Begriffsbildung liegen also Klassifizierungsverfahren zugrunde, die nach den Prinzipien der Merkmalsselektion und Merkmalsverknüpfung vorgehen. Solche Klassifizierungen stellen nicht nur bloße Möglichkeiten dar, die man aktualisieren kann oder auch nicht, sondern sie erweisen sich für höher organisierte Lebewesen als notwendig.[161] Klassifizierungen vollziehen sich auf unterschiedlichen Ebenen und erzeugen somit eine Stufung in der Begriffsbildung. Solche Ebenen entstehen aufgrund verschiedener Möglichkeiten des Abstrahierens. Es gibt drei Abstraktionsarten, denen man eigene Wirkungsweisen und Resultate zusprechen kann:[162] Die sensorische Abstraktion vollzieht sich als »selektive Herauslösung einzelner Merkmale aus dem Komplex vielgestaltiger Reizwirkungen«.[163] Die beiden anderen Formen gehören dem operativen Abstrahieren an, wobei die eine zur Verdichtung, die andere zur Verkürzung führt. Die verdichtende Abstraktion besteht darin, »daß verschiedene anschauliche Eigenschaften durch ihre Anordnung ausgedrückt und damit zusammengefaßt werden.«[164] Nicht die einzelnen Elemente also lenken die Klassifizierungsleistung, sondern die Figur, in der sie stehen. »Die abstraktiven Verdichtungen zu stabilisieren und speicherbar zu machen – das ist eine Funktion der Sprache, nicht die einzige, aber eine wesentliche.«[165] Die verkürzende Abstrak-

---

159 Klix: Information und Verhalten, 1976, S. 532.

160 Ebd., S. 535.

161 Darauf und auf die Bedingungen, die das Ausbilden interner kognitiver Strukturen beeinflussen, sei hier nicht weiter eingegangen; dazu Klix, S. 544f. und 581–586.

162 Ebd., S. 594.

163 Ebd., S. 595.

164 Klix: Information und Verhalten, 1976, S. 599.

165 Ebd., S. 601.

tion faßt zwei aufeinander folgende Transformationen in eine einzige Operation zusammen; das hat zur Folge, »daß *ebenso transformative Operationen Gegenstand des Klassifizierens und der Klassenbildung werden können wie Merkmale.*«[166]

Was nun die Beziehung zwischen Begriffsbildung und Lesen betrifft, so ist der Zusammenhang einerseits ganz offenkundig, andererseits etwas problematisch und bedarf einer besonderen Erklärung. Indem es sich hier um grundlegende Prozesse höher organisierter Lebewesen handelt, gelten die Erkenntnisse über Klassifizierungsprozesse und Begriffsbildungen für jede Art der Organisation von Verhaltensantworten, also auch für das Lesen; hier ist vor allem an die begrifflich-graphemische Grundlage der Buchstaben und an die begriffliche Struktur der Wortbedeutungen zu denken.

Aber fällt dieser Ansatz nicht zu grobmaschig aus, um die besonderen Vorgänge des Lesens zu erfassen? Liegt nicht ein erheblicher Unterschied zwischen der Verarbeitung der Information, die von der Objektwelt ausgeht, und der Sprachwahrnehmung vor? In beiden Fällen wirken sich natürlich Orientierungsanlässe und Verhaltenseinstellungen aus; der kritische Unterschied ergibt sich erst aus der Gegenüberstellung von Gegenstands- bzw. Situationseigenschaft und Spracheigenschaft. Führen sprachliche Eigenschaften in vergleichbarer Weise zu Reizbildungen wie Dinge? Dies scheint in der Tat der Fall zu sein, bloß spielt sich das Ganze bereits auf einer höheren Abstraktionsebene ab. Die von der Sprache ausgehenden Begriffsbildungsprozesse setzen einerseits die Fähigkeit für elementare Klassifizierungen voraus, treiben andererseits mit Hilfe der sprachlichen Benennung (wohlgemerkt: benannt werden jetzt nicht Dinge, sondern Klassen) die Operationen klassifizierender Verdichtung und Verkürzung weiter.

> Die Benennung kann zum Anreger für die von einer klassifizierten Objektmenge geforderte Verhaltensweise werden. In genau diesem Sinne erlangen Worte primär die Funktion von Bedeutungen. Damit ist im Prinzip klargelegt, inwiefern Worte mit der Funktion von Begriffen ausgestattet sein können. Dies gilt genau dann, wenn sie eine für das Verhalten relevante Objektmenge fixieren.[167]

Das Verstehen von Sprache vollzieht sich somit als Eindringen in die »Infrastruktur«[168] begrifflicher Schichtung, die von der Wortbenennung nur indiziert, vom Verstehenden aber aufgebaut werden muß; unterbleibt dies, werden also die erforderlichen Klassifizierungsoperationen nicht mehr

---

166 Ebd., S. 602f.
167 Klix: Information und Verhalten, 1976, S. 609.
168 Ebd., S. 599f.

nachvollzogen, so sieht man zwar Wörter und bringt sie möglicherweise zum Klingen, auch erste Assoziationen mögen sich einstellen, aber der Progreß im Verstehen bleibt aus. Doch gerade dieses Vermögen, im Verstehen fortzuschreiten, indem man durch Klassifizierungsoperationen Begriffe bildet und diese wiederum zu neuen Begriffen formt, bestimmt in entscheidender Weise den Lesevorgang.

Man möchte vielleicht meinen, daß der abstrahierende Aufstieg in der Architektur der Begriffsbildung in Fällen literarischen Lesens kaum eine Rolle spielt, wo alles auf Konkretheit und Individualität gestellt zu sein scheint. In Wirklichkeit aber zeigt es sich, daß eben auch diese Lesevollzüge auf Begriffsbildungen der dargestellten Art gründen. Die Einsicht in das Fiktive eines Textes erweist sich so durchaus als Ergebnis des Abstrahierens und Einordnens. Klix beschreibt das mit folgenden Worten.:

> Die interne Wechselwirkung zwischen gedächtnismäßig fixierten Objektklassen und (anwendbaren) Operationsklassen ermöglicht interne Operationen über Begriffssysteme. Dadurch können neue Klassifizierungen gebildet oder Relationen zwischen gebildeten Klassen hergestellt werden, deren Existenz in der Realität nachgeprüft werden kann. Daraus folgt schon, daß nach den bekannten Regeln Begriffe bildbar sind, die keine reale Objektmenge zum Inhalt haben. Märchenfiguren oder Fabelwesen würden auf einer niedrigen Abstraktionsstufe, Begriffe wie »Perpetuum mobile« u.ä. auf einer höheren Abstraktionsstufe zu solchen Klassenbildungen gehören.[169]

Damit wird deutlich, daß die schöpferische Dimension des Lesens, jene Verstehensleistungen, die die gewohnten Wahrnehmungsweisen durchbrechen und das Reich der Möglichkeiten gegen die festgefügten Bahnen der Wirklichkeit ausspielen, in direktem Zusammenhang mit den Vorgängen der Begriffsbildung stehen.

Im einzelnen betrachtet, beginnt der Leser seine Begriffsbildungsarbeit, indem er Wörter im Lesestoff entdeckt, die Begriffe benennen. Nicht alle Wörter eines Textes üben diese Bezeichnungsfunktion aus, und das Repertoire der Wörter, die eine solche Funktion erfüllen, mag sich von Text zu Text ändern. Aber es gibt typische Stellen eines Textes, an denen solche Wörter zu erwarten sind: Titel, Gattungsbezeichnung, Gliederung, Personenverzeichnis, Eigennamen fiktiver Personen, Schlüsselwörter. Im weiteren Sinn gehören auch Metaphern und Symbole in diesen Funktionszusammenhang. Auch sie benennen vielschichtige begriffliche Infrastrukturen, die durch komplexe Operationen erschlossen werden wollen. Auf diesen Zusammenhang hat u.a. auch Jerome Bruner hingewiesen: Gerade Symbole entsprechen dem zentralen Ökonomieprinzip, das der allgemeinen Wissensstruktur zugrunde liegt und die von der Kognition ausgehenden

---

169 Klix: Information und Verhalten, 1976, S. 620f.

Klassifizierungsprozesse dergestalt leitet, daß die unüberschaubare Detailfülle zu typischen Fällen schematisiert werden kann.[170]

Der Zusammenhang zwischen Verhaltensorientierung, Klassenbildung und Bezeichnung[171] wird besonders deutlich in der interpretierenden Tätigkeit des Lesers. Die Identifizierung von Figuren, Situationen und Ereignissen ändert sich nämlich je nach dem, welcher klassifikatorische Bezugsrahmen für die in Rede stehende Einzelheit gebildet wird: Regelpoetische, gattungstheoretische, motivische, tiefenpsychologische, folkloristische, gesellschaftsgeschichtliche oder interaktionale Klassifizierungskriterien führen zu den ihnen spezifischen Begriffsbildungen; man sehe sich nur – als ein besonders auffallendes Beispiel – die Diskussion um die Auslegung der ›Reitergeschichte‹ von Hugo von Hofmannsthal an.

---

170 Jerome S. Bruner: On knowing. Essays for the left hand. Cambridge, Mass. 1969, S. 63 und 65.

171 Klix, S. 627.

# 5 Die prädikative Natur des Lesens

## 5.1 Stufen der Prädikation im Lesen

Um Erkenntnisse über die Natur des Lesevorgangs zu gewinnen, benötigt man ein Modell des Lesens. Das Lesen selbst läßt sich nicht oder nur zu einem geringen Teil – etwa die Augenbewegungen – beobachten, messen und beschreiben. Allgemein gesprochen, handelt es sich im Fall des Lesens um einen ›black box‹, einen ›schwarzen Kasten‹, der intermittierend den Lesevorgang bestimmt, in seiner Struktur aber unbekannt ist. Entgegen der behavioristischen Verwendungsweise dieses wissenschaftstheoretischen Ansatzes kann man bei der Erklärung des Lesevorgangs nicht von dieser verdeckten Struktur absehen und den Vorgang im Sinn einer Reiz-Reaktions-Kette ›reduktiv‹ erklären; selbst dort, wo ›Reaktionen‹ in Form von Assoziationen im Lesevorgang angenommen werden sollten, ereignen sich diese nicht außerhalb, sondern grundsätzlich innerhalb des unterstellten Systemkomplexes.

Der ›black box‹ ist ein Dachbegriff für ein stratifizierbares[1] funktionales System; das Komplexe, Vielschichtige und Aufbauende gehört zu seinem Inbegriff. Ob man den funktionalen Zusammenhang im technischen Sinn als eine Vernetzung von Schaltungen oder im informationstheoretischen Sinn als Stufen der Verarbeitung (ein Begriff, der an den ehemals diätetischen Denkweg anknüpft) darstellt, ist für eine Erklärung des Lesens nicht so entscheidend wie die Annahme, daß die darin vorkommenden Prozesse eher zyklisch als linear und sowohl gleichzeitig als auch nacheinander ablaufen; hier liegt die Wurzel der berechtigten Vermutung, daß alle Erkenntnisse über das Lesen, die aufgrund zeitmessender Verfahren gewonnen wurden, aussagenschwach sind.

Die ›black box‹-Methode beruht auf einer Kombination empirischer Daten mit einem theoretischen Konstrukt, dessen Relevanz für die Erklärung des Zusammenhangs von Daten vorausgesetzt, dessen Binnenstruktur in Gestalt eines Modells entworfen und erprobt wird. Forschungspraktisch gesehen, erscheint die Gesamtheit der verfügbaren Daten als eine Dichoto-

---

1 Der Begriff nach Sydney M. Lamb: Outline of stratificational grammar. Georgetown University Press 1966.

mie von Eingangs- und Ausgangsgrößen des ›black box‹, zwischen denen es ein System der Beziehung zu ermitteln gilt. Die so gewonnene Beziehung bildet dann die Grundlage für Hypothesen über die Struktur des ›black box‹.

Ein solcher Ansatz läßt sich allerdings nicht ohne weiteres auf den Bereich des Lesens übertragen. Denn hier fehlt jene vorläufige Bestimmtheit der Daten, die die Grundlage für die Ermittlung ihrer funktionalen Beziehung bildet. Nun könnte man davon ausgehen, daß der Lesestoff die Eingangsgröße, der Kopf des Lesers den ›black box‹ und das Leserverhalten die Ausgangsgröße darstelle oder weniger plump, aber eigentlich auch nicht genauer formuliert – daß es gelte, zwischen den Schriftsignalen, dem Cortex und der Leserreaktion eine Beziehung zu setzen. Doch das ist sehr problematisch.

Die Schrift als Signaldatum auszuweisen heißt nämlich, Sprache um wesentliche Funktionen zu verkürzen, mehr noch, die Beziehung zwischen Eingangs- und Ausgangsgröße noch vor jeder Hypothesenbildung über das vermittelnde System des ›black box‹ auf Signalisierungsaspekte und die ihnen entsprechenden Reaktionsphänomene festzulegen; angesichts der repräsentationalen und kognitiven Implikationen von Sprachverwendung muß man eine solche forschungspraktische Entscheidung als unangemessen zurückweisen.

Es ergibt sich somit die schwierige Situation, daß man vor einer Modellierung des ›black box‹ gar nicht genau wissen kann, mit welcher Art von Eingangs- und Ausgangsdaten man es zu tun hat. Erst aus einem Modell des Lesens läßt sich eine Theorie des Textes und seiner situativen Bedingung sowie eine Theorie des Leserverhaltens entwickeln, die dann das Datenhafte der Schrift und des Lesers im besonderen, der Lesesituation im allgemeinen bezeichnen könnten. Die Beschreibung der Schrift und des Lesers hängt also nicht von einer Objekt- und Verhaltensbeobachtung ab, sondern vom Lesebegriff; auf der Leserseite kompliziert sich dieser Sachverhalt zusätzlich, insofern neben sprachlichem auch nicht-sprachliches Verhalten wichtig werden kann und vor allem insofern Verhalten überhaupt fehlt, ohne daß dieses Fehlen von Verhalten – einem zeitgemäßen Stereotyp entsprechend – in irgendeiner Weise selbst ein Verhaltensdatum darstellte.

Ein ›black box‹ ohne Eingabe-Ausgabe-Beziehung wäre natürlich ein bloßes Spiel mit Worten. Will man also den Ansatz für den Bereich des Lesens bewahren, so muß der Zusammenhang neu bedacht werden. Wenn es die wesentliche Funktion des ›black box‹ ist, zwischen Eingabe und Ausgabe zu vermitteln, so heißt dies nicht, daß eine solche Vermittlung prompt und innerhalb des vom Beobachter festgesetzten Zeitraums erfolgen müsse; der ›black box‹ braucht nur eine Gedächtnisfunktion oder ein

Binnenmodell für Erprobungshandlungen zu enthalten,[2] und schon erweisen sich alle zeitbezogenen Beobachtungskriterien als fragwürdig. Es heißt ebensowenig, daß das System des ›black box‹ es genau und nur mit den Eigenschaften seiner Eingangsdaten zu tun hat; das ist, von vornherein gesehen, eher unwahrscheinlich, da es sich um ein funktionales System der Beziehungsverknüpfung handelt und somit grundsätzlich auf der Ebene der Prädikate zweiter Stufe[3] arbeitet; es gilt als ausgemacht, daß solche Prädikate nicht identisch sein müssen mit Objektprädikaten. Mit anderen Worten: Die Eigenschaften der Schrift sind auf der Ebene der ›black box‹-Methode nicht identisch mit den Eigenschaften des Lesens, vielmehr operiert das Lesen mit den Eigenschaften der Eigenschaften von Schrift, indem es diese Eigenschaftseigenschaften erst erzeugt; das heißt, es erzeugt Bedeutungen und vollzieht damit den Verstehensvorgang. Das ist die Grundlage für die elementare Feststellung, daß Lesen ein bedeutungserzeugender Vorgang ist.[4]

Der Begriff der Bedeutungserzeugung impliziert Strategien der Verfahrensweise, Regeln des Erzeugens, Modelle für Erprobungen, Entscheidungen und Realisierungen, alsdann Speicherkapazitäten, Informationsquellen und Lernmechanismen. Automatentechnisch gesehen, stellt Lesen ein sich selbst modifizierendes und – im günstigen Fall – sich selbst verbesserndes System dar, dessen hypothetische Lösungsspiele und praktischen Eingriffe in die Umwelt regelkreisförmig zum Lernstoff des Systems werden. Zurückbezogen auf die Ebene des ›black box‹ heißt dies, daß die Ausgangsgröße des Lesens in erster Linie wieder als Eingangsgröße für das System Lesen dient. Das ist der Grund, weshalb eine Sammlung der Verhaltensdaten beim Lesen den Lesevorgang nicht oder kaum erfaßt. Die Bedeutung und der Wert eines Schriftdokuments, der Dichtung zumal, kommt auf Grund dieser regelkreisförmigen, nur selten im Verhaltensdatum zum Ausdruck kommenden Bewegung zustande.[5]

Im Mittelpunkt des Systems Lesen steht die Bedeutung. Bedeutung ist ein vielschichtiger Begriff, der durch verschiedene Operationen unterschiedliche Repräsentationsformen erfahren kann. Im einzelnen lassen sich fünf Stufen der Bedeutungserzeugung unterscheiden, die systematisch aufeinander aufbauen, deren tatsächliche Reihenfolge beim Lesen aber nicht

---

[2] Im Sinn des Begriffs der ›lernenden Systeme‹ nach Karl Steinbuch: Automat und Mensch. 3. Aufl., Berlin 1965.

[3] Im Anschluß an Georg Klaus: Kybernetik und Erkenntnistheorie. Berlin 1969.

[4] Theodor Lewandowski: Überlegungen zur Theorie und Praxis des Lesens. In: Wirkendes Wort 30 (1980), S. 54–65.

[5] Da es im gegenwärtigen Zusammenhang nicht um das Schreiben geht, braucht die Frage, auf welche Weise Bedeutung und Wert im Schreiben zustande kommen, nicht beantwortet zu werden.

in dieser Weise festgelegt zu sein braucht. Das System Lesen besteht aus Operationen zwischen und innerhalb dieser fünf Stufen.

Auf der ersten Stufe der Bedeutungserzeugung werden invariante Eigenschaften der optischen Eigenschaften von Buchstaben herausgebildet und zu Eigenschaftsklassen, Graphemen, gebündelt, die eine bedeutungsunterscheidende Funktion ausüben. Dieser funktionale Aspekt der Grapheme begründet den Bedeutungsbezug dieser Stufe und unterstreicht die begrifflich-kognitive Ausrichtung der erforderlichen Operationen.

Die zweite Stufe der Bedeutungserzeugung entwickelt die Eigenschaften von Graphemverbindungen. So kann Graphemen innerhalb eines Minimalkontextes die Eigenschaft zugesprochen werden, phonemische Strukturen der gesprochenen Sprache abzubilden; dieser Abbildungsvorgang wäre im weiteren durch Regeln, die sogenannten graphemisch-phonologischen Korrespondenzregeln zu bestimmen. Ungleich wichtiger jedoch ist hier die morphemische Eigenschaft von Graphemkombinationen, mithin die Eigenschaft, Bedeutung zu ›tragen‹. Die Hervorkehrung dieser Eigenschaft stellt die Grundlage der gesamten weiteren bedeutungsbildenden Arbeit dar. Sie ist zugleich der dunkelste Funktionszusammenhang im System Lesen. Bedeutung als die Eigenschaft eines Wortes mag unterschiedliche Operationen notwendig machen: transformative Operationen zur Erreichung der höhergradigen Eigenschaftsebenen, Heuristiken, Projektionen.

Mit der dritten Stufe kommen Prozesse zum Tragen, die sich auf die Eigenschaften von Bedeutungsverbindungen richten. Diese ›syntaktischen‹ Eigenschaften können entweder auf der Grundlage der Verknüpfung der Bedeutungen in ihrer komplexen Gestalt oder der Verknüpfung ihrer atomaren Bestandteile entworfen werden. Es entstehen dabei Muster unterschiedlicher Ausprägung: Ketten, Felder, Netze, Funktionsausdrücke, Rahmen und Gattungen; der jeweiligen Ausprägung entsprechen spezielle Verfahren der Musterbildung: Assoziation, Dekomposition, Rekonstruktion, Klassifikation. Enger gefaßt: Hier auf der dritten Stufe entstehen die propositionalen Eigenschaften der Bedeutungsverbindungen, gabeln sich die semantischen Eigenschaften in bezeichnende und bedeutende, referierende und prädizierende, spezifizierende und kommentierende. (Es ist dies also ein Versuch, im *Vorgang* der Eigenschaftszuschreibung das zu erfassen, was *systematisch* von der ›steht für‹-Beziehung im Sinn Eugenio Coserius gilt.)

Die vierte Stufe erzeugt die intentionale Eigenschaft der Muster. Nicht jedem Muster braucht eine solche Eigenschaft zugesprochen zu werden; aber gegenüber den wichtigen Rahmen-Mustern wie Sprechen-Hören, Schreiben-Lesen und Tun ist das notwendig.

Die fünfte und letzte Stufe ordnet der Intentionalität ein System von Überzeugungen, Kenntnissen und Vorlieben zu.

Eine derartige Stufung des Lesens als bedeutungserzeugender und Eigenschaften zuschreibender Vorgang erweist sich angesichts der besonderen Bedingungen von Sprache und Sprachverwendung, von Bedeutung und Verstehen als notwendig; einfacher wird sich der Lesevorgang wohl kaum kennzeichnen lassen, eher verläuft er noch komplizierter.

Es hat bestimmte Vorteile, die semantische Dimension von Sprache in Eigenschaftsbegriffen höherer Stufe darzustellen. Dadurch nämlich wird sichtbar, daß die Schrift weder identisch ist mit der inhaltlichen Seite von Sprache noch auf derselben Ebene neben bzw. hinter ihr liegt noch ihr gänzlich fremd gegenübersteht; aus der Sicht des so gefaßten Bedeutungsbegriffs heißt das wiederum, daß Bedeutung als nichtmaterielle Einheit ohne idealistische Implikationen aufgefaßt werden darf. Das kann aber nur deshalb geschehen, weil – und das ist das Wesentliche – Schrift und Bedeutung in enger Verbindung mit dem Lesebegriff (bzw. unter anderer Themenstellung mit dem Begriff des Schreibens) gedacht werden müssen. Erst der Lesevorgang stiftet diesen Zusammenhang, indem er optischen Strukturen Eigenschaften und diesen abermals Eigenschaften höherer Ordnung zuspricht. Somit enthüllt sich das Lesen in seiner grundlegenden prädikativen Natur.

Dabei braucht man nicht zu befürchten, daß der Lesevorgang in seiner aufsteigenden Eigenschaftstreppe zu einer abstrakten Ungeheuerlichkeit entartet; im Gegensatz zu höherstufigen Prädikationen im nicht-sprachlichen Bereich bleibt die Eigenschaftszuschreibung im Lesen auf allen Ebenen verblüffend konkret und einfach. Man vergleiche nur ›Vierzahligkeit‹ als Prädikatenprädikat der Menge einer vierköpfigen Familie mit einer beliebigen Wortbedeutung; die eher schon als Prädikat dritter Stufe aufzufassen ist; und bekanntlich wird es in der Sprache immer konkreter, je höher man auf der Prädikatenleiter – also von der Wort- zur Satz- und Textbedeutung bis zur Aussagenabsicht – steigt.

Dieser Denkweg ist gewiß nicht einfach und führt zu weiteren schwierigen Aufgaben, so etwa zur kognitionspsychologischen Entdeckung jener Operationen, die für die Prädikationen verantwortlich sind; aber nur er vermag die Leseforschung aus ihrer bedeutungstheoretischen Unbefangenheit herauszureißen. Der bislang geführte Wortwechsel über Bedeutung, Sinn und Gehalt der Werke, über Eindeutigkeit, Subjektivität und Verbindlichkeit des Verstehens und Interpretierens erhielte von hier aus neue Impulse.

## 5.2 Ein Beispiel: Wilhelm Raabes ›Vom alten Proteus‹

Es mag angebracht sein, die Einsicht in die prädikative Natur des Lesens an einem Beispiel zu veranschaulichen. Als Beispiel diene Wilhelm Raabes 1875 entstandene und im selben Jahr erschienene Erzählung ›Vom alten Proteus. Eine Hochsommergeschichte‹; sie wird in der Buchausgabe der ›Krähenfelder Geschichten‹ 1879 den Abschluß bilden. Raabes Erzählung ›Vom alten Proteus‹ hat einige Beachtung in der Raabe-Forschung gefunden; sie wurde jedoch bei weitem nicht so gründlich interpretiert, wie es mit anderen, heute geradezu klassischen Werken des Realisten geschah und im steigenden Maße noch immer geschieht.

Was ein Schreiber »zu Papier gebracht« hat,[6] besitzt optische Eigenschaften: Schwarz-weiß-Kontraste und vor allem typographische Gestaltungsmerkmale. Es handelt sich um Eigenschaften der physikalischen Seite von Literatur, die sich durchaus exakt beschreiben lassen. Diese objektbezogene Genauigkeit wird freilich in ihrem Ergebnis mindestens drei voneinander zu unterscheidende, methodisch bestimmte Gegenstände hervorbringen: den handgeschriebenen Text des Dichters, den gotischen Druck der ersten Gesamtausgabe im Klemm-Verlag und den Antiquadruck der historisch-kritischen Braunschweiger Edition; zwar ließen sich wohl im einzelnen auch Gemeinsamkeiten entdecken, so die Zahl der im Text verwendeten Wörter, aber schon die Zahl der Buchstaben würde bei einer solchen Erhebungsart zu unüberbrückbaren Divergenzen führen, wie sich jeder, der sich handschriftliche Ligaturen vor Augen hält, vorstellen kann. So bieten sich dem Beobachter drei ziemlich verschiedene Objekte, die noch nicht einmal von einer kausalen und vermutlich ebensowenig von einer statistischen Korrelation zusammengehalten werden; denn weder fungiert die Handschrift als Ursache des Druckes, noch scheint die Handschrift in auffallender Gleichmäßigkeit mit dem Druck aufzutreten. Der Leser, der im Text ein Objekt sieht und sich anschickt, es zu beobachten, begegnet einem Merkmalsreichtum, der ihn verwirrt, ohne daß es dem Leser in seiner objektiven Genauigkeit gelänge, der zugrunde liegenden Einfachheit seines Gegenstandes einen Schritt näherzukommen. Wer nur beobachtet, der liest eben noch nicht.

Das kann man schon eher von dem sagen, der bestimmten Merkmalen seines Beobachtungsfeldes eine Zeichenfunktion zuspricht; auch das cha-

---

[6] Aus Raabes Vorrede zu seinen ›Krähenfelder Geschichten‹. Die folgenden Zitate mit einfacher Seitenangabe beziehen sich auf Wilhelm Raabe: Sämtliche Werke. Zweite Serie, Band 4, Berlin-Grunewald o.J. – Mit einigen Abwandlungen erschienen die Ausführungen über Raabes Erzählung u.d.T.: Wilhelm Raabe: Vom Alten Proteus. Eine Hochsommergeschichte. Gedanken zur Glaubwürdigkeit eines Realisten. In: Wilhelm Raabe. Studien zu seinem Leben und Werk, hrsg. v. Leo A. Lensing u. Hans-Werner Peter, Braunschweig 1981, S. 151–167.

rakterisiert noch nicht den Lesevorgang, denn dieser bewegt sich auf der Ebene sprachlicher Eigenschaften (die von der Ebene semiotischer Zeichen zu unterscheiden ist), aber es führt merklich auf ihn zu. Solche semiotischen Eigenschaften können einem Textobjekt in mehrfacher Hinsicht zuerkannt werden; man sagt von ihm, daß er einen oder mehrere Verfasser hat und verteilt wurde und daß er in den Zusammenhang einer signalgebrauchenden Kultur gehört. Es handelt sich hierbei um sehr allgemeine Eigenschaften; aber es gibt auch speziellere, die im gegenwärtigen Zusammenhang besonders interessieren.

So läßt sich ein typographisches Merkmal an Textanfängen beobachten, das weitreichende Schlußfolgerungen erlaubt. Gemeint sind die ins Auge fallenden Besonderheiten jener Anfangsstelle, die der Leser als Titel des Textes prädiziert. Freilich besitzt nicht jeder Text einen Titel; aber als ein durchaus repräsentativer Zug von Texten ist er besonders geeignet, die Eigenschaften zuschreibende Tätigkeit des Lesers in ihrem Beginn erkennbar zu machen.

Der Begriff des Titels bildet ein Schema, das zum Wissen des Lesers gehört. Dieses Schema läßt sich als eine Kombination von zwei Funktionsausdrücken darstellen, des anzeigenden und des vorausweisenden Ausdrucks: ›Das ist die Hauptsache.‹ Und: ›Näheres folgt.‹ Wenn der Leser das Titel-Schema auf die drucktechnisch ausgewiesene Stelle anwendet, so unterlegt er ihr eine semantische und sogar eine pragmatische Dimension, die sowohl eine orientierende wie direktive Komponente enthält: ›Darum geht es.‹ Und: ›Das beachte!‹ Wohlgemerkt, nicht die typographische Gestaltung enthält diese Komponenten, sondern das Schema, das der Leser diesem Druckbild zuspricht; und trotzdem liegt hier keine willkürliche Assoziation vor, sondern eine Prädikation, eine wissensbedingte Konstruktion, die insofern auch hypothetischen Charakter hat, als sie sich im weiteren Leseverlauf noch bewähren muß. Aus der Poetik des Titels weiß man, wie ernst diese Bewährungsfunktion zu nehmen ist und wie unterschiedlich die Ergebnisse ausfallen; denn es gibt auch nichtssagende, irreführende und vieldeutige Titel. Wie es mit dem Titel von Raabes Erzählung ›Vom alten Proteus‹ bestellt ist, wird sich sogleich zeigen.

Die Aktivierung des Titel-Schemas braucht noch nicht die besondere Sprachlichkeit der Titelformulierung berücksichtigt zu haben; es genügt, ein Muster zu entwerfen, das nur die angedeuteten Funktionen enthält, im übrigen aber gänzlich unbestimmt bleibt. Das ändert sich, sobald der Wortlaut selbst berücksichtigt wird. Was tut der Leser nun?

Um zu erfahren, was die drei Wörter des Titels ›Vom alten Proteus‹ bedeuten, nützt es dem Leser wenig, wenn er sie genau und über längere Zeit hinweg beobachtet; er mag sie wenden und prüfen, wie er will, nichts wird passieren, was ihm Aufschluß gäbe über das Wesen dieser Gebilde.

Glücklicherweise ist er darauf auch gar nicht angewiesen, denn er kennt ja alles oder doch das meiste dessen, was er sieht. Aber was heißt hier ›kennen‹? Es ist nicht anzunehmen, daß er diese Wörter genau so, wie sie hier zusammenstehen, schon früher einmal gesehen hat, so daß er sie jetzt wiedererkennen könnte; und was nützte ihm denn auch dieses Wiedererkennen? Kennt er sie deshalb besser als beim ersten Mal, und wie erkannte er sie denn damals? So weiterzufragen, würde erneut auf die erörterten und kritisierten Wege der Bedeutungsgewinnung zurückführen und schließlich in einer Sackgasse enden.

Gerade jetzt muß sich vielmehr erweisen, daß Lesen ein Eigenschaften zuerkennender Prozeß ist und daß die Bedeutung der Schriftzüge als Ergebnis der prädikativen Operationen im System des Lesens zustande kommt. Um auf elementarer, aber zugleich auch abstrakter Ebene zu beginnen: Indem der Leser die unterschiedliche drucktechnische Gestaltung (gotische, lateinische, handschriftliche) der Titelformulierung als variable Realisation eines einzigen, in allen Veränderungen sich gleichbleibenden Wortlauts erkennt – ob ihm das durch das Herausfiltern bestimmter invarianter Wahrnehmungsmerkmale oder durch Applizierung selbsterzeugter Merkmalsbegriffe gelingt, sei jetzt einmal dahingestellt –, indem der Leser also die Identität des Sprachlichen in der Vielfalt der Erscheinungen feststellt, schreibt er dem ihm konkret und singulär vorliegenden Text eine wesentliche Eigenschaft zu, nämlich die Eigenschaft, eine sprachliche Äußerung oder deren Bestandteil zu sein. Das hat nichts mit dem zuweilen so genannten potentiellen Charakter des Werkes zu tun, das erst in der Lektüre seine Aktualisierung erführe; es geht vielmehr um den Unterschied zwischen den optischen Merkmalen der Schrift und solchen Eigenschaften (bedeutungsunterscheidende, bedeutungstragende, bedeutungsverbindende), die als Prädikate der Merkmale der Schrift vom Leser gebildet werden.

Infolge dieser Prädizierung ›sieht‹ der Leser drei Wörter, das heißt, er sieht etwas, was eigentlich nicht zu sehen ist; er interpretiert vielmehr das Gesehene als Sprache. Hierauf legt er seinen Interpretationsergebnissen weitere Eigenschaften zu: Dem Wort ›Proteus‹ spricht er die Eigenschaft zu, Name von etwas zu sein, dem Wort ›alten‹ die Eigenschaft, eine Eigenschaft dessen zu sein, worauf der Name verweist, und dem Wort ›vom‹ die Eigenschaft, die Funktion des zusammengesetzten Ausdrucks anzuzeigen.

Es sei nochmals daran erinnert, daß solche Formulierungen nicht die psychischen Vorgänge im Innern eines Lesers abbilden wollen, sondern daß sie sich auf ein Erklärungsmodell beziehen, das die Frage zu beantworten sucht, wie die Schrift zu ihrer Bedeutung kommt oder, anders gewendet, was beim verstehenden Lesen geschieht.

Von einem Namen läßt sich zweierlei prädizieren; dies drückt sich in den beiden Fragen aus: ›Wer ist der Träger dieses Namens?‹ Und: ›Was bedeutet dieser Name?‹. Die Antwort auf die erste Frage stellt einen Bezug auf eine bestimmte Person her, die Antwort auf die zweite Frage formuliert einen Begriff, eine Idee oder Vorstellung. Aus bedeutungstheoretischen Überlegungen weiß man, wie heikel es ist, in beiden Fällen von ›Name‹ zu reden, ist doch das eine extensional, das andere intensional gerichtet (der Gegensatz zwischen Individual- und Klassennamen); aber dieses theoretische Problem soll hier nicht weiter bedacht werden; am konkreten Beispiel wird sich ohnehin zeigen, wie beides ineinander übergehen kann.

Gesetzt also, der Leser spricht dem Wort ›Proteus‹ die Eigenschaft eines Namens zu. Im Rahmen des bereits gekennzeichneten Titel-Schemas wird er nun ein zweites Schema, ein Personalien-Schema, entwerfen, das bereits bedeutend spezifischer seine weitere Lektüre lenken wird. Das Personalien-Schema wirft zwei Erwartungshaltungen auf, die sich in den Fragen manifestieren: ›Wer ist der Genannte?‹ Und: ›Was hat er getan?‹ Die Einlösung dieser Fragen ist in einem gewissen Sinn bereits vorgeprägt. Die erste Frage zieht eine ostensive Definition nach sich: ›Dieser da‹, so daß der Leser darauf wartet, daß ›dieser da‹ in der Erzählung auftritt; zugleich wird der Leser auf ›diesen da‹ mehrere Paraphrasen, die in der Erzählung vorkommen, anwenden können; das heißt, die Antwort auf die ›Wer ist das‹-Frage enthält alle Substitute des Namens ›Proteus‹. Die zweite im Personalien-Schema enthaltene ›Was hat er getan‹-Frage führt den Leser dazu, für alle Zusammenhänge, in denen der Name Proteus erscheint, eine intentionale Erklärungsform zu gebrauchen; das heißt, der Leser wird das Geschehen gemäß einem Mittel-Zweck-Muster beschreiben und auf der Grundlage seiner Beschreibung den Ereignissen oder Verhaltensweisen eine Absicht unterlegen. Soweit zunächst die Eigenschaften, die der Leser dem Wort ›Proteus‹ zusprechen kann.

Das Attribut ›alt‹ ermöglicht eine erste Paraphrase des Namens ›Proteus‹, die wahrscheinlich das Lebensalter der genannten Person spezifiziert. Es könnte aber auch den Zeitpunkt ausweisen, in dem diese Person gelebt hat, ›alt‹ also als Bezeichnung einer Person aus einer weit zurückliegenden Vergangenheit: der Proteus des Altertums.

Dem Wort ›vom‹ spricht der Leser jene funktionale Eigenschaft zu, die eine bloße Wortfolge in ein Syntagma, ein Satzglied, verwandelt; als prädiziertes Satzglied impliziert die Formulierung ›Vom alten Proteus‹ einen ganzen Satz, oder – anders gewendet – man kann ihr die rhetorische Eigenschaft der Ellipse oder gar der Aposiopese zusprechen. Dem Leser fällt es zu, das Fragmentarische zu ergänzen. Auf dem Hintergrund des Personalien-Schemas wird er dem ›vom‹ eine themenanzeigende Bedeutung innerhalb einer Geschichte zuschreiben und es als Antwort auf die

Frage, worüber diese Geschichte handele, einschätzen. Er kann sich aber auch anders entscheiden. Er kann dem ›vom‹ nämlich ebenso eine Herkunft bezeichnende Funktion zusprechen und es als Antwort auf die Frage nach dem Woher verstehen, wobei es sich jetzt sowohl um die Herkunft bestimmter Figuren als auch um den Ursprung gewisser Geschehnisse handeln mag; von beidem würde ja die folgende Geschichte berichten.

Man sollte an dieser Stelle noch keine Entscheidung treffen, vielmehr festhalten, daß es um eine Geschichte geht, deren Titelformulierung möglicherweise sowohl die Mittelpunktfigur der Erzählung als auch den Urheber des Geschehens als auch die Abstammung gewisser Figuren ausweist.

›Geschichte‹ – Hochsommergeschichte, wie der Untertitel lautet – ist ein weiteres Schlüsselwort, das der Leser zur Ausbildung eines Erzähl-Schemas gebraucht. Auf dieser neuen Eigenschaftsebene hat er es nicht mehr mit Abschnitten, Sätzen oder gar Wörtern zu tun, sondern mit Figuren, die fühlen, denken, beabsichtigen, reden, erwarten, erleben und handeln. Das Lesen einer erzählten Geschichte bildet die Struktur dieses Schemas, die eine eigentümliche Spannung dadurch erhält, daß sie das Lesen der Schrift mit einer Spur mündlichen Erzählens und kontaktfreudigen Dialogisierens kontaminiert. Das Erzähl-Schema, das der Leser prädiziert, könnte etwa folgende Form haben: Jemand erzählt eine Begebenheit einem Publikum auf bestimmte Weise; wer, was, wem und wie sind die Suchfragen, die der Leser aus seinem Schema ableiten kann.

Gleich der erste Satz der Erzählung ›Vom alten Proteus‹ kann dem Leser als Bestätigung seines hypothetischen Vorausgriffs dienen; im Wissen um die Bedingungen des Erzähl-Schemas darf ihm der Leser die Eigenschaft zusprechen, Bestandteil einer Redesituation zu sein. Redesituationen – das weiß der Leser – sind gekennzeichnet durch Absichten und Ziele, durch die Wahl der Mittel zur Verwirklichung dieser Absichten und durch die Erwartungshaltung dessen, dem diese Ziele ›zu gute‹ kommen sollen: ›Was will er?‹ Und: ›Wie macht er's?‹ Diese beiden Fragen etablieren ein Schema des zweckrationalen Handelns, in diesem Fall des Schreibens; es wird die weitere Lektüre prägen.

Dem Leser glaubwürdig zu erscheinen, ist das Ziel, der Weg dahin die Problemfrage. Für den Leser kann ›Glaubwürdigkeit‹ als Zweck einer Handlung Unterschiedliches bedeuten: dem Bericht vertrauen, das Behauptete nachprüfen, die einzelne Aussage in einen umfassenderen Zusammenhang einordnen; er vertraut, indem er den Berichtenden als sympathische oder sachkundige Person einschätzt, er prüft, indem er die Behauptungen mit anderen oder eigenen Behauptungen vergleicht, sie mit Tatsachen konfrontiert oder aus ihnen beurteilbare Schlußfolgerungen zieht, und er rekonstruiert Zusammenhänge, indem er z. B. phantastische Begebenheiten als Inhalt eines Traums, Folge eines Rausches oder Erzeugnis der Einbildungskraft identifiziert. Aber das sind vorerst nur Möglichkeiten; für den Leser heißt es zunächst, seine Lektüre so zu gestalten, daß er später in der Lage sein wird, einzelne Bedeutungen des Textes als Mittel zur Verwirklichung des Glaubwürdigkeitsziels zu prädizieren.

Soweit also der Versuch, aus Titel und erstem Satz der Erzählung – der Untertitel wurde noch nicht einmal berücksichtigt – jenes Wissen und die ihm entspringenden Handlungen oder Aufmerksamkeitsimpulse zu rekonstruieren, mit denen der Leser seine Lektüre beginnt. Freilich muß nicht jeder Leser genau dieses Wissen haben, aber ganz ohne Wissen geht es auch nicht. Immerhin hat die Rekonstruktion gezeigt, daß das, was der Leser als die Bedeutung des Textes verstehen wird, Ergebnis seiner Aussagen über Begriffe und Eigenschaften ist, die er auf dem Hintergrund seines schematisierten Wissens vom Text gebildet bzw. dem Text zugesprochen hat. Wenn er über die Bedeutung seines Lesestücks nachdenkt oder mit anderen darüber spricht, so denkt und spricht er über eigene Prädikationen.

Wer ist Proteus? Die Frage bleibt – sieht man von der Möglicheit einer enzyklopädischen Auskunft ab – bis zum Ende unbeantwortet. Freilich hier, am Schluß, taucht endlich der Name auf; der Leser hat lange genug auf ihn gewartet. Was erfährt er? Proteus, der Gatte der Psamothe, ein Tausendkünstler der Verwandlung und des Sich-Verbergens, hütet Robben zwischen Rhodos und Kreta; er hat Einblick in Vergangenheit, Gegenwart und Zukunft, aber er teilt sein Wissen ungern anderen mit. Das ist also Proteus; aber was hat er mit der Geschichte zu tun?

Er ist der Vater der geisternden Tänzerin Innocentia, die vor dreißig Jahren »am gebrochenen Herzen« (591) gestorben ist und seitdem in einem Wald ihr Spukwesen treibt, in dem ihr Geliebter, der aber eine andere liebte (die wiederum einen anderen liebte) dreißig Jahre lang zurückgezogen als Einsiedler lebt; ein junges Liebespaar wird mit Hilfe dieses und eines anderen Geistes sowie mit Unterstützung des sich zur Welt bekehrenden Einsiedlers jenes Glück finden, das ihnen die Eltern der Braut und ein übler Onkel zu verwehren trachten.

Dieser Ereigniszusammenhang wäre z. B. eine Verknüpfung des Proteus mit der Geschichte. Allerdings kommt diese Verbindung nur auf indirektem Weg zustande. Denn die Vater-Tochter-Beziehung ergibt sich aus dem, was der Geist Innocentias bekennt; und diese Erscheinung spricht mit Absicht und offensichtlich adressatenbezogen: »Du bist immer ein Gelehrter gewesen, also wird es dich freuen, wenn ich dir sage: (...)« (623) Die gesamte Redesituation ist wiederum Inhalt eines Traums, aus dem der weltlich manierlich gewordene Einsiedler erwacht, als er die ihm von Innocentia zugeworfene gelbe Rose fassen will und statt dessen nur die eigene Nase in den Griff bekommt. Mit ihm erwacht auch der Erzähler der Geschichte:

> (...) der alte Proteus entschlüpft wieder einmal unseren haltenden Armen: er behält nur zu gern all sein Wissen des Vergangenen, Gegenwärtigen und Zukünftigen für sich allein. (623)

So hatte also der Erzähler den alten Proteus im Griff, der sich aber entwand, noch bevor alles Wissenswerte gesagt wurde. Wer ist Proteus? Oder sollte man lieber fragen: Was bedeutet ›Proteus‹? Aber vielleicht interessieren solche Fragen nur Gelehrte, und man sollte eher überlegen, wer oder was denn eigentlich vom alten Proteus kommt: die Feen, die Geschichte, der Traum?

Bei so viel Ungewißheit wäre es eigentlich nicht verwunderlich, wenn sich der Leser an das hielte, was ihm jenseits allen Wandels, Schabernacks und vager ›Begriffslosigkeit‹ gegeben ist, an den Namen. Namen führen ein langes, beständiges Leben und üben eine geradezu magische Wirkung aus. Vielleicht erfährt es der Leser, mit Sicherheit erfuhr es Konstantius, der Einsiedler:

> Blasen mir diese beiden Kinder auf meine dreißig Jahre weisester Weltabgeschiedenheit, nennen mir einen Namen und erzählen mir eine Geschichte, die sie wahrscheinlich selber nicht glauben, und – hier sitze ich und möchte mich selbst in die Nase beißen, um den Glauben an meine Existenz im Kosmos wiederzugewinnen! (594)

Was der Leser zunächst mit Namen tun kann, liegt auf der Hand, es ist ein sprachlicher und sprachschaffender Grundakt; nicht umsonst beginnen anspruchsvolle Bedeutungstheorien mit der Beschreibung des Gebrauchs von Namen.

Namen benennen Individuen, sie sind wie ein Zeigefinger, der auf ›diesen da‹ weist; mehr noch, sie machen ihn als ›den da‹ sogar publik. Das bedenkt der Erzähler, wenn er den Nachnamen des Konstantius verschweigt. Der Leser konzipiert ihn als historisches Individuum. Namen haben auch eine Bedeutung: Der gelassen stupide Eremit heißt Konstantius, die schöne Sünderin mit ihrem üblen Ruf heißt Innocentia. Namen – und das ist schon etwas komplizierter – benennen auch Gattungen: die Familie der Piepenschnieder und Abwarter oder der Onkel Lump; so entstehen Typen und Exempel. Der Leser muß hier schon etwas mehr tun, wenn er verstehen will; er muß Gruppen bilden, klassifizieren und in der Lage sein vorauszugreifen (531). Die Rolle der Namen für mythologische Figuren und gar für Gespenster ist noch verzwickter. Mythische Figuren tragen ihren Namen durchaus so wie Individuen, aber der deiktische Gestus versagt ihnen gegenüber; um auf sie zeigen zu können, muß man schon eine Geschichte von ihnen erzählen. Die sich bei der Benennung von Geistern ergebenden sprachlichen Besonderheiten erfährt der Erzähler, als er sich Gedanken über das passende Pronomen für das ›innerste Wesen‹ (551) macht. Wen bezeichnet hier der Name: den polizeibehördlich gemeldeten

Stadtbewohner, den ganzen Menschen oder sein Wesen? Tote hatten Namen; aber bezeichnen Namen Tote? Sollte etwa der Name des Toten seinen Geist benennen? Und löst sich der Zweifel, ob man »der Welt Scheinbilder für ihre Wesenheit genommen« (619f.) habe, erst dann, wenn man Grabsteine mit bestimmten Namen gefunden hat?

Was machen Menschen mit Namen? Sie schaffen etwas und geben dem Geschaffenen dann einen Namen:

> Er schlug vor »Der Himmel auf Erden.«
> Sie (naiv): »Die gute Hoffnung.«
> Er: »Die ewige Treue.«
> Sie: »Das holde Glück.«
> Er hielt das Kürzeste für das Passendste und schlug vor: »Die Liebe.«
> Sie gab nach und flüsterte: »Ja!« fügte jedoch nach einer langen, atemlosen Pause hinzu: »Bis übers Grab!« (535)

Hier wird zunächst ein Lebens- und Rettungsschiff getauft, was eher schon etwas Besonderes ist. Daß es auch um die Taufe von Kindern gehen wird, dafür sorgen wohl das Schreckbild der zwischen Tapete und Wand platt gebannten Prüderie, das Vorbild des zur Zeugungslust bekehrten Selbstmordkandidaten und vielleicht auch der Mut, mit dem das Liebespaar später den verhexten Wald (573), den Weg »in das fröhliche Märchen« betritt:

> Hilarion bahnte den Weg, und Ernesta folgte. Sie litten beide an einer süßen Eingenommenheit aller Sinne, die sie unfähig machte, nochmals über sich, ihr seltsames Unterfangen und die kuriosen Dämonen, denen sie sich anvertraut hatten, nachzudenken. Die Vögel rund umher sangen so aufmunternd in ihre Betäubung hinein, daß sie für jedes Mirakel, welches ihnen begegnen mochte, bereit waren. (570)

Aber man tauft ja nicht nur ein Leben lang; auch zu anderem dient der Name. Er dient etwa als Mittel zur Bekundung der Beziehung zwischen dem Nennenden und dem Genannten; so wird im Unterschied zwischen »Hilarion« und »Hilli« der Wechsel der Gemütslage seiner Geliebten sichtbar. Der Namensruf zeigt das Besitzverhältnis an: »›Ernesta?!‹ rief Hilarion, als ob er schon seit Monaten mit ihr verheiratet sei«. (606) Als ein anderes, nicht minder wichtiges Beziehungsdokument fungiert der Name des Einsiedlers auf der Karte Hilarions, eine Namenssymbiose, die dem verzweifelten Abwarter die bis jetzt verschlossenen Türen öffnen wird. Ein Name bleibt schließlich der letzte Halt in einer Welt körperloser Erscheinungen und erscheinender Körperlichkeit: »(...) ich bin und bleibe der, welcher ich war und welcher ich sein werde – mein Name ist Püterich, und jetzt seien Sie und heißen Sie meinetwegen, wie es Ihnen beliebt.« (611)

Mit dem Antippen von Namen kommt auch Vergangenes zum Leben:

> »Und Rosa – Rosa von Krippen, Püterich?!« schnurrte der Herr von Magerstedt

boshaft grämlich. »Ei ja, ei ja, es ist eine lang versunkene Welt; aber – gottlob! – wir sind noch vorhanden, und das ist doch die Hauptsache.« (549)

Daß versunkene Welten wieder auftauchen, erfährt nicht nur der Baron Püterich, sondern auch sein Jugendfreund Konstantius, als er »einen Namen« nennen hört, und er selbst läßt Altes lebendig werden, wenn er sich gegenüber dem ehemaligen Freund vorstellt: »Mein Name ist –« (610) Namen besitzen offensichtlich eine erweckende Kraft: Dem einen freilich gereicht sie zum Ärger, dem anderen zum Nutzen; den einen bringen Namen zum Träumen über verrücktes Zeug (524), und die anderen werden von Namen dahin gebracht, daß sie »sich mit einem Male, ohne selber zu wissen, wie's zuging, mit Lysander und Hermia, mit Demetrius und Helena im Walde vor dem Tor von Athen verloren« (524f.) haben.

Mit Namen lassen sich Geschichten beginnen: Philosoph, Dichter, König, Stadt, ein Mann, eine Frau, das Meer, die Insel usw. – so geht es nicht. Aber: Athen, Sebastian Münster. Ilissus, Theseus, Hippolyta, Squenz, Schnock usw. – so könnte es gehen. Und wenn Zettel spricht:

»Wenn Sie dächten, ich käme hierher als ein Löwe, so dauerte mich nur meine Haut. Nein, ich bin nichts dergleichen; ich bin ein Mensch wie andere auch; – und dann laßt ihn nur seinen Namen nennen und ihnen rund heraussagen, daß er Schnock, der Schreiner, ist.« (525)

dann ist es gewiß: *»Wirklich und wahrhaftig, es geht! ––«* Für den Leser freilich ›geht es‹ vermutlich noch nicht so glatt; denn zu wem spricht Zettel, wie kommt er gerade auf Schnock zu sprechen, ja warum und zu welchem Zweck spricht er überhaupt an dieser Stelle? Will man nicht bei Shakespeare nachschlagen, so könnte auf die letzte Frage auch der Ausruf eine Antwort geben: »O, man muß nur bei gescheiten Leuten anfragen, um zu erfahren, wie etwas zu machen sei!« (525) Er nimmt das Problem der ersten Zeile – »Wie machen wir's nun, um *unserm* Leser recht glaubwürdig zu erscheinen?« – auf und löst es, indem er dem Vorbild (doch wer ist sein Vorbild: Zettel, der Dichter des Zettel, der »lächelnd verständnisvoll« blickende Aristophanes, die Leser,[7] der alte Proteus?) die Mittel zur Erreichung des selbstgesetzten Ziels, glaubwürdig zu erscheinen, absieht. Als Mittel werden erkennbar: das Namen Nennen, das Sprechen über Namen, das Sprechen zum Publikum, das Sprechen in einer Welt des ›verrückten Zeugs‹ und das Sprechen über eine solche Welt.

Wenn der Name Proteus eine Person benennt, so bleibt der Leser nach seiner Lektüre doch eher ratlos zurück; von einer Erzählung, die in ihrem Titel den Hauptcharakter anzuzeigen scheint, hatte er vermutlich mehr

[7] Das vermutet Michael Stoffels: Phantasie und Wirklichkeit im Spätwerk Wilhelm Raabes. Zur Erzählproblematik im ausgehenden neunzehnten Jahrhundert. Diss. Freiburg i. B. 1974, S. 34.

Personalia erwartet. Immerhin – da der alte Proteus am Ende »wieder einmal« entschlüpft, schien er doch dagewesen zu sein und zwar zumindest so, wie es die Kraft der Namen ermöglichte. Der Leser könnte sich zur Orientierung – oder zum Trost – an einen analogen Fall halten: Zwei Namen öffnen dem Liebespaar den Zugang zur Einsiedlerhütte; aber als der Bericht, in dem diese Namen eine Rolle spielen, zu seinem Höhepunkt gelangt – »das ist die Hauptsache! (...) erzählen Sie weiter« – da heißt es nur lapidar: »Wir sind zu Ende«; (589) und die vordringliche Sorge gilt jetzt nur noch der Frage, wie man von dort zurückfindet, wohin man sich – verlockt durch Namen – hinausgewagt hatte.

Da nun aber Namen in dieser Weise alte Geschichten zum Leben erwecken, weiterführen und beenden, mag sich im Namen von Namen das Interesse unmittelbar auf diese Geschichten richten. Worum geht es? »Liebe und Geist war das Thema.« (588) Auf den ersten Bestandteil des Themas scheint anwendbar, was der Erzähler über die Geschichte des Konstantius anmerkt: »Nichts anderes kam natürlich heraus als die Trivialitas trivialitatum, die uralte, abschmeckige Geschichte«. (590) Sie wird für Ernesta und Hilarion etwas anders verlaufen als für ihre guten Geister; ob sie deshalb glücklicher und echter verlaufen wird, mag wiederum eine Frage des Namens sein und wie der Leser ihn gebraucht. Was vorerst sichtbar wird, ist nur so viel, daß der süße Schlaraffenland-Ersatz des wartenden Abwarters zu mitleiderregenden Magenschmerzen führen wird, während die Geliebte auf einem Ball den jungen Herrn Richard aus Paris willkommen heißt.

Das Thema »Geist« liegt etwas komplizierter. Hier geht es um verfehlte Lebensentscheidungen und ihre Folgen: An »gebrochenem Herzen« starben sowohl Rosa von Krippen als auch Innocentia, während sich Konstantius in die Einsamkeit zurückzog und dreißig Jahre lang »Politik, Karriere, Wissenschaft und Kunst« (590) versäumte. Doch dieser Zusammenhang ist weder natürlich noch ohne weiteres einsichtig. Zwar mag die Folge einer verfehlten Lebensplanung der Tod sein, aber ergibt sich aus ihr auch das Herumspuken? Ein Aufenthalt in der Einsamkeit ist demgegenüber schon eine klarere Folge von etwas; doch weist die Antwort auf die Frage wovon auf nichts Geringeres als »das ist ja gerade die Geschichte!« (526)

Das Interesse an einer Geschichte, die Neigung, ihrem Verlauf zu folgen, gründet in einer eigentümlichen Mischung von Erwartbarem und Überraschendem: »wir aber wünschen im Verlaufe dieser Erzählung noch viele in den Stand zu setzen, zu sagen: ›Das haben wir uns doch gleich gedacht!‹« (531) Doch dicht neben dieser Möglichkeit, aus Gegebenem eine Regel abzuleiten, die das Kommende vorauszusagen gestattet, steht jene Erfahrung, mit der jeder in einer Prüfphase sich Befindende rechnen muß: »Jetzt soll's mich doch wundern, was da nun wieder herauskommen wird?«

(532) Der Erzähler kennt die Art, wie Leser lesen, genauer: er schreibt über die Art des Lesens, damit der Leser lese, wie er liest; noch genauer: damit das Leserindividuum lese, wie die Gattung der Leser liest. Ihm, dem Individuum, steht es natürlich frei, völlig anders zu lesen, und er wird von diesem Recht oder – je nachdem – von dieser Willkür Gebrauch machen.

Ein kleines Beispiel: Er kann die Buchstabenfolge ›Zigarre‹ in ihrer Eigenschaft als Name für eine Klasse von Gegenständen nehmen, deren einzelne Exemplare ein Mensch in einem entsprechenden Behälter in der Brusttasche mit sich trägt, um sie bei Gelegenheit zu benutzen, d. h. zu rauchen. Er kann dieser Buchstabenfolge noch weitere Eigenschaften zusprechen; im Kontext einer auf sie gelegten, weiblichen Hand, die natürlich nicht das Zigarrenbesteck, sondern das dahinter liegende Herz ›meint‹, und eines mißglückenden Anzündversuchs (536, 538) spricht er ihr dann – möglicherweise – die Eigenschaft zu, obszönes Symbol zu sein.[8] Die Struktur der Wortbedeutung ›Zigarre‹ verändert sich in dieser Neuzuordnung, indem der Klassenname seinerseits zum Element einer anderen Klasse oder gar zum Individualnamen wird. So betätigt der Leser sein Klassifizierungsvermögen und leitet aus seinen Ergebnissen neue Suchaufträge und Bestätigungsverpflichtungen ab, die er beim weiteren oder wiederholten Lesen verwirklichen wird: Welche Prädikate lassen sich für die Befreiung vom Nagel oder für das Eindringen in den Wald bilden?

So entsteht die Bedeutung eines Textes während des Lesens; das ist die eine Möglichkeit der Bedeutungserzeugung. Eine andere besteht darin, das Geschehen zu beobachten, an ihm teilzunehmen. Freilich gelingt dies nur auf der Grundlage der ersten Möglicheit:

> Wenn man nun hier und da in eine Dichtung hineingeht gleich wie in ein Naturalienkabinett oder eine Altertümersammlung und mit einem Gewirr von mouches volantes vor den Augen und einem intensiven Gefühl von Steifigkeit im Nacken wieder herauskommt, so ist in unserer Geschichte an dieser Stelle dem nicht so. Es ist nicht nur von Rechts wegen unsere Schuldigkeit, die Leser und Leserinnen zu ersuchen, mit dem Geliebten Ernestas drüben in der Konditorei zu warten, sondern wir dürfen sie auch dreist auffordern, mit dem Vater Konstantius bei dem Onkel Püterich einzutreten und dem erfreulichen Wiederfinden und Wiedersehen anzuwohnen. (609)

Es hängt von den Eigenschaften, die der Leser diesen Wörtern geben wird, ab, in welcher Weise er dem Geschehen beizuwohnen gedenkt. Es liegt nahe, daß er das, wovon er Zeuge ist, auf dieselbe Art und mit denselben Mitteln zu verstehen sucht, wie er andere Ereignisse und Tätigkeiten zu begreifen pflegt.

Am Ende der Erzählung spricht der Exeinsiedler Konstantius eine

---

[8] Paul Derks: Raabe-Studien. Beiträge zur Anwendung psychoanalytischer Interpretationsmodelle. Stopfkuchen und Das Odfeld. Bonn 1976, S. 73.

Hoffnung aus, die der Leser möglicherweise mit ihm teilt: »Vielleicht erscheint auch mir dein Geist noch einmal, um mir ein wenig deutlicher mitzuteilen, weshalb eigentlich er dich und dein Liebchen gestern zu mir in den Wald schickte.« (621) Diese weshalb-Frage knüpft an andere, bereits gestellte weshalb-Fragen (über den Zusammenhang von Liebestod und Spuk) an. Und dem Antwort suchenden Leser mag es hierbei ähnlich gehen wie dem neugierigen Konstantius: Da die zur Auskunft berufene und befugte Figur (Rosas Geist; aber auch Innocentia, der alte Proteus und der Erzähler) ›verduftet‹ (621f.), bleibt den Zurückgelassenen nichts anderes übrig, als sich selbst eine Antwort zu geben; das kann ihnen gelingen, wenn sie das Gesehene beschreiben und ihm eine intentionale Eigenschaft unter dieser Beschreibung zusprechen. Konstantius tut das auf seine Weise, indem er träumt und so auf Proteus kommt. Welche Möglichkeiten besitzt der Leser?

Er wohnt z. B. dem ersten Gespräch zwischen dem Baron Philibert Püterich und seinem ›Lebensfreund‹ von Magerstedt bei. Das Ergebnis seiner Beobachtungen mag folgende Formulierung annehmen: Um sich vor einem öffentlichen finanziellen Ruin zu bewahren und wieder zu Geld zu kommen, versucht der alte Baron für seinen sogenannten Freund und wirklichen Hauptgläubiger eine geldbringende Heirat mit seiner Nichte in die Wege zu leiten, indem er deren Eltern mit falschen Angaben über die eigenen Vermögensverhältnisse beeinflußt; infolgedessen sitzen die beiden »Euleriche« wie unzertrennliche Freunde in einem Raum zusammen und reden miteinander. Mit dieser Formulierung gelingt dem Leser eine intentionale Prädizierung des beobachtbaren Verhaltens, indem er eine Verhaltensform (das ›innige‹ Zusammensein der beiden »Teufelskerlchen«) mit einer Zielsetzung (Geld) und einer Mittelwahl (Heirat) bzw. einer Unterzielsetzung (Heirat) und einer Mittelwahl (Ausnutzung des Einflusses, den ein vermeintlich beerbbarer Onkel in der Familie besitzt) in einen logischen Zusammenhang (praktischer Syllogismus) bringt.

Aber der Leser beobachtet noch viel mehr, so daß er sich mit dieser ersten Antwort kaum zufrieden geben wird. Das Bildnis einer berühmten und auch berüchtigten Künstlerin vergangener Tage fällt von der Wand und zerbricht. Wenn diesem Geschehen eine intentionale Eigenschaft zukommen soll, so muß seine Beschreibung zu einer Antwort auf die Frage nach dem Weshalb des Falls führen. Das bloße Nennen einer Ursache oder Ursachenkette – das Bild sei herabgefallen, weil sich der Nagel aus der Wand gelöst habe, und der Nagel habe sich aus der Wand gelöst, weil das Gemäuer bereits sehr alt sei – genügt dieser Bedingung nicht, auch wenn einer der beiden »Euleriche« für diese kausale Erklärungsform plädiert. Eine intentionale Erklärung könnte demgegenüber so lauten: Um dem unheilvollen Planen der beiden Alten Einhalt zu gebieten, deutet sich ihnen das Gespenst des Hauses, Rosa von Krippen, an, indem sich ein Nagel aus der Wand herauslöst und infolgedessen das daran befestigte Bild zu Boden fällt. So kann der Leser dem Sturz des Bildes eine intentionale Eigenschaft zusprechen, die um so wichtiger ist, als sich mit der absichtsvollen aufschreckenden Andeutung zugleich der Zweck verbindet, Vergangenes wieder aufleben zu lassen.

Doch die gewählte Formulierung besitzt eine kritische Nahtstelle, die an der ›indem‹-Fortführung beginnt; denn es ist nicht der Geist Rosas, der den Nagel herausdrückt, und trotzdem kommt dem Herausdrücken des Nagels – in gleicher Weise wie dem Fall des Bildes – eine intentionale Eigenschaft zu. Die Frage, wer den Nagel herausgedrückt habe, ist eine Frage vom Typ ›Wer ist Proteus?‹ und setzt den Fragenden den mehrfach erfahrbaren Entwindungskünsten seiner Informanten aus:

> An dem Herausfliegen des Nagels und dem Herunterfallen der Lithographie vorhin war sie [Rosa] ja nicht schuld, – durchaus nicht! – aber die Sünderin Innocentia kann vielleicht Auskunft darüber geben; – sie will aber vielleicht nicht. (552)

Nun ergibt sich das Absichtsvolle des Nagellösens aus unterschiedlichen Beschreibungen, die verschiedene Geschehniszusammenhänge bezeichnen. Ein aus der Wand sich lösender Nagel muß irgendwann einmal in diese Wand geschlagen worden sein. Eine Beschreibung dieses Tuns könnte zu folgender intentionaler Erklärung führen: Um das Bildnis der Innocentia aufhängen zu können, schlägt jemand (Baron Püterich wohl ohne Zweifel) einen Nagel in die Wand und nagelt infolgedessen alles, was sich in diesem Augenblick im Bereich der Nagelspitze befindet (Tapete, Acanthia, Rosas Herz, Wand) fest. Wollte man diesen Handlungszusammenhang kasusgrammatisch analysieren, so ergäbe sich diese Struktur: Agentiv ist Püterich, Instrumental der in die Wand und in alles Übrige eindringende Nagel (Ist der Nagel die verursachende unbelebte Kraft?), Dativ Innocentia (Ist sie ein belebter Adressat? Wann war sie als ein solcher gemeint?), Faktitiv das hängende Bildnis und alles übrige Festgestochene, Lokativ die dreißig Jahre an der Wand und Objektiv alles, was dem Nagel auf Nagelslänge in den Weg kam.

Auch hierbei wird der Leser nicht stehenbleiben; er weiß ja mehr, und so wird seine Beschreibung des Nageleinschlagens zu einer weiteren intentionalen Erklärung führen: Um mit eigenen Augen sehen zu müssen, was in dreißig Jahren aus ihrem vielgeliebten Baron wird, dessentwegen sie aus gebrochenem Herzen, ohne sich je richtig ausdrücken zu können, gestorben ist, wird Rosa zwischen Tapete und Mauer des Püterichschen Wohngemachs festgenagelt und kann sich infolgedessen dreißig Jahre lang nicht rühren. Die kasusgrammatische Struktur verändert sich jetzt erheblich: Der Agentiv bleibt leer (Wer ist das ›männliche‹ Gericht?), der Dativ wird von

Rosa gefüllt, der Faktitiv ist ihre Bewegungslosigkeit, der Lokativ die drei Jahrzehnte zwischen Tapete und Mauer in Gesellschaft anderer platter Wesen, und nur der Instrumental, der in die Wand eindringende Nagel, bleibt identisch.

So gesehen, nimmt auch die intentionale Erklärung des sich herauslösenden, des sich ausdrückenden Nagels eine andere Form an: Der Nagel löst sich und infolgedessen ist Rosa frei: »O Gott, frei, frei, frei von der Wand! Frei von diesem fürchterlichen Nagel! Ah! – ah! – oh!« (551) Sie ist frei von ihrer Gefangenschaft, ihr steht es frei, dorthin zu gehen, wohin sie will (zu Hilarion Abwarter), und sie betritt auf diesem Weg zum ersten Mal das Schlafgemach ihres Püterich: Als eine Folge der Befreiung vom Nagel durchquert Rosa das Schlafzimmer, um für sich und ihren ehemaligen Geliebten die »Stunde der Sühne« einzuleiten:

> Er [Rosas Geist] hoffte eben, unbemerkt durchzugelangen, und – er irrte sich: die Stunde der Sühne war da – war auch für den alten Sünder Püterich da! der graue höhnischkalte Heimtücker und Baron *sollte* den Geist der Geliebten sehen, und – er sah ihn! (553)

So erhält Rosas Gang durch das Schlafzimmer eine weitere intentionale Eigenschaft (neben der, zu Hilarion zu gelangen), die wiederum die bereits bekannte kasusgrammatische Besonderheit aufweist: Der Agentiv bleibt leer, der Faktitiv ist das jähe Erschrecken, und zwar beider Figuren, die die Rolle des Dativs füllen, wohl aber mit entgegengesetzten Vorzeichen (erlösende Erkenntnis, Opfer der Rache), der Lokativ ist das Schlafzimmer um Mitternacht, und der Instrumental kann eigentlich nur der sich herauslösende Nagel gewesen sein, da sonst keine verursachende unbelebte Kraft sichtbar wird.

Im Vollzug dieser intentionalen Prädikationen, deren Reihe sich fortführen ließe von Rosa zu Hilarion, von Hilarion zu Ernesta, von beiden zu Innocentia und Konstantius, von diesem zu seinem Jugendfreund, zum Bankier, zum Friedhof und zu Ernestas Eltern, tritt ein Merkmal hervor, das seinerseits geeignet ist, die Darbietung der Handlungszusammenhänge zu charakterisieren. Das soeben vorgeschlagene Verfahren des Lesens, nämlich einer Verhaltensbeschreibung intentionale Eigenschaften zuzusprechen und somit Handlungszusammenhänge zu entwerfen, lenkt die Aufmerksamkeit auf eine Besonderheit in der Darstellung dieser Handlungszusammenhänge, wie sie der Leser versucht. Jede Formulierung eines Handlungszusammenhangs enthält eine Agentiv-Komponente, deren Füllung letztlich obligatorisch ist. Am gegenwärtigen Beispiel zeigt sich aber, daß diese Füllung in wichtigen intentionalen Erklärungsformulierungen ausbleibt (Wer verurteilt und erlöst Menschen und Geister?).

Die Frage, mit der alles anfing, nämlich ›Wer ist Proteus?‹, schlägt um in die mit gleicher Dringlichkeit vom Leser erarbeitete Frage: ›Wer handelt?‹ Da nun in wichtigen Formulierungen der Agentiv-Kasus der Handlungsdarstellung ungesättigt bleibt, steht dem Leser die Möglichkeit offen, eine intentionale Prädikation der Darstellung von Handlungen, also des Schreibens über Handlungen zu versuchen. Das beobachtbare Verhaltensdatum ist jetzt die Schrift eines Erzählers oder das eigene Lesen mit seinen jeweiligen Resultaten, und es gilt, eine Formulierung zu finden, die dieses Verhalten als intentional unter einer Beschreibung ausweist.

Zum Beispiel: Um dem Leser vom alten Proteus etwas zu erzählen, schreibt der Erzähler eine unglaubwürdige (agentiv-lose) Geschichte, und infolgedessen erfährt der Leser etwas vom alten Proteus. In einer kasusgrammatischen Analyse dieser Erzählung würde jetzt – über kurz oder lang – der Name Wilhelm Raabes als Agentiv erscheinen, als Dativ erwiese sich der Leser, als Faktitiv das Kunstwerk; der Lokativ bliebe unbestimmt, der Instrumental ebenso, denn weder beim Lesen noch Verstehen gibt es verursachende unbelebte Kräfte, und unter den Objektiv fiele alles, was dem Werk auf Werkeslänge in den Weg kommt.

Man kann auch eine andere Formulierung versuchen: Um vom alten Proteus etwas zu erfahren, liest der Leser die Schrift des Autors, indem er ihr Eigenschaften verschiedener Stufung zuspricht und infolgedessen schließlich Handlungszusammenhänge entwirft, deren Glaubwürdigkeit ebenso in den leserverantworteten Prädizierungen wurzelt wie deren Phantastik; das heißt, das Maß der Glaubwürdigkeit und Phantastik hängt von den Eigenschaften ab, die der Leser der Schrift zuschreibt. Als Agentiv mag sich nun der Leser erweisen, als Faktitiv sein Namen gebender Zeigegestus ›Dieser da ist Proteus‹ oder seine Wörterbucheintragung ›Proteus bedeutet das‹ oder die prädizierte Äußerungs- und schließlich Mitteilungsabsicht ›Der Autor wollte uns zu verstehen geben, daß er vom alten Proteus erzählt, indem er eine Geschichte präsentiert, in der sich der alte Proteus mehr entwindet als offenbart'; als Dativ erweist sich derjenige, der das Lesen von Literatur erlernen will, als Lokativ die didaktische Situation; der Instrumental bleibt ebenfalls leer (Es gibt keine Ursachen des Lesens), und zum Objektiv würde all das gehören, was sonst noch dem Leser auf Nasen- und Augenlänge begegnet.

Diese Hinweise zum Lesen der Raabeschen Erzählung mögen genügen, die prädikative Natur des Lesens und seine Stufung zu illustrieren. Da sich die Hinweise auf das Lesen bezogen, war vom Schreiben nicht die Rede (oder doch nur aus der Sicht des Lesens); das heißt jedoch nicht, daß das Schreiben unwichtig, nebensächlich, potentiell oder sonstwie unvollständig sei. ›Schreiben‹ ist nur ein anderes Thema als ›Lesen‹.

Inwiefern das Vorausgehende über eine bloße Nachzeichnung der prädikativen Natur des Lesens hinaus auch einen ersten Schritt in Richtung Auslegung getan hat, mag gerade im Hinblick auf die prädizierten Besonderheiten der Erzählung lieber unentschieden bleiben. Ein Hauptgewährsmann des Erzählers beim Studium der Frage, ›wie man's macht‹, war Zettel. Zettel freilich sorgte sich weniger um das Glaubwürdigkeitsproblem des Realisten als eher umgekehrt um das Scheinproblem des Spielers; der Löwe sollte den Damen nicht glaubwürdig, sondern unglaubwürdig sein. Der Spieler Zettel vertraute dabei ganz auf die Wirkung des Namennennens; der Realist zog daraus seine Lehre. Die Frage, was ›dahintersteckt‹, soll also durch das Nennen des Namens beantwortet werden können. Das ist die Kunst des Auslegens. Aber derselbe Spieler Zettel wird später ahnen: »Der Mensch ist nur ein Esel, wenn er sich einfallen läßt, diesen Traum auszulegen.« (Shakespeare: Ein Sommernachtstraum, IV, 1) Es ist nicht auszuschließen, daß ein belesener Wiederholungsleser dies als Warnung nimmt, seine Prädikationen nicht zu weit zu treiben.

> Der alte Proteus ist in der That eine gute Wochenbettslektüre. Ich freue mich, daß die Frau Gemahlin darüber hat lachen können. Als ich mit dem Wechselbalg in d. Wochen lag, habe ich ebenfalls manchmal darüber gelacht – vorzüglich wenn ich dran dachte, was man mal Alles zu und von dem herzigen Musenkinde sagen werde. –[9]

Das und die Esels-Titulierung mögen ihre Wirkung nicht verfehlen. Andererseits aber muß man auf der Hut bleiben; denn Zettel war ja eine Zeitlang ein Esel. So leicht also wird dem Leser die Abstinenz vom Auslegen nicht gemacht.

## 5.3 Ausblick

Es mag angebracht sein, am Ende der Arbeit rückblickend noch einmal einige Akzente zu setzen und damit zugleich Richtungen künftigen Interesses am Lesebegriff anzudeuten.

Es hat sich gezeigt, daß ein Lesebegriff ohne Sprachtheorie nicht entworfen werden kann. Lesen ist keine Funktion, die sich auf etwas richtet, was von der Sprache abgeleitet wurde; Lesen hat es vielmehr unmittelbar mit Sprache zu tun. Die Definition des Lesens fällt zusammen mit der Definition von Sprache und Sprachverwendung. Die Schrift ist wahrscheinlich das einzige umfassende und relativ stabile Modell der sprachschaffenden Tätigkeit des Menschen. Sie unterscheidet sich vom Dialog, indem sie nur sprachliche, aber keine interaktiven oder situationsgrammatischen Komponenten, die das Sprachliche im Dialog weitgehend ersetzen können, enthält. Darin liegt einer der vielen Gründe, weshalb sie keine bloß optische Notationsform der ›lebendigen Rede‹ darstellt. An der

[9] Brief Wilhelm Raabes an Edmund Sträter, 18. Februar 1892. In: »In alls gedultig«. Briefe Wilhelm Raabes (1842–1910). Hrsg. v. Wilhelm Fehse, Berlin 1940, S. 278.

Schrift erprobt, verwirklicht und steigert sich die bedeutungserzeugende, prädizierende und begriffsbildende Tätigkeit des Lesers (wie des Schreibers). Das vermeintlich Objekthafte der Schrift muß aufgelöst werden zugunsten eines dynamischen Zusammenhangs, in dem die Schrift als Erprobungsmodell für die stufenweise erzeugten Prädikationen dient; sie setzt damit auf umfassendem Gebiet genau die Funktion fort, die dem Wort in der Ontogenese der Begriffsbildung zukommt. Das, was Schrift ist bzw. bedeutet, kommt als geschichteter Aufbau im Vorgang des Lesens (und Schreibens) zustande, indem die Prädikationen des Lesens aufeinander Bezug nehmen, auf vorangegangene zurückgreifen, auf kommende vorausdeuten und vereinzelte zu Klassen fügen.

In diesem Sinn ist Lesen – ohne Euphemismus – ein sich ständig verbessernder Vorgang. Die für die Leseerziehung aufrüttelnde Erkenntnis über die Beliebigkeit des individuellen – ›spontanen‹ – Leseverständnisses und das Antagonistische der akademischen Bedeutungsfestsetzung zeugen nicht von der grundlegenden und typischen Willkürlichkeit, Vorrationalität oder Unwissenschaftlichkeit der Bedeutungserzeugung, sondern von deren vorzeitigem, trägem oder dogmatischem Abbruch. Wann aber ein bedeutungsprädizierender Vorgang füglich abgebrochen werden kann oder, um es aus anderer Sicht zu formulieren, ab wann man ihn zu fördern ablassen sollte, ist keine Frage der Voraussage, sondern der kritischen Reflexion ex post factum.

Der Lesebegriff läßt sich nicht aus dem umfassenden Zusammenhang von Sprache, Denken, Wirklichkeit und Erkennen herauslösen. Seine Affinität zum Denken war schon oft Thema von einschlägigen Erörterungen; zuweilen ging man sogar so weit, Lesen mit Denken gleichzusetzen, eine Auffassung, die aber noch so vage bleibt, daß sich in ihr gänzlich verschiedene Wissenschaftler (Thorndike, Neisser) begegnen können. Gewiß hingegen ist, daß es einen Lesevorgang ohne Denken nicht gibt; freilich kennt jeder das gedankenlose Lesen, aber wer sich so gegenüber Texten verhält, der liest eben nicht. Zum Lesebegriff gehört die kognitive, begriffsbildende und begriffsgebrauchende Dimension ebenso wie zum Sprachbegriff.

Die papierene Gegenständlichkeit von Schreiberzeugnissen, die monolithische Permanenz der Werke, ist Gegenstand einer erkenntnistheoretisch aufschlußreichen Eigenschaftszuschreibung, der Eigenschaft nämlich, die Praktiken der Schreibkulturen unterschiedlicher Zeiten und Räume zu bewahren; bewahrt wird mithin das gesamte Spektrum von abbildenden, stilisierenden, entwerfenden, verhüllenden und ignorierenden Strategien der schreibenden Auseinandersetzung mit der Wirklichkeit. Schrifttexte können als Dokument der erkennenden Praxis ferner Welten gelten. Im Gegensatz zur gesprochenen Sprache, wo die Prinzipien der ›situativen

Grammatik‹ (Lewandowski) das Verhältnis zwischen Sprecher, Äußerung, Sprechsituation und Hörer dergestalt festlegen, daß der Hörer die Bedeutung der Äußerung als Denotation eines Ausschnitts der umgrenzbaren gemeinsamen Situation rekonstruiert, führen im Fall der Schriftsprache bloße Situationsbezüge nicht so sicher und eindeutig zum Verstehen. Denn selbst wenn man der Schrift eine situative Grammatik unterstellt, so darf man dennoch nicht übersehen, daß der Begriff der Situation, der dem Schreiben zugrunde liegt, weit über den Begriff der Redesituation hinausgeht; Bedienungsanleitungen z. B. beziehen sich in einem genauen Sinn auf eine Situation, aber sie bilden als Schriftgattung eher eine Ausnahme. Die Situation, auf die sich der Schreiber für gewöhnlich bezieht, ist oft so vage, umfassend oder ungewöhnlich, daß sich in ihr die denotative Funktion, wie sie von der situativen Grammatik konzipiert wird, verlöre. Für die Belange des Lesens kann der Situationsbezug den Begriff der sprachlichen Bedeutung nicht ersetzen. Allein über die sprachliche Bedeutung findet der Leser zur Wirklichkeit des Schreibers. Oder aber – doch das ist ein anderer Gesichtspunkt – der Leser vollzieht die denotative Funktion für seine eigene Situation, so daß ihn die Schrift in seiner augenblicklichen Verfassung ›anspricht‹, wie es die Verse in Rilkes ›Archaischer Torso Apolls‹ tun: »Denn da ist keine Stelle, die dich nicht sieht. Du mußt dein Leben ändern.«

So geraten im Lesevorgang Lesersituation, Sprache und sprachlich konstituierte Wirklichkeit des Schreibers zu einer vielschichtigen Einheit, deren Erforschung die problemreiche Aufgabe aller Textgeschichten, insbesondere der Literaturgeschichte darstellt. Dabei sollte es nicht bei einer bloßen Konfrontation von ›eigentlicher‹ Wirklichkeit und schriftlicher Konvergenz bzw. Varianz bleiben, nicht bei den ›abbildenden‹ Zügen der Werke, die sowohl von den semantischen als auch den denotativen (hinsichtlich der Lesersituation) Aspekten absehen.

Die Erarbeitung eines Lesebegriffs hängt nicht einseitig von den Erkenntnissen der philosophischen Denktradition über das Verstehen ab, obwohl sie ihr stark verpflichtet bleiben wird. Auch die Hermeneutik könnte in ein neues Stadium der Erkenntnisgewinnung eintreten, wenn sie die Überlegungen der Leseforschung berücksichtigte. So vermag eine lesetheoretische Entfaltung des Verstehensbegriffs deutlich zu machen, wie verfrüht eigentlich eine wissenschaftsmethodologische Erörterung der Frage sei, ob Verstehen eine spezielle Methode der Wissensgewinnung darstelle. Angesichts der sprachlichen und kognitiven Implikationen des Lesevorgangs sollte man zögern, Lesen und Verstehen als Methode zu bezeichnen. Wissensgewinnung und Wissensgebrauch, mithin der gesamte Bereich der Bedeutungsprädikation, sind grundlegende Komponenten des Lesevorgangs vor jeder (wissenschaftlich-) methodischen Entscheidung.

Das zeigt sich z. B. in der Diskussion über die Verifizierbarkeit der verstehenden Erkenntnisgewinnung (Schwemmer, Apel); nicht ob es den verstehenden Wissenschaften gelingt, eigene Verifikationshandlungen zu entwerfen, stellt hier den kritischen Punkt der Argumentation dar, sondern die Einsicht, daß selbst der einfache Lesevorgang nicht funktioniert, wenn man ihm keine Verifikationsprozedur ›einbaut‹. Die Probleme des Verstehens setzen nicht erst auf der Ebene der Wissenschaftstheorie an, sondern beginnen in vollem Ausmaß auf der Ebene des einfachen Lesens. Das wurde bis jetzt nicht hinreichend erkannt.

Die rezeptionsbetonte Neuorientierung der Textwissenschaften sollte darauf verzichten, sich als Ablösung bzw. Alternative der nicht-rezeptionsfundierten Wissenschaften zu verstehen: Schreiben und Lesen bilden eine Elementarbeziehung, deren einseitige Auflösung bloß zu Irrtümern führt.

Die wechselnde gegenstandskonstituierende Akzentsetzung innerhalb der Autor-Werk-Publikum-Beziehung braucht nicht den Status eines Paradigmawechsels für sich zu beanspruchen; dies könnte viel eher der Blickwechsel auf Aspekte des Schreibens und Lesens tun. Es stimmt besinnlich, zu sehen, welchen bescheidenen Ort der Lesebegriff in maßgeblichen Terminologien der Textwissenschaften und in den neu aufblühenden Projekten der Literaturgeschichtsschreibung einnimt. Geschichte sollte selbstverständlich Geschichte von Menschen und somit zum Teil von Lesern sein, und wie diese Menschen mit Sprachwerken umgehen, tut not zu wissen. Aber das gänzlich Unbefriedigende hierbei liegt im Begriff des Umgehens. Gewiß geht man auch mit Literatur um: Man kauft und verkauft sie, hütet und vernichtet sie, wendet sie an, handelt nach ihr und setzt sie als Mittel ein. Zuallererst sollte man aber nicht mit ihr umgehen, sondern sie lesen. Lesen ist weitgehend kein empirischer, sich auf physikalische Zustände oder statistische Verhältnisse beziehender Begriff; die Rede vom Umgehen täuscht darüber hinweg und unterstellt, daß das für den Lesevorgang Wesentliche schon in einer gewissenhaften Soziographie und Verhaltensbeschreibung des Lesers sichtbar würde. Daß sich diese Erwartungen jedoch nicht erfüllen können, ergibt sich aus der ›black box‹-Natur des Lesens.

Der in der Rezeptionsforschung abermals zu Geltung kommende Wirkungsbegriff sollte im Rahmen der besonderen Verhältnisse, wie sie durch geschriebene Sprache hervorgebracht werden, neu überdacht werden. ›Wirkung‹ gehört zu den traditionsreichen Begriffen der Beschäftigung mit Literatur; er bildet einen zentralen Bestandteil poetologischer und rhetorischer Überlegungen aller Zeiträume. Im Zusammenhang mit der Erforschung der Massenmedien behauptete er seine Schlüsselstellung; ja er dehnte sie sogar auf sämtliche Bereiche des öffentlichen Lebens aus, so daß sich die Wirkungsanalyse zu einer wesentlichen Aufgabe der Publizistikwissenschaften entwickelte.

Der Wirkungsbegriff trägt seit je eine empirische und anthropologische Note. Es bestehen Zusammenhänge zwischen der Formulierung von Wirkungs-›Mechanismen‹ und den jeweiligen Anatomien, Physiologien, Psychologien und Soziologien des Menschen; dies nachzuzeichnen ist Aufgabe der Wirkungshistoriographie. Aber aus der Sicht des Lesebegriffs ergeben sich andere vordringliche Problemaufgaben: In welchem Verhältnis steht der Wirkungsbegriff zum Lesevorgang? Wer von Wirkung spricht, unterstellt die Möglichkeit einer kausalen Beziehungsinterpretation. Ist es aber zulässig, Lesen als Wirkung einer Ursache aufzufassen? Bildet die Schrift in diesem Sinn einen unter vielleicht mehreren Wirkfaktoren?

Soweit der Wirkungsbegriff sich auf einen Reaktionsmodus zurückführen läßt, ist er für den Lesebegriff unbrauchbar. Die Behauptung, der Leser reagiere auf Schrift, enthält zwei Irrtümer: Schrift ist keine Ursache in dem Sinn, daß sie unabhängig von ihrer Wirkung definiert bzw. verifiziert werden könnte (als Humesche Ursache gemäß von Wright), und die dem Lesen zugrunde liegenden Teiloperationen – Planen, Suchen, Probieren, Entwerfen, Verbinden, Zuschreiben – sind alles andere als Reaktionen. Sollte also mit dem Wirkungsbegriff nichts anderes als eine kausale Beziehung gemeint sein, so sollte man ihn im Zusammenhang mit dem Lesen lieber aufgeben. Zu prüfen wäre im weiteren, ob er sich durch den Begriff der Intentionalität bzw. des intentionalen Handelns sinnvoll ersetzen ließe. Die dadurch zum Tragen kommende Grund-Zweck-Beziehung würde jedenfalls die verbale und kognitive Planungsstruktur des Lesens angemessener veranschaulichen.

Die kausale Auffassung des Wirkungsbegriffs stellt allerdings kaum die einzige, wenn auch naheliegende Möglichkeit der Begriffseingrenzung dar. Daneben könnte man auch an den Aspekt des Nützens denken, der in dem Wort Wirkung mitklingt. Wenn der Pädagoge einem Schüler einen Rat erteilt, eine Hilfe zur Lösung einer Aufgabe anbietet und seine Tätigkeit Erfolg hat, so heißt es, daß die Unterweisung gewirkt habe, ohne daß man dabei an kausale oder reaktive Beziehungen dächte; vielmehr meint man, daß der Schüler vom Hinweis Gebrauch gemacht, ihn angewandt hat. In diesem Sinn könnte der Wirkungsbegriff zu der Frage führen, was der Leser aus der Schrift macht und somit auf die bedeutungsprädizierende Tätigkeit im Lesen hinweisen. Wirkung im Sinn von Einfluß kommt dem nahe, was man als verarbeitenden Prozeß des Lesens bezeichnet hat.

Die bedeutungserzeugende prädikative Natur des Leseprozesses durchdringt alle lesebegründeten spezielleren Tätigkeiten wie Analyse, Deutung, Erklärung, Übersetzung. Der Grad der Wissenschaftlichkeit solcher Praktiken kann nicht darin liegen, diesen Ursprung soweit wie möglich zu verleugnen oder zu neutralisieren. Im Gegenteil geht es um eine bestmögliche Betätigung aller an der Prädikation beteiligten operativen Komponenten; zu ihnen gehören: die Zuordnung von Eigenschaften zu Einheiten verschiedener Ebenen, die Namensgebung, die Extrapolation des Namens aus Bekanntem, die Überprüfung der Kalkulation, die Anbindung vorläufiger Ergebnisse an allgemeinere Wissensstrukturen.

Insbesondere braucht die Interpretationswissenschaft nicht zu zögern, die Grundlagen ihrer Tätigkeit zuallererst in der prädikativen Natur des Lesevorgangs zu verankern. Da es sich gezeigt hat, in welchem Ausmaß interpretative Komponenten (Klassenbildung, Äquivalenzen, Transformationen, Modellierung) den Lesevorgang tragen, bietet es sich an, die interpretationswissenschaftlichen Maßnahmen auf der sprachlichen Ebene zu entwerfen und zu rechtfertigen; die derzeitige Tendenz zur diskursanalytischen, sozialisationsgeschichtlichen und spieltheoretischen Fundierung des Lesens und Interpretierens wird den Besonderheiten der Schrift und ihres Verstehens noch nicht gerecht.

Da man das Lesen nicht nur erlernt, sondern anderen auch beibringen will, muß sich zumindest der Lehrende Gedanken über den Lesebegriff und die Erlernung des Lesens machen. Lesenlernen bildet eine wesentliche Phase des Spracherwerbs; es handelt sich nicht nur um die fakultative und sekundäre Fortsetzung eines bereits erworbenen sprachlichen Kernbereichs, sondern um Konstituierung und Ausbildung des Sprachvermögens im engen Sinn. So ist z. B. anzunehmen, daß das Kind aufgrund des primären Spracherwerbs die dialoggrammatischen Regularitäten beherrscht, die textgrammatischen aber erst im Schrifterwerb anzuwenden lernt.

Wer das Lesen lernt, braucht viele Sehanlässe. Fibeln bieten u. a. solche Anlässe; sie leiten zum Sehen an und befördern unterschiedliche Strategien des Sehens: So weitet sich der Blick zu panoramischem Ausmaß oder konzentriert sich auf punktuelle Ausschnitte. Man blickt genau hin oder überfliegt mit flüchtigem Auge. Manches erschließt sich auf einen Blick, anderes erfordert mehrmaliges Hinsehen, kreuz und quer oder eins nach dem anderen. Es gibt viel zu sehen, aber nicht alles ist wichtig, so daß es das Entscheidende vom Nebensächlichen zu trennen gilt; manchmal kann weniger sehen wichtiger sein als alles sehen. Man sieht nicht nur um des Sehens willen, sondern man verfolgt mit dem Sehen auch bestimmte Zwecke und löst Aufgaben: das Wiedererkennen, Erfahren, Orientieren, Betrachten, Beobachten, Bewundern, Suchen, Vergleichen und Verstehen.

Wenn Kinder in eine Fibel blicken, sehen sie Szenen ihres Lebens in Schule, Familie und Freundeskreis; und sie sehen zunehmend auch das anders geartete Leben jener anderen, die vor ihnen lebten oder in entfernteren Teilen der Welt zu Hause sind. Bunt ist, was sich da dem Auge bietet, vertraut in der Wiederholung des eigenen Lebenskreises, faszinierend und Neugierde erweckend in Hinblick auf das Unbekannte und Neue; so bereitet sich das welteröffnende Erlebnis des Buchaufschlagens vor. Und noch ein anderes beginnt: Das, was zu sehen ist, trägt – bei aller Verschiedenheit – auffallend oft reguläre, regelhafte, regelgeleitete Züge. Das gilt für die Schulsituation genauso wie für das Spiel, für den familiären Alltag ebenso wie für die Bewegung auf der Straße: Vereinbarungen, Vorschriften, Zeichen, Spuren, eingebettet in typische Situationen mit charakteristischen Rollen, Handlungsweisen und Sprachverwendungsstilen ergeben in ihrer Gesamtheit das Muster einer symbolvermittelten und symbolgebrauchenden Wirklichkeit.

So wird auch Sprache ansichtig. Der Blick fällt auf Menschen, die sprechen und verstehen. Im Formprinzip der Synästhesie erscheint geschriebene Sprache als gesprochene Sprache. Sie erscheint neben gesprochener und schließlich statt gesprochener Sprache. Beiläufig wird auch ein Inbegriff von Schrift sichtbar: der Buchstabenhaufen, die Transparenz der Buchstaben, die Lesesituation.

Lesenlernen ist Sprachbeginn; die Organisation dieses Beginns spiegelt – wenn auch vage – die urgeschichtlichen oder frühkindlichen Sprachgebrauchsformen wider: Namengebung, Ausdruck, Ruf, Verständigung, Aussage, Spiel. Es sind besonders vier Aspekte, die bei dieser Stilisierung des Schriftanfangs eine Rolle spielen. Der erste Aspekt bezieht sich auf die Ökonomie des Baukastengrundsatzes; am Anfang stehen Wörter, die später ganz oder in einem ihrer Bestandteile in anderen Wörtern als Wortteile wiederkehren. Der zweite Aspekt betrifft das Prinzip des bedeutungsvollen Unterschieds; alle schriftsprachlichen Segmente sollten in dieser Funktion eingeführt werden. Der dritte Aspekt gilt den Buchstaben-Laut- (Graphem-Phonem-)Beziehungen; hier geht es um Minimalkontexte, die die Buchstaben-Laut-Beziehung stabil halten, und im weiteren um morphologisch-syntaktische Bedingungen der Änderung dieser Beziehung. Der vierte Aspekt richtet sich auf die Entwicklung der semantischen Funktion der Schrift: Die Schrift als Bild enthüllt die Bildstrukturen des Wortes (Gestalt, Dominanz, Invarianz), die Schrift im Bild erscheint als Reproduktion von sich selbst (Schilder, Zeichen) oder in einer Bild-Wort-Montage (Zuordnung von Redeinhalten), und die Schrift außerhalb des Bildes benennt oder wiederholt den Bildinhalt und führt so zur Bedeutung als dem tertium comparationis von Geschriebenem und Gezeichnetem.

Für die Leseerziehung ergibt sich der Grundsatz, die wissensgetragene, sprachliche und operationsbedingte Dynamik des Lesens zu betätigen und die schriftsprachlichen Funktionen allseitig zu nutzen. Im Mittelpunkt kann nicht ein Gewährenlassen stehen, der Verzicht auf das richtige Lesen angesichts der Subjektivität der das Lesen betreibenden Sinnproduzenten; auf dem Spiel steht vielmehr die Entscheidung für eine umfassende Förderung von Sprache und Kognition.

Die in neuerer Zeit vielfach beobachteten Willkürlichkeiten und erfahrungsbedingten Sinnprojektionen jugendlicher wie erwachsener Leser gewähren keinen allgemeinen authentischen Einblick in die Struktur des Lesevorgangs, sondern heben nur vereinzelte Züge hervor, die durch den einseitig bestimmten Lesevollzug als Assoziationsmechanismus total in den Vordergrund treten. Die eigentliche Grundlage der Sinnprojektion liegt aber nicht im Assoziieren, sondern in der Bedeutungserzeugung als Eigenschaften zuschreibender Prozeß. Dieser Vorgang muß nicht beliebig verlaufen, sondern besitzt in der semantischen, syntaktischen und kognitiven Struktur von Sprache wesentliche Orientierungsraster. Bedeutungen werden so nicht vereinzelt, sondern grundsätzlich in Struktur- oder Feldform entworfen, wie sie etwa die Kasusgrammatik entwickelt hat. Der Leser erzeugt nach Maßgabe seines Sprach-Wissens Strukturen und Schemata unterschiedlicher Ebenen und mit wechselndem Sättigungsgrad. Das fortschreitende Lesen füllt diese strukturbestimmten Aussparungen ebenso an wie es neue Strukturen erzeugt; die daraus entstehenden Verträglichkeitskonflikte der Strukturen untereinander sowie der variablen Element-Struktur-Zuordnungen können ausgetragen werden oder unbeachtet bleiben. Hier entscheidet sich die Qualität des Lesens.

Es geht dabei nicht so sehr um den Gegensatz von richtigem und falschem Lesen, schon gar nicht um den Gegensatz von objektivem und subjektivem Lesen, denn nur Subjekte können lesen. Entscheidend ist die Frage, an welcher Stelle der Leser seine sprachlich-geistige Arbeit abbricht oder an welcher Stelle er seine Arbeitsform ändert.

Als Wort der Alltagssprache umfaßt ›lesen‹ einen gewaltigen, problemreichen und wenig erkundeten Bereich. Das mag manchen veranlassen, diese vage Bezeichnung durch Genaueres zu ersetzen. Doch eine dienliche und erhellende fachsprachliche Umbenennung ist bis heute noch nicht gelungen; selbst der Ausdruck ›Vorgang des Lesens‹ oder ›Leseprozeß‹, der im Vorangehenden ständig benutzt wurde, ist um nichts genauer, richtiger oder besser als das Wort ›lesen‹. So erweist sich ›lesen‹ auch und gerade zuletzt als ein Suchbegriff mit der ihn auszeichnenden provokatorischen Spannung zwischen alltäglicher Vertrautheit und wissenschaftstopographischem weißen Fleck.

# Literaturverzeichnis


Abraham, Leo: What is the theory of meaning about? In: The monist 46 (1936), S. 228–258.

Adler, Günter: Identifikation und Distanzierung bei der Literaturrezeption. In: Weimarer Beiträge 26, 2 (1980), S. 43–72.

Adorno, Theodor W.: Ästhetische Theorie. Frankfurt 1973.

Ajdukiewicz, Kasimir: Sprache und Sinn. In: Erkenntnis 4 (1934), S. 100–138.

Ajdukiewicz, Kasimir: Das Weltbild und die Begriffsapparatur. In: Erkenntnis 4 (1934), S. 259–287.

Ananjew, B. G.: Psychologie der sinnlichen Erkenntnis. Berlin 1963.

Anderson, John R.: Language, memory, and thought. Hillsdale 1976.

Anderson, John R., Bower, Gordon H.: Human associative memory. New York 1973.

Anderson, Richard C., Biddle, W. Berry: On asking people questions about what they are reading. In: Bower (ed.) 1975, S. 89–132.

Anderson, Richard C., Goldberg, Sheila R., Hidde, Janet L.: Meaningful processing of sentences. In: Singer, Ruddell (eds.) 1976, S. 580–587.

Anscombe, G. E. M.: Intention. 2nd. edition Oxford 1963 (zuerst 1957).

Apel, Karl Otto: Das Verstehen (eine Problemgeschichte als Begriffsgeschichte). In: Archiv für Begriffsgeschichte. Bausteine zu einem historischen Wörterbuch der Philosophie 1 (1955), S. 142–199.

Apel, Karl-Otto: Wittgenstein und das Problem des hermeneutischen Verstehens (zuerst 1966). In: Apel: Transformation der Philosophie, Bd. 1: Sprachanalytik, Semiotik, Hermeneutik. Frankfurt 1973, S. 335–377.

Apel, Karl-Otto: Die Erklären: Verstehen – Kontroverse in transzendentalpragmatischer Sicht. Frankfurt 1979.

Apel, Karl-Otto, Manninen, Juha, Tuomela, Raimo (Hrsg.): Neue Versuche über Erklären und Verstehen. Frankfurt 1978.

Armstrong, D. M.: Meaning and communication. In: The philosophical review 80 (1971), S. 427–447.

Athey, Irene J.: Language models and reading. In: Davis (ed.) 1971, sec. 6, S. 3–99.

Baddeley, Alan D.: Die Psychologie des Gedächtnisses. Stuttgart 1979 (zuerst 1976).

Baldinger, Kurt: Semantic theory. Towards a modern semantics. Oxford 1980.

Barlow, H. P., Narasimhan, R., Rosenfeld, A.: Visual pattern analysis in machines and animals. In: Science 177 (1972), S. 567–575.

Barron, Roderick W., Baron, Jonathan: How children get meaning from printed words. In: Child development 48 (1977), S. 587–594.

Barthes, Roland: Die strukturalistische Tätigkeit. In: Hoppe, Otfried (Hg.): Kritik und Didaktik des literarischen Verstehens. Kronberg 1976, S. 104–109.

Bartlett, Frederic C.: Remembering. A study in experimental and social psychology. Cambridge 1954 (zuerst 1932).

Bauer, Werner u. a.: Text und Rezeption. Wirkungsanalyse zeitgenössischer Lyrik am Beispiel des Gedichtes »Fadensonnen« von Paul Celan. Frankfurt 1972.
Baumgärtner, Alfred Clemens (Hrsg.): Lesen – Ein Handbuch. Lesestoff. Leser und Leseverhalten. Lesewirkungen. Leseerziehung. Lesekultur. Hamburg 1973.
Becher, Erich: Experimentelle und kritische Beiträge zur Psychologie des Lesens bei kurzen Expositionszeiten. In: Zeitschrift für Psychologie und Physiologie der Sinnesorgane 36 (1904), S. 19–73.
Behn, Siegfried: Schichten des Sprachverständnisses. In: Sprachforum. Zeitschrift für angewandte Sprachwissenschaft 1 (1955), S. 104–110.
Behrens, Werner u. a.: Planskizzen zu einer Sozialgeschichte des Lesens. In: Zeitschrift für Volkskunde 72 (1976), S. 1–28.
Beinlich, Alexander: Über die literarische Entwicklung in Kindheit und Jugend. In: Beinlich (Hrsg.) 1970, S. 885–958.
Beinlich, Alexander: Das grundlegende Lesenlernen heute. In: Baumgärtner (Hrsg.) 1973, S. 390–419.
Beinlich, Alexander: Die Entwicklung des Lesers. In: Baumgärtner (Hrsg.) 1973, S. 172–210.
Beinlich, Alexander: Zu einer Typologie des Lesers. In: Baumgärtner (Hrsg.) 1973, S. 211–227.
Beinlich, Alexander: »Lesealter«? Die literarische Entwicklung der Kinder und Jugendlichen. In: Maier, Karl Ernst (Hrsg.): Kind und Jugendlicher als Leser. Beiträge zur Jungleserforschung. Bad Heilbrunn 1980, S. 13–85.
Beinlich, Alexander (Hrsg.): Handbuch des Deutschunterrichts. Bd. 2: Das Lesen und die literarische Erziehung. 5. Aufl., Emsdetten 1970.
Bennett, Jonathan: Linguistic behaviour. Repr. Cambridge 1979 (zuerst 1976).
Bergk, J. A.: Die Kunst, Bücher zu lesen. Nebst Bemerkungen über Schriften und Schriftsteller. Jena 1799.
Bever, T. G., Fodor, J. A., Garrett, M. G.: A formal limitation of associationism. In: Dixon, Th., Horton, D. (eds.) 1968, S. 582–585.
Bierwisch, Manfred: Einige semantische Universalien in deutschen Adjektiven. (1967) In: Steger, Hugo (Hrsg.): Vorschläge für eine strukturale Grammatik des Deutschen. Darmstadt 1970, S. 269–318.
Bierwisch, Manfred: On certain problems of semantic representation. In: Foundations of language 5 (1969), S. 153–184.
Bierwisch, Manfred: On classifying semantic features. In: Steinberg, Jakobovits (eds.) 1971, S. 410–435.
Bierwisch, Manfred: Schriftstruktur und Phonologie (1972). In: Hofer (Hrsg.) 1976, S. 50–81.
Bierwisch, Manfred: Wörtliche Bedeutung – eine pragmatische Gretchenfrage. In: Grewendorf (Hrsg.) 1979, S. 119–148.
Black, Max: Meaning and intention: An examination of Grice's views. In: New literary history 4 (1973), S. 257–279.
Blanke, Gustav H.: Einführung in die semantische Analyse. München 1973.
Bloomfield, Leonard: Meaning. In: Monatshefte für deutschen Unterricht 35 (1943), S. 101–106.
Bobrow, Daniel G., Collins, Allan (eds.): Representation and understanding: Studies in cognitive science. New York 1975.
Bosch, Bernhard: Grundlagen des Erstleseunterrichts. Eine didaktische Untersuchung. 3. unveränderte Aufl., Ratingen 1961 (zuerst 1937).
Bradshaw, John L.: Three interrelated problems in reading: A review. In: Memory & cognition 3 (1975), S. 123–134.

Bransford, John D., Barclay, J. R., Franks, J. J.: Sentence memory: A constructive versus interpretative approach. In: Cognitive psychology 3 (1972), S. 193–209.
Bransford, John D., Johnson, Marcia K.: Considerations of some problems of comprehension. In: Chase (ed.) 1973, S. 383–438.
Bransford, John B., McCarrell, Nancy S.: A sketch of cognitive approach to comprehension: Some thoughts about understanding what it means to comprehend. In: Weimer, Palermo (eds.) 1974, S. 189–229.
Brewer, William F.: The problem of meaning and the interrelations of the higher mental processes. In: Weimer, Palermo (eds.) 1974, S. 263–298.
Brewer, William F.: Is reading a letter-by-letter process? A discussion of Gough's paper. In: Kavanagh, Mattingly (eds.) 1976, S. 359–365.
Brown, Roger: Words and things. Glencoe 1958.
Broz, James Jr., Hayes, Alfred S. (eds.): Linguistics and reading. A selective annotated bibliography for teachers of reading. (Washington) Center for applied linguistics 1966.
Bruner, Jerome S.: On knowing. Essays for the left hand. Cambridge, Mass. 1969.
Bruner, Jerome S.: Going beyond the information given. (1957) In: Bruner 1973, S. 218–238.
Bruner, Jerome S.: The growth of representational processes in children. (1966) In: Bruner 1973, S. 313–324.
Bruner, Jerome S.: Beyond the information given. Studies in the psychology of knowing. Selected, edited, and introduced by Jeremy M. Anglin. New York 1973.
Brunkhorst-Hasenclever, Annegrit: Reflexionen auf Leseprozesse in der Sekundarstufe I. In: Diskussion Deutsch 11 (1980), S. 306–317.
Burkhardt, Armin: Über die Möglichkeit der Frage nach der Bedeutung – und welche Antwort sich darauf ergibt. In: Zeitschrift für germanistische Linguistik 7 (1979), S. 129–150.
Butzkamm, Wolfgang: Über Sinnverstehen und spontane Sinngebung. Sprachpsychologische und sprachdidaktische Überlegungen zum Problem des Verstehens. In: Linguistik und Didaktik 10 (1979), S. 133–141.

Calfee, Robert C.: Memory and cognitive skills in reading acquisition. In: Duane, Rawson (eds.) 1975, S. 55–95.
Carpenter, Patricia, Just, Marcel Adam: Sentence comprehension: A psycholinguistic processing model of verification. In: Psychological review 82 (1975), S. 45–73.
Carroll, John B.: The nature of the reading process. In: Gunderson (ed.) 1970, S. 26–36; oder in: Singer, Ruddell (eds.) 1976, S. 8–18.
Cassirer, Ernst: Philosophie der symbolischen Formen. 1. Teil: Die Sprache. Nachdr., Darmstadt 1964.
Cattell, James McKeen: Über die Zeit der Erkennung und Benennung von Schriftzeichen, Bildern und Farben. In: Philosophische Studien 2 (1885), S. 635–650.
Chafe, Wallace L.: Bedeutung und Sprachstruktur. München 1976 (= gekürzte Studienausgabe; 1970).
Chase, William G. (ed.): Visual information processing. New York 1973.
Chomsky, Noam: Reflections on language. New York 1975.
Clark, Eve V.: The ontogenesis of meaning. Wiesbaden 1979.
Clark, Herbert H.: Semantics and comprehension. The Hague 1976.
Clark, Herbert H.: Inferring what is meant. In: Levelt, Flores d'Arcais (eds.) 1978, S. 295–322.

Clark, Herbert H., Carpenter, Patricia A., Just, Marcel Adam: On the meeting of semantics and perception. In: Chase (ed.) 1973, S. 311–381.
Clark, Herbert H., Lucy, Peter: Understanding what is meant from what is said: A study in conversationally conveyed requests. In: Journal of verbal learning and verbal behavior 14 (1975), S. 56–72.
Clay, Marie M.: Reading: The patterning of complex behaviour, Repr., Heinemann educational books 1975.
Cofer, Charles N.: Problems, issues, and implications. In: Dixon, Horton (eds.) 1968, S. 522–537.
Cohen, Gillian: A comparison of semantic, acoustic and visual criteria for matching of word pairs. In: Perception & psychophysics 4 (1968), S. 203–204.
Cohen, Gillian: Search times for combinations of visual, phonemic, and semantic targets in reading prose. In: Perception & psychophysics 8 (1970), S. 370–372.
Cohen, Gillian: The psychology of reading. In: New literary-history 4 (1972), S. 75–90.
Conrad, R. C.: Speech and reading. In: Kavanagh, Mattingly (eds.) 1976, S. 205–240.
Conrady, Karl Otto: Vom Lesen und seinen Schwierigkeiten. In: Stein, Gerd (Hrsg.): Schulbuch-Schelte als Politikum und Herausforderung wissenschaftlicher Schulbucharbeit. Analysen und Ansichten zur Auseinandersetzung mit Schulbüchern in Wissenschaft, pädagogischer Praxis und politischem Alltag. Stuttgart 1979, S. 101–111.
Coseriu, Eugenio: Textlinguistik. Tübingen 1980.
Crosby, R. M. N., Liston, Robert A.: Reading and the dyslexic child. London 1969.
Crystal, David: Neglected linguistic principles in the study of reading. In: Moyle (ed.) 1975, S. 26–34.

Dahrendorf, Malte: Texte – Lesen – Unterricht: Mehr Fragen als Bemerkungen über einen wenig geklärten Zusammenhang. In: Westermanns Pädagogische Beiträge 28 (1976), S. 547–549.
Daur, Albert: Der Weg zur Dichtung. Lesen als schöpferisches Empfangen. München 1933.
Davis, Frederick B.: Psychometric research on comprehension in reading. In: Davis (ed.) 1971, sec. 8, S. 3–60.
Davis, Frederick B. (ed.): The literature of research in reading with emphasis on models. New Brunswick 1971.
Dawes, Robyn Mason: Memory and distortion of meaningful written material. In: The British journal of psychology 57 (1966), S. 77–86.
Dearborn, Walter Fenno: The psychology of reading. An experimental study of the reading pauses and movements of the eye. Columbia University contributions to philosophy and psychology, vol. 14, No. 1.
Deese, James: Association and memory. In: Dixon, Horton (eds.) 1968, S. 97–108.
Dennett, D. C.: Content and consciousness. London 1969.
Dennett, D. C.: Brain writing and mind reading. In: Gunderson, Keith (ed.) 1975, S. 403–415.
Derrida, Jacques: Grammatologie. Frankfurt 1974 (zuerst 1967).
Dijk, Teun A. van: Text and context. Explorations in the semantics and pragmatics of discourse. London 1977.
Dilthey, Wilhelm: Die Entstehung der Hermeneutik. In: Gesammelte Schriften,

4. Aufl., Stuttgart 1964, Bd. 5, S. 317–331.
Dilthey, Wilhelm: Das Verstehen anderer Personen und ihrer Lebensäußerungen. In: Gesammelte Schriften, Bd. 7, S. 205–227.
Dittel, Wolfgang: Intention und Kommunikation. Beitrag zu einer Theorie der Bedeutung. Kronberg 1979.
Dixon, N. F.: Subliminal perception. The nature of a controversy. London 1971.
Dixon, Theodore R., Horton, David L. (eds.): Verbal behavior and general behavior theory. Englewood Cliffs 1968.
Donders, F. C.: On the speed of mental processes (1868). In: Acta psychologica 30 (1969), S. 412–431.
Drach, Erich: Sprecherziehung. Die Pflege des gesprochenen Wortes in der Schule. 13. Aufl., Frankfurt 1969.
Duane, Drake D., Rawson, Margaret B. (eds.): Reading, perception and language. Papers from the world congress on dyslexia. Baltimore 1975.
Duroche, Leonard L., Plummer, Thomas G.: Reading and seeing with an accent. In: Jahrbuch für Internationale Germanistik 9 (1977), S. 46–53.

Eco, Umberto: Zeichen. Einführung in einen Begriff und seine Geschichte. Frankfurt 1977.
Edfeldt, Ake W.: Silent speech and silent reading. Stockholm 1959.
Eisenberg, Peter (Hrsg.): Semantik und künstliche Intelligenz. Beiträge zur automatischen Sprachbearbeitung II. Berlin 1977.
Elkind, David: Piaget's theory of perceptual development: Its application to reading and special education. In: The journal of special education 1 (1967), S. 357–361.
Elkind, David: Cognitive development and reading. In: Singer, Ruddell (eds.) 1976, S. 331–340.
Engelsing, Rolf: Analphabetentum und Lektüre. Zur Sozialgeschichte des Lesens in Deutschland zwischen feudaler und industrieller Gesellschaft. Stuttgart 1973.
Engelsing, Rolf: Der Bürger als Leser. Lesergeschichte in Deutschland 1500–1800. Stuttgart 1974.
Erdmann, Benno: Erkennen und Verstehen. In: Sitzungsberichte der Königlich Preussischen Akademie der Wissenschaften, 1912, S. 1240–1271.
Erdmann, Benno, Dodge, Raymond: Psychologische Untersuchungen über das Lesen auf experimenteller Grundlage. Halle a. S. 1898.
Erning, Günter: Das Lesen und die Lesewut. Beiträge zu Fragen der Lesergeschichte; dargestellt am Beispiel der schwäbischen Provinz. Bad Heilbrunn, Obb. 1974.
Escarpit, Robert: Das Buch und der Leser. Entwurf einer Literatursoziologie. Köln 1961 (zuerst 1958).
Estes, W. K. (ed.): Handbook of learning and cognitive processes. Vol. 6: Linguistic functions in cognitive theory. Hillsdale 1978.

Fay, Leo C., Bradtmueller, Weldon G., Summers, Edward G.: Doctoral studies in reading 1919 through 1960. Bulletin of the School of Education Indiana University 40, 4 (1964).
Federer, Konrad: Lob des Lesens. Zürich 1968.
Feigenbaum, Edward A.: The simulation of verbal learning behavior. In: Feigenbaum, E. A., Feldman, Julian (eds.): Computers and thought. New York 1963, S. 297–309.
Feldhaus, Franz M.: Bücherlesemaschinen. In: Zeitschrift für Bücherfreunde 10 (1918/19), S. 214–218.

Fillmore, Charles J.: Plädoyer für Kasus. In: Abraham, Werner (Hrsg.): Kasustheorie. Frankfurt 1971, S. 1–118.
Fischer-Lichte, Erika: Bedeutung. Probleme einer semiotischen Hermeneutik und Ästhetik. München 1979.
Flechtner, Hans-Joachim: Grundbegriffe der Kybernetik. 5. Aufl., Stuttgart 1972.
Fodor, Jerry A.: The language of thought. New York 1975.
Forster, Kenneth I.: Accessing the mental lexicon. In: Wales, Walker (eds.) 1976, S. 257–287.
Fowler, Roger: ›The reader‹ – a linguistic view. In: Cahiers roumains d'études littéraires 4 (1977), S. 47–60.
Frank, Manfred: Das individuelle Allgemeine. Textstrukturierung und -interpretation nach Schleiermacher. Frankfurt 1977.
Franks, Jeffery J.: Toward understanding understanding. In: Weimer, Palermo (eds.) 1974, S. 231–261.
Frase, Lawrence T.: Prose processing. In: Bower (ed.) 1975, S. 1–47.
Frege, Gottlob: Funktion, Begriff, Bedeutung. Fünf logische Studien. Hrsg. v. Günter Patzig, 4. Aufl., Göttingen 1975.
Fries, Charles C.: Meaning and linguistic analysis. In: Language 30 (1954), S. 57–68.
Fries, Charles C.: Linguistics and reading. New York 1963.
Früh, Werner: Lesen, Verstehen, Urteilen. Untersuchungen über den Zusammenhang von Textgestaltung und Textwirkung. Freiburg 1980.

Gadamer, Hans-Georg: Wahrheit und Methode. Grundzüge einer philosophischen Hermeneutik. 2. Aufl., Tübingen 1965.
Gadamer, Hans-Georg: Wer bin Ich und wer bist Du? Ein Kommentar zu Paul Celans Gedichtfolge ›Atemkristall‹. Frankfurt 1973.
Garner, Richard T.: ›Meaning‹. In: Cole, Peter, Morgan, Jerry L. (eds.): Syntax and semantics. Vol. 3: Speech acts. New York 1975, S. 305–361.
Gebauer, Gunter: Wortgebrauch Sprachbedeutung. Beiträge zu einer Theorie der Bedeutung im Anschluß an die spätere Philosophie Ludwig Wittgensteins. München 1971.
Gebauer, Gunter: Verstehen als Erklären aus Sprachregeln. In: Natur und Geschichte. X. Deutscher Kongreß für Philosophie. Kiel 8.–12. Oktober 1972. Hrsg. v. Kurt Hübner, Albert Menne. Hamburg 1973, S. 335–343.
Gehlen, Arnold: Der Mensch. Seine Natur und seine Stellung in der Welt. 12. Aufl., Wiesbaden 1978.
Geyer, John J.: Comprehensive and partial models related to the reading process. In: Davis (ed.) 1971, sec. 5, S. 1–51.
Geyer, John J., Kolers, Paul A.: Reading as information processing. In: Voigt, Melvin J. (ed.): Advances in librarianship. New York 1974. S. 175–237.
Gibson, Eleanor J.: Die Ontogenese des Lesens (1970). In: Hofer (Hrsg.) 1976, S. 174–191.
Gibson, Eleanor J.: How perception really develops: A view from outside the network. In: LaBerge, Samuels (eds.) 1977, S. 155–173.
Gibson, Eleanor J., Levin, Harry: The psychology of reading. Cambridge, Mass. 1975 (dt. Stuttgart 1980).
Giehrl, Hans E.: Der junge Leser. Einführung in Grundfragen der Jungleserkunde und der literarischen Erziehung. Donauwörth 1968.
Giese, Heinz W.: Zur Erklärung des Schriftspracherwerbs – Aneignung sprachlicher Handlungsmuster. In: Osnabrücker Beiträge zur Sprachtheorie 4, 1 (1979), S. 84–94.

Glanzer, Murry, Ehrenreich, S. L.: Structure and search of the internal lexicon. In: Journal of verbal learning and verbal behavior 18 (1979), S. 381–398.
Göpfert, Herbert G.: Traktat über das Lesen. 2. Aufl., Stuttgart 1952.
Göpfert, Herbert G. u. a. (Hrsg.): Lesen und Leben. Eine Publikation des Börsenvereins des Deutschen Buchhandels in Frankfurt am Main zum 150. Jahrestag der Gründung des Börsenvereins der Deutschen Buchhändler am 30. April 1825 in Leipzig. Frankfurt 1976.
Göpfert, Herbert G. (Hrsg.): Buch und Leser. Vorträge des ersten Jahrestreffens des Wolfenbütteler Arbeitskreises für Geschichte des Buchwesens. 13. und 14. Mai 1976. Hamburg 1977.
Goerttler, Kurt: Der unbegrenzte Horizont. Essays über Lesen Bildung Wissenschaft. Studienreihe Boehringer Mannheim o. J.
Goodman, Kenneth S.: Reading: A psycholinguistic guessing game (1967). In: Gunderson (ed.) 1970, S. 107–119; oder Singer, Ruddell (eds.) 1976, S. 497–508.
Goodman, Kenneth S.: The reading process: Theory and practice. In: Hodges, Rudorf (eds.) 1972, S. 143–159.
Goodman, Kenneth S.: Behind the eye: What happens in reading (1970). In: Singer, Ruddell (eds.) 1976, S. 470–496.
Goodman, Kenneth S.: Die psycholinguistische Natur des Leseprozesses. In: Hofer (Hrsg.) 1976, S. 139–151.
Goodman, Kenneth S. (ed.): The psycholinguistic nature of the reading process. 2nd printing, Detroit 1973.
Goodman, Kennth S., Goodman, Yetta M.: Learning about psycholinguistic processes by analysing oral reading. In: Harvard educational review 47 (1977), S. 317–333.
Goodman, Yetta M., Goodman, Kenneth S.: Linguistics, psycholinguistics, and the teaching of reading; an annotated bibliography. Newark 1971.
Gough, Philip B.: The structure of language. In: Duane, Rawson (eds.) 1975, S. 15–37.
Gough, Philip B.: One second of reading. In: Kavanagh, Mattingly 1976, S. 331–358.
Gough, Philip B., Cosky, Michael J.: One second of reading again. In: Castellan, N. John Jr., Pisoni, David B., Potts, George R. (eds.): Cognitive theory 2. Hillsdale 1977, S. 271–288.
Graesser, Arthur C., Hoffman, Nicholas S., Clark, Leslie F.: Structural components of reading time. In: Journal of verbal learning and verbal behavior 19 (1980), S. 135–151.
Gray, William S.: The teaching of reading and writing. An international survey. Paris 1956.
Green, David W., Shallice, Tim: Direct visual access in reading for meaning. In: Memory & cognition 4 (1976), S. 753–758.
Grewendorf, Günther (Hrsg.): Sprechakttheorie und Semantik. Frankfurt 1979.
Grice, H. P.: Meaning. In: Steinberg, Jakobovits (eds.) 1971, S. 53–59.
Grice, H. P.: Utterer's meaning, sentence-meaning, and word-meaning. In: Foundations of language 4 (1968), S. 225–242.
Grice, H. P.: Utterer's meaning and intentions. In: The philosophical review 78 (1969), S. 147–177.
Grice, H. P.: Logic and conversation. In: Cole, Peter, Morgan, Jerry L. (eds.): Syntax and semantics. Vol. 3: Speech acts. New York 1975, S. 41–58.
Grimm, Gunter: Rezeptionsgeschichte. Grundlegung einer Theorie. Mit Analysen und Bibliographie. München 1977.

Grimm, Gunter (Hrsg.): Literatur und Leser. Theorien und Modelle zur Rezeption literarischer Werke. Stuttgart 1975.

Groeben, Norbert: Rezeptionsforschung als empirische Literaturwissenschaft. Paradigma- durch Methodendiskussion an Untersuchungsbeispielen. Kronberg 1977.

Gudschinsky, Sarah C.: Literacy: The growing influences of linguistics. The Hague 1976.

Gümbel, Ruth: Erstleseunterricht. Entwicklungen – Tendenzen – Erfahrungen. Königstein 1980.

Gunderson, Doris V. (ed.): Language & reading. An interdisciplinary approach. Washington 1970.

Gunderson, Keith (ed.): Language, mind, and knowledge. Minnesota studies in the philosophy of science 7 (1975).

Habermas, Jürgen: Zur Logik der Sozialwissenschaften. Frankfurt 1973 (zuerst 1967).

Haggard, Mark: Understanding speech understanding. In: Cohen, A., Nooteboom, S. G. (eds.): Structure and process in speech perception. Berlin 1975, S. 3–15.

Halle, Morris, Stevens, Kenneth N.: Speech recognition: A model and a program for research. In: Fodor, Jerry A., Katz, Jerrold J. (eds.): The structure of language. Readings in the philosophy of language. Englewood Cliffs 1964, S. 604–612.

Hansen, Duncan N.: Information-processing models for reading-skill acquisition. In: Davis (ed.) 1971, sec. 7, S. 45–71.

Harman, Gilbert: Language, thought, and communication. In: Gunderson (ed.) 1975, S. 270–298.

Harrison, Bernard: Meaning and structure. An essay in the philosophy of language. New York 1972.

Hays, David G.: Kognitive Netzwerke: Formen und Prozesse. In: Eisenberg (Hrsg.) 1977, S. 86–112.

Henderson, Edmund: Linguistics, thought, and reading. In: Hodges, Rudorf (eds.) 1972, S. 216–223.

Hermerén, Göran: Intention and interpretation in literary criticism. In: New literary criticism 7 (1975), S. 57–82.

Hillmann, Heinz: Rezeption – empirisch. In: Müller-Seidel, Walter (Hrsg.): Historizität in Sprach- und Literaturwissenschaft. München 1974, S. 433–449.

Hintzman, Douglas L.: The psychology of learning and memory. San Francisco 1978.

Hochberg, Julian: Components of literacy: Speculations and exploratory research. In: Levin, Williams (eds.) 1970, S. 74–89.

Hochberg, Julian: Die Darstellung von Dingen und Menschen. In: Ernst H. Gombrich, Julian Hochberg, Max Black: Kunst, Wahrnehmung, Wirklichkeit. Frankfurt 1977, S. 61–114.

Hochberg, Julian, Brooks, Virginia: Reading as an intentional behavior. In: Singer, Ruddell (eds.) 1976, S. 242–251.

Hodges, Richard E., Rudorf, E. Hugh (eds.): Language and learning to read. What teachers should know about language. Boston 1972.

Hönigswald, Richard: Beiträge zur Psychologie des Lesens. In: Acta Psychologica 4 (1939), S. 62–82.

Hörmann, Hans: Meinen und Verstehen. Grundzüge einer psychologischen Semantik. Frankfurt 1976.

Hofer, Adolf: Linguistische und psycholinguistische Überlegungen zum Schriftspracherwerb. In: DFG Probleme des Lese-Schreib-Erstunterrichts. Boppard 1979, S. 63–73.

Hofer, Adolf (Hrsg.): Lesenlernen: Theorie und Unterricht. Düsseldorf 1976.
Hoffmann, Jakob: Über Entwicklung und Stand der Lesepsychologie. In: Archiv für die gesamte Psychologie 57 (1926), S. 401–444.
Holmes, Jack A.: Basic assumptions underlying the substrata-factor theory. In: Singer, Ruddel (eds.) 1976, S. 597–618.
Holmes, Jack A., Singer, Harry: Theoretical models and trends toward more basic research in reading. In: Review of educational research 34 (1964), S. 127–155.
Hopster, Norbert: Lesen als unterrichtliches Sprachhandeln und als Diskurs. In: Westermanns Pädagogische Beiträge 28 (1976), S. 550–558.
Huey, Edmund Burke: The psychology and pedagogy of reading. Repr. Cambridge, Mass. 1977 (zuerst 1908).

Ingarden, Roman: Das literarische Kunstwerk. 4. Aufl., Tübingen 1972.
Ingarden, Roman: Vom Erkennen des literarischen Kunstwerks. Tübingen 1968.

Iser, Wolfgang: Die Appellstruktur der Texte. 2. Aufl., Konstanz 1971.
Iser, Wolfgang: Der Akt des Lesens. Theorie ästhetischer Wirkung. München 1976.
Jauß, Hans Robert: Der Leser als Instanz einer neuen Geschichte der Literatur. In: Poetica 7 (1975), S. 325–344.
Jauß, Hans Robert: Ästhetische Erfahrung und literarische Hermeneutik. Bd. 1: Das Feld der ästhetischen Erfahrung. München 1977.
Javal, Emile: Die Physiologie des Lesens und Schreibens. Leipzig 1907.
Jenkinson, Marion D.: Sources of knowledge for theories of reading. In: Gunderson (ed.) 1970, S. 55–71.
Johnson, Neal F.: A pattern-unit model of word identification. In: LaBerge, Samuels (eds.) 1977, S. 91–125.
Jüttner, Siegfried: Im Namen des Lesers. Zur Rezeptionsdebatte in der deutschen Romanistik. In: Germanisch-Romanische Monatsschrift NF 29 (1979), S. 1–26.
Jurt, Joseph: Empirische Rezeptionsforschung. In: Germanisch-Romanische Monatsschrift NF 29 (1979), S. 208–212.

Kainz, Friedrich: Psychologie der Sprache. Bd. 4: Spezielle Sprachpsychologie. Stuttgart 1956, bes. S. 162–295.
Kamlah, Wilhelm, Lorenzen, Paul: Logische Propädeutik. Vorschule des vernünftigen Redens. 2. Aufl., Mannheim 1973.
Karstädt, Otto: Inneres Sprechen und Stummlesen gegen das schulübliche Lautvorlesen (Teil I). In: Pädagogik. Beiträge zur Erziehungswissenschaft 2, 1 (1947), S. 23–32. Psychologische und pädagogische Begründung des Still-Lesens (Teil II). In: Pädagogik 2, 2 (1947), S. 23–32.
Katz, Jerrold J.: Philosophie der Sprache. Frankfurt 1969.
Katz, Jerrold J., Fodor, Jerry A.: Die Struktur einer semantischen Theorie. In: Steger, Hugo (Hrsg.): Vorschläge für eine strukturale Grammatik des Deutschen. Darmstadt 1970, S. 202–268.
Kavanagh, James F., Mattingly, Ignatius G. (eds.): Language by ear and by eye. The relationships between speech and reading. 2nd print Cambridge, Mass. 1976.
Keller, Rudi: Verstehen wir, was ein Sprecher meint, oder was ein Ausdruck bedeutet? Zu einer Hermeneutik des Handelns. In: Baumgärtner, Klaus (Hrsg.): Sprachliches Handeln. Heidelberg 1977, S. 1–27.
Killy, Walther: Über das Lesen. In: Gillespie, Gerald, Lohner, Edgar (Hrsg.): Herkommen und Erneuerung. Essays für Oskar Seidlin. Tübingen 1976, S. 12–25.

Kingston, Albert J.: Disjunctive categories in ephemeral models. In: Davis (ed.) 1971, sec. 8, S. 61–65.
Kintsch, Walter: The representation of meaning in memory. Hillsdale 1974.
Kintsch, Walter: Memory and cognition. New York 1977.
Kintsch, Walter: Comprehension and memory of text. In: Estes (ed.) 1978, S. 57–86.
Klaus, Georg: Kybernetik und Erkenntnistheorie. Berlin 1969.
Klaus, Georg (Hrsg.): Wörterbuch der Kybernetik. 2 Bde., Frankfurt 1971. Überarbeitete Neuauflage Klaus, G., Liebscher, Heinz (Hrsg.): Wörterbuch der Kybernetik. 2 Bde., Frankfurt 1979.
Kleiman, Glenn M.: Speech recoding in reading. In: Journal of verbal learning and verbal behavior 14 (1975), S. 323–339.
Kleinschmidt, Gert: Theorie und Praxis des Lesens in der Grund- und Hauptschule. 2. Aufl., Frankfurt 1971.
Klix, Friedhart: Information und Verhalten. Kybernetische Aspekte der organismischen Informationsverarbeitung. Einführung in naturwissenschaftliche Grundlagen der Allgemeinen Psychologie. 3. Aufl., Bern 1976.

Kloepfer, Rolf: Lesen und Schreiben. In: Mainusch (Hrsg.) 1979, S. 175–183.
König, Dominik von: Lesesucht und Lesewut. In: Göpfert (Hrsg.) 1977, S. 89–124.
Kolers, Paul A.: Reading temporally and spatially transformed text. In: Goodman (ed.) 1973, S. 27–40.
Kolers, Paul A.: Some problems of classification. A discussion of Posner et al. In: Kavanagh, Mattingly (eds.) 1976, S. 193–202.
Kolvenbach, Monika, Lötscher, Andreas, Lutz, Hans Dieter (Hrsg.): Künstliche Intelligenz und natürliche Sprache. Sprachverstehen und Problemlösen mit dem Computer. Tübingen 1979.
Kořínek, J. M.: Laut und Wortbedeutung. In: Travaux du Cercle linguistique de Prague 8 (1939), S. 56–65.
Kraemer, F.: Untersuchungen über die Fähigkeit des Lesens bei Gesunden und Geisteskranken. In: Verhandlungen der physikalisch-medicinischen Gesellschaft NF 22 (1889), S. 135–150.
Kreutzer, Leo, Peters, Jürgen: Vom Lesen. In: Brackert, Helmut, Lämmert, Eberhard (Hrsg.): Funk-Kolleg Literatur. Frankfurt 1977, Bd. 1, S. 18–68.
Kreuzer, Helmut: Gefährliche Lesesucht? Bemerkungen zu politischer Lektürekritik im ausgehenden 18. Jahrhundert. In: Leser und Lesen, 1977, S. 62–75.
Krier, J. Bern.: Das Studium und die Privatlektüre. Siebzehn Konferenzen, den Zöglingen des Bischöflichen Konviktes zu Luxemburg gehalten. 3. verb. u. verm. Aufl., Freiburg 1892.
Kubczak, Hartmut: Das Verhältnis von Intension und Extension als sprachwissenschaftliches Problem. Tübingen 1975.
Kutzner, Oskar: Kritische und experimentelle Beiträge zur Psychologie des Lesens mit besonderer Berücksichtigung des Problems der Gestaltqualität. In: Archiv für die gesamte Psychologie 35 (1916), S. 157–251.

LaBerge, David, Samuels, S. Jay: Toward a theory of automatic information processing in reading. In: Singer, Ruddell (eds.) 1976, S. 548–579.
LaBerge, David, Samuels, S. Jay (eds.): Basic processes in reading. Perception and comprehension. Hillsdale 1977.
Lamb, Sydney M.: Outline of stratificational grammar. Georgetown University Press 1966.

Langer, Susanne K.: Philosophy in a new key. A study in the symbolism of reason, rite, and art. Cambridge, Mass. 1963 (zuerst 1942).
Larcher, Dietmar, Spiess, Christine (Hrsg.): Lesebilder. Geschichten und Gedanken zur literarischen Sozialisation. Reinbek 1980.
Lay, Rupert: Grundzüge einer komplexen Wissenschaftstheorie. Bd. 2: Wissenschaftsmethodik und spezielle Wissenschaftstheorie. Frankfurt 1973, S. 208–388.
Leat, Diane: Das mißverstandene »Verstehen« (1972). In: Acham, Karl (Hrsg.): Methodologische Probleme der Sozialwissenschaften. Darmstadt 1978, S. 102–114.
Lefevre, Carl A.: A multidisciplinary approach to language and to reading: Some projections. In: Goodman (ed.) 1973, S. 289–312.
Leibfried, Erwin: Kritische Wissenschaft vom Text. 2. Aufl., Stuttgart 1972.
Leont'ev, Aleksej A.: Psycholinguistik und Sprachunterricht. Stuttgart 1974 (zuerst 1970).
Leont'ev, A. A.: Psycholinguistische Einheiten und die Erzeugung sprachlicher Äußerungen. Berlin 1975 (zuerst 1969).
Lerchner, Gotthard: Zusammenwirken linguistischer, semiotischer und literaturwissenschaftlicher Methoden in der Wirkungsforschung. In: Weimarer Beiträge 25, 8 (1979), S. 29–46.
Lesende in der Kunst. Zwölf Gemälde von der Renaissance bis zur Gegenwart. Leipzig 1971.
Lesen in der Lebenskrise. Erfahrungen mit der Bibliotherapie. Freiburg 1977.
Leser und Lesen im 18. Jahrhundert. Colloquium der Arbeitsstelle Achtzehntes Jahrhundert Gesamthochschule Wuppertal. Heidelberg 1977.
Lesewuth, Raubdrucke und Bücherluxus. Das Buch in der Goethe-Zeit. Eine Ausstellung des Goethe-Museums Düsseldorf. Anton-und-Katharina-Kippenberg-Stiftung 26. Mai bis 2. Oktober 1977. Katalog.
Lesgold, Alan M., Roth, Steven F., Curtis, Mary E.: Foregrounding effects in discourse comprehension. In: Journal of verbal learning and verbal behavior 18 (1979), S. 291–308.
Levelt, Willem J. M.: A survey of studies in sentence perception: 1970–1976. In: Levelt, Flores d'Arcais (eds.) 1978, S. 1–74.
Levelt, W. J. M., Flores d'Arcais, G. B. (eds.): Studies in the perception of language. Chichester 1978.
Levin, Harry: Reading research: What, why, and for whom? (1966) In: Gunderson (ed.) 1970, S. 123–135.
Levin, Harry, Kaplan: Grammatical structure and reading. In: Levin, Williams (eds.) 1970, S. 119–113.
Levin, Harry, Williams, Joanna P. (eds.): Basic studies on reading. New York 1970.
Levin, Joel R.: Comprehending what we read: An outsider looks in. In: Singer, Ruddel (eds.) 1976, S. 320–330.
Levy, Betty Ann: Reading: Speech and meaning processes. In: Journal of verbal learning and verbal behavior 16 (1977), S. 623–638.
Lewandowski, Theodor: Sowjetische Psycholinguistik. In: Die Neueren Sprachen 1976, S. 188–216.
Lewandowski, Theodor: Spracherwerb und kognitive Entwicklung. In: Wirkendes Wort 28 (1978), S. 84–100.
Lewandowski, Theodor: Linguistisches Wörterbuch. 3 Bde., 3. Aufl., Heidelberg 1979/80.
Lewandowski, Theodor: Überlegungen zur Theorie und Praxis des Lesens. In: Wirkendes Wort 30 (1980), S. 54–65.

Lewandowski, Theodor: Uber den Zusammenhang von Sprache und Denken. In: Brettschneider, Gunter, Lehmann, Christian (Hrsg.): Wege zur Universalienforschung. Sprachwissenschaftliche Beiträge zum 60. Geburtstag von Hansjakob Seiler. Tübingen 1980, S. 497–503.
Lewis, C. S.: Über das Lesen von Büchern. Freiburg 1966.
Lewis, David K.: Convention. A philosophical study. Cambridge, Mass. 1969.
Lewis, David: Languages and language. In: Gunderson (ed.) 1975, S. 3–35.
Licklider, J. C. R.: On the process of speech perception. In: The journal of the acoustical society of America 24 (1952), S. 590–594.
Lieb, Hans-Heinrich: Wortbedeutung: Argumente für eine psychologische Konzeption. In: Lingua 52 (1980), S. 1–32.
Limber, John: Syntax and sentence interpretation. In: Wales, Walker (eds.) 1976, S. 151–181.
Lindsay, Paul, Norman, Donald A.: Human information processing. New York 1977.
Link, Hannelore: Rezeptionsforschung. Eine Einführung in Methoden und Probleme. Stuttgart 1976.
Lorenz, Wolfgang, Wotjak, Gerd: Zum Verhältnis von Abbild und Bedeutung. Überlegungen im Grenzfeld zwischen Erkenntnistheorie und Semantik. Berlin 1977.
Lounsbury, F. G.: The varieties of meaning. In: Report of the sixth annual round table meeting on linguistics and language teaching, Georgetwon University monograph series on languages and linguistics 8 (1955), S. 158–164.
Luria, A. R.: Basic problems of neurolinguistics. The Hague 1976.

McHoul, Alexander: Ethnomethodology and literature: Preliminaries to a sociology of reading. In: Poetics 10 (1978), S. 113–120.
MacKay, D. M.: Ways of looking at perception. In: Wathen-Dunn (ed.) 1967, S. 25–43.
Mackworth, Jane F.: Some models of the reading process: Learners and skilled readers. In: Davis (ed.) 1971, sec. 8, S. 67–100.
Mainusch, Herbert (Hrsg.): Literatur im Unterricht. München 1979.
Manninen, Juha, Tuomela, Raimo (eds.): Essays on explanation and understanding. Studies in the foundations of humanities and social sciences. Dordrecht 1976.
Marras, Ausonio (ed.): Intentionality, mind, and language. Urbana 1972.
Marshall, John C.: Neuropsychological aspects of orthographic representation. In: Wales, Walker (eds.) 1976, S. 109–131.
Marslen-Wilson, William: Linguistic descriptions and psychological assumptions in the study of sentence perception. In: Wales, Walker (eds.) 1976, S. 203–229.
Massaro, Dominic W.: Language and information processing. In: Massaro (ed.) 1975, S. 3–28.
Massaro, Dominic W. (ed.): Understanding language. An information-processing analysis of speech perception, reading, and psycholinguistics. New York 1975.
Maurer, Karl: Formen des Lesens. In: Poetica 9 (1977), S. 472–498.
Mayer, Richard E.: Denken und Problemlösen. Eine Einführung in menschliches Denken und Lernen. Berlin 1979.
Meggle, Georg, Beckermann, Ansgar (Hrsg.): Analytische Handlungstheorie. Bd. 1: Handlungsbeschreibungen. Bd. 2: Handlungserklärungen. Frankfurt 1977.
Meiners, Christoph: Anweisungen für Jünglinge zum eigenen Arbeiten, besonders zum Lesen, Schreiben ... 2. Aufl., Hannover 1791.

Meringer, Rudolf, Mayer, Karl: Versprechen und Verlesen. Eine psychologisch-linguistische Studie. Stuttgart 1895.

Merten, Klaus: Kommunikation. Eine Begriffs- und Prozeßanalyse. Opladen 1977.

Messmer, Oskar: Zur Psychologie des Lesens bei Kindern und Erwachsenen. In: Archiv für die gesamte Psychologie 2 (1904), S. 190–298.

Meumann, Ernst: Vorlesungen zur Einführung in die experimentelle Pädagogik und ihre psychologischen Grundlagen. 3. Bd., 2. Aufl., Leipzig 1914, bes. S. 441–530.

Mey, Jacob: Wille zum Verstehen oder Verständnis als Wahl. In: Linguistische Berichte 1972, Heft 21, S. 30–33.

Meyer, Theodor A.: Das Stilgesetz der Poesie. Leipzig 1901.

Michels, Gerd: Das Konzept ›Textverarbeitung‹. Kritische Bemerkungen zur Beschreibung und Analyse von Lektüreprozessen. In: Kopenhagener Beiträge zur germanistischen Linguistik 9 (1977), S. 7–34.

Miles, David H.: Ten readers reading: A note on genre theory and the common reader. In: Riechel, Donald C. (Hrsg.): Wege der Worte. Festschrift für Wolfgang Fleischhauer. Köln 1978, S. 392–399.

Miller, George A.: The magical number seven, plus or minus two, or, some limits on our capacity for processing information. In: Psychological review 63 (1956), S. 81–96.

Miller, George A.: Toward a third metaphor for psycholinguistics. In: Weimer, Palermo (eds.) 1974, S. 397–413.

Miller, George A., Bruner, Jerome S., Postman, Leo J.: Familiarity of letter sequences and tachistoscopic identification (1954). In: Bruner 1973, S. 57–67.

Miller, George A., Galanter, Eugene, Pribram, Karl H.: Strategien des Handelns. Pläne und Strukturen des Verhaltens. Stuttgart 1973 (zuerst 1960).

Miller, George A., Johnson-Laird, Philip N.: Language and perception. Cambridge, Mass. 1976.

Miller, Henry: Die Kunst des Lesens. Ein Leben mit Büchern. Reinbek 1963.

Minsky, Marvin: A framework for representing knowledge. In: Winston, Patrick Henry (ed.): The psychology of computer vision. New York 1975, S. 211–277.

Mitchell, D. C., Green, D. W.: The effects of context and content on immediate processing in reading. In: The quarterly journal of experimental psychology 30 (1978), S. 609–636.

Morton, John, Broadbent, Donald E.: Passive versus active recognition models, or is your homunculus really necessary? In: Wathen-Dunn (ed.) 1967, S. 103–110.

Motte-Haber, Helga de la: Information – Illustration, Suggestion – Fiktion: Musik im Fernsehen. In: Kreuzer, Helmut (Hrsg.): Literaturwissenschaft – Medienwissenschaft. Heidelberg 1977, S. 73–80.

Moyle, Donald (ed.): Reading: What of the future? Proceedings of the eleventh annual conference of the United Kingdom reading association Edge Hill College 1974. London 1975.

Nehring, Alfons: Bedeutungstheorie: Ein Überblick. In: Die Sprache 12 (1966), S. 115–132.

Neisser, Ulric: Cognitive psychology. Englewood Cliffs 1967 (dt. Stuttgart 1974).

Neisser, Ulric: Cognition and reality. Principles and implications of cognitive psychology. San Francisco 1976.

Newell, Allen, Simon, Herbert A.: Human problem solving. Englewood Cliffs 1972.

Nida, Eugene A.: Componential analysis of meaning, an introduction to semantic structures. The Hague 1975.

Norman, Donald A., Rumelhart, David E.: Strukturen des Wissens. Wege der Kognitionsforschung. Stuttgart 1978 (zuerst 1975).
Nündel, Ernst: Zur Grundlegung einer Didaktik des sprachlichen Handelns. Kronberg 1976, bes. Kap. 7: Pragmalinguistische Texttheorie oder: der Text als Funktion im Unterricht, S. 102–115.
Nündel, Ernst, Schlotthaus, Werner: Angenommen: Agamemnon. Wie Lehrer mit Texten umgehen. München 1978.

Ogden, C. K., Richards., I. A.: Die Bedeutung der Bedeutung. Eine Untersuchung über den Einfluß der Sprache auf das Denken und über die Wissenschaft des Symbolismus. Frankfurt 1974 (zuerst 1923).
Olson, David R.: Language and thought: Aspects of a cognitive theory of semantics. In: Psychological review 77 (1970), S. 257–273.
Olson, David R.: From utterance to text: The basis of language in speech and writing. In: Harvard educational review 47 (1977), S. 257–281.
Ornstein, Robert E.: Die Psychologie des Bewußtseins. Köln 1974 (zuerst 1972).
Osgood, Charles E.: On understanding and creating sentences. In: American psychologist 18 (1963), S. 735–751.
Osgood, Charles E.: Toward a wedding of insufficiencies. In: Dixon, Horton (eds.) 1968, S. 495–519.
Osgood, Charles E.: Where do sentences come from? In: Steinberg, Jakobovits (eds.) 1971, S. 497–529.

Paivio, Allan: Imagery and verbal processes. New York 1971.
Parkinson, G. H. (ed.): The theory of meaning. Oxford 1968.
Paul, Hermann: Prinzipien der Sprachgeschichte. 5. Aufl., Halle a. S. 1920.
Peirce, Charles Sanders: Schriften zum Pragmatismus und Pragmatizismus. Hrsg. v. Karl-Otto Apel, Frankfurt 1976.
Pfeiffer, Johannes: Wege zur Dichtung. Eine Einführung in die Kunst des Lesens. Hamburg 1952.
Pfeiffer, Johannes: Stufen des Lesens. Von der Zeitung zur Bibel. Hamburg 1963.
Piaget, Jean, Inhelder, Bärbel: Die Entwicklung des inneren Bildes beim Kind. Frankfurt 1979 (zuerst 1966).
Pillsbury, Walter Bowers: A study in apperception. In: The American journal of psychology 8 (1897), S. 315–393.
Pillsbury, Walter B., Meader, Clarence L.: The psychology of language. New York 1928.
Pintner, Rudolf: Inner speech during silent reading. In: The psychological review 20 (1913), S. 129–153.
Pisoni, David B., Sawusch, James R.: Some stages of processing in speech perception. In: Cohen, A., Nooteboom, S. G. (eds.): Structure and process in speech perception. Berlin 1975, S. 16–34.
Pleticha, Heinrich (Hrsg.): Lese-Erlebnisse 2. Frankfurt 1978.
Polanyi, Michael: Singgebung und Sinndeutung. In: Gadamer, Hans-Georg, Boehm, Gottfried (Hrsg.): Seminar: Die Hermeneutik und die Wissenschaften. Frankfurt 1978, S. 118–133.
Polya, G.: Schule des Denkens. Vom Lösen mathematischer Probleme. Bern 1949 (zuerst 1945).
Postman, Leo: Association and performance in the analysis of verbal learning. In: Dixon, Horton (eds.) 1968, S. 550–571.
Pound, Ezra: ABC des Lesens. Frankfurt 1976 (zuerst 1934).

Prawat, Richard S., Kerasotes, Dean: Basic memory processes in reading. In: Merrill-Palmer-quarterly 24 (1978), S. 181–188.
Proust, Marcel: Tage des Lesens. Drei Essays. Frankfurt 1969.
Putnam, Hilary: The meaning of meaning. In: Gunderson (ed.) 1975, S. 131–193.

Quillian, M. Ross: The teachable language comprehender: A simulation program and theory of language. In: Communications of the ACM. A publication of the association for computing machinery 12 (1969), S. 459–476.
Quine, Willard Van Orman: Wort und Gegenstand. Stuttgart 1980 (zuerst 1960).
Quine, Willard Van Orman: Die Wurzeln der Referenz. Frankfurt 1976 (zuerst 1974).

Raddatz, Fritz J.: Lesen lernen! In: Mainusch (Hrsg.) 1979, S. 295–297.
Radigk, Werner: Lesenlernen unter besonderer Berücksichtigung der Arbeit mit lernbehinderten Schülern. 2. Aufl., Berlin 1975.
Raphael, Bertram: The thinking computer. Mind inside matter. San Francisco 1976.
Reber, Arthur S., Scarborough, Don L. (eds.): Toward a psychology of reading. The proceedings of the CUNY conferences. Hillsdale 1977.
Richards, Ivor Armstrong: Prinzipien der Literaturkritik. Frankfurt 1972 (zuerst 1924).
Richards, I. A.: Practical criticism. A study of literary judgement. London 1966 (zuerst 1929).
Richardson, Alan: Mental imagery. London 1969.
Rickheit, G.: Textverständnis – ein Problem der sprachdidaktischen Grundlagenforschung. In: Mitteilungen des Deutschen Germanistenverbandes 26, 4 (1979), S. 15–28.
Riedel, Manfred: Verstehen oder Erklären? Zur Theorie und Geschichte der hermeneutischen Wissenschaften. Stuttgart 1978.
Riesbeck, Christopher K., Schank, Roger C.: Comprehension by computer: Expectation-based analysis of sentences in context. In: Levelt, Flores d'Arcais (eds.) 1978, S. 247–293.
Roberts, G. R., Lunzer, Eric Anthony: Lesen und Lesenlernen (1968). In: Lunzer, E. A., Morris, J. F. (Hrsg.): Das menschliche Lernen und seine Entwicklung. Stuttgart 1976, S. 213–244.
Robinson, Edward S.: Association theory to-day. An essay in systematic psychology. New York 1964 (zuerst 1932).
Robinson, H. Alan (ed.): Reading: Seventy-five years of progress. 2nd impr. Chicago 1969.
Robinson, Helen M.: The major aspects of reading. In: Robinson (ed.) 1969, S. 22–32.
Rollin, Bernard E.: Natural and conventional meaning: An examination of the distinction. The Hague 1976.
Roloff, Volker: Der Begriff der Lektüre in kommunikationstheoretischer und literaturwissenschaftlicher Sicht. Überlegungen zu aktuellen Problemen der Leserforschung. In: Romanistisches Jahrbuch 29 (1978, ersch. 1980), S. 33–57.
Rumelhart, David E.: Introduction to human information processing. New York 1977.
Rumelhart, David E.: Understanding and summerizing brief stories. In: LaBerge, Samuels (eds.) 1977, S. 265–303.

Rumelhart, David E., Siple, Patricia: Process of recognizing tachistoscopally presented words. In: Psychological review 81 (1974), S. 99–118.
Russell, Bertrand: On denoting. In: Mind 14 (1905), S. 479–493.
Russell, Bertrand: An inquiry into meaning and truth. The William James lectures for 1940 delivered at Harvard University. Repr. Harmondsworth 1973.
Ryle, Gilbert: Der Begriff des Geistes. Stuttgart 1978 (zuerst 1949).
Ryle, Gilbert: Use, usage and meaning (1961). In: Parkinson (ed.) 1968, S. 109–116.

Salber, Wilhelm: Lesen und Lesen-lassen. Zur Psychologie des Umgangs mit Büchern. Frankfurt 1971.
Salber, Wilhelm: Literaturpsychologie. Gelebte und erlebte Literatur. Bonn 1972.
Sander, August: Die Lesemaschine in ihrer historischen Entwicklung und in ihrer Stellung zu den pädagogischen Strömungen der Gegenwart. Langensalza 1914.
Schaff, Adam: Einführung in die Semantik. Frankfurt 1969 (zuerst 1960).
Schank, Roger C., Abelson, Robert P.: Scripts, plans, goals and understanding. An inquiry into human knowledge structures. Hillsdale 1977.
Schapp, Wilhelm: In Geschichten verstrickt. Zum Sein von Mensch und Ding. 2. Aufl., Wiesbaden 1976.
Schauer, Georg Kurt: Der wohltemperierte Leser. Zehn Plaudereien über die Kunst des Lesens. Frankfurt 1964.
Schecker, Michael: ›Bedeutung‹ als sprachphilosophisches und psycholinguistisches Problem. In: Dittmann, Jürgen, Marten, Rainer, Schecker, Michael: Gegenstand und Wahrheit. Sprachphilosophische und wissenschaftstheoretische Grundlagenstudien zur Linguistik. Tübingen 1976, S. 155–169.
Scheerer-Neumann, Gerheid: Funktionsanalyse des Lesens. Grundlage für ein spezifisches Lesetraining. In: Psychologie in Erziehung und Unterricht 24 (1977), S. 125–135.
Scheerer-Neumann, Gerheid: Zur Analyse des Leseprozesses beim Grundschulkind. In: Osnabrücker Beiträge zur Sprachtheorie 4, 1 (1979), S. 98–123.
Scherner, Maximilian: ›Woran ich denke, wenn ich das höre‹. Zur verstehenstheoretischen Begriffsbildung – am Beispiel eines Hörspiels von Michael Scharang. In: Der Deutschunterricht 29, 6 (1977), S. 70–89.
Scherner, Maximilian: Nichttextualisierte Verstehensvoraussetzungen als sprachwissenschaftliches Problem. In: Bülow, Edeltraud, Schmitter, Peter (Hrsg.): Integrale Linguistik. Festschrift für Helmut Gipper. Amsterdam 1979, S. 319–357.
Schiffer, Stephen R.: Meaning. Oxford 1972.
Schiffman, H. R.: Sensory and perceptual aspects of the reading process. In: Davis (ed.) 1971, sec. 8, S. 129–153.
Schiller, F. C. S., Russell, B., Joachim, H. H.: The meaning of ›meaning‹. A symposium. In: Mind N. S. 29 (1920), S. 385–414.
Schilling, Rudolf: Über »inneres Sprechen«. In: Zeitschrift für Psychologie 111 (1929), S. 204–246.
Schlesinger, I. M.: Sentence structure and the reading process. The Hague 1968.
Schmidt, Siegfried J.: Bedeutung und Begriff. Zur Fundierung einer sprachphilosophischen Semantik. Braunschweig 1969.
Schmidt, Siegfried J.: Literaturwissenschaft als argumentierende Wissenschaft. Zur Grundlegung einer rationalen Literaturwissenschaft. München 1975.
Scholz, Manfred Günter: Hören und Lesen. Studien zur primären Rezeption der Literatur im 12. und 13. Jahrhundert. Wiesbaden 1980.
Schulz, Reinhard: Lesen/Verstehen (Reading Comprehension). Ein wichtiger Teil rezeptiver Kompetenz. In: Die Neueren Sprachen NF 23 (1974), S. 429–441.

Schumann, F.: Psychologie des Lesens. In: Schumann, F. (Hrsg.): Bericht über den II. Kongreß für experimentelle Psychologie in Würzburg vom 18. bis 21. April 1906. Leipzig 1907, S. 153–183.
Schwartz, Erwin: Das Erstlesen und das weiterführende Lesen im 2. Schuljahr. In: Beinlich (Hrsg.) 1970, Bd. 2, S. 723–841.
Schwarz, Maria N. K., Flammer, August: Text structure and title-effects on comprehension and recall. In: Journal of verbal learning and verbal behavior 20 (1981), S. 61–66.
Schwemmer, Oswald: Theorie der rationalen Erklärung. Zu den methodischen Grundlagen der Kulturwissenschaften. München 1976.
Searle, John R.: Speech acts. An essay in the philosophy of language. Cambridge 1969.
Sehr geehrter Herr Schriftsteller. In: Die Zeit, Nr. 41, 5. Oktober 1979, S. 70.
Selz, Otto: Über die Gesetze des geordneten Denkverlaufs. Stuttgart 1913.
Seuren, Pieter A. M.: Zwischen Sprache und Denken. Ein Beitrag zur empirischen Begründung der Semantik. Wiesbaden 1977 (zuerst 1975).
Siklóssy, Laurent, Simon, Herbert A.: Some semantic methods for language processing. In: Simon, Siklóssy (eds.) 1972, S. 44–66.
Simmons, Robert F.: Frage-Antwort-Systeme in natürlicher Sprache. In: Eisenberg, Peter (Hrsg.): Maschinelle Sprachanalyse. Beiträge zur automatischen Sprachbearbeitung I. Berlin 1976, S. 204–242.
Simon, Herbert A.: The heuristic compiler. In: Simon, Siklóssy (eds.) 1972, S. 9–43.
Simon, Herbert A., Siklóssy, Laurent (eds.): Representation and meaning. Experiments with information processing systems. Englewood Cliffs 1972.
Singer, Harry: Theoretical models of reading (1969). In: Singer, Ruddell (eds.) 1976, S. 634–654.
Singer, Harry, Ruddell, Robert B. (eds.): Theoretical models and processes of reading. 2. Aufl., Newark 1976.
Smith, Edward E.: Theories of semantic memory. In: Estes (ed.) 1978, S. 1–56.
Smith, Frank: Understanding reading – a psycholinguistic analysis of reading and learning to read. New York 1971.
Smith, Frank (ed.): Psycholinguistics and reading. New York 1973.
Smith, Frank: Making sense of reading – and of reading instruction. In: Harvard educational review 47 (1977), S. 386–395.
Sokolow, A. N.: Untersuchungen zum Problem der sprachlichen Mechanismen des Denkens. In: Hiebsch, Hans (Hrsg.): Ergebnisse der sowjetischen Psychologie. Stuttgart 1969, S. 430–464.
Solso, Robert L. (ed.): Information processing and cognition. The Loyola symposium. Hillsdale 1975.
Spilich, George u. a.: Text processing of domain-related information for individuals with high and low domain knowledge. In: Journal of verbal learning and verbal behavior 18 (1979), S. 275–290.
Spranger, Eduard: Psychologie und Verstehen. In: Historische Zeitschrift 103 (1909), S. 552–558.
Spranger, Eduard: Zur Theorie des Verstehens und zur geisteswissenschaftlichen Psychologie. In: Festschrift Johannes Volkelt zum 70. Geburtstag. München 1918, S. 357–403.
Spranger, Eduard: Lebensformen. Geisteswissenschaftliche Psychologie und Ethik der Persönlichkeit. München 1965, bes. S. 354–378 (zuerst 1950).
Stachowiak, Herbert: Denken und Erkennen im kybernetischen Modell. 2. Aufl., Wien 1969.

Stauffer, Russell G.: Directing reading maturity as a cognitive process. New York 1969.
Stegmüller, Wolfgang: Die sogenannte Methode des Verstehens. In: Stegmüller: Probleme und Resultate der Wissenschaftstheorie und Analytischen Philosophie. Bd. 1, Berlin 1969, S. 360–375.
Stegmüller, Wolfgang: Der sogenannte Zirkel des Verstehens. In: Hübner, Kurt, Menne, Albert (Hrsg.): Natur und Geschichte. X. Deutscher Kongreß für Philosophie. Hamburg 1973, S. 21–46.
Steinberg, Danny D., Jakobovits, Leon A. (eds.): Semantics. An interdisciplinary reader in philosophy, linguistics and psychology. Cambridge 1971.
Steinbuch, Karl: Automat und Mensch. Kybernetische Tatsachen und Hypothesen. 3. Aufl., Berlin 1965.
Steinbuch, Karl: Maßlos informiert. Die Enteignung unseres Denkens. München 1978.
Steiner, Gerhard: Sprache: Verstehen, Sprechen, Lesen, Schreiben. In: Steiner u. a.: Sprache, soziales Verhalten, Methoden der Forschung. Zum aktuellen Forschungsstand der Sprachpsychologie und der pädagogischen Soziologie. Stuttgart 1975, S. 29–71.
Steinmetz, Horst: Textverarbeitung und Interpretation. In: Jahrbuch Deutsch als Fremdsprache 3 (1977), S. 81–93.
Sternberg, Saul: The discovery of processing stages: Extensions of Donders' method. In: Acta psychologica 30 (1969), S. 276–315.
Stevens, Kenneth, Halle, Morris: Remarks on analysis by synthesis and distinctive features. In: Wathen-Dunn (ed.) 1967, S. 88–102.
Stevens, Kenneth N., House, Arthur S.: Speech perception. In: Tobias, Jerry V. (ed.): Foundations of modern auditory theory. Vol. 2, New York 1972, S. 3–62.
Stierle, Karlheinz: Lernziel Lesen. In: Mainusch (Hrsg.) 1979, S. 322–327.
Stonum, Gary Lee: For a cybernetics of reading. In: Modern language notes 92 (1977), S. 945–968.
Swoboda, Hermann: Verstehen und Begreifen. Eine psychologische Untersuchung. In: Vierteljahrsschrift für wissenschaftliche Philosophie und Soziologie 27, NF 2 (1903) S. 131–188 und 241–295.

Taylor, Charles: Erklärung und Interpretation in den Wissenschaften vom Menschen. Aufsätze. Frankfurt 1975.
Taylor, Clifton O.: Über das Verstehen von Worten und Sätzen. In: Zeitschrift für Psychologie und Physiologie der Sinnesorgane 40 (1905/6), S. 225–251.
Theios, John, Muise, J. Gerard: The word identification process in reading. In: Castellan, N. John Jr., Pisoni, David B., Potts, George R. (eds.): Cognitive theory 2. Hillsdale 1977, S. 289–327.
Thorndike, Edward L.: The psychology of thinking in the case of reading. In: Psychological review 24 (1917), S. 220–234.
Thorndike, Edward L.: Reading as reasoning: A study of mistakes in paragraph reading. In: The journal of educational psychology 8 (1917), S. 323–332.
Thorndike, Edward L.: The understanding of sentences: A study of errors in reading. In: Elementary school journal 18 (1917), S. 98–114.
Todorov, Tzvetan: Die Lektüre als Rekonstruktion des Textes. In: Haubrichs, Wolfgang (Hrsg.): Erzählforschung 2. Göttingen 1977, S. 228–239 (= Zeitschrift für Literaturwissenschaft und Linguistik, Beiheft 6).
Turvey, Michael T.: Perspectives in vision: Conception or perception? In: Duane, Rawson (eds.) 1975, S. 131–194.

Tyler, Stephen A.: The said and the unsaid. Mind, meaning, and culture. New York 1978.

Uldall, H. J.: Speech and writing. In: Hamp, Eric P., et al. (eds.): Readings in linguistics II. 2nd impr. Chicago 1967, S. 147–151 (zuerst 1944).
Unseld, Siegfried (Hrsg.): Erste Lese-Erlebnisse. Frankfurt 1975.

Vachek, Josef: Zum Problem der geschriebenen Sprache. In: Travaux du Cercle linguistique de Prague 8 (1939), S. 94–104.
Vachek, Josef: Some remarks on writing and phonetic transcription. In: Hamp, Eric P. et al. (eds.): Readings in linguistics II. 2nd impr. Chicago 1967, S. 152–157.
Venezky, Richard L., Calfee, Robert C., Chapman, Robin S.: Skills required for learning to read. In: Gunderson (ed.) 1970, S. 37–54.
Vernon, M. D.: Wahrnehmung und Erfahrung. München 1977 (zuerst 1970).
Vestner, Hans u. a.: CVK-Leselehrgang. Sprechen – Schreiben – Lesen. Lehrerhandbuch. Berlin (1974).
Vipond, Douglas: Micro- and macroprocesses in text comprehension. In: Journal of verbal learning and verbal behavior 19 (1980), S. 276–296.

Wach, Joachim: Das Verstehen. Grundzüge einer Geschichte der hermeneutischen Theorie im 19. Jahrhundert. 3 Bde., Tübingen 1926, 1929, 1933.
Wackernagel, K. E. P.: Der Unterricht in der Muttersprache. Stuttgart 1843.
Waismann, Friedrich: Logik, Sprache, Philosophie. Stuttgart 1976.
Wales, R. J., Walker, Edward (eds.): New approaches to language mechanisms. A collection of psycholinguistic studies. Amsterdam 1976.
Wanat, Stanley F.: Linguistic structure in reading: Models from the research of Project Literacy. In: Davis (ed.) 1971, sec. 8, S. 155–177.
Wardhaugh, Ronald: Reading: A linguistic perspective. New York 1969.
Waswo, Richard: Magic words and reference theories. In: Journal of literary semantics 6 (1977), S. 76–90.
Wathen-Dunn, Weiant (ed.): Models for the perception of speech and visual form. Cambridge, Mass. 1967.
Weaver, John Anthony: Maschinen, die lesen. In: Maschinen wie Menschen. München 1969, S. 67–85 (= Modelle für eine neue Welt, hrsg. v. Robert Jungk, Hans Josef Mundt).
Weaver, Wendell W., Kingston, Albert J.: Modeling the effects of oral language upon reading language. In: Davis (ed.) 1971, sec. 8, S. 179–192.
Weigl, Egon: Zur Schriftsprache und ihrem Erwerb – neuropsychologische und psycholinguistische Betrachtungen. In: Eichler, Wolfgang, Hofer, Adolf (Hrsg.): Spracherwerb und linguistische Theorien. Texte zur Sprache des Kindes. München 1974, S. 94–173.
Weigl, Egon: Schriftsprache als besondere Form des Sprachverhaltens. In: Hofer (Hrsg.) 1976, S. 82–98.
Weigl, Egon: Lehren aus der Schriftgeschichte für den Erwerb der Schriftsprache. In: Osnabrücker Beiträge zur Sprachtheorie 4 (1979), Heft 11, S. 10–25.
Weimer, Walter B., Palermo, David S. (eds.): Cognition and the symbolic processes. Hillsdale 1974.
Weinreich, Uriel: Erkundungen zur Theorie der Semantik. Tübingen 1970 (zuerst 1966).
Weizenbaum, Joseph: Die Macht der Computer und die Ohnmacht der Vernunft. Frankfurt 1978 (zuerst 1976).

Werner, Heinz, Kaplan, Bernard: Symbol formation. An organismic-developmental approach to language and the expression of thought. New York 1963.
Wettler, Manfred: Menschmaschine und Maschinenmensch. Zur schrecklich-segensreichen Utopie der künstlichen Intelligenz. In: Sprache im technischen Zeitalter 1979, Heft 71, S. 201–213.
Wettler, Manfred: Sprache Gedächtnis Verstehen. Berlin 1980.
Wiener, Morton, Cromer, Ward: Reading and reading difficulty: A conceptual analysis. In: Gunderson (ed.) 1970, S. 136–162.
Wienold, Götz: Semiotik der Literatur. Frankfurt 1972.
Wilke, Edwin: Lesen und Schreiben. In: Pädagogisches Jahrbuch 1911, S. 98–149.
Wilks, Yorick: Sprachverstehende Systeme in der künstlichen Intelligenz. Überblick und Vergleich. In: Eisenberg (Hrsg.) 1977, S. 180–230.
Willenberg, Heiner: Textstrukturen und Leseprozesse: Wahrnehmungspsychologische Fundierung empirischer Untersuchungen. In: Hoppe, Otfried (Hrsg.): Kritik und Didaktik des literarischen Verstehens. Kronberg 1976, S. 154–177.
Willenberg, Heiner: Zur Psychologie des literarischen Lesens. Wahrnehmung, Sprache und Gefühle. Paderborn 1978.
Winkler, Christian: Sinnfassendes Lesen. In: Beinlich (Hrsg.) 1970, Bd. 2, S. 851–881.
Winograd, Terry: Understanding natural language. Edinburgh 1972.
Winograd, Terry: Ein prozedurales Modell des Sprachverstehens (1973). In: Eisenberg (Hrsg.) 1977, S. 142–179.
Wissenschaftliche Kommission Lesen. Leseförderung und Buchpolitik. Eine Expertise. Bertelsmann Briefe, Januar 1977, Heft 89.
Wittgenstein, Ludwig: Philosophische Grammatik. Frankfurt 1973.
Wittgenstein, Ludwig: Philosophische Untersuchungen. Frankfurt 1977.
Wittgenstein, Ludwig: Vermischte Bemerkungen. Eine Auswahl aus dem Nachlaß. Hrsg. v. Georg Henrik von Wright, Frankfurt 1977.
Wolf, Thomas: Reading reconsidered. In: Harvard educational review 47 (1977), S. 411–429.
Wright, Georg Henrik von: Erklären und Verstehen. Frankfurt 1974 (zuerst 1971).
Wright, Georg Henrik von: On so-called practical inference. In: Acta sociologica 15 (1972), S. 39–53.
Wunderlich, Werner: Perspektiven einer philologischen Leseerziehung. In: Blätter für den Deutschlehrer 1980, Heft 3, S. 65–75.
Wygotski, L. S.: Denken und Sprechen. 5. Aufl. Frankfurt 1974.

Zeitler, Julius: Tachistoskopische Untersuchungen über das Lesen. In: Philosophische Studien 16 (1900), S. 380–463.
Ziff, Paul: Understanding understanding. Ithaca 1972.
Zimmermann, Hans Dieter: Vom Nutzen der Literatur. Vorbereitende Bemerkungen zu einer Theorie der literarischen Kommunikation. Frankfurt 1977.
Zimmermann, Jörg: Wittgensteins sprachphilosophische Hermeneutik. Frankfurt 1975.

Bei Fragen zur Produktsicherheit wenden Sie sich bitte an:
If you have any questions regarding product safety,
please contact:

Walter de Gruyter GmbH
Genthiner Straße 13
10785 Berlin
productsafety@degruyterbrill.com